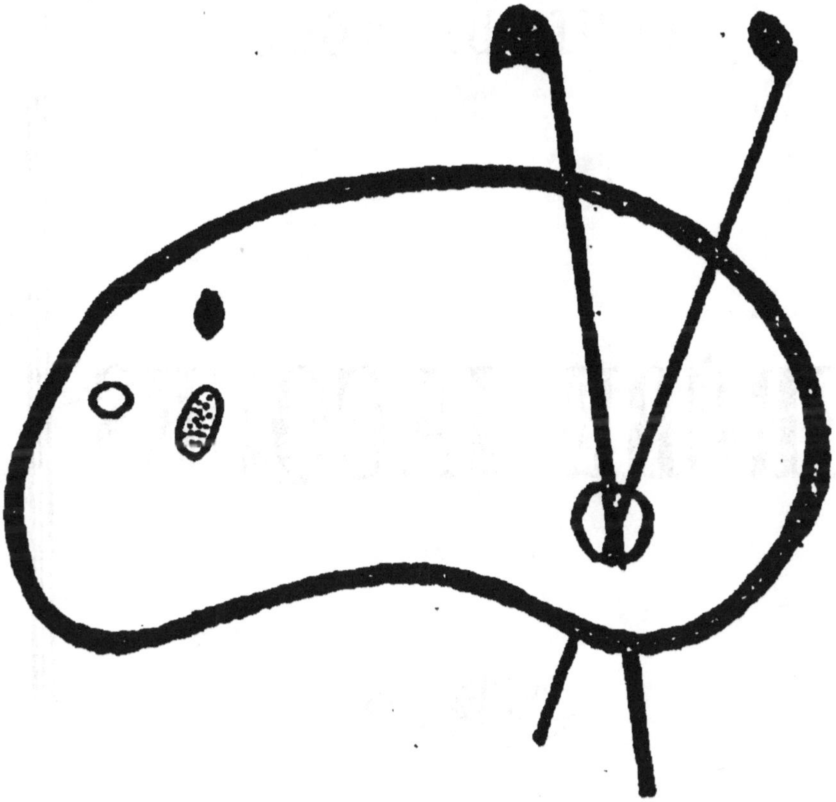

**COUVERTURE SUPERIEURE ET INFERIEURE
EN COULEUR**

ŒUVRES CHOISIES
DE
PAUL DE KOCK

FRÈRE JACQUES

PARIS
COLLECTION GEORGES BARBA
Jules ROUFF, Successeur
7, RUE CHRISTINE, 7

OEUVRES CHOISIES
DE PAUL DE KOCK

La Laitière de Montfermeil
Mon voisin Raymond
Georgette
Sœur Anne
Le Cocu
Madeleine
Gustave le mauvais sujet
La Pucelle de Belleville
Un Tourlourou
Jean
Un bon Enfant
Zizine
Ni jamais ni toujours
Un jeune homme charmant
L'Homme de la nature

La Femme, le Mari, l'Amant
Un Mari perdu
Moustache
Le Barbier de Paris
Edmond et sa Cousine
L'Enfant de ma femme
André le Savoyard
Un Homme à marier
Monsieur Dupont
Les Enfants de Marie
La Maison-Blanche
Les Croix et le Vent
Frère Jacques
Fête aux Environs de Paris
Contes et Chansons

CHAQUE ROMAN COMPLET EN UN SEUL VOLUME
Format in-18 jésus, vélin glacé.
Prix : 3 francs

Publié par GEORGES BARBA, Éditeur, 7, rue Christine.

Paris. — Typ. Walder, rue de l'Abbaye, 22.

FRÈRE JACQUES

ŒUVRES CHOISIES

DE

PAUL DE KOCK

FRÈRE JACQUES

PARIS

COLLECTION GEORGES BARBA

Jules ROUFF, Successeur

7, RUE CHRISTINE, 7

FRÈRE JACQUES

CHAPITRE I

UNE NOCE AU CADRAN-BLEU. — LA FAMILLE MURVILLE.

Il est minuit ; d'où partent donc ces cris de joie, ces éclats, ces brouhaha, cette musique, ces chants, ce tapage?... Arrêtez-vous un moment sur le boulevard, devant le Cadran-Bleu ; faites comme ces bonnes gens qui assistent à toutes les noces, à tous les banquets qui se font chez les restaurateurs du boulevard du Temple, en se promenant devant les fenêtres ou sur la chaussée, et qui jouissent agréablement de la perspective d'une chaîne anglaise, d'une valse ou d'une crème au chocolat, au risque cependant de se faire coudoyer par les passants, éclabousser par les voitures et insulter par les cochers.

Mais à minuit, les flâneurs, les badauds ou les musards (comme il vous plaira de les nommer), sont rentrés chez eux ; il ne reste plus, devant la porte du Cadran-Bleu, que les fiacres ou les remises, suivant le plus ou moins d'importance que veulent se donner les conviés. C'est pourtant à cette heure que le tableau devient plus piquant, plus varié, plus animé ; car ce n'est qu'alors que l'on commence à faire connaissance.

Enfin, me direz-vous, quel est donc le motif de cette réunion au Cadran-Bleu ? Est-ce une fête, un anniversaire, un repas de corps ? mieux que tout cela : c'est une noce.

Une noce !... que ce mot inspire de réflexions ! Qu'il fait naître de pensées, d'espérances et de souvenirs ! comme il fait battre le cœur de la jeune fille qui soupire après le moment où elle sera l'héroïne de ce grand jour, où elle portera ce joli bouquet blanc, ce chapeau de fleurs d'oranger, symbole de la pudeur, de la virginité, et qui malheureusement a menti à plus d'un époux qui ne s'en est pas vanté, et pour cause ! Mais comme l'aspect de cette cérémonie attriste cette jeune femme, mariée seulement depuis peu d'années, et qui déjà ne connait plus le bonheur que par souvenirs ! elle tremble sur le sort de la pauvre petite qui s'engage ! elle se souvient du jour de son hymen, de l'empressement, de l'ardeur de son mari ; elle compare ce jour à tous ceux qui l'ont suivi, et sait la confiance que l'on doit avoir dans les serments des hommes.

Mais laissons ces réflexions. Entrons au Cadran-Bleu, faisons connaissance avec les principaux personnages de cette réunion, que probablement nous aurons occasion de revoir dans le cours de cette histoire, à moins cependant que ce chapitre ne tienne nullement à notre action, ce qui serait encore possible ; on en lit beaucoup comme cela.

Commençons par les nouveaux époux :

Edouard Murville a vingt-cinq ans : il est d'une taille moyenne, mais bien prise ; sa figure est agréable, sa voix douce, ses manières distinguées. Il a des talents de société, joue passablement du violon, chante avec goût, danse avec grâce ; il s'énonce bien, il a l'usage du monde, sait entrer et sortir d'un salon ; ce qui, soit dit en passant, n'est pas aussi facile que vous pourriez le croire. Eh quoi ! entends-je dire à mon lecteur, cet homme-là croit-il donc que nous ne savons pas marcher, saluer et nous présenter avec grâce ? A Dieu ne plaise que je porte un jugement pareil sur le peuple qui danse le mieux ! mais en tout il y a des nuances. C'est de ces nuances que je tire mes observations. Une femme fort spirituelle, mais un peu caustique, près de laquelle j'étais assis dernièrement, dans le salon d'un financier, me faisait part de ses remarques qui, en général, se sont trouvées justes.

— Tenez, me disait-elle, examinez avec moi les personnes qui entreront dans ce salon ; je gage deviner leur caractère, leur humeur, par la manière dont elles se présenteront. Voyez cette grande dame qui traverse l'assemblée sans daigner l'honorer d'un signe de tête. La voilà qui s'assied devant la cheminée, pose ses pieds sur le garde-feu, et s'établit à la meilleure place, sans regarder si elle peut gêner les personnes assises derrière elle. Que pensez-vous de cette femme-là ?

— Qu'elle a des prétentions et veut mettre sa grande toilette en évidence.

— Ce n'est pas tout, ajoutez que c'est une sotte. Une femme d'esprit a mille moyens de se faire remarquer sans se donner des airs ridicules ; et lorsqu'elle a la prétention de briller, elle sait au moins s'y prendre avec plus d'art, et ne regarde pas avec dédain les personnes mises à l'ancienne mode, ou dont la toilette est un peu négligée. Eh mais ? quel bruit dans l'antichambre !... Est-ce un virtuoso qui arrive ? Est-ce un cabaret renversé ?... Le maître de la maison y court... Nous allons savoir ce que c'est. Ah !... je reconnais cette voix. C'est monsieur J... Tenez, écoutez, vous pouvez aisément l'entendre d'ici.

« Ah ! mon cher ami !... je suis désespéré d'arriver si tard !... d'honneur, je suis confus !... Je ne sais si je dois entrer !... Je suis fait comme un voleur !... Je veux me cacher dans un coin !... »

— Eh bien (me dit ma voisine), que pensez-vous de ce monsieur qui ne veut pas être vu, et qui le crie de manière à faire tourner toutes les têtes du salon ?... Ah ! il se décide cependant.

Je m'attendais à voir un jeune étourdi, je vois paraître un homme de quarante à cinquante ans, à perruque blonde, se dandinant et saluant à droite et à gauche en souriant presque agréablement.

— Quel est donc ce monsieur? dis-je à ma voisine.

— Monsieur J... est l'homme universel, il connaît tout Paris, est de tous les cercles, et surtout de ceux où l'on fait de la musique. Il joue de trois ou quatre instruments. Pas un concert d'amateurs dont il ne fasse partie; mais aussi pas un artiste qui ne le connaisse. Vous avez dû juger par son entrée dans ce salon que son bonheur est de faire sensation; je n'en tire pas un augure très-favorable pour ses talents; car, vous le savez, le mérite n'a pas pour habitude de chercher le grand jour. La médiocrité, au contraire, fait beaucoup de bruit, se met en avant, veut tout envahir, et parvient toujours à éblouir les sots.

« Mais j'aperçois une nouvelle figure : c'est un jeune homme, celui-ci du moins n'a pas fait de bruit, il est entré si doucement qu'à peine si on l'a entendu... il salue à moitié... il reste contre la porte... il se glisse le long du mur et attrape enfin une chaise, sur laquelle il se place bien vite, et d'où je vous réponds qu'il ne bougera pas de la soirée!... Pauvre garçon! il tourne la bouche... cligne des yeux, ne sait que faire de ses mains... Je gagerais qu'il croit que toutes les femmes le regardent et s'occupent de lui. En général, j'ai remarqué que la timidité, la gaucherie même, proviennent souvent d'un excès de prétention : la crainte de paraître ridicule ou de ne point avoir l'air assez séduisant donne au maintien cet embarras, à la figure cette expression comique; pour vous en convaincre, examinez au théâtre quelques jeunes premiers qui ne sont pas mal, et qui joueraient peut-être bien s'ils n'étaient point uniquement occupés de leur coiffure, de leur cravate, de leur pose et de l'effet que leur figure doit faire dans la salle. »

Ma voisine continua ses observations; et moi, lecteur, je vous les communiquerais volontiers si je ne commençais à m'apercevoir que ce n'est pas pour m'entendre causer avec elle, mais pour connaître les aventures de Frère Jacques, que vous avez ouvert ce volume. Mille pardons de vous avoir promené chez un financier. Je retourne au Cadran-Bleu.

Vous savez maintenant que l'on y célèbre la noce d'Edouard Murville, que le marié a vingt-cinq ans et une jolie tournure. Mais vous ne connaissez pas encore sa femme; je vais me hâter de réparer cet oubli; car elle est belle, douce, aimable et sage; on ne saurait trop tôt faire sa connaissance

Adeline Germeuil a dix-huit ans, et tout ce qui séduit d'abord et attache ensuite: de beaux yeux, de belles dents, de la grâce, de la fraîcheur, de l'esprit sans méchanceté, de la gaieté sans coquetterie, de la grâce sans apprêts, de la modestie sans timidité. Elle sait qu'elle est bien, et ne croit pas pour cela que tous les hommes doivent lui rendre hommage; elle aime les plaisirs, mais n'en fait pas son unique occupation! Enfin c'est une femme comme il est bien agréable d'en rencontrer, surtout lorsqu'on est garçon.

Adeline chérit Edouard, qu'elle a préféré à plusieurs partis beaucoup plus avantageux, car Edouard n'a pour fortune que la place qu'il occupe dans une administration; tandis qu'Adeline a environ quinze mille livres de rente: mais mademoiselle Germeuil n'a point d'ambition, elle place le bonheur dans les jouissances de l'âme, et non dans le plus ou moins de fortune. D'ailleurs, avec quinze mille livres de rente, on peut vivre sans privations, surtout lorsqu'on est l'épouse d'un homme qui a de l'ordre et sait tenir sa maison. Or, Murville doit être cet homme-là, il doit avoir toutes les qualités: il plaît.

Mademoiselle Germeuil n'avait plus que sa mère, femme respectable, qui adorait sa fille et ne voulait point contrarier son inclination. Cependant elle devait veiller au bonheur futur d'Adeline; aussi, dès qu'elle s'aperçut de l'amour que ressentait sa fille pour Edouard Murville, elle se hâta de prendre des informations sur la moralité du jeune homme et sur sa famille.

Elle sut qu'il était né de parents aisés; que son père

avait suivi avec honneur la carrière du barreau, mais que quelques banqueroutes avaient réduit la famille Murville au strict nécessaire. Edouard et Jacques étaient les seuls enfants de M. Murville. Jacques était plus jeune qu'Edouard d'un an seulement; mais madame Murville n'avait pas partagé également sa tendresse entre ses deux fils; Edouard était le préféré. Une circonstance bien frivole en apparence avait influé sur les sentiments de madame Murville : elle avait peu d'esprit et beaucoup de vanité, elle devait donc tenir à toutes les petitesses, à toutes les puérilités qui sont d'un si grand poids dans la société. Lorsqu'elle devint enceinte pour la première fois, elle mit son esprit à la torture pour savoir quel nom elle devait donner à son enfant. Il fallait trouver un nom qui fût à la fois gracieux, doux et distingué; après de longs débats et de profondes réflexions, elle s'arrêta à Edouard pour un garçon, ou à Célénie pour une fille, M. Murville l'ayant laissée entièrement maîtresse à ce sujet.

Le premier né fut un garçon, il reçut donc le nom d'Edouard, et eut toute la tendresse de sa mère. Lorsqu'elle devint enceinte de nouveau, elle ne douta pas un instant que ce ne fût une jolie petite Célénie qu'elle allait mettre au monde; la naissance d'une fille eût comblé ses vœux!... or, après de longues souffrances, elle mit au monde un gros garçon.

On conçoit que celui-ci ne fut pas aussi bien reçu que le premier. D'ailleurs on ne comptait nullement sur un garçon, et on n'avait pas décidé quel nom il porterait. Mais cette fois les délibérations prises à cet égard auraient été superflues, car M. Murville annonça à sa femme qu'il avait un ami qui désirait être parrain de son fils. Cet ami était fort riche, on lui avait quelques obligations, on ne pouvait le refuser pour parrain. Il tint donc l'enfant, et au grand scandale de madame Murville, lui donna le nom de Jacques.

En effet, quoique Jacques soit un nom comme un autre, il n'est pas très-harmonieux; et il blessa l'oreille délicate de madame Murville, qui soutint que c'était un nom de laquais, de Savoyard, de commissionnaire, et qu'il était honteux d'appeler son fils ainsi.

En vain son mari essayait de lui faire entendre raison, et lui citait à chaque instant l'histoire d'Ecosse, où l'on voit sur le trône beaucoup de Jacques. Madame Murville ne put jamais prononcer ce nom qu'en soupirant.

Il n'y eut cependant pas moyen de le changer, car le parrain qui, comme de raison, s'appelait Jacques aussi, et venait souvent voir son filleul, eût été très-choqué de l'entendre nommer autrement.

Le petit bonhomme resta donc Jacques, au grand chagrin de madame Murville. Quant à Edouard, soit malice de sa part, soit qu'il trouvât le nom plaisant, il appelait frère Jacques à chaque instant de la journée ; et lorsqu'il avait fait quelque sottise, c'était aussi sur le dos de frère Jacques qu'il la mettait.

Les deux frères étaient fort opposés de caractère : Edouard, tranquille, sage, complaisant, passait volontiers sa journée assis près de sa mère ; Jacques, bruyant, tapageur, emporté, ne pouvait rester en place, et n'était nulle part sans mettre tout sens dessus dessous.

Edouard apprit facilement ce qu'on lui enseigna ; Jacques jetait au feu ses livres et ses plumes pour se faire un cerceau ou un sabre de bois.

Enfin, à seize ans, Edouard allait en société avec ses parents ; il savait déjà écouter une conversation et sourire agréablement à une jolie dame.

A quinze ans, Jacques quitta le toit paternel ; il disparut sans laisser aucun écrit, aucun indice qui pût faire découvrir ses projets et le but de son voyage. On fit toutes les perquisitions, toutes les recherches possibles ; on mit son signalement dans les journaux, on ne sut point ce qu'il était devenu : on attendit de ses nouvelles, il n'en donna pas.

M. Murville eut beaucoup de chagrin de la fuite de ce jeune écervelé ; madame Murville elle-même sentit qu'elle était mère, et que l'on pouvait s'appeler Jacques et être son fils; elle se repentit d'une injuste prévention, elle se la reprocha, mais il n'était plus temps! Le malheureux nom avait fait son effet!... Il avait fermé à Jacques le cœur de sa mère; il lui attiré les railleries de son frère, et peut-être toutes ces causes réunies avaient poussé le jeune homme loin de la demeure de ses parents. Que sait-on?... Il y a tant de ricochets dans la vie!

— J'ai attrapé dernièrement la rougeole, me disait hier un jeune homme, parce que le cordonnier d'une dame de mes amies a cassé ses lunettes.

— Quel rapport, lui dis-je, entre votre rougeole et les lunettes d'un cordonnier?...

— Le voilà, mon cher; cette dame m'avait donné parole pour faire de la musique, le soir, chez une de nos connaissances. Mais le matin, elle attend de jolis souliers cerise pour mettre avec une parure de cette couleur; le cordonnier a cassé ses lunettes le jour où il lui a pris mesure; il lui apporte des souliers charmants, mais trop petits. On ne résiste cependant pas au désir de les essayer: ils gênent beaucoup; mais en marchant, le cordonnier assure qu'ils se feront. Les dames tiennent extrêmement à faire petit pied. Celle-ci sortit en boitant un peu: arrivée sur le boulevard, et en présence de quelques personnes de connaissance, on ne veut pas avoir l'air de boiter: on s'efforce pour marcher légèrement, mais le pied s'échauffe, se gonfle; on souffre horriblement, et on est forcé de rentrer chez soi. Arrivé là, on jette de côté les maudits souliers; on examine les pieds; ils sont blessés, malades: pas moyen de sortir de huit jours. Moi, qui ne sais rien de cela, je vais à notre rendez-vous, comptant employer ma soirée à faire de la musique. Je ne trouve pas cette dame; la maîtresse de la maison est seule, elle est fort aimable; mais elle a quarante ans. Je trouve le temps long, je m'impatiente; et après une heure d'attente vaine, je sors, ne sachant pas encore où je porterai mes pas. J'arrive devant un spectacle, j'entre machinalement, et seulement pour tuer le temps; car je sais les pièces par cœur. J'aperçois un joli minois, je m'en approche par habitude; j'adresse quelques mots, on me répond : on paraît aimer à causer, et moi je suis bien aise de trouver une occasion de me distraire. Enfin le spectacle finit; et j'offre mon bras à ma jolie causeuse. Après s'être défendue un peu, elle accepte : je reconduis ma belle conquête, et je ne la quitte qu'après avoir obtenu la permission d'aller lui faire ma cour. Je ne manque pas de me rendre chez elle le lendemain. Bref, je deviens bientôt ami intime, et dans une de mes visites, je gagne la rougeole, que cette dame avait sans que je m'en doutasse. Vous le voyez, si le cordonnier n'avait pas cassé ses lunettes, tout cela ne serait pas arrivé.

Mon jeune homme avait raison : les plus grands événements ont souvent eu pour cause les distractions les plus simples, les circonstances les plus frivoles. Quant à mon héros, nul doute que son nom de baptême n'ait influé sur toute sa destinée. Que de gens ont dû à l'éclat d'un nom fameux, que leur ont transmis leurs ancêtres, une considération que l'on n'aurait point accordée à leur personne! Heureux celui qui sait illustrer le sien et le transmettre avec gloire à la postérité!... Mais, plus heureux peut-être celui qui vit ignoré, et dont le nom n'excitera jamais ni la haine ni l'envie!

Or donc, vous connaissez la famille Murville; il me reste à vous apprendre la mort du père et de la mère d'Edouard; les deux époux se suivirent de près au tombeau, ils emportèrent le regret de ne point savoir ce que leur fils Jacques était devenu, et ils chargèrent Edouard de lui pardonner, de leur part, son escapade, si jamais il venait à le retrouver.

Edouard resta maître de ses actions. Il avait vingt-deux ans et une place de deux mille francs; il pouvait vivre avec décence en se conduisant bien. Il aimait les plaisirs; mais la société, la musique, les spectacles lui en offraient de peu coûteux; il ne songeait point à jouer. Il courtisait les belles; mais il n'était point mal et n'avait point à se plaindre de leurs rigueurs. Il se laissait facilement entraîner et n'avait pas assez de caractère; mais heureusement pour lui, il ne s'était pas lié avec de mauvais sujets. Enfin on ne pouvait point le citer pour un modèle à suivre; mais il n'annonçait pas non plus de grands défauts.

Madame Germeuil se décida donc facilement à donner son Adeline à Édouard Murville.

— Ce jeune homme rendra ma fille heureuse, se dit-elle, il n'a pas beaucoup de caractère... Eh bien! ma chère enfant sera la maîtresse, et les ménages où les femmes commandent sont souvent les mieux conduits.

C'est pour cela que nous avons maintenant une noce au Cadran-Bleu.

CHAPITRE II

GRANDS ÉVÉNEMENTS CAUSÉS PAR UNE GIGUE ET UNE TABATIÈRE.

— Qu'elle est jolie! qu'elle est bien faite!... que de grâces, de fraîcheur! disent entre eux les jeunes gens, et même les papas, qui considèrent la mariée et suivent tous ses mouvements lorsqu'elle danse. Ah! que cet Édouard est heureux. Tel est l'avis général.

Édouard entend cela; il se trouve en effet aussi heureux qu'on peut l'être lorsqu'on est sur le point de le devenir entièrement. Pour cacher ses désirs, son impatience, il saute, danse, ne reste pas une minute en place. Puis, de temps en temps, il va dans le corridor consulter sa montre... Il est encore trop tôt... non pour lui!... mais il faut ménager la pudeur de sa femme... d'ailleurs, que dirait la maman? que dirait la société? allons, il faut attendre... ah! que cette journée est longue!...

Pauvres époux ! c'est la plus belle de votre vie... et vous voudriez qu'elle fût déjà passée !... on n'est jamais content.

— Le marié a l'air bien amoureux ! disent toutes les dames ; les demoiselles ne le disent pas, mais elles le pensent.

— Ah ! monsieur Volenville !... c'est ainsi que vous me regardiez il y a vingt-deux ans, dit en soupirant à son époux une dame de quarante-cinq ans, surchargée de rouge, de fleurs, de dentelle et de rubans; et qui, assise dans un coin de la salle du bal, attend vainement, depuis le dîner, qu'il se présente un danseur. M. Volenville, jadis grand amateur au bal de Sceaux, et maintenant huissier-priseur au Marais, ne répond pas à sa femme, prend une prise de tabac, et va dans la pièce voisine être témoin d'une partie d'écarté.

Madame Volenville se dépite et change de place, ce qu'elle a déjà fait plusieurs fois. Elle se met entre deux jeunes personnes, espérant apparemment qu'on invitera ce côté-là en bloc, et qu'elle se trouvera comprise dans les danseuses. Mais son attente est encore déçue ; elle voit venir vers elle les jeunes gens, elle balance sa tête avec grâce, elle sourit, met en avant son pied qui n'est pas mal... ils approchent; mais, ô douleur !... ils s'adressent à sa gauche ou à sa droite, et ne paraissent faire aucune attention à elle, à ses œillades et à son joli pied.

C'est vraiment bien désagréable de faire tapisserie, et madame Volenville ne sachant plus quel moyen employer pour attirer un danseur, se consulte pour savoir si elle montrera le bas de son mollet : sa jambe a jadis fait des merveilles, il faut essayer son pouvoir, puisque le pied ne fait plus d'effet.

Madame Volenville est décidée : le bas du mollet va se montrer le plus décemment possible... lorsqu'on demande à grands cris un quatrième qui manque dans un quadrille. Il ne reste plus de danseuses ; quelques-unes sont déjà parties, toutes les autres sont en place. Un jeune homme bien frisé, bien musqué, parcourt des yeux la salle de bal ; il aperçoit l'épouse de l'huissier-priseur, il prend son parti et s'avance gravement vers elle pour l'inviter à danser. »

Madame Volenville ne laisse pas au jeune homme le temps d'achever son invitation, elle se lève, s'élance vers lui, et saisit sa main qu'elle presse de manière à le faire crier. Notre mirliflore fait un saut en arrière ; il croit que la pauvre dame a des crispations de nerfs ; il la regarde avec inquiétude et ne sait à quoi se décider... mais madame Volenville ne lui laisse pas le loisir de réfléchir : elle l'entraîne avec violence vers le quadrille incomplet ; elle se place, elle balance devant son cavalier, et lui fait faire la queue du chat et la chaîne anglaise avant qu'il soit revenu de son étourdissement.

La danse tout à la fois héroïque et leste de madame Volenville avait fait sensation ; un murmure confus circulait dans les salons, et les jeunes gens quittaient l'écarté pour venir entourer le quadrille où figurait notre huissière. Celle-ci trouvait cet empressement très-flatteur et en était enchantée; elle redoublait de feu, de vivacité, et cherchait à électriser son danseur, lequel ne paraissait pas partager son allégresse : rouge de colère en voyant le cercle qui se formait autour de lui, et en entendant les compliments moqueurs que lui adressaient les jeunes gens et les remarques malignes des jeunes femmes, il se mordait les lèvres, serrait les poings, et aurait donné tout ce qu'il possédait pour que la contredanse fût finie. Madame Volenville lui laissait cependant peu de temps à lui : elle était presque toujours en l'air ; elle voulait continuellement balancer ou aller en avant, malgré les conseils de son cavalier, qui se tuait de lui dire :

— Ce n'est pas à nous, madame... tout à l'heure... on ne fait plus de passe... restez donc là !...

Mais madame Volenville était lancée, elle voulait se dédommager de cinq heures d'attente; et lorsque par hasard elle s'arrêtait un instant, ses yeux parcouraient alors avec complaisance le cercle nombreux qui l'entourait ; et tout en essuyant avec son mouchoir les gouttes de sueur qui découlaient de son front, ses regards semblaient dire à l'assemblée :

— Vous ne vous attendiez pas à voir danser comme ça !... une autre fois, vous m'inviterez plutôt !...

Cependant le supplice de Belcour (c'était le nom du cavalier de madame Volenville) tirait à sa fin ; la contredanse allait se terminer... déjà on avait fait trois fois le fameux *chassez les huit* ; encore une, et tout était fini, lorsqu'un jeune clerc de notaire, espiègle, facétieux et aimant à rire, comme la plupart de ses confrères, s'avisa de courir à l'orchestre et de demander une gigue au nom de toute la société : les musiciens d'une noce n'ont rien à refuser, ceux-ci se mirent à jouer la gigue au moment où Belcour saluait madame Volenville et cherchait à s'éclipser.

La voix d'Orphée implorant le dieux des enfers ne fit pas autant d'effet sur Pluton, que le son des violons et l'air de la gigue n'en firent sur madame Volenville.

— Monsieur... monsieur !... ce n'est pas fini... crie-t-elle à Belcour qui s'éloigne : celui-ci feint de ne pas l'entendre ; déjà il est près de la porte du salon... madame Volenville court à lui, le rattrape, l'arrête. Monsieur, que faites-vous donc ?... est-ce que vous n'entendez pas les violons... ah ! le joli air !... c'est une gigue... venez vite !...

— Madame... mille pardons... mais je croyais...

— C'est une gigue, monsieur, j'aime cette danse-là à la folie !...

— Madame... je ne me sens pas bien, et...

— Vous verrez mes pas d'anglaise... c'est en dansant la gigue que j'ai fait tant de conquêtes...

— Madame, j'aurais voulu prendre l'air...

— Et même celle de mon mari au bal de Sceaux...

— Mais, madame...

En vain Belcour veut s'en défendre, madame Volenville ne le lâche pas, et sans faire attention à ses excuses, l'attire vers la danse. Voyant qu'un plus long débat augmenterait le ridicule de sa position, il cède enfin et revient à son quadrille. La foule de curieux s'empresse de s'écarter pour faire place au couple qui attire tous les regards.

Le signal est donné... chacun part... les cavaliers à droite... les dames ensuite, madame Volenville est la première : avec quelle ardeur elle court aux autres danseurs et les fait tourner sur eux-mêmes !... la sueur coule sur ses joues et efface son rouge ; deux de ses mouches sont tombées de la tempe sous l'oreille ; ses boucles sont défaites, sa guirlande de roses s'est détachée et lui sert de collerette, mais rien de tout cela n'est capable de l'arrêter ; en un moment, elle a fait le tour du quadrille, elle revient à sa place... Belcour n'y est plus, il a profité de la confusion qu'occasionne la figure pour s'éclipser. Cependant il faut un cavalier à madame Volenville, elle prend le premier qui se présente : c'est un vieux procureur en perruque à marteaux, qui se trouve en face d'elle. Le cher homme, poussé par la curiosité venait de se mêler à la foule : il s'était faufilé devant les autres, et il regardait avec convoitise une petite gorge de vingt ans, blanche, fraîche et ferme comme un roc, qui appartenait à une fort jolie danseuse ; le vieux procureur remarquait, avec la paillardise d'un amateur, que le mouvement de la danse ébranlait à peine les deux globes charmants ; il en était émerveillé, parce que depuis longtemps il n'avait vu chose pareille dans les bals parés, publics, de société, bourgeois, et même champêtres. Enchanté de sa découverte, et pour en témoigner sa satisfaction à la jolie danseuse, il lui montrait le bout de sa langue en souriant agréablement, moyen usité par les vieux libertins pour déclarer tacitement leur ardeur.

Cependant la jolie danseuse ne faisait aucune attention au procureur et à ses grimaces ; celui-ci, las de montrer sa langue sans obtenir un regard, se consultait pour savoir si, dans un moment de foule et de presse, il pouvait risquer de pincer quelques appas, lorsque madame Volenville arrivant avec la promptitude d'une fusée, se trouve entre lui et celle qu'il admire, se remet à faire ses pas d'anglaise, en se donnant des airs agaçants.

Le vieil amateur regarde d'un air ébahi la figure effrayée, bouleversée, la coiffure renversée et les appas affaissés de madame Volenville; il veut reculer... on lui prend les deux mains; on le fait tourner, on le fait sauter.

— Madame... je n'en suis pas!... crie à son tour le procureur en se débattant.

— Venez toujours, monsieur!... il me faut un danseur!...

— Madame, finissez donc... je n'ai jamais valsé de ma vie!...

— Ce n'est point une valse... monsieur, c'est une gigue...

— Madame... arrêtez, je vous en prie!... je suis étourdi... je vais tomber!...

— Vous allez comme un ange!

C'est un démon que madame Volenville; elle se croit encore aussi séduisante qu'à vingt ans; elle est persuadée que ses pas, ses grâces, sa vivacité et ses petites mines doivent charmer tout le monde : elle ne pense pas que les années changent entièrement la face des choses. Ce qui est grâce à vingt ans est prétention à quarante; la légèreté naturelle à la jeunesse paraît folie dans l'âge mûr, et les petites minauderies que l'on pardonne à un visage enfantin ne sont plus tard que des ridicules et quelquefois même des grimaces.

Il est cependant possible de plaire dans l'âge mûr, mais alors ce n'est pas en singeant la jeunesse que l'on y parvient. Rien n'est plus aimable, plus fait pour captiver qu'une mère de famille dansant sans prétention en face de sa fille; rien n'est plus ridicule qu'une vieille coquette, coiffée comme à seize ans, et voulant rivaliser de légèreté avec de jeunes demoiselles.

Madame Volenville est, comme vous le voyez, une danseuse infatigable; elle voudrait faire passer dans l'âme de son partner toute l'ardeur qui anime la sienne; mais le vieux procureur, rouge comme une cerise, roule les yeux sans distinguer les objets; tout tourne autour de lui : la gigue, la chaleur et la colère achèvent de l'étourdir. Il éloigne tant qu'il peut sa tête de celle de sa danseuse... mais, pour comble d'infortune, sa perruque se détache, tombe dans la salle, est foulée aux pieds par les danseurs, et le chef du procureur paraît nu comme la main aux regards de la société.

Ce dernier accident, en redoublant la fureur du vieux monsieur, lui donne la force de se dépêtrer de sa danseuse; il la repousse avec violence; madame Volenville tombe sur le ventre d'un gros commis, lequel était assis tranquillement sur une banquette au bout de la salle, et repassait avec complaisance dans sa mémoire les noms de tous les mets dont il avait mangé au dîner.

Le gros papa fait un cri en recevant sur lui madame Volenville; il jure qu'il va étouffer; mais celle-ci ne bouge pas, parce qu'une femme du beau monde ne doit point tomber sur quelqu'un sans s'évanouir.

M. Tourte (c'est le nom du commis) appelle à son secours, pendant que M. Robineau (c'est notre procureur) demande à grands cris sa perruque, qu'il cherche en vain dans tous les coins de la salle, et qu'il ne peut trouver, parce que le jeune clerc de notaire s'en est emparé le premier, et a été la jeter par une des fenêtres du boulevard, d'où elle est tombée sur le nez d'un cocher qui regardait alors en l'air pour savoir s'il pleuvrait le lendemain.

Cependant Edouard et madame Germeuil, cherchent à ramener le calme, à réparer le désordre. Pour Adeline, elle ne peut s'empêcher de rire avec toutes les jeunes personnes de la pose de madame Volenville, de la figure de M. Tourte et de la colère de M. Robineau.

M. Volenville quitte enfin son écarté, il va chercher

une carafe d'eau et s'approche de sa femme, qu'il ne reconnaît pas d'abord, tant est grand le désordre de sa parure et de sa figure.

Enfin, après avoir pris sa prise de tabac, il débarrasse sa moitié de sa guirlande de roses et lui tape dans la main, pendant que madame Germeuil lui tient un flacon de sels sous le nez... Rien n'y fait, rien n'opère sur les sens engourdis de la terrible danseuse. Madame Germeuil ne sait plus quel moyen employer. M. Tourte jure qu'il va mordre le bras ou autre chose de madame Volenville, si on ne le débarrasse au plus vite du fardeau qui l'étouffe, et l'huissier rouvre sa tabatière pour y chercher des idées.

Dans ce moment. M. Robineau parcourait la salle en enfant Jésus, et furetait avec colère jusque sous les pieds et les meubles pour retrouver sa perruque. Notre procureur approche du groupe qui entourait l'huissière évanouie; il distingue quelque chose de grisâtre sous la banquette qui supporte le commis et sa danseuse. Aussitôt il s'élance... pousse M. Volenville, qui se trouve devant lui... se met à quatre pattes, et passe sa main entre les jambes de l'huissier pour saisir l'objet qu'il croit être sa chère perruque.

Le mouvement de M. Robineau a été si vif, que M. Volenville a perdu l'équilibre; l'huissier penché en avant tombe à demi sur sa femme, et sa tabatière, qu'il venait d'ouvrir, se vide entièrement sur le nez, la bouche et le menton de sa tendre moitié.

Cet accident rappelle à la vie madame Volenville; elle éternue cinq fois de suite, se frotte les yeux, ouvre la bouche... avale une grande quantité de tabac, fait des grimaces si épouvantables qu'elles font fuir son mari et toutes les personnes qui l'entourent, se tortille, et crache avec violence sur le nez de M. Robineau, lequel se relevait alors et retirait sa main de dessous la banquette en jurant comme un damné, lesquels jurent beaucoup dans ce monde, sans préjudice de ce qu'ils jureront lorsqu'ils g.illeront en enfer comme des boudins blancs.

Et pourquoi M. Robineau jurait-il? — Pourquoi? lecteur!... parce qu'au lieu de mettre la main sur sa perruque, qui, comme vous le savez, voltige sur le boulevard, le malheureux procureur avait saisi la queue d'un chat, lequel mécontent de se sentir tirer aussi brusquement par son endroit sensible, avait, selon l'usage de ses pareils, enfoncé ses griffes sur la main barbare qui venait de le happer.

— Il est bien désagréable d'être malheureux! disait l'autre soir un bon bourgeois du Marais en assistant à une représentation de la *Pie Voleuse*, et en pleurant sur les infortunes de la petite servante de Palaiseau. Je dirai, moi, pour rendre ce que je présume que ce monsieur voulait dire, qu'il est bien cruel d'éprouver dans une même soirée autant de malheurs que M. Robineau.

Quand on a dansé malgré soi et qu'on a perdu sa perruque; quand on a reçu des coups de griffes sur les mains et des crachats sur la figure, il est bien permis de prendre de l'humeur. Le pauvre procureur en prit tant, qu'il devint presque en même temps jaune, rouge et blanc; dans sa fureur, il ne connaissait plus rien, et sans respecter le sexe, paraissait disposé à s'élancer sur madame Volenville... lorsqu'une partie des personnes de la société se mit entre lui et celle qu'il regardait à juste titre comme la cause de tous ses malheurs.

On eut bien de la peine à calmer M. Robineau, et à lui faire entendre que madame de Volenville avait craché sans malice. Enfin, Edouard parvint à l'apaiser un peu; et, pendant qu'il s'essuyait le visage, notre jeune marié tira de sa poche un joli foulard, qu'il offrit au procureur pour couvrir sa tête.

M. Robineau accepta, se coiffa avec le foulard, mit par-dessus son chapeau rond, ce qui lui donnait l'air d'un insurgé espagnol, ou d'un bandoléros, ou d'un guérillas, ou d'un battuécas; ou, si vous aimez mieux, de ces petits chiens habillés qui se promènent sur les boulevards, assis majestueusement dans des paniers que porte l'âne savant.

Le procureur sortit du salon sans présenter ses hommages aux dames, et sans embrasser la mariée ; il se hâta de quitter le Cadran-Bleu, ce qu'il ne put faire sans entendre les rires et les plaisanteries des marmitons et des garçons traiteurs qui se trouvèrent sur son passage ; il ne prit point de voiture, parce qu'il demeurait rue du Perche, et arriva chez lui, où il se coucha en pestant contre les valses et les gigues, et en calculant ce que lui coûterait une perruque neuve.

Pour madame Volenville, dont M. Tourte était enfin parvenu à se débarrasser, il était urgent de lui faire quitter la salle du bal ; car le tabac qu'elle avait avalé produisait sur son cœur un effet fort désagréable. Les crachats devenaient plus fréquents ; ils commençaient à se changer en hoquets et en nausées qui présageaient un accident dont on n'est jamais curieux d'être témoin, et qu'il est d'ailleurs prudent d'éviter dans une pièce où l'on danse.

La pauvre dame fut donc emmenée et presque portée loin du théâtre de ses exploits. En passant devant une glace, elle pensa mourir de douleur et s'évanouir de nouveau : en effet, sa figure barbouillée de tabac, ses cheveux épars, son habillement en désordre, tout cela devait désespérer une femme à prétentions, et nous avons vu que madame Volenville en avait passablement pour son âge.

On chercha son mari ; on eut quelque peine à le décider à s'approcher de sa moitié, à laquelle il prétendait que l'on avait mis un masque. Enfin les deux époux furent placés dans un fiacre qui les ramena chez eux, où nous les laisserons, si vous le trouvez bon, pour retourner près des jeunes mariés.

Terpsichore avait chassé la cruelle Discorde, qui, depuis les noces de Thétis et de Pélée, où l'on fit la sottise de ne point l'inviter, a pris l'habitude de venir inopinément troubler les fêtes nuptiales ; c'est pour cela probablement qu'elle daigna se mêler à la noce bourgeoise du Cadran-Bleu : car on dit qu'un ménage ne peut jamais éviter la visite de cette malencontreuse déesse ; et quand elle ne se montre pas le premier jour, elle prend sa revanche dans le courant de l'année.

Mais laissons de côté la Discorde, Terpsichore et toute la mythologie ; n'employons pas de figures et de métaphores ; abandonnons aux auteurs de romans *in-octavo* les fleurs, les cascades, la lune, les étoiles, et surtout ces inversions si poétiques qui vous apprennent, à la fin d'une phrase, ce que le héros a voulu dire en la commençant ; ces détours charmants, par lesquels un père dira : — *Enfin vers moi s'avance ma fille !*... au lieu de dire tout simplement : *Ma fille s'avance vers moi*, ce qui serait, ce me semble, beaucoup plus clair, mais ce qui ressemblerait à la manière commune dont on s'exprime dans le monde, dans la société ; jargon ignoble que ne doivent point employer des personnages qui vivent dans les souterrains sans s'y casser le nez, ou qui gravissent à chaque instant des rochers à pic sans être fatigués en arrivant au sommet.

Et d'ailleurs, nos jolies femmes, nos petites-maîtresses porteront-elles un roman aux nues, si le héros ne parle que comme leurs maris et même leurs amants !... Fi donc !... c'est un ouvrage d'antichambre, diront-elles en rejetant avec dédain un roman qui n'est ni anglais, ni allemand, ni romantique ! Cela est d'une nature intolérable !... on y emploie des expressions prohibées !... on y lit le mot cocu !... Ah Dieu ! c'est une horreur !... mais notre journaliste nous tancera vertement cet auteur-là.

En effet, le journaliste lit l'ouvrage ; il le trouve d'une immoralité révoltante !... l'auteur est d'un cynisme, d'une obscénité !... il met le mot cocu quand il le trouve nécessaire ! Vit-on jamais pareille indécence !... A la vérité, Molière a employé souvent ce même mot, et quelques autres aussi forts, dans plusieurs de ses ouvrages ;

mais quelle différence!... ce que l'on peut dire sur le théâtre devant tout un public, on doit bien se donner de garde de l'imprimer dans un roman!... Faites des inversions, messieurs les romanciers; remettez-vous à la syntaxe, prenez le style *ad usum tyronum linguæ latinæ*, accaparez la mythologie, l'astronomie, la minéralogie, l'ornithologie, la zoologie, voire même la conchyliologie; mêlez à tout cela un peu d'histoire ancienne et d'histoire sainte, beaucoup de songes et de revenants, des bardes, des druides ou des ermites, selon le lieu de la scène; faites des phrases ronflantes, qu'on appelait jadis du pathos, et l'on vous fera avoir un succès de vogue!... les dames se trouveront mal en vous lisant; d'autres après vous avoir lu; il y en aura bien quelques-unes qui ne vous comprendront pas; mais vous ne leur en paraîtrez que plus beau!... Ne pas être intelligible, c'est le sublime du genre. C'est dans le mystère que s'enveloppent les grands génies!... Demandez plutôt à Cagliostro (qui ne doit pas être mort, puisqu'il était sorcier), à lord Byron et à mademoiselle Lenormand.

Quant à vous, jeunes auteurs, qui prétendez être simples et naturels, qui voulez faire rire ou intéresser avec des événements qui peuvent arriver chaque jour sous nos yeux, et qui nous les retracez de manière à être compris facilement, rentrez dans le néant!... ou allez voir George Dandin et le *Malade imaginaire* : voilà qui est digne de vous; mais vous ne serez jamais lus par nos dames à vapeurs, et vous n'aurez pas fait retentir les cent bouches de la Renommée.

Malgré cela, nous avons la mauvaise habitude d'écrire comme nous parlerions, nous continuerons à faire de même; libre à vous, lecteur, de nous laisser là si notre manière ne vous convient pas.

On dansait donc encore au Cadran-Bleu; mais la fête tirait à sa fin, au grand contentement d'Edouard, et sans doute d'Adeline, qui rougissait et souriait toutes les fois que son tendre ami la regardait.

Enfin l'heure de la retraite a sonné: madame Germeuil elle-même emmène sa fille; on monte en voiture, on part, on arrive boulevard Montmartre; c'est là que logera le nouveau ménage; et avec les deux époux, la bonne maman qui ne veut point se séparer de son Adeline qui doit lui fermer les yeux.

Un joli appartement est disposé; madame Germeuil embrasse tendrement sa fille, puis passe dans le sien, non sans soupirer un peu.... Cela est bien naturel!... les droits d'une mère cessent lorsque ceux d'un époux commencent!... Mais qu'importent les droits lorsque les cœurs restent les mêmes!... La nature et l'amour trouvent aisément place dans une âme sensible, et n'ont aucun pouvoir sur un cœur égoïste et froid. Les hommes ont fait les lois, mais les sentiments ne se commandent point.

Heureusement pour Edouard que la charmante Adeline l'aimait parce qu'il lui plaisait, et non pas seulement parce que l'Eglise lui avait ordonné de l'aimer.

C'est pour cela que, seule avec son époux, elle se jeta sans pleurer dans ses bras; c'est pour cela qu'elle ne fit point mille simagrées pour se laisser déshabiller, et qu'elle fut si vite couchée; c'est pour cela enfin que nous n'en dirons pas davantage.

CHAPITRE III

DUFRESNE.

Pendant que nos jeunes époux se livrent à toute leur ardeur et jouissent des délices d'une première nuit d'amour, qu'Edouard donne à Adeline ces leçons qu'une femme retient si vite, et dont elle profite si bien, laissons-les, suivant leurs désirs, *illa sub, ille super, et ille sub, illa super*, et faisons connaissance avec un personnage que nous retrouverons dans le cours de cette histoire.

Parmi la foule qui avait entouré madame Voleaville et M. Robineau, et qui avait ri des infortunes de l'huissière et du procureur, un seul homme était resté froid spectateur des folies des autres, et n'avait pris aucune part aux plaisanteries du jeune clerc et aux espiègleries inventées pour prolonger la fameuse contredanse.

Cet homme ne paraissait pas avoir plus de vingt-huit à trente ans; sa taille était haute et bien prise; sa figure, assez régulière, aurait été belle si ses yeux eussent été moins couverts; mais son regard incertain, auquel il cherchait à donner l'expression de la bienveillance, n'inspirait ni l'amitié ni la confiance; et le sourire, qui parfois errait sur ses lèvres, semblait plus amer que doux.

Dufresne (ainsi se nommait ce jeune homme) avait été amené à la noce d'Edouard Murville par une grosse maman qui avait trois filles, et qui depuis longtemps avait pour habitude de mener une demi-douzaine de danseurs dans toutes les réunions où elle se rendait avec ses demoiselles.

Madame Devaux (c'est le nom de cette dame) aimait à recevoir beaucoup de monde, beaucoup de jeunes gens surtout; et le motif était bien facile à deviner : quand on a trois filles et point de dot à leur donner, on ne les marie pas en les tenant constamment dans leur chambre; il faut les produire dans la société et attendre que le hasard fasse naître une petite passion bien vertueuse qui se termine par un mariage.

Malheureusement les passions vertueuses sont plus rares dans le monde que dans les romans anglais! Et souvent, en cherchant des maris, les demoiselles rencontrent des séducteurs, lesquels sont forts sur les passions et faibles sur la vertu!... Mais enfin, il faut bien hasarder quelque chose pour attraper des maris.

Madame Devaux avait donc reçu M. Dufresne, qui lui avait été présenté par l'ami d'un de ses voisins; et comme il était jeune et avait une bonne tournure, elle l'avait compris dans la liste des hommes qu'elle voulait mener à la noce d'Edouard, afin que ces demoiselles ne manquassent pas de cavaliers.

Dufresne ne connaissait ni le marié ni sa femme; mais il arrive souvent dans une grande fête de ne point connaître ceux qui la donnent; et maintenant que nos réunions françaises prennent le genre des *routs anglais*, et deviennent des cohues où personne ne fait attention à son voisin, il n'est pas rare de sortir de ces tumultueuses assemblées sans avoir même salué le maître ou la maîtresse de la maison.

Cependant madame Devaux s'était trompée en comptant sur Dufresne pour faire danser ses filles. Celui-ci aimait peu la danse; il se hâta de payer sa dette en invitant une fois chacune des demoiselles Devaux; mais ensuite il se contenta d'être simple spectateur, en ayant la précaution de passer dans la salle de l'écarté lorsque les quadrilles n'étaient pas complets.

Dufresne promenait ses regards sur toutes les personnes qui composaient la fête, mais c'était sur Edouard et Adeline qu'il les reposait le plus souvent: la vue des deux époux paraissait captiver toute son attention; il suivait leurs mouvements, épiait leurs moindres actions, et semblait chercher à lire dans le fond de leur âme. Lorsque Adeline souriait tendrement à son époux, Dufresne, arrêté à quelques pas d'elle, contemplait ce sourire, et ses yeux en suivaient avidement toute l'expression.

— En vérité, maman, dit à madame Devaux Cléopâtre, l'aînée de ses filles, nous n'amènerons plus M. Dufresne dans aucun bal; voyez comme il se conduit!... il ne danse pas!... il a l'air d'un ours!...

— C'est vrai, ma fille!... encore s'il venait s'asseoir près de nous, causer, faire le galant!...

— Ah! bien oui!... il ne s'occupe plus de nous!... Je vous demande un peu ce qu'il fait là-bas dans ce coin... près de madame Germeuil!...

— Décidément il n'est point aimable; aussi je ne le conduirai pas après-demain chez M. Verduro où l'on fait de la musique, et où il y aura peut-être une collation. J'y mènerai le petit Godard; il est un peu bête, mais au moins il saute tant qu'on veut!

— Oui, et il est toujours là pour nous donner à boire.

— A propos, Cléopâtre, qui est-ce qui nous reconduira ce soir?...

— Mais je ne sais... Deux de nos messieurs sont déjà partis... l'un avait mal à la tête, l'autre voulait se coucher de bonne heure parce qu'il a un rendez-vous demain matin... il nous faut quelqu'un cependant.

— Sois tranquille, je vais cacher le chapeau de M. Dufresne, il ne s'en ira pas sans nous, je t'en réponds; il serait fort, celui-là!... être mené par des dames et les laisser s'en aller seules!...

— Vous savez bien, maman, que ce ne serait pas la première fois que pareille chose nous arriverait.

— N'importe, Cléopâtre, il n'en sera pas ainsi ce soir, et M. Dufresne payera la voiture.

Pendant la conversation de ces dames, Dufresne continuait à faire ses observations. Il avait remarqué que madame Germeuil paraissait fort liée avec une jeune veuve nommée madame Dolban; dès lors cette madame Dolban devint l'objet de toutes les attentions de Dufresne, qui parvint aisément à nouer connaissance; car la veuve n'était nullement jolie, et les hommages d'un homme fait pour plaire devaient lui paraître d'autant plus flatteurs qu'elle en recevait rarement.

Lorsque Dufresne voulut partir, il tomba dans le piége que madame Devaux avait préparé, il ne retrouva son chapeau qu'au moment où la maman et ses trois demoiselles furent prêtes à s'en aller. Il n'y avait pas moyen d'esquiver la corvée. D'ailleurs madame Dolban avait refusé son bras, mais elle lui avait permis de venir lui présenter ses hommages; et c'était tout ce qu'il voulait.

Le jeune homme s'acquitta donc d'assez bonne grâce

du service qu'on attendait de lui ; il emballa la famille Devaux dans un sapin, se plaça sur le devant entre Cléopâtre et Césarine, et l'on roula vers la rue des Martyrs.

Chemin faisant, il fallut que Dufresne essuyât un feu roulant d'épigrammes lancées par les trois demoiselles contre les hommes qui ne sont pas complaisants, qui ne font pas comme les autres, qui ont mauvais goût, qui parlent aux femmes laides et négligent les jolies, et mille autres sarcasmes dictés par le dépit que l'on avait éprouvé de le voir s'occuper de madame Dolban.

Dufresne écouta tout cela fort tranquillement, ou, pour mieux dire, je crois qu'il ne l'écouta point du tout ; car il s'embarrassait peu de ce que pensaient les personnes qui causaient près de lui, et son esprit était alors trop préoccupé pour faire attention au bavardage des trois demoiselles.

Enfin on arriva rue des Martyrs. Dufresne mit chez elle la famille Devaux. Il reçut en s'inclinant la révérence de la maman, le salut froid de Cléopâtre, le bonsoir bien sec de Césarine et le soupir étouffé de Cornélie.

CHAPITRE IV

PROJETS DE BONHEUR.

Adeline se réveilla dans les bras d'Édouard ; la jeune femme se sentait tout autre près de son ami : une nuit d'amour suffit pour établir une douce confiance, une tendre intimité, et chasser ce sentiment de respect, de timidité que la volupté peut seule bannir.

Comme on fait de grands projets pour l'avenir, comme on arrange une existence charmante pour être constamment heureux, lorsque dans les bras de l'objet de sa tendresse, on se livre sans réserve à toutes les illusions qui embellissent l'imagination de deux jeunes amants !

Adeline, douce, sensible, aimante, est certaine d'être

toujours heureuse tant que son Edouard l'aimera, et son Edouard l'aimera toujours : elle n'en doute pas, ni lui non plus; ce n'est pas lorsqu'on vient pour la première fois de connaître toutes les douceurs de l'amour dans les bras de sa femme que l'on pense pouvoir changer. On est sincère alors, on éprouve tout ce qu'on dit, et sans doute on tiendrait tout ce qu'on promet, si les mêmes jouissances pouvaient toujours faire goûter les mêmes plaisirs.

Il semble, dans ces moments d'épanchement qui suivent les témoignages d'amour, que l'on soit vraiment né l'un pour l'autre. On a les mêmes goûts, les mêmes pensées, les mêmes désirs que l'objet de sa tendresse; ce que dit l'un, l'autre l'approuve; ce que la jeune épouse projette, le mari allait le proposer : on se devine mutuellement, et l'on trouve tout simple alors de n'avoir qu'une âme, qu'une volonté. Heureux accord! douce union! vous donneriez le bonheur le plus parfait si vous pouviez durer éternellement.

— Ainsi, ma chère amie, dit Edouard en baisant les jolies petites mains de sa femme, nous passerons l'hiver à Paris et quatre mois de la belle saison à la campagne.

— Oui, mon ami, c'est convenu.

— Mais garderai-je la place que j'occupe dans une administration?... cela m'empêcherait de m'absenter.

— Tu ne la garderas pas!... à quoi bon?... nous avons quinze mille livres de rente; n'est-ce pas suffisant pour être heureux?

— Oh! c'est plus qu'il n'en faut!...

— D'ailleurs ta place te tiendrait toute la journée éloigné de moi, et je ne veux pas de cela!

— Chère Adeline!... mais ta mère, que dira-t-elle si j'abandonne mon emploi?

— Maman n'a qu'une volonté : c'est de me rendre heureuse; elle approuvera nos plans de conduite, elle n'a pas plus d'ambition que nous.

— Allons, c'est décidé; demain j'envoie ma démission

— Oui, mon ami.

— Et nous irons acheter une petite maison de campagne, simple, mais de bon goût, où nous logerons avec ta mère... De quel côté la prendrons-nous?

— Où tu voudras, mon ami.

— Non, c'est à toi de décider.

— Tu sais bien que je suis toujours de ton avis...

— Allons, nous visiterons les environs... nous lirons les petites affiches... nous consulterons la maman...

— C'est cela, mon ami.

— Recevrons-nous beaucoup de monde?

— Comme tu voudras, mon ami.

— Ma chère amie, c'est à toi de régler cela.

— Eh bien! nous recevrons peu de société, car le monde nous empêcherait d'être ensemble, de nous promener rien que nous deux, et je sens que cela me contrarierait beaucoup!

— Que tu es aimable!...

— Nous recevrons quelques amis seulement... ceux de maman par exemple.

— C'est cela. Le matin nous nous promènerons dans notre jardin... car il nous faut un jardin, n'est-ce pas?

— Oh oui! mon ami!... un grand jardin... où il y aura du couvert... et des bosquets!...

— Ah! tu songes déjà aux bosquets!...

— Est-ce que cela vous fâche, monsieur?

Pour toute réponse Edouard embrasse sa femme, la presse contre son cœur, reçoit ses douces caresses, et... la conversation est interrompue pendant quelques minutes.

— Nous aurons donc un grand jardin avec des bosquets bien couverts, dit Edouard lorsqu'on reprit l'entretien.

— Oh! oui, mon ami, répond Adeline en souriant et en baissant des yeux encore humides de volupté. Le soir nous parcourrons les environs, nous irons danser avec les villageois; ou, s'il fait mauvais temps, nous ferons la partie avec quelque voisin... Est-ce bien comme cela?

— Oui, mon amie... c'est très-bien.

La tendre Adeline est toujours de l'avis de son époux ; Edouard ne veut pas avoir une volonté, et ils sont tellement d'accord que c'est à qui ne sera pas le maître et ne commandera pas dans la maison.

Les jeunes époux en étaient à un article très-intéressant du bonheur conjugal : ils songeaient aux enfants qu'ils auraient, à l'éducation qu'ils leur donneraient et à la profession qu'ils leur feraient embrasser, lorsqu'on frappa doucement à la porte de leur chambre.

C'était madame Germeuil qui venait embrasser sa fille et jouir du bonheur qu'elle lirait dans ses yeux. Doux spectacle pour une mère!... et qui lui rappelle la même époque de sa vie.

Adeline rougit en embrassant sa mère. La bonne maman leur annonce que le déjeuner les attend, et un déjeuner est une affaire très-essentielle après la première nuit d'hymen. La mariée cependant y mange peu ; elle est trop préoccupée pour avoir de l'appétit ; les idées nouvelles qui se croisent dans sa tête suffisent pour éloigner tout autre besoin ; mais le marié, c'est bien différent, il ne mange pas : il dévore! Nouvelle preuve que les hommes sont moins aimants que les femmes, puisque la même cause ne produit pas le même résultat.

Pendant le déjeuner, les jeunes gens parlèrent à madame Germeuil de leurs projets. La maman fit une petite grimace lorsqu'on lui dit que l'on enverrait la démission de la place d'Edouard. Elle voulut faire quelques observations ; elle essaya de prouver le tort que cela pouvait faire à Murville, qui avait l'espérance de monter en grade et d'être nommé un jour chef de bureau. Le jeune homme ne disait rien : il sentait peut-être intérieurement que sa belle-mère avait raison ; mais Adeline pria sa mère avec tant de grâces, elle l'embrassa si tendrement, fit un tableau si touchant du bonheur dont ils jouiraient tous trois en ne se quittant jamais; elle vanta si adroitement les plaisirs de la campagne, leurs plans de conduite, et tous les agréments dont ils embelliraient son existence, que madame Germeuil n'eut pas le courage de résister aux prières de sa fille, et le projet fut adopté.

— Mais, cependant, dit madame Germeuil, Edouard ne peut pas rester sans rien faire. L'oisiveté est un état bien dangereux, et qui nous conduit souvent à commettre des sottises dont nous n'aurions eu aucune idée si nous avions été occupés.

— Oh! maman, soyez tranquille!... Edouard aura toujours de l'occupation!... Je me charge de lui en donner, moi!... D'abord le détail de nos affaires... c'est lui qui veillera à la conservation de notre petite fortune; ensuite le soin de notre petite maison de campagne, puis le temps qu'il passera avec moi, les promenades que nous ferons...

— Mais, ma chère amie, on ne peut pas se promener toujours.

— Sans doute!... mais on se repose... ou l'on travaille dans son jardin... Et nos enfants donc, auxquels vous ne pensez pas!... est-ce qu'il ne faudra pas les élever, veiller à leur éducation, guider leurs premiers pas?...

— Ah! tu penses déjà aux enfants que tu auras?

— Oui, maman; oh! cela est entré dans notre plan?...

— Que tu es folle, ma chère Adeline!

— Non, maman; oh! vous verrez que je serai raisonnable, et mon mari aussi.

Madame Germeuil ne paraissait pas entièrement convaincue de la sagesse des projets de sa fille; mais elle comptait veiller constamment sur la conduite de ses enfants, et elle savait qu'Adeline, prompte à former des châteaux en Espagne, serait aussi la première à revenir de ses erreurs, si jamais elle en commettait. Pour Edouard, il faisait tout ce qu'on voulait, il ne s'agissait donc que de le bien conseiller, et de ne point faire comme sa femme, qui était toujours de son avis.

Après le déjeuner, on s'occupa du choix de la campagne que l'on habiterait. On avait envoyé chercher les Petites Affiches : Adeline les avait passées à son époux, et madame Germeuil cherchait dans sa mémoire de quel côté l'air devait être le plus sain, lorsque Murville poussa un cri de surprise et fit un saut sur sa chaise.

— Qu'est-ce donc, mon ami? demande Adeline, étonnée de l'émotion de son mari.

— C'est bien cela, dit Edouard en continuant de lire le journal; à Villeneuve-Saint-Georges, la maison qui donne dans les champs... deux étages... un grand jardin... un pavillon... une cour... une grille...

— Eh bien! mon ami, c'est tout cela qui a failli te faire renverser le déjeuner...

— Ah! ma chère amie... Ah! ma bonne maman... cette maison!...

— Est-ce que tu la connais?...

— Si je la connais!... Elle a appartenu à mon père... j'y ai passé une partie de ma jeunesse.

— Se pourrait-il!...

— Des malheurs nous avaient forcés de la vendre... mais je la regrettais toujours !

— Quoi! mon ami, tu ne nous en avais pas parlé...

— J'ignorais qu'elle fût maintenant en vente.

— C'est fini, mon ami, ne cherchons plus; nous avons trouvé ce qu'il nous faut... la demeure où tu as passé une partie de ton enfance!... Cher Edouard!... Ah! que je vais me plaire là! Maman, vous y consentez, n'est-ce pas?

— Mais, mon enfant... si la maison n'est pas trop chère...

— Oh! elle ne peut pas être trop chère; c'est la maison d'Edouard : nous y serons si bien!...

Villeneuve-Saint-Georges... oui, je crois que l'air y est très-bon!...

— Certainement que l'air y est délicieux... partons tout de suite, mon ami.

— Mais, ma fille, il est déjà tard... car vous ne vous êtes pas levés de bonne heure; et si nous attendions à demain...

— Demain!... et si la maison se vendait aujourd'hui!... Ah! je ne m'en consolerais jamais!... Ni Édouard non plus... il ne dit rien, mais il brûle aussi de partir...

— Allons, mes enfants, puisque cela vous fait tant de plaisir; cependant il y a quatre lieues d'ici là!...

— Nous avons un bon cabriolet de campagne... le cheval se repose depuis quinze jours... il nous mènera bon train...

— Où dînerons-nous?

— A Villeneuve-Saint-Georges... il y a de bons traiteurs... N'est-ce pas, mon ami?

— Mais, oui... Oh! nous aurons facilement à dîner.

— Et pour revenir, il sera nuit... Tu sais bien, Adeline, que je n'aime pas à aller en cabriolet le soir...

— Oh! maman, c'est Édouard qui conduira... vous savez comme il est prudent pour conduire... d'ailleurs la route est superbe... n'est-ce pas, mon ami?

— Mais elle l'était du moins, il y a dix ans.

— Vous voyez bien, maman, qu'il n'y a pas de danger... Ah! dites que vous le voulez bien!...

— Il faut bien que je fasse tout ce que tu veux!...

— Que vous êtes bonne!... Je vais mettre mon chapeau.

Adeline court à sa toilette. Édouard dit au vieux Raimond, leur serviteur, de mettre le cheval au cabriolet. Madame Germeuil se prépare au voyage, et Marie, la domestique des nouveaux époux, voit avec chagrin qu'on ne touchera pas au joli dîner qu'elle a préparé pour le lendemain de noces.

La jeune femme est prête la première : on met peu de temps à sa toilette quand on a la certitude de plaire; c'est sans doute pour cela que les vieilles coquettes passent deux heures devant le miroir. Adeline n'a qu'une simple robe de mousseline, une ceinture nouée autour de la taille la mieux prise; un chapeau de paille, qui n'est point surchargé de plumes et de fleurs, et un petit châle jeté négligemment sur ses épaules; avec cette mise simple, Adeline est charmante ; tout en elle doit plaire ; sur tous ses traits respirent l'amour, le bonheur !... et le plaisir embellit encore une jolie femme.

Edouard regarde la sienne avec ivresse, madame Germeuil contemple sa fille avec orgueil; Adeline les embrasse tous deux et donne la main à sa mère pour qu'elle descende de suite ; la jeune femme brûle de partir et de voir la maison de campagne où fut élevé son Edouard ; celui-ci ne désire pas moins se retrouver dans les lieux témoins des jeux de son enfance ; enfin la bonne maman est placée dans le fond du cabriolet, Adeline près d'elle ; Edouard prend les rênes, et l'on part pour Villeneuve-Saint-Georges.

CHAPITRE V

LA TÊTE A MOUSTACHES.

Edouard menait le cheval bon train; en peu de temps on arriva au village. Lorsqu'on eut dépassé la grande rue et tourné du côté des champs, on découvrit la maison que l'on désirait tant apercevoir; alors Adeline fit plusieurs bonds de joie, et ôta son chapeau afin de mieux voir ; alors Edouard fouetta le cheval avec plus de force, et la maman Germeuil jeta les hauts cris en disant que l'on allait verser.

Enfin la voiture s'arrête devant la grille qui ferme la cour.

— C'est cela... c'est bien cela, dit Edouard en sautant à terre, oh ! c'est bien ici... je reconnais la porte... la cour... et jusqu'à cette sonnette !... C'est la même que de mon temps ! et voilà l'écriteau qui indique que la maison est à vendre.

Pendant qu'il examine avec émotion les dehors de la maison, Adeline fait descendre sa mère du cabriolet; on attache le cheval, on entre dans la cour, car la porte n'en est pas fermée.

— Oh! comme je me plairai ici! dit Adeline en jetant de tous côtés des regards satisfaits; n'est-il pas vrai, maman, que cette maison est charmante?

— Mais, ma fille, un moment, nous n'avons encore rien vu.

Un grand paysan sort d'un rez-de-chaussée, suivi d'un énorme chien.

— Que demandez-vous? dit-il en examinant assez malhonnêtement les nouveaux venus.

— Nous désirons voir cette maison, répond Edouard.

— Oui, et l'acheter, ajoute vivement Adeline.

— A la bonne heure, murmure entre ses dents le concierge; suivez-moi, je vais vous conduire à mon maître.

Edouard, sa femme et madame Germeuil suivent leur conducteur, qui monte un escalier et les fait entrer au premier, dans une salle à manger, où il les laisse pour aller prévenir son maître.

Bientôt une petite voix aigre sort de la pièce où est entré le concierge, et nos voyageurs entendent ce colloque :

— Que me voulez-vous, Pierre?

— Monsieur, ce sont des acheteux pour vot' maison.

— Venez-vous encore me déranger inutilement, et m'amener quelque butor comme tout à l'heure?

— Oh! non, monsieur!... Ceux-ci ont l'air *calé!*...

— Ce diable d'homme m'a mis d'une colère! j'en ferai une maladie, c'est sûr!...

— J' vous dis, monsieur, que ces gens-ci ont un cabriolet...

— Ah! c'est différent. Je vais leur parler.

Madame Germeuil et ses enfants ne savaient que penser de ce qu'ils entendaient, lorsque la porte de la pièce voisine s'ouvrit : un petit homme, maigre, jaune, ridé, en robe de chambre et en bonnet de coton, parut et salua la société d'un air qu'il essaya en vain de rendre agréable.

— Nous désirons visiter cette maison, dit Edouard ; ce n'est pas que je la connaisse fort bien ; mais ces dames seront bien aises de la voir.

— C'est très-singulier, dit le petit monsieur en regardant le concierge, tout le monde connaît ma maison !... et votre intention est-elle de l'acheter?

— Mais sans doute, si le prix nous convient.

— En ce cas, je vais vous conduire moi-même.

— Quel original ! dit tout bas Adeline à son mari ; je gagerais que c'est quelque vieil usurier qui s'était retiré ici, et qui ne peut résister au désir de faire encore son commerce dans la capitale.

On parcourt la maison, depuis le rez-de-chaussée jusqu'au grenier ; le petit monsieur ne fait grâce de rien, et Edouard, qui est bien aise de revoir son ancienne demeure, écoute avec patience tous les détails que donne le vieux propriétaire sur les avantages que renferme sa maison. De temps à autre, notre jeune homme regarde sa femme en souriant :

— C'est bien cela, dit-il en entrant dans chaque chambre... je reconnais cette pièce... ce cabinet... ces armoires.

Le vieux monsieur regarde alors en souriant aussi son domestique ; tous deux paraissent se comprendre.

— Vous avez donc jadis demeuré ici, monsieur? demande enfin le maître du logis à Murville.

— Oui, monsieur, oui, j'y ai passé une partie de ma jeunesse.

— C'est ben drôle ! murmure tout bas le concierge.

— C'est surprenant ! dit en lui-même le vieux propriétaire.

Madame Germeuil trouva la maison commode et en bon air ; Adeline était enchantée, Edouard demanda à parcourir les jardins ; le petit monsieur s'excusa de ne point les accompagner, mais il était déjà fatigué ; il les pria de suivre son concierge, et nos jeunes gens ne furent nullement fâchés d'être un moment débarrassés de lui.

Le paysan marchait devant, madame Germeuil le suivait, Adeline et Edouard fermaient la marche, ils se donnaient la main. Edouard faisait remarquer à sa femme tous les endroits qui lui rappelaient une époque de sa jeunesse.

— C'est ici, dit Edouard, que je lisais près de mon père... c'est dans cette allée que mon frère Jacques se plaisait à courir et à monter sur ces beaux abricotiers...

— Ce pauvre frère Jacques !... tu n'en as jamais eu de nouvelles ?...

— Non !... Oh ! il est mort dans quelque pays étranger !... sans cela, il serait revenu, il aurait cherché à revoir nos parents !...

— Voilà ce que c'est, dit madame Germeuil, que de ne point veiller sur les enfants ! celui-là a peut-être fort mal fini.

Edouard ne répondit rien : le souvenir de son frère le rendait toujours triste et pensif ; il était presque persuadé que le pauvre frère Jacques n'était plus, et peut-être son amour-propre nourrissait-il de préférence cette idée, afin d'éloigner celles qui lui peignaient Jacques errant, misérable et avili. C'était surtout depuis la certitude de son union avec Adeline qu'Edouard avait souvent craint de retrouver son frère confondu dans la foule des malheureux ; il pensait que cela pourrait lui nuire près de madame Germeuil, et toutes les fois qu'un mendiant, de l'âge que devait avoir son frère, s'arrêtait devant Edouard, celui-ci sentait le rouge lui monter au visage, et il s'éloignait rapidement, sans considérer le pauvre diable qui lui demandait, de peur de reconnaître en lui frère Jacques.

Edouard n'était cependant pas insensible ; il n'aurait point voulu repousser son frère, et il craignait de le retrouver dans une situation méprisable : voilà comme sont les hommes ; ce diable d'amour-propre étouffe souvent les sentiments les plus doux : on rougit de son frère, de sa sœur ! il y en a même qui rougissent de leur père et mère; ces gens-là pensent apparemment qu'ils ne sont pas assez estimables par eux-mêmes pour se passer d'arbre généalogique.

Mais revenons à nos jeunes mariés qui parcourent tous les détours du jardin et sourient en se serrant la main lorsqu'ils passent devant une grotte bien sombre ou sous un petit bois bien touffu. Le concierge s'arrête un moment pour rattacher le collier de son chien; madame Germeuil et ses enfants continuent de se promener. On arrive au bout du jardin : ce côté-là donnait sur les champs et était fermé par un mur très-élevé; mais une ouverture avait été pratiquée pour la commodité des locataires, et la grille qui fermait cette ouverture était recouverte de planches, afin que les personnes qui passaient dans la campagne ne pussent point voir dans l'intérieur du jardin.

Cependant ces planches étant à demi pourries, une partie s'était détachée; et quand la société passa devant la grille, elle aperçut une tête d'homme appliquée contre les barreaux de fer, et qui, par un endroit où les planches étaient cassées, regardait avec beaucoup d'attention dans le jardin.

Madame Germeuil ne put retenir un cri de surprise; Adeline éprouva un secret saisissement, et Edouard lui-même se sentit ému à l'aspect de cette figure qu'on ne s'attendait pas à trouver là.

Le visage de l'homme qui regardait dans le jardin pouvait en effet, au premier abord, causer une sorte d'effroi : des yeux noirs, un teint olivâtre, d'épaisses moustaches et une cicatrice qui prenait depuis le sourcil gauche et traversait une partie du front, tout cela donnait à cette figure un aspect farouche qui ne prévenait pas en faveur de celui qui en était porteur.

— Ah! mon Dieu!... qu'est-ce que c'est que cela?... dit madame Germeuil en s'arrêtant subitement.

— Eh! mais, c'est un homme qui s'amuse à regarder au travers de cette grille, répond Edouard en regardant

3

l'étranger, qui ne se dérangeait pas et continuait à examiner le jardin.

J'ai eu presque peur, dit Adeline à demi-voix.

— Presque, ma fille ! tu es bien heureuse !... Quant à moi, j'avoue que je ne suis pas encore rassurée..

En disant cela, madame Germeuil s'éloignait de la grille et se serrait contre son gendre.

— Que vous êtes enfants, mesdames ! et qu'y a-t-il d'étonnant à ce que l'on s'amuse, en passant devant un jardin qui paraît beau, à le considérer un moment ? Cela nous est arrivé vingt fois !...

— Oui, sans doute !... mais nous n'avons pas des figures à moustaches !... capables de faire reculer ! Voyez donc... c'est qu'il ne se dérange pas au moins !... il n'a pas l'air de faire attention à nous.

Dans ce moment le concierge rejoignit la société. En approchant de la porte qui donnait dans les champs il vit la figure qui effrayait les dames. Il fit alors une grimace très-prononcée, et murmura entre ses dents :

— Encore là !... ce maudit homme ne s'en ira donc pas !...

L'inconnu jeta les yeux sur le concierge, et les dames lurent dans les regards qu'il portait sur le paysan l'expression de la colère et du mépris. Ensuite, après avoir examiné un moment les personnes qui étaient dans le jardin, il ôta sa tête de contre les barreaux et disparut.

— Je voudrais bien savoir ce que c'est que cet homme-là ? dit Adeline en regardant son mari.

— Ma foi, je n'en augure rien de bon, dit la maman Germeuil, qui respirait plus librement depuis que la tête à moustaches n'était plus derrière la grille. Cet homme a l'air d'avoir de mauvais desseins ; n'est-ce pas, Edouard ?

— Oh ! ma chère maman, je ne vais pas aussi loin que vous !... si nous avions vu l'individu tout entier, peut-être sa figure nous aurait-elle semblé moins singulière que placée comme cela au dessus de vieilles planches et derrière des barreaux.

— Mon mari a raison, maman ; je crois que la manière dont nous envisageons les objets dépend de la situation dans laquelle ils s'offrent d'abord à nos yeux. Un homme couvert de haillons nous inspire souvent la défiance ; s'il se présentait à nous bien vêtu, nous n'éprouverions aucune crainte à son aspect. La nuit, le silence, le clair de la lune, l'ombre qui se projette sur les objets, tout cela change notre manière de voir et fait travailler bien vite notre imagination.

— Tu diras tout ce que tu voudras, ma chère amie, mais cette figure-là n'est pas celle d'un homme qui regarde un jardin par pure curiosité.

— C'est possible, mais j'aurais bien voulu voir la tournure de cet inconnu.

— Parbleu, dit le concierge, vous n'auriez rien vu de beau, je vous assure.

— Est-ce que vous connaissez cet homme ? dit aussitôt Adeline.

— Je ne le connais pas, madame, mais je l'ai vu déjà ce matin... il m'a tout l'air d'un gredin qui rôde dans le village pour faire quelque mauvais coup !... Mais qu'il n'y revienne pas, toujours, où je lâche mon chien sur lui !...

— Et vous ignorez ce qu'il cherche dans ce village?

— Ma foi, ça m'est fort égal ! pourvu qu'il ne se présente pas à la maison, c'est tout ce que je demande.

Comme dans ce moment on était devant la maison, et que le propriétaire attendait la société sur le devant de sa porte, Adeline ne prolongea pas davantage sa conversation avec le concierge.

— Eh bien ! que pensez-vous de ces jardins, dit le vieillard à Adeline.

— Oh ! c'est fort joli, monsieur ; et cela pourra nous arranger... n'est-il pas vrai, maman ?

— Oui... oui... peut-être cela nous conviendra-t-il.

« Depuis que la maman Germeuil avait vu au fond des jardins cette tête qui lui semblait de mauvais augure, elle ne trouvait plus autant d'agréments à la maison, et ne paraissait pas aussi enchantée de sa situation. Mais ses enfants désiraient vivement en faire l'acquisition, et sentant en elle-même combien sa répugnance était puérile, elle ne s'opposa pas à la conclusion du marché.

Le petit homme voulait d'abord rançonner les étrangers; mais lorsqu'on lui proposa de l'argent comptant, il consentit à rabattre de ses prétentions, et le marché fut conclu. Dans sa joie, le propriétaire engagea les dames à entrer se reposer, et alla même jusqu'à leur offrir un verre d'eau rougie. Mais on ne se souciait pas de faire plus ample connaissance avec le vieil avare; d'ailleurs les dames avaient appétit, et l'on n'avait que le temps de se rendre chez le notaire de l'endroit avant le dîner.

Le petit monsieur n'insista point pour que l'on s'arrêtât chez lui; il ôta son bonnet de coton, envoya le concierge chercher un vieux feutre tout déformé, qu'il mit sous son bras afin de le conserver plus longtemps; il passa un habit jadis noisette, mais dont on ne pouvait plus que soupçonner la couleur, et n'oublia pas la canne à bec de corbin, sur laquelle il s'appuyait d'autant plus volontiers, qu'il pensait qu'en lui faisant supporter une partie de son individu, cela devait ménager ses souliers.

On se rendit chez le tabellion, qui reçut le consentement des parties, et promit de donner l'acte de vente en règle dans les vingt-quatre heures; Édouard s'engagea à revenir au village le lendemain, avec le montant du prix de la maison; de son côté, M Rénâré, c'était le nom du propriétaire, promit d'être ponctuel et de livrer les clefs de la nouvelle habitation. Tout étant convenu, on se sépara, chacun fort satisfait de son marché.

CHAPITRE VI.

DINER DE CAMPAGNE.

— Maintenant songeons au dîner, dit Edouard en sortant avec les dames de chez le notaire, et tâchons de découvrir le meilleur traiteur de l'endroit.

— Mon ami, nous aurions dû nous informer de cela à M. Renâré...

— Non pas!... je suis sûr que le vieux ladre va chez le plus mauvais cabaretier, afin de payer moins cher... mais tenez... je vois une maison d'assez belle apparence... c'est un marchand de vin-traiteur... à *l'Epée couronnée*, noces et festins... Qu'en dites-vous, mesdames?

— Allons, va pour l'*Epée couronnée!*...

On entre chez le restaurateur champêtre : les murs de sa maison sont enjolivés de jambons, pâtés, dindons, poulets, bottes d'asperges, gibiers ; mais, en général, la cuisine des traiteurs de village n'offre jamais que le quart de ce qui est peint sur le devant de la porte ; encore les fourneaux sont-ils souvent froids.

Lorsque nos Parisiens entrèrent dans la grande salle de l'*Epée couronnée*, le maître de la maison, qui était aussi cuisinier en chef, était occupé à faire sa barbe, son petit marmiton jouait avec un bilboquet, la bourgeoise tricotait, et les deux filles, faisant les grands ouvrages, étaient occupées à savonner et à repasser.

— Diable! dit tout bas Edouard, voilà qui n'annonce pas une cuisine bien échauffée!... Enfin, à la guerre comme à la guerre!...

— Oui, mon ami ; d'ailleurs l'appétit est un bon cuisinier.

A l'aspect de deux dames élégantes conduites par un beau monsieur, et d'un cabriolet arrêté devant la porte, tout est en l'air dans la maison du traiteur. Le chef jette de côté rasoirs et savonnette; il s'essuie à peu près la figure, et s'avance, à moitié rasé, vers les arrivants, auxquels il fait force saluts; sa femme se hâte de quitter son tricot, elle le roule dans ses doigts en faisant la révérence, le place au hasard sur une table sur laquelle on repasse, et Goton, une des servantes, qui tenait alors un de ses fers bien chauds, lève le nez pour examiner les belles dames qui entrent, et applique son fer sur la main de sa bourgeoise, en croyant repasser un tablier.

La maîtresse pousse un cri perçant en se sentant brûlée; elle recule et renverse le baquet; le petit marmiton, effrayé, cache son bilboquet dans une casserole, et les dames s'éloignent, pour ne point marcher dans l'eau de savon qui coule à grands flots dans la salle.

Le traiteur se confond en excuses, tout en cherchant à apaiser sa femme.

— Mille pardons, mesdames et monsieur... donnez-vous la peine d'entre... tais-toi donc, ma femme!... ça ne sera rien!... je m'en fais bien d'autres tous les jours... Nous avons tout ce que vous pourrez désirer, mesdames, la cuisine est bien fournie... C'est cet imbécile de Goton qui ne prend jamais garde à ce qu'elle fait... Mets de la pomme de terre dessus, ma femme... Mais entrez donc, mesdames; vous allez choisir une chambre ou un cabinet à volonté.

Les dames ne se pressaient pas d'entrer, parce qu'elles ne voulaient pas se mouiller les pieds; enfin une des servantes apporte une longue planche qui sert de pont pour arriver dans une autre pièce, le passage s'effectue en riant; et les dames et Édouard se promettent du plaisir dans une auberge où leur arrivée a déjà produit tant d'effet.

— Voyons, monsieur le traiteur, que nous donnerez-vous? dit Murville au cuisinier qui les suivait en leur vantant son talent pour faire promptement un dîner.

— Mais, monsieur, je puis vous faire une gibelotte qui sera soignée...

— Oh! parbleu! les gibelottes ne manquent jamais dans ces endroits-ci!... mais nous ne les aimons pas beaucoup... Avez-vous des côtelettes?...

— Oui, monsieur... on en aura facilement?

— Une volaille?...

— J'en ai une qui doit être excellente...

— Des œufs frais?...

— Oh! pour des œufs, nous n'en avons que de frais!..,

— Eh bien, voilà tout ce qu'il nous faut : avec une salade et de votre meilleur vin nous dînerons parfaitement, n'est-ce pas, mesdames?

— Oui, mais qu'on ne nous fasse pas attendre, car nous mourons de faim...

— Soyez tranquilles, mesdames, c'est l'affaire d'un moment.

Maître Bonneau retourne retrouver son monde.

— Alerte! dit-il en mettant son mouchoir en ceinturon (ce qu'il ne faisait pas dans les grandes occasions), alerte, ma femme, mesdemoiselles... nous avons du huppé à traiter!... et nous n'avons rien ici, que la gibelotte obligée, dont malheureusement ils ne veulent pas, et cette diable de volaille que j'ai fait rôtir, il y a huit jours, pour ce juif qui ne mangeait que du porc frais, et que je n'ai pu placer depuis : j'espère qu'enfin elle va se faire manger; Goton, remets-la à la broche... ce sera, je crois, la cinquième fois... c'est égal, je ferai un coulis avec du jus de bœuf à la mode, et cela sera délicieux...

— Ah, Dieu! quelle brûlure, voilà la septième pomme de terre que je râpe dessus...

— Parbleu!... tu me donnes une idée heureuse... Ces pommes de terre râpées sont toutes cuites... mets-les de côté, ma femme... j'en ferai un soufflé pour notre monde... Toi, Fanfan, cours chez le boucher, et fais en sorte d'avoir des côtelettes... et toi, Marianne, va acheter des œufs, et reviens éplucher une salade. Ah!... allumez-moi vite une chandelle... donnez-moi de la cire.. que je fasse des cachets sur mes bouteilles... cela fait trouver le vin meilleur.

Chacun se met en devoir d'exécuter les ordres de maître Bonneau, qui allume ses fourneaux et retrousse ses manches d'un air capable, afin de mettre chauffer de l'eau pour les œufs; Goton met à la broche la malheureuse volaille, et priant le Ciel que ce soit pour la dernière fois. Marianne apporte des œufs et va cueillir dans le jardin une douzaine de laitues; enfin madame Bonneau râpe force pommes de terre qu'elle applique sur sa brûlure, et qu'elle ramasse ensuite avec soin dans une assiette, ainsi que son mari le lui a recommandé, parce qu'un cuisinier habile tire parti de tout.

Cependant Fanfan revient de chez le boucher et rapporte une triste nouvelle : il n'y a point de côtelettes, parce que M. le maire a fait acheter les dernières ce matin; mais si l'on veut attendre une heure, le garçon de boutique, qui est allé faire repasser ses tranchets, sera de retour, et l'on tuera un mouton.

— Diable! voilà qui est désagréable!... dit maître Bonneau en mettant ses œufs dans l'eau; allons, il faut aller prendre l'avis de la société.

Le traiteur entre dans la pièce où les dames et Edouard commençaient à s'impatienter après le dîner, tout en riant de la scène à laquelle leur arrivée inattendue avait donné lieu.

— Eh bien, allons-nous dîner? dit Edouard en voyant son hôte.

— Dans l'instant, monsieur, dans l'instant.

— Vos instants sont bien longs, monsieur le traiteur.

— Je viens savoir votre avis au sujet des côtelettes...

— Comment?...

— Il n'y en a pas pour le moment chez le boucher; mais le garçon va revenir; il doit tuer un mouton, et si vous voulez faire un tour dans mon jardin jusqu'à ce qu'elles soient cuites...

— Pardieu!... nous aurions le temps d'attendre!...

jolie proposition! nous ne sommes pas venus chez vous pour visiter vos plates-bandes de laitues...

— Allons, mon ami, calme-toi, dit Adeline en riant du sang-froid de leur hôte et du dépit d'Edouard, nous nous passerons de côtelettes...

— Puis-je remplacer ce plat par une excellente gibelotte, madame?

— Donnez-nous ce que vous voudrez ; mais du moins, donnez-nous quelque chose.

— Dans l'instant, vous allez être servis.

Maître Bonneau n'est pas fâché de faire manger de la gibelotte ; c'est le plat dans lequel il excelle, vu qu'il s'exerce depuis vingt ans à le faire bon. Il saisit la casserole qui renferme les débris de deux lapins ; il la pose sur le feu : après l'avoir couverte, il charge Fanfan de retourner la fricassée ; et va porter ses œufs frais à la société.

— Vous voyez, mesdames, que je suis preste, dit le traiteur en posant avec grâce les œufs sur la table. Ah! j'ai pensé aussi qu'un soufflé aux pommes de terre et à la fleur d'oranger ne déplairait point à la compagnie...

— Comment donc, monsieur Bonneau, on fait des soufflés à l'*Epée couronnée?*

— Oui, monsieur... on en fait, et qui sont dans le bon style, je m'en vante!...

— Vous êtes donc un cordon bleu?

— Mais, monsieur, quand on a appris son état à Paris, au *Boisseau Fleuri,* on est propre à tout.

— Oh! c'est différent!... si vous êtes un élève du *Boisseau Fleuri,* cela ne nous surprend plus, et nous attendons avec confiance votre soufflé.

Bonneau se retire, tout bouffi des compliments qu'on vient de lui faire ; les dames essayent de faire entrer des mouillettes dans les œufs, mais il n'y a pas moyen ; ils sont tellement cuits, qu'il faut se résoudre à les éplucher et à les manger sur le pouce ; Adeline rit aux éclats, madame Germeuil hoche la tête, et Edouard annonce que, pour dernier agrément, les œufs sentent la paille.

— Voilà qui ne me donne pas une fort bonne idée du soufflé, dit la maman en remettant son œuf sur l'assiette.

— Allons, mesdames, espérons encore!... vous savez que les grands hommes ne font pas attention aux petites choses, et l'élève du *Boisseau Fleuri* peut bien ne pas savoir faire cuire des œufs à la coque.

Bonneau entre, tenant des deux mains un énorme plat de gibelotte qu'il pose devant Edouard.

— Monsieur le traiteur, pour un homme propre à tout, vous avez manqué nos œufs; ils sont durs et sentent la paille.

— Monsieur... quant à la paille, vous pensez bien que je ne fais pas les œufs moi-même, cela dépend entièrement des poules; pour la cuisson, c'est la faute de ma montre, assurément; je laisse mes œufs cinq minutes dans l'eau : si ma montre retarde pendant qu'ils sont sur le feu, vous sentez que le meilleur cuisinier y serait pris !...

— C'est juste, vous avez raison; heureusement qu'il n'y a pas d'œufs dans une gibelotte, et que cela ne se fait pas à la minute...

— Aussi vous m'en direz des nouvelles... je vais veiller à ce que votre volaille soit cuite à point.

Bonneau s'éloigne, emportant ses œufs durs auxquels on n'a pas touché, et qu'il va couper sur la salade, ce qui fait qu'on les payera deux fois; c'est un profit tout clair; et pour qu'on ne dise plus qu'ils sentent la paille, le traiteur tire de son buffet une certaine huile dont le goût doit nécessairement dominer.

— Allons! dit Edouard en se disposant à servir les dames, puisqu'il faut absolument manger de la gibelotte, voyons si celle-ci fait honneur à notre hôte... Mais que diable y a-t-il donc là-dedans?... c'est de la ficelle... Est-ce que l'élève du Boisseau Fleuri attache des lapins tout entiers dans la casserole?... cela tient à quelque chose... et je n'en vois pas le bout... Parbleu! nous aurons les morceaux attachés après... Qu'est-ce que je vois là?... regardez donc, mesdames, est-ce une cuisse, est-ce une tête?... ces lapins-là sont singulièrement bâtis...

— Ah! mon Dieu! dit Adeline en examinant ce qu'Edouard tenait à sa fourchette, c'est un bilboquet!...

Et la jeune femme laisse tomber son assiette en riant comme une folle : Edouard en fait autant, et madame Germeuil elle-même ne peut garder son sérieux à l'aspect du joujou que son gendre vient de trouver dans la gibelotte.

On doit se rappeler que, lors de l'arrivée du beau monde de Paris, tout fut en l'air chez le traiteur; le garçon marmiton jouait alors avec un petit bilboquet, et lorsque sa maîtresse se brûla et renversa le baquet de savonnage dans la salle, Fanfan intimidé, et craignant d'être grondé par ses bourgeois, avait fourré son bilboquet dans la première casserole qui s'était trouvée près de lui. C'était justement dans celle contenant la gibelotte que le petit marmiton avait mis son joujou. Lorsque plus tard maître Bonneau avait pris la casserole, il l'avait couverte sans jeter les yeux dedans; le petit garçon avait ensuite retourné le ragoût sans se douter de ce qu'il renfermait; il était bien loin de penser, en veillant à la gibelotte, qu'il faisait cuire son bilboquet.

Les éclats de rire qui partaient de la chambre où la compagnie était censée dîner, parvinrent jusqu'aux oreilles de maître Bonneau.

— Ah! ah! dit notre traiteur, il paraît que notre monde est content! j'étais sûr que la gibelotte les remettrait en belle humeur!... Tant mieux! ça fait que la volaille passera plus facilement... Hâtons-nous de la servir avec la salade... Goton! donnez-moi l'huilier. C'est cela... Avez-vous coupé les œufs dessus?... bon, c'est très-bien... Voilà un repas qui nous rapportera de quoi passer la semaine.

Notre homme arrive dans la chambre où l'on avait pris le parti de rire au lieu de dîner. Il posa sa volaille sur la table, et garde le silence de l'air d'un homme qui attend un compliment.

— Ma foi, monsieur le traiteur, dit Edouard en tâchant de reprendre son sérieux, vous nous traitez bien singulièrement... Qu'est-ce que c'est qu'une fricassée de bilboquets?...

— Que voulez-vous dire, monsieur?

— Que nous n'avons jamais mangé de cela, monsieur Bonneau, et que cela ne nous convient pas...

— Mais que signifie?...

— Regardez, monsieur, est-ce là du lapin?

Maître Bonneau reste stupéfait, en voyant le bilboquet couvert de sauce.

— Tenez, dit Adeline, emportez votre gibelotte; ce que nous avons trouvé dedans ne nous donne aucune envie d'y goûter.

— Madame, je suis en vérité désolé de ce que je vois!... cependant vous sentez bien qu'il n'y a pas de ma faute!... si les lapins mangent des bilboquets...

— Ah! pour le coup, voilà qui est trop fort, et si votre volaille ne vaut pas mieux que le reste, nous serons forcés d'aller dîner ailleurs.

Le traiteur s'éloigne sans en entendre davantage : il arrive dans sa cuisine, rouge de colère, et va tirer les oreilles à Fanfan pour lui apprendre à mettre des bilboquets dans ses fricassées.

— Qu'as-tu donc, mon ami? dit madame Bonneau à son mari, en lui portant l'assiette qui contient le remède aux brûlures.

— Ce que j'ai! ce que j'ai! ce petit drôle ne fait que des sottises! il fourre des ordures dans mes ragoûts : l'autre jour on a trouvé deux bouchons dans une matelote; heureusement elle était pour des ivrognes qui ont pris cela pour des champignons; mais aujourd'hui nous avons affaire à des gens fort difficiles, et il est cause qu'on ne goûte pas à ma gibelotte!... et cela au moment où je leur porte cette malheureuse volaille!... Ce petit polisson est sale comme s'il était chez un gargotier!... Ma femme, gratte bien ta brûlure... tu as encore des pommes de terre après... Allons! allons! il faut que je rétablisse ma réputation avec le soufflé.

Pendant que Bonneau s'escrimait pour le plat d'entremets, Édouard cherchait à découper la volaille, et madame Germeuil assaisonnait la salade. Mais en vain le jeune homme retournait le vieux dindon, il était desséché à force d'avoir vu le feu, et le couteau ne pouvait plus entrer dedans.

— Il faut y renoncer, dit Édouard en repoussant le plat.

— Il n'y a pas moyen de manger de cette huile-là, dit madame Germeuil qui venait de goûter la salade.

— Allons, dit Adeline, décidément nous ne dînerons pas aujourd'hui.

— Ma foi, mesdames, dit Édouard en se levant de table, je crois qu'il est inutile que nous attendions le soufflé de pommes terre, dans lequel nous trouverions sans doute quelque morceau de poisson. Remettez vos châles, vos chapeaux, pendant que je vais un peu laver la tête à ce traiteur, qui a vraiment l'air de se moquer de nous.

— Surtout, mon ami, ne va pas te fâcher! songe que le plus sage est de rire de tout ce qui nous arrive; n'est-il pas vrai, maman?

— Oui, ma fille; mais cependant nous ne devons pas payer un dîner comme celui-ci.

Édouard sort de la chambre et se dirige du côté de la cuisine. Au moment où il va entrer dans la grande salle, la voix d'une des servantes parvient à son oreille; il entend parler du soufflé; il s'arrête contre la porte vitrée, curieux de connaître le sujet de leur discussion, et il écoute la conversation suivante :

— J't'e dis, Marianne, que j'n' voudrais pas manger de ce fricot que not' maître fait maintenant, quand bén même on me payerait pour ça!...

— Tien, t'es ben difficile! c'est une friandise qu'il prépare.

— Jolie friandise!... et qui aura bon goût!

— Bah! faut pas être comme ça dégoûtée!... Si tu voyais faire le pain donc! c'est ben autre chose!... ils ont souvent de la pâte ailleurs que sur la main!... Eh ben, ça cuit tout d'même!... et le vin!... Ah! dame... j'ai mon oncle l'vigneron qui a des clous aux fesses, ça ne l'empêche pas de se mettre dans la cuve comme un petit saint Jean, et son vin est du chenu?...

— Tu diras tout c' que tu voudras, Goton, je ne vois faire ni le vin, ni le pain ; mais j'ons vu ces pommes de terre râpées sur la brûlure de la bourgeoise, qui ne savonne pas tous les jours, et je dis qu'un gâteau fait avec ça ne me séduirait pas du tout.

Edouard en sait assez ; il entre brusquement dans la salle, les deux servantes restent interdites et le laissent se rendre à la cuisine, où il trouve maître Bonneau qui glaçait son soufflé avec de la mélasse.

Notre jeune homme donne un coup de pied dans le four de campagne, et envoie l'entremets dans le jardin servir de pâture aux pigeons. Le traiteur regarde Edouard d'un air effaré.

— Qu'a donc monsieur... d'où vient cette colère?

— Ah! maudit gargotier! vous nous faites des soufflés avec des pommes de terre qui ont guéri la main de votre femme.

— Monsieur... que voulez-vous dire?

— Vous m'entendez bien ; vous mériteriez que je vous donnasse une correction...

— Monsieur... j'ignore...

— Nous partons, mais je reviendrai dans ce pays, et je me souviendrai de maître Bonneau, élève du *Boisseau Fleuri* et faisant noces et festins à *l'Épée couronnée*.

Edouard laisse là le traiteur et va rejoindre les dames. Elles se disposaient à quitter leur salle à manger.

— Partons, mesdames, dit Edouard en les voyant,

sortons vite de cette maison, et estimez-vous heureuses de n'avoir point mangé du soufflé de pommes de terre.

— Qu'y avait-il donc encore, mon ami ?

— Je vous conterai cela plus tard ; le plus pressé est de sortir de chez ce maudit empoisonneur.

Edouard prend la main d'Adeline, madame Germeuil les suit ; ils vont sortir de l'auberge, lorsque le traiteur accourt et arrête la société.

Un moment, mesdames et monsieur, dit maître Bonneau en repoussant son bonnet de coton sur le haut de sa tête, un moment, je vous prie ; il me semble qu'avant de sortir de chez un restaurateur on doit payer son dîner.

— Son dîner !... ah ! parbleu ! monsieur le restaurateur, vous serez bien adroit si vous nous prouvez que nous avons dîné !...

— Monsieur, je vous ai servi tout ce que vous m'avez commandé ; si vous n'en avez pas mangé, cela ne me regarde plus !...

— Vous vous moquez de nous, monsieur Bonneau, en disant que vous nous avez servi ce que nous vous demandions : nous voulions des œufs à la coque, vous nous donnez des œufs durs ; nous demandons des côtelettes, vous nous apportez un bilboquet en gibelotte ; pour vin, vous nous donnez du vinaigre, de l'huile à quinquets pour mettre dans la salade, une volaille que je déferais à un Anglais de découper, et un soufflé fait avec... Ah ! croyez-moi, monsieur le traiteur, ne faites point le méchant, ou je vous fais punir comme un homme dangereux, et je fais fermer votre cabaret.

— Mon cabaret ! dit Bonneau étouffant de colère !... ah ! nous allons voir !... Payez-moi de suite le montant de cette carte... quarante francs quinze centimes, ou je vous mène chez M. le maire.

Pour toute réponse, Edouard prend la carte et la jette au nez du marchand de vin. Alors celui-ci fait un vacarme terrible ; tous les paysans du village accourent.

— Ce sont des gens de Paris, qui ne veulent pas payer leur dîner! dit la canaille, toujours prête à donner tort aux habitants de la ville; ça vient en cabriolet, et ça n'a pas le sou dans sa poche.

Nos jeunes mariés rient de ce qu'ils entendent, et se disposent à aller chez le maire; la maman Germeuil les suit dans le cabriolet; tous les paysans entourent maître Bonneau, qui marche en tête, ayant à côté de lui Fanfan, qui porte sur un plat la fameuse volaille, parce qu'Edouard a exigé qu'elle fût soumise à l'examen de quelques experts. Le cortége traverse ainsi le village et se rend chez M. le maire, s'augmentant en route de tous les curieux de l'endroit pour qui cet événement est une bonne fortune.

On arrive enfin devant la maison de M. le maire; on demande à lui parler:

— Il n'a pas le temps de vous écouter à présent, dit la domestique, il va se mettre à table.

— Il faut pourtant qu'il nous juge, dit Bonneau.

— Et qu'il juge cette volaille, ajoute Edouard en riant.

— Ah! il y a une volaille, dit la domestique. Ah ben! c'est différent; j'vas dire à M. le maire que c'est une affaire de volaille, et qu'il faut ben qu'il y soit.

La domestique va retrouver son maître, et lui explique si bien l'affaire, que M. le maire, qui n'y comprend rien, se décide enfin à quitter pour un moment ses convives, et à se rendre à sa salle d'audience.

Dans ce temps-là, le maire de l'endroit n'était pas un génie; il venait de se faire construire un belvédère dans le fond de son jardin; et comme il était enchanté de ce petit bâtiment, dont il avait conçu l'idée et qu'il craignait apparemment qu'on ne crût l'avoir vu ailleurs, il avait fait écrire sur le haut de la porte d'entrée: *Ce belvédère fut fait ici*.

Un silence profond régna dans l'assemblée quand le maire parut.

— Où est la volaille qui fait le sujet de la discussion? dit-il avec gravité.

— Monsieur le maire, ce n'est pas seulement une volaille, c'est tout un dîner qu'on ne veut pas me payer, dit maître Bonneau en s'avançant.

— Un dîner !... c'est *conséquent* !... L'a-t-on mangé ?

— Non, monsieur, dit Edouard, et vous en voyez dans cette volaille un échantillon.

— Examinez la carte, monsieur le maire, vous verrez que c'est au plus juste...

— Voyons donc la carte... Des œufs frais...

— Ils étaient durs...

— N'importe !... qui casse les verres les paye ; par conséquent, qui casse les œufs doit les payer.

— De la gibelotte...

— Nous avons trouvé dedans un bilboquet...

— Cela ne regarde pas les lapins. D'ailleurs un bilboquet n'est pas capable de faire tourner une sauce... Passons : un chapon au gros sel...

— Le voilà, monsieur le maire, veuillez bien le tâter et le sentir.

M. le maire fait signe à Fanfan d'approcher ; mais le petit marmiton, intimidé à la vue de tant de monde, présente le plat d'une main mal assurée, et la volaille roule sur le parquet.

Le soi-disant chapon rend un son semblable à celui d'un tambour d'enfant qui roule sur le pavé.

— Oh ! oh ! il paraît un peu sec !... dit le maire en l'examinant.

— C'est d'avoir été comme cela promené au soleil, dit Bonneau, ça l'a un tantinet brûlé.

— Pardieu, j'ai là mon ami le tabellion qui se connaît en chapons, à ce que m'a dit sa femme ; il va me donner son avis.

Le maire ouvre une porte et appelle le tabellion, qui justement dînait chez lui, pour qu'il vienne juger de la qualité du chapon. Edouard et sa femme commençaient à perdre patience : ils devinaient, par ce que le juge leur avait déjà dit, qu'il leur faudrait payer le fripon d'aubergiste : et celui-ci, prévoyant aussi qu'il l'emporterait sur eux, les regardait avec insolence, et se retournait ensuite en souriant du côté des villageois, qui attendaient le moment où ils pourraient se moquer du beau monsieur et des belles dames de Paris ; ce qui est une grande jouissance pour les paysans.

Mais le tabellion arrive, il regarde Édouard et sa femme ; il les reconnaît pour les acquéreurs de la maison de M. Renard, et au lieu de considérer la volaille que Bonneau met sous son nez, il fait un grand serviteur à Murville, et salue très-humblement sa jolie compagnie.

— Quoi !... vous connaissez monsieur et madame ? dit avec surprise le maire au tabellion.

— J'ai cet honneur-là : c'est monsieur qui achète le domaine de mon voisin Renard, et qui en paye le prix comptant... L'acte se fait dans mon étude.

Ces paroles du tabellion changent entièrement la tournure de l'affaire. M. le maire devient d'une excessive politesse avec Édouard et d'une extrême galanterie avec sa femme ; il les supplie d'entrer un moment se reposer dans son salon. Puis, se tournant avec sévérité du côté de maître Bonneau, qui ne sait plus quelle mine faire :

— Vous êtes un drôle ! un fripon ! s'écrie-t-il avec force ; vous osez demander le payement d'un dîner qu'on n'a pas mangé !... Vous servez des volailles desséchées, des œufs gâtés, et vous demandez quarante francs pour cela !...

— Mais, monsieur le maire... vous aviez dit tout à l'heure !...

— Taisez-vous, ou je vous fais payer une amende. Je sais que vous mêlez des drogues à votre vin, et que vous volez tous les chats pour en faire des gibelottes ; mais prenez garde, maître Bonneau, le premier chat un peu gras qui disparaîtra, c'est vous qui en serez responsable !...

Le traiteur se retire confus, et enrageant tout bas contre l'arrivée du tabellion, qui a fait tourner M. le maire comme une girouette; il pousse Fanfan devant lui, rentre à son auberge en tenant la malheureuse volaille à sa main, et, pour que chacun partage sa mauvaise humeur, il annonce qu'on mangera le chapon au souper.

Le maire, sachant qu'Edouard et sa femme n'avaient pas dîné, voulait absolument qu'ils acceptassent le sien; il offrait d'aller lui-même chercher madame Germeuil restée dans le cabriolet; mais les jeunes gens s'y opposèrent en assurant qu'ils étaient attendus de bonne heure à Paris, et qu'ils ne pouvaient retarder davantage leur départ.

On se sépara donc, le maire en protestant du plaisir qu'il aurait à faire connaissance avec ses nouveaux administrés, et nos jeunes gens en le remerciant du zèle qu'il avait montré pour eux depuis l'arrivée de M. le tabellion.

Les paysans étaient encore devant la maison du maire lorsqu'Edouard et Adeline en sortirent; ils se rangèrent pour les laisser passer; quelques-uns même coururent vers le cabriolet, afin de prévenir madame Germeuil, et tous saluèrent très-humblement les gens de Paris lorsqu'ils partirent.

C'était cependant les mêmes personnes auxquelles les rustres prodiguaient des épithètes insolentes, et dont ils se moquaient un moment auparavant; mais alors on ne savait pas que M. le maire leur ferait des politesses!... Les hommes sont les mêmes partout.

CHAPITRE VII

OU L'ON REVOIT L'HOMME A MOUSTACHES.

On arrive à Paris bien affamé, comme vous le pensez. On demande vite à dîner. Les domestiques se dépêchent, se poussent afin d'aller plus vite, et en se poussant, en se cognant, on prend une chose pour une autre, on renverse les sauces, on laisse brûler un mets, on sert l'autre froid ; enfin, on fait tout de travers : c'est ce qui arrive souvent quand on veut trop se hâter.

Les domestiques n'attendaient plus leurs maîtres pour dîner ; le vieux Raymond ne conçoit pas pourquoi ils reviennent à jeun ; cela lui donne fort mauvaise opinion de l'endroit où ils ont été, et la cuisinière est bien fâchée de n'avoir pas deviné cela. Cependant nos voyageurs trouvent tout délicieux : la cuisine de maître Bonneau était encore présente à leur pensée.

Le lendemain de cette journée mémorable, Adeline était trop fatiguée pour accompagner Édouard à Villeneuve-Saint-George, et comme on avait donné parole à M. Renard, il fallut bien que la jeune épouse consentît à laisser aller son mari seul.

Murville promit d'être peu de temps absent ; il comptait revenir pour le dîner.

— Prends garde, lui dit madame Germeuil, de faire de mauvaises rencontres !...

— Je parie, maman, que vous songez encore à cette figure à moustaches que nous avons aperçue dans le fond du jardin...

— Ma foi, je ne m'en défends pas, et je vous avouerai même, mes enfants, que j'en ai rêvé toute la nuit.

— Ce n'est pas étonnant : lorsque quelque chose nous a violemment ému dans la journée, notre imagination frappée revoit en rêve le même objet. Mais cela ne veut pas dire qu'il faille en concevoir de tristes pressentiments.

— En vérité, maman, vous allez me rendre inquiète, dit Adeline, je voudrais déjà qu'Édouard fût de retour... Et pourtant il faut être bien enfant pour craindre sans sujet !... Allons, pars, mon ami, reviens vite, et surtout ne dîne pas à l'*Epée couronnée*.

Édouard baise la main de madame Germeuil ; il embrasse sa femme... comme on l'embrasse le lendemain de son mariage, quand on a trouvé la première nuit tout ce qu'on espérait, ou quand on croit l'avoir trouvé, ce qui est la même chose, et ce qui arrive à bien des gens qui ne s'y connaissent pas et qui se croient bien fins.

Il arrive à Villeneuve-Saint-George, et descend de cabriolet devant la maison qui va dans un moment lui appartenir.

— M. Renard est-il ici? demande-t-il au concierge.

— Il est déjà chez le notaire, monsieur.

— Diable! quelle exactitude!... ne le faisons pas attendre.

Murville laisse son cabriolet dans la cour de la maison, et se rend chez le notaire. L'acte était prêt, et M. Renard attendait impatiemment l'arrivée de son acquéreur; car, ayant appris la veille l'aventure de l'*Épée couronnée*, il avait déjà conçu quelques inquiétudes sur son marché : mais la présence d'Édouard, et surtout la vue d'un portefeuille garni de bons billets de banque lui rendit toute la tranquillité.

L'acte fut signé, le prix de l'acquisition payé, et M. Renard présenta en souriant les clefs de la maison à Édouard.

— Vous voilà propriétaire, monsieur; dès ce moment vous pouvez disposer de votre habitation et de tout ce qu'elle renferme, puisque je vous l'ai vendue toute meublée.

— Je vous remercie monsieur, mais vous pouvez prendre tout le temps qui vous conviendra pour faire vos préparatifs de départ : je ne voudrais pas que vous vous gênassiez en rien!

— Oh! monsieur, mes préparatifs sont bien vite terminés!... Je n'ai qu'un petit paquet à faire, et je le porte sous mon bras!...

— Vous avez donc déjà une autre demeure en vue?

— Eh mais, dit le notaire, M. Renard a six maisons dans Paris, et encore trois dans les environs; ainsi il ne doit pas être embarrassé...

— Six maisons à Paris, dit Édouard en lui-même, et il porte un habit rapiéceté et un chapeau percé!... et il est garçon!... et il n'a point d'héritier?... Cet homme-là croit donc ne jamais mourir!

Notre jeune homme salue le vieil avare et sort de chez le notaire. Il retourne dans sa nouvelle propriété. Le concierge l'attendait dans la cour, et semblait avoir quelque chose à lui demander; Édouard devina le sujet de son embarras.

— Cette maison est maintenant la mienne, dit-il au paysan; voici l'acte qui constate que j'en suis le maître; d'ailleurs M. Renâré va bientôt vous le signifier lui-même.

— Oh! monsieur, je n'en doutons pas...

— Êtes-vous attaché à M. Renâré?

— Non, monsieur... je n' sommes attaché qu'à la maison, et si monsieur ne me garde pas... j'vas être sur le pavé.

— Eh bien! je vous garde, je ne veux renvoyer personne, dès ce moment vous m'appartenez.

— Ça suffit, monsieur, je tâcherons de vous contenter.

Le villageois ne plaisait pas beaucoup à Édouard. Ce paysan paraissait brusque, grossier, et l'habitude de vivre avec M. Renâré lui avait donné un air de méfiance qui dominait dans toutes ses actions. Mais Édouard ne voulait pas, en revenant habiter la demeure de ses parents, se faire mal venir des habitants du village.

Comme il était encore de bonne heure, et qu'Édouard avait terminé chez le notaire plus promptement qu'il ne l'espérait, il ne put résister au désir de parcourir un moment sa propriété; il ordonna au concierge de lui donner la clef de la grille qui était au bout du jardin et le laissa près de son cabriolet.

Lorsqu'on sait qu'un terrain nous appartient, on en examine avec attention toutes les parties. Édouard remarqua que M. de Renâré avait fait planter des choux et de la salade dans tous les carrés destinés à recevoir des fleurs; il avait fait abattre de beaux acacias, qui ne donnaient à la vérité que de l'ombre, et les avait remplacés par des arbres fruitiers. Au lieu de buis pour border les allées, on avait semé du persil et des capucines ; enfin, en entrant dans un bosquet, qui jadis était tapissé de lilas et de roses, Édouard ne respira que l'odeur du cerfeuil et de l'oignon.

— Nous aurons beaucoup de changements à faire ici, se dit Édouard en riant de la parcimonie du vieux propriétaire ; mais en huit jours tout sera comme autrefois... à cela près des acacias, auxquels j'avais attaché une escarpolette!... mais j'ai passé l'âge où je m'amusais tant dessus !...

Il était alors au bout du jardin, il s'approcha de la porte grillée. — Il paraît que la terrible tête qui a tant effrayé ces dames ne se montre pas tous les jours, dit notre jeune homme en lui-même ; et il se disposait à mettre la clef dans la serrure... lorsque la tête à moustaches parut au-dessus de la planche brisée et se trouva précisément devant ses yeux.

Édouard s'arrête, et sent battre son cœur avec violence ; mais se remettant bientôt :

— Que demandez-vous, monsieur, dit-il à l'inconnu, et pourquoi êtes-vous constamment derrière cette porte, les yeux fixés sur ces jardins ?

— Je ne demande rien, répond l'étranger d'une voix forte et d'un ton brusque. J'examine ces jardins parce que cela me plaît... et je les regarde au travers de cette grille, parce que l'on ne m'a pas laissé la liberté de me promener dedans.

— Si c'est cela que vous désirez, vous pouvez maintenant vous satisfaire. Entrez, monsieur... rien ne vous en empêche présentement.

En disant cela, Édouard, qui est curieux de voir entièrement l'étranger, ouvre la porte grillée qui donne sur la campagne.

L'inconnu paraît surpris de la proposition d'Édouard ; cependant, dès que la porte est ouverte, il ne se fait pas prier une seconde fois, et il entre dans le jardin. Murville peut alors le considérer à son aise : il voit un homme d'une taille élevée, vêtu d'une vieille redingote bleue boutonnée jusqu'au menton, ayant des guêtres noires et usées, et tenant à la main un mauvais chapeau à trois cornes.

En examinant ce singulier personnage, dont le teint pâle, la barbe longue et la mise peu soignée semblaient annoncer la misère et le malheur, Edouard se souvint des soupçons de sa belle-mère, et un sentiment de défiance s'empara de son esprit.

L'étranger se promenait dans le jardin, s'arrêtant de temps à autre devant un bosquet ou un vieil arbre, et ne paraissant plus songer qu'il avait quelqu'un près de lui.

— Parbleu, se dit Edouard, je ne veux pas en être pour ma complaisance ; il faut que je sache quel est cet homme, et pourquoi il se tenait planté derrière la petite porte... Avançons, et, puisqu'il ne dit rien, entamons la conversation, il faudra bien qu'il me réponde.

L'étranger venait de s'asseoir sur un banc de gazon, d'où l'on apercevait la façade de la maison; Edouard s'approche et s'assied près de lui.

— Ah! pardon, monsieur, dit l'inconnu paraissant sortir de ses réflexions, je n'ai pas encore songé à vous remercier de votre complaisance.. Mais j'étais si empressé de revoir ces lieux...

— Oh! il n'y a pas de mal...

— Seriez-vous le fils du maître de cette maison?

— Non.

— Tant mieux pour vous.

— Pourquoi cela?

— Parce que c'est un vieil usurier, un impertinent!... ainsi que son concierge, auquel j'avais bien envie de donner une correction pour lui apprendre à vivre!...

— Que vous ont-ils donc fait?

— Je suis venu exprès dans ce village pour visiter cette maison. Hier j'arrive accablé de fatigue, j'entre dans la cour et je me repose sur un banc de pierre. Le

concierge vient à moi et me demande pourquoi je suis là.
Je lui dis que je désire visiter ces jardins. Il s'informe si
je veux acheter la maison. Cette question était déjà une
impertinence, car je n'ai pas l'air de quelqu'un qui a des
fonds à placer.

— C'est vrai, dit en lui-même Edouard.

— Lorsqu'il apprend que c'est pour un autre motif que
je viens en ces lieux, il m'ordonne de sortir; je le prie
encore de me permettre de parcourir un instant ces jardins. Il appelle son maître : un vieux juif paraît, et tous
deux veulent me mettre à la porte!... mille tonnerres!...
à la porte! moi!... un... Mais, non! j'oubliais que je ne
le suis plus! C'est égal, sans d'anciens souvenirs qui m'ont
retenu, j'aurais rossé le maître et le valet. Je ne l'ai
point fait cependant, et ne pouvant voir ces lieux qu'en
perspective, je suis allé me planter derrière cette grille
où vous m'avez aperçu hier.

— Je suis fort aise d'avoir pu réparer l'impolitesse du
concierge... et de vous avoir retrouvé aujourd'hui à la
même place.

— Ma foi! c'est un hasard!... Si je n'attendais pas un
camarade, auquel j'ai donné rendez-vous dans ce village,
je n'y serais certainement pas resté.

— Ah!... vous attendez un camarade?

— Oui, monsieur.

Edouard garde un moment le silence... il paraît réfléchir à ce que lui a dit l'inconnu; celui-ci reprend la conversation :

— Pardon, monsieur... si je vous questionne à mon
tour... mais comment se fait-il que le vieux coquin de
propriétaire vous confie les clefs de son jardin?

— Cette maison n'appartient plus à M. Renâré, il me
l'a vendue aujourd'hui même.

— Vendue!... Ah!... pardieu! j'en suis enchanté...
J'étais affligé de voir cette habitation entre les griffes de
cet arabe!...

— Vous aimez donc beaucoup cette maison?

— Je le dois, j'y ai passé une partie de ma jeunesse.
— Vous!...
— Moi.

Edouard regarde avec plus d'attention l'étranger; de vagues soupçons, un secret pressentiment, font tressaillir son cœur. Il remarque alors que l'inconnu est jeune et que la fatigue paraît seulement avoir flétri ses traits déjà brûlés par le soleil; il désire et il craint d'en apprendre davantage.

— Oui, monsieur, reprend l'étranger après un moment de silence, j'ai habité cette maison... J'y ai même en partie été élevé... Alors... j'étais près de mes parents... alors des jours heureux luisaient pour moi... J'avais un bon père... J'avais un frère!... J'ai quitté tout cela!... Et je mérite bien ce qui m'arrive maintenant!...

— Vos parents seraient-ils morts? dit Edouard d'une voix entrecoupée, en considérant en dessous la mine de celui qu'il craignait déjà de reconnaître.

— Oui, monsieur... ils sont morts... peut-être du chagrin que je leur ai causé!... Ma mère cependant ne m'aimait pas beaucoup! Mais mon père me chérissait!... et je ne le reverrai plus! Oh!... maudite tête! qui m'a fait faire tant de sottises!

— Et votre frère?

— Mon frère existe, à ce que j'ai appris à Paris; il vient, m'a-t-on dit, de se marier... On n'a pu me dire encore son adresse... mais on doit me la donner demain; alors j'irai le trouver. Ce pauvre Edouard... il sera bien surpris de me voir!... Je gagerais qu'il me croit mort!

Edouard ne répond pas; il baisse les yeux, incertain de ce qu'il doit faire, et n'osant s'avouer à lui-même que c'est son frère qu'il vient de retrouver.

Jacques, car c'était bien lui, Jacques était retombé dans ses réflexions; d'une main il caressait ses longues moustaches, et de l'autre il se frottait le front comme s'il eût voulu éclaircir ses idées; Edouard était immobile et muet; ses yeux se portaient parfois sur l'ami de son enfance, mais la grosse redingote, les vieilles guêtres et surtout la barbe longue, retenaient l'élan de son cœur qui lui disait de se jeter dans les bras de son frère, sans s'arrêter à considérer sa mise, et à chercher quelle pouvait être sa situation.

Tout à coup une idée paraît frapper l'imagination de Jacques, il s'adresse brusquement à Edouard : Monsieur, dit-il, il ne serait pas impossible que vous connussiez mon frère ; vous paraissez vivre dans le grand monde et vous habitez ordinairement Paris ?

— Il est vrai.

— Peut-être avez-vous entendu parler d'Edouard Murville ?

— Oui... je... je le connais...

— Vous connaissez mon frère !

— C'est moi qui suis Edouard Murville...

Edouard prononce ces mots d'une voix si faible qu'un autre que Jacques n'aurait pu les entendre, mais celui-ci écoutait attentivement, et, avant que son frère eût terminé sa phrase, il avait sauté à son cou et le pressait fortement dans ses bras.

Edouard se laissait embrasser d'assez bonne grâce ; cependant les maudites moustaches le contrariaient toujours ; il ne se sentait pas à son aise, et ne savait s'il devait se réjouir ou se chagriner d'avoir retrouvé son frère.

— Ah çà, pourquoi donc ne t'es-tu pas nommé plus tôt, dit Jacques après avoir de nouveau embrassé Edouard, est-ce que tu ne devinais pas qui j'étais ?...

— Si fait... cependant je voulais être certain...

— Et toi, tu es donc riche... heureux ?...

— Mais... oui...

— Tu es marié... où et ta femme ? je serai charmé de la connaître.

— Ma femme...

Edouard garde le silence, le souvenir d'Adeline, de madame Germeuil, les soupçons que cette dernière a conçus la veille en apercevant la figure à moustaches ; les manières brusques et la mise plus que négligée de Jacques, qui contraste si fort avec la sienne, tout cela tourmente l'esprit du jeune marié, qui, déjà faible et irrésolu de caractère, cherche vainement à accorder son amour-propre et les sentiments que la vue de son frère lui fait naître.

— A quoi diable penses-tu donc? dit Jacques en poussant Edouard par le bras?

— Ah! je réfléchissais... il se fait tard... et il faut que je retourne à Paris; des affaires importantes y nécessitent ma présence.

Jacques ne répond rien, mais son front se rembrunit, et il s'éloigne de son frère de quelques pas.

— Et vous, Jacques, que faites-vous maintenant?

— Rien, dit Jacques, d'un ton sec et en considérant Edouard avec attention.

— Rien!... quels sont donc vos moyens d'existence?

— Jusqu'à présent je n'ai rien demandé à personne...

— Cependant, vous ne paraissez pas fortuné...

— Je ne le suis point en effet!...

— Quelle idée de porter des moustaches semblables... Ce n'est pas ainsi, je pense, que vous comptez venir voir ma femme...

— Mes moustaches ne me quitteront point ; si votre femme est une bégueule et que ma vue lui fasse peur, soyez tranquille, elle ne me verra pas souvent!

— Vous m'entendez mal... ce n'est pas cela que je veux dire... mais... il faut que je vous quitte... on m'attend à Paris... je ne vous offre pas de vous emmener maintenant avec moi... d'ailleurs vous attendez quelqu'un dans ce village, à ce que je crois...

— Oui... j'attends un camarade, un ami.

Jacques appuie sur ce dernier mot en jetant sur son frère un regard expressif.

— Allons... je vous laisse, dit Edouard après un moment d'hésitation, nous nous reverrons bientôt, je l'espère... En attendant.... tenez... prenez toujours ceci...

En disant ces mots, Edouard tire sa bourse qui contenait une dizaine de louis, et la présente d'une main tremblante à son frère; mais Jacques repousse avec fierté la main d'Edouard, il enfonce son chapeau sur sa tête, et sa main droite se portant vivement sur le haut de sa redingote, il paraît vouloir découvrir sa poitrine... mais il s'arrête, et s'adressant à Edouard d'un ton froid :

— Gardez votre or, dit-il, je ne suis point venu vous demander des secours, et je ne prétends pas être l'objet de votre pitié; je croyais retrouver un frère... je me suis trompé. Je ne vous parais pas digne d'être reçu chez vous... ma mise et ma figure vous font peur... il suffit; adieu, vous ne me verrez plus.

Jacques jette un regard courroucé sur son frère, et sort à grands pas du jardin par la petite porte grillée qui était restée ouverte.

Edouard, comme tous les gens irrésolus, reste un moment immobile à sa place, les yeux fixés sur la porte par où son frère vient de s'éloigner. Enfin le sentiment de la nature l'emporte, il court à la grille, fait quelques pas dans la campagne, appelle à grands cris : Jacques, mon frère!... mais il est trop tard; Jacques a disparu : il est déjà loin, et les cris de son frère ne parviennent plus jusqu'à lui.

Edouard retourne tristement dans le jardin; il s'arrête sur la porte, regarde encore dans les champs, et n'apercevant personne, se décide enfin à fermer la grille.

— Oh! il reviendra, dit-il en lui-même, c'est une mauvaise tête qui se fâche tout de suite!... cependant je ne crois pas l'avoir offensé... je lui ai offert de l'argent, il paraissait en avoir grand besoin, et je ne vois pas pourquoi il s'est formalisé de cette action. Je lui ai fait entendre que sa mise... sa tournure seraient déplacées dans un salon... Avais-je si grand tort? puis-je en conscience présenter à ma femme et à ma belle-mère un homme qui a l'air d'un échappé de prison?... pour le moins!... il y aurait de quoi mourir de honte... et cela, le lendemain de mon mariage!... avec l'argent que je lui offrais, il pouvait s'habiller convenablement ; mais non ! il ne veut pas quitter ses moustaches!... Ma foi, à son aise!... j'ai fait ce que j'ai dû!... Edouard cherche à se convaincre qu'il n'a pas tort, il ne s'avoue pas que ses manières froides et gênées ont pu humilier son frère ; mais une voix secrète s'élève au fond de son âme et lui reproche ses torts. Mécontent de lui-même, et inquiet de la suite de cette aventure, Edouard remonte dans son cabriolet, et s'éloigne du village sans avoir laissé d'ordre au concierge de la maison.

En approchant de Paris, il est encore incertain sur ce qu'il doit dire : enfin il se décide à ne pas parler à sa femme et à sa belle-mère de la rencontre qu'il a faite, pensant qu'il sera toujours temps de leur faire connaître son frère quand celui-ci se présentera chez lui.

Il arrive : son Adeline court au-devant de lui, le gronde sur la longueur de son absence et lui demande des nouvelles de son voyage.

— Tout est terminé, dit Edouard, l'acte est passé, et la jolie maison est maintenant à nous.

— Et tu n'as pas fait de mauvaises rencontres? dit Adeline en souriant.

— Mais... non... vous le voyez...

— Tu n'as pas revue la terrible tête à moustaches? demanda madame Germeuil.

— Non... je ne l'ai pas revue.

— Tant mieux, car en vérité cet homme a l'air d'un chef de voleurs, et, pour ma part, je ne suis nullement curieuse de le revoir, je t'assure.

Edouard rougit : son frère a, dit-on, l'air d'un bandit ! Cette pensée le trouble... il croit que l'on devine son secret, il n'ose lever les yeux. Cependant les caresses de sa femme dissipent un peu son inquiétude.

— Qu'as-tu donc, mon ami? lui dit Adeline, tu parais aujourd'hui rêveur... préoccupé...

— Je n'ai rien, ma bonne amie... l'ennui d'être si longtemps loin de toi a été mon seul chagrin!...

— Cher Edouard... puisses-tu penser toujours de même, car alors tu ne me quitteras jamais. Ah!... quand partons-nous pour notre campagne?...

— Mais... dans huit jours...

— Huit jours! c'est bien long!...

— Il faut laisser à l'ancien propriétaire le temps de faire ses apprêts...

— Ah! c'est juste, mon ami.

Edouard ne disait pas la vérité; une autre raison lui faisait retarder son retour à Villeneuve-Saint-Georges. Cette raison, il n'osait la communiquer à Adeline, et après quarante-huit heures de mariage, après s'être promis confiance entière et réciproque, voilà un mari qui a déjà des secrets pour sa femme.

CHAPITRE VIII

NE JUGEONS PAS SUR L'APPARENCE.

Laissons pour quelque temps Edouard et sa femme, et retournons près de frère Jacques, avec lequel nous devons faire plus ample connaissance.

En sortant brusquement du jardin, Jacques s'était enfoncé dans la campagne; il avait marché longtemps sans s'inquiéter du chemin qu'il prenait: son unique but alors était de s'éloigner de son frère, dont les manières et les discours avaient froissé son cœur.

Jacques laissait de temps à autre échapper quelques mots; il levait les yeux, frappait du pied avec violence et paraissait fortement agité. Arrivé dans une belle vallée qu'ombrageaient de vieux noyers, Jacques éprouva le besoin de se reposer; il regarda autour de lui, comme pour s'assurer si personne ne le suivait; tout était calme, tranquille. Les villageois occupés aux travaux des champs étaient les seuls personnages animant le paysage. Jacques s'étendit au pied d'un noyer, et repassa dans sa mémoire la conversation qu'il venait d'avoir avec Edouard.

— Parce que j'ai l'air malheureux il me traite avec mépris!... Parce que j'ai des moustaches, il n'ose pas me présenter à sa femme!... Il m'offre quelque argent, et ne m'engage pas à demeurer près de lui!... Est-ce donc ainsi qu'on doit traiter son frère?... Pourquoi cet air de dédain!... Ai-je déshonoré le nom de mon père?... Si mes manières ont de la rudesse, mes discours sont francs et ma conscience nette. Je puis être pauvre, malheureux, mais jamais, non jamais, je ne commettrai une action dont je puisse rougir. J'ai fait des folies!... des étourderies de jeunesse!... c'est vrai, mais je n'ai point de fautes honteuses à me reprocher... et ce que j'ai là... sur ma poitrine, doit me garantir de tout reproche, en m'ordonnant de ne jamais en mériter.

Jacques ouvrit alors sa redingote, et contempla avec orgueil une croix d'honneur suspendue à une vieille veste d'uniforme qu'il portait en dessous. Cette récompense de sa valeur était son unique consolation, et cependant Jacques cachait sa décoration, parce qu'il avait été, depuis quelques jours, forcé de demander l'hospitalité chez des paysans, lesquels ne sont pas toujours très-hospitaliers, et Jacques ne voulait pas exposer sa chère croix à des humiliations. Il avait raison : il ne faut pas que l'homme porteur d'un signe respectable puisse être un objet de pitié pour les autres.

Jacques avait les yeux fixés sur sa décoration; il songeait au jour où son colonel l'avait placée sur sa poitrine; il se rappelait ses combats, il se reportait sur le champ de bataille, entouré de ses camarades, et marchant avec ardeur contre l'ennemi; les souvenirs de la gloire ranimaient son âme abattue, et il oubliait ses chagrins et la froideur de son frère.

Dans ce moment, un jeune homme, habillé à peu près

comme Jacques, mais dont la figure vive et animée n'annonçait ni la tristesse ni le besoin, descendait une colline qui conduisait à la vallée, en sifflant une marche militaire, et, pour marquer la mesure, frappait avec une baguette sur les groseilliers et les lilas qui bordaient la route.

Arrivé dans la vallée, le voyageur s'arrête et regarde de tous côtés.

— Comment diable!... pas un bouchon!... pas une pauvre petite guinguette!... ah çà! est-ce que je me suis fourvoyé!... je ne vois pas plus de village que dans ma poche... et j'ai une soif de possédé!... Allons!... c'est égal!... en avant!...

Et il se remet à chanter :

J'ai vu de Jeanneton
Le p'tit pied mignon;
J'ai même vu son...

Ah!... v'là quelqu'un enfin... Holà! l'ami!...

Le voyageur s'adressait alors à Jacques; celui-ci lève les yeux et reconnaît son fidèle camarade; il court à lui en s'écriant :

— Eh! c'est toi, mon pauvre Sans-Souci!...

— Eh!... c'est le camarade Jacques! Pardieu! je ne pouvais pas mieux m'adresser... Attends que je me repose près de toi... à l'ombre de ton noyer; j'aimerais mieux être à l'ombre d'une pièce de bourgogne; mais enfin!... il faut s'arranger de tout.

— Toujours le même, Sans-Souci? toujours gai!... bon vivant!...

— Oh! quant à cela, je ne changerai pas; la gaieté, c'est la richesse des pauvres diables comme nous... Tu sais bien que je chantais en allant au feu! On nous a... attends donc? comment appellent-ils ça?.

— Licenciés.

— Oui, c'est ça, licenciés!... et au lieu d'être soldats,

nous voilà rentrés dans les pékins!... Eh bien! il faut prendre son parti!... d'ailleurs nous nous sommes toujours bien comportés... et s'il faut encore un jour défendre notre patrie... alors en avant!

— Oui, mais en attendant comment vivrons-nous?

— Comme les autres! en travaillant.

— Mon pauvre Sans-Souci!... il y en a qui vivent au sein de l'opulence sans se donner la moindre peine! et d'autres qui, avec la meilleure envie de travailler, ne trouvent pas de quoi gagner leur existence.

— Bath!... bath!... tu vois toujours tout en noir! Est-ce que ton voyage n'a pas été heureux? Tu étais venu pour quelque chose dans ce pays.

— Oh! j'ai trouvé plus que je ne croyais!...

— Et tu n'es pas content?

— Je n'ai pas sujet de l'être! je viens de voir mon frère... il m'a reçu comme un mendiant.

— Ton frère est un iroquois auquel je donnerais des coups de plat de sabre, si j'en avais encore un.

— Ma mise... ma figure... ma grande barbe.. tout cela lui a déplu.

— C'est bien malheureux!... il n'a donc pas vu ce signe de ta valeur!

— Non, il était caché... et j'en suis bien aise: mon frère n'est pas digne d'apprécier ce que j'ai là... et je veux un jour le faire rougir de sa conduite envers moi.

— C'est donc un homme riche, ton frère?

— Oui.

— Du grand monde?

— Oui.

— Tu as donc une famille, toi?

— Sans doute.

— Ah! c'est que je n'en ai pas, moi; je ne me suis jamais connu ni père ni mère... je suis un enfant tout naturel!... et ça ne m'empêche pas d'aller tête levée, parce que les bamboches de mes ancêtres ne me regardent point; et que d'ailleurs, du temps de nos premiers parents, il n'y avait pas de notaires, ce qui n'empêche point les descendants de Caïn d'être très-considérés dans le monde. Au reste notre sergent, qui raisonnait joliment quand il n'était pas *pif*, me disait que les enfants de l'amour faisaient ordinairement leur chemin mieux que d'autres; et là-dessus il m'en citait une ribambelle, dont je ne te dirai pas les noms, parce que je les ai oubliés. Mais revenons à ton affaire : tu ne m'as jamais parlé de ta famille et de tes aventures ; nous nous sommes connus au régiment, nous avons fait ensemble plusieurs campagnes ; nous avons eu tous deux la jaunisse en Espagne et les pieds gelés en Russie, et je dis que ça cimente joliment les sentiments ; tu as eu la croix, et moi je ne l'ai point, voilà la seule différence qui existe entre nous. Mais tu l'as bien méritée. Tu as sauvé la vie au colonel !... brave homme ! ça ne l'a pas empêché d'être tué le lendemain ! mais c'est un malheur, tu ne pouvais être toujours là !... Enfin, après bien des événements, on nous a licenciés ! C'est dommage, nous serions peut-être devenus maréchaux de France. Pour nous consoler, nous ne nous sommes point quittés; si ce n'est que tu es venu seul dans ce village, pendant que j'allais dans les environs à la recherche d'une petite brunette que j'avais courtisée jadis, et qui m'avait juré une fidélité !... à l'épreuve du boulet !...

— Eh bien ! as-tu retrouvé ta brunette?

— Oui, pardieu !... Oh ! je te dis qu'il y a analogie dans nos destinées : pendant que ton frère te recevait si bien, ma belle est venue à moi, avec trois enfants qu'elle a faits pendant mon absence, et un autre qui est à moitié chemin. Tu sens bien qu'il n'y a rien à dire à cela! J'avais d'abord envie d'appliquer une douzaine de claques sur son derrière, qui est pour le moins de moitié dans cette affaire-là; mais j'ai réfléchi que la pauvre petite avait pu me croire mort ! et cela m'a apaisé. J'ai embrassé ma perfide, et, pendant que ses enfants barbotaient avec des canards, et que son mari coupait du bois, nous avons fait la paix; nous avons même fait mieux que cela, parce que je désire être quelque chose dans le quatrième, qu'elle avait commencé en m'attendant; enfin nous nous sommes quittés bons amis, et en avant!

— Mon pauvre Sans-Souci!... les femmes ne valent pas mieux que les hommes! ceux-ci sont seulement moins adroits à cacher leur fausseté!... Va! j'ai appris à connaître le monde!... et j'aurais dû deviner l'accueil que mon frère me ferait!... Mais on espère toujours!... et c'est le tort que l'on a.

— Allons, voyons, raconte-moi tes aventures... nous sommes au frais, personne ne nous entend et ne nous dérangera, et, en t'écoutant je me reposerai et je fumerai un cigare.

— Eh bien! soit; je vais te conter ce qui m'est arrivé depuis l'âge de quinze ans, car c'est à cette époque que j'ai commencé mes caravanes.

Jacques referma sa redingote, s'appuya le dos contre le noyer, et se disposa à conter ses aventures à son camarade; tandis que celui-ci, qui venait de tirer un briquet de sa poche et d'allumer un cigare, le plaçait gravement dans sa bouche, afin d'entendre avec un double agrément le récit de son compagnon.

CHAPITRE IX

AVENTURES DE FRÈRE JACQUES

J'ai quitté à quinze ans la maison paternelle. Ma mère ne paraissait pas m'aimer beaucoup; elle ne prononçait mon nom qu'avec répugnance. Cependant je me souviens d'un gros papa de bonne mine qui venait quelquefois chez mes parents, et qui m'appelait Jacques de toute la force de ses poumons. Je crois, à la vérité, que ce gros papa était mon parrain et s'appelait Jacques aussi. Ce qu'il y a de certain, c'est qu'il paraissait m'aimer beaucoup, et que toutes les fois qu'i venait me voir il me donnait ou des jouets ou des bonbons. Mais malgré les bons procédés de mon parrain, les caresses de mon père et l'amitié que je ressentais pour mon frère, je m'ennuyais à la maison. Je ne pouvais rester un moment en repos. Je n'avais aucun goût pour l'étude, et comme je ne songeais qu'à courir le monde et à me battre, je ne voyais pas la nécessité d'apprendre le latin et les mathématiques. Ah! mon cher Sans-Souci!... j'ai déjà payé ces erreurs de ma jeunesse, et j'ai appris, à mes dépens, que l'éducation est toujours d'une grande ressource, n'importe dans quelle situation nous nous trouvions. Si j'avais eu quelque instruction, je ne serais point resté simple soldat!... et quand même ma valeur m'eût élevé au grade de capitaine, il est toujours désagréable, si l'on va dans la société de ses supérieurs, de ne pouvoir ouvrir la bouche sans crainte de dire une balourdise et de se faire moquer de soi; mais revenons: je partis donc un beau matin, sans tambour ni trompette, et sans m'inquiéter du chemin que je prendrais. J'avais un louis dans ma poche; je l'avais reçu quelques jours avant de mon parrain, et je m'imaginais qu'une pareille somme ne devait jamais finir.

Après avoir marché pendant fort longtemps, je m'arrêtai dans un village, devant un cabaret; j'entrai et demandai à dîner avec l'assurance d'un messager du gouvernement. J'étais bien vêtu, j'avais une mine ouverte et franche, et je faisais sonner mon argent en sautillant dans la cuisine et en découvrant tous les plats pour choisir ce qui me conviendrait. L'hôte me regardait en riant et me laissait faire. Il me servit un bon dîner et me donna du vin blanc et du vin rouge. Un petit bossu, qui dînait à une table voisine de la mienne, m'examinait avec attention. Il cherchait à entamer la conversation et à savoir d'où je venais et où j'allais; mais comme je n'ai jamais aimé les curieux, et que les questions du petit bossu me déplaisaient, je le regardais sans lui répondre, ou je sifflais et chantais pendant qu'il parlait.

Quand je fus bien restauré, je demandai à l'hôte ce qu'il lui fallait; le coquin me demanda quinze francs pour mon dîner. Je fis un peu la grimace; mais je payai cependant, et je sortis de l'auberge en réfléchissant que mon louis, qui devait ne jamais finir, ne suffirait pas à payer un second repas si je voulais faire encore le petit seigneur.

L'endroit où j'avais dîné, et que j'avais pris pour un village, était Saint-Germain; je demandai la route du bois et me remis en marche, n'interrompant ma promenade que pour sauter les fossés et donner des coups de houssine aux ânes qui se trouvaient sur mon passage.

Au moment d'entrer à Poissy, j'entendis un cavalier trotter derrière moi; je m'arrêtai et je reconnus mon bossu, qui était monté sur un petit cheval étique, qu'il était obligé de frapper constamment de l'éperon et du fouet, sans quoi le pauvre animal se serait arrêté à chaque pas.

Il cessa de faire claquer son fouet quand il fut près de moi, et se contenta d'aller au pas, afin de rester à mon côté. Il essaya de lier conversation : comme alors je commençais à être fatigué, et que la croupe d'un cheval, quelque maigre qu'elle fût, me paraissait une monture fort agréable, je fis moins le fier et je causai avec le bossu.

— Où allez-vous comme cela, mon cher ami? me demanda-t-il.

— Mais je n'en sais trop rien... Je veux voyager... courir, voir du pays et m'amuser...

— Vous n'avez plus de parents?

— Oh! si fait... mais ils sont à Paris et veulent que je passe mon temps à lire... à écrire..., cela m'a ennuyé, et je suis parti...

— J'entends!... folie! escapade de jeunesse!... Oh! je sais ce que c'est!... On ne voit que cela maintenant.

Mais avez-vous beaucoup d'argent pour faire vos voyages?

— J'ai encore neuf francs...

— Neuf francs! peste!..... il vous faudra manger de la vache enragée.

— Qu'est-ce que vous me chantez avec votre vache? j'ai mangé du poulet, de l'anguille, des pigeons et du canard.

— Oui, mais vous avez dépensé quinze francs, et avec neuf qui vous restent vous ne ferez pas encore trois repas comme celui-là.

Je ne répondis rien, mais je compris que le bossu avait raison; cependant, comme j'avais du caractère, et que je prenais vite mon parti, je regardai le petit homme d'un air décidé, et lui dis au bout d'un moment:

— Eh bien! je mangerai de la vache.

— Je vois que vous avez du courage, me dit-il; mais enfin, quand on peut trouver une occasion de bien vivre en voyageant, cela n'est pas à dédaigner, et je puis, moi, vous en fournir les moyens.

— Vous?

— Oui, moi-même.

— Comment donc cela?

— Je vais vous le dire. Mais pour m'écouter à votre aise et ne pas vous fatiguer, voulez-vous monter en croupe derrière moi?

— Oh! je ne demande pas mieux.

Enchanté de la proposition de mon nouveau compagnon de voyage, je saute comme un étourdi sur le pauvre cheval... je glisse... je m'attache à la bosse du petit homme... je tombe, je l'entraîne... nous roulons sur la route; mais heureusement sa douce monture ne bouge pas.

Ma nouvelle connaissance se releva d'assez bonne grâce, et se contenta de m'engager à être moins vif à l'avenir, parce que nous pourrions ne pas tomber toujours aussi mollement. Je le lui promis. Mon bossu remit le pied dans l'étrier et enfourcha son cheval ; je remontais aussi, mais avec précaution ; et quand nous nous fûmes assurés sur notre selle, et qu'il eut à force de coups de fouet décidé sa rosse à se remettre au pas, il reprit son discours, que j'avais interrompu si brusquement.

— Mon cher ami, chacun en ce monde cherche à gagner de l'argent et à faire fortune,... à moins cependant qu'on ne soit né riche ; encore voit-on les banquiers millionnaires ne s'occuper que de spéculations, les capitalistes faire de grandes entreprises pour doubler leurs fonds, et les nobles rechercher les alliances qui peuvent ajouter à l'éclat de leur maison. Moi, qui ne suis ni noble, ni capitaliste, ni même négociant, et qui n'ai pas l'espérance de devenir rien de tout cela, j'ai cherché longtemps par quel moyen je pourrais, sinon faire fortune, du moins vivre à mon aise. Je l'ai eu bientôt trouvé, ce moyen !... Avec de l'esprit on apprend bien vite à connaître les hommes. J'ai voyagé ; j'ai étudié les goûts, les caractères !... J'ai vu qu'avec un peu d'adresse les pauvres humains sont faciles à tromper ; il ne faut pour cela que saisir leur côté faible, qu'on devine aisément lorsqu'on a comme moi du tact et de la pénétration.

— Ah ! vous avez du tact et de la pénétration ? dis-je à mon compagnon tout en enfonçant dans les fesses de notre monture des épingles que je venais d'apercevoir sur le porte-manteau qui était entre nous.

— Oui, mon cher ami, et je m'en vante.

— Et pourquoi donc votre cheval va-t-il si vite maintenant ?

Parce que je viens de faire claquer mon fouet, et qu'il sent qu'il va bientôt souper.

— C'est juste ! je vois que vous avez du tact. Allons, continuez ; je vous écoute.

— C'est donc en flattant les passions que j'ai trouvé le moyen de vivre à mon aise ; de plus, je suis instruit dans la botanique, la médecine, la chimie et même l'anatomie ; et avec ma science j'ai composé non-seulement des remèdes pour tous les maux, mais encore des philtres pour donner de l'amour, de la haine, de la jalousie, et rendre malades les gens qui se portent bien... c'est surtout dans ce dernier article que j'excelle.

— Ah! j'entends à présent!... Vous vendez sans doute aussi du vulnéraire, comme ce grand homme rouge que je voyais à Paris dans les places et les carrefours... On appelle ça, je crois, un charlatan?

Au nom de charlatan, mon compagnon fit sur sa selle un saut qui pensa nous renverser encore tous deux sur la route; heureusement je le serrai fortement, et nous en fûmes quittes pour la peur.

— Mon cher ami, me dit-il quand il fut un peu calmé, je vous pardonne votre nom de charlatan!... Vous ne me connaissez pas encore; j'avoue d'ailleurs qu'il y a bien un peu de charlatanisme dans mon fait, et que les trois quarts de mes remèdes et de mes philtres ne font pas l'effet qu'on en attend; mais on se trompe en médecine comme en toute chose!... on se purge et l'on se rend malade; on a mal à une dent, on prend un élixir qui les gâte toutes; on recherche un emploi qu'on ne sait pas remplir; on fait des spéculations maritimes, qu'un coup de vent détruit; on se croit de l'esprit, on n'a pas celui de parvenir, qui est le premier de tous; on veut être sage, et on fait des folies; on veut être heureux, on se marie, et l'on a une femme et des enfants qui vous causent souvent mille soucis!... Enfin, mon petit homme, on s'est trompé de tous temps, et c'est un grand hasard quand les événements arrivent tels que nous les avions prévus ou espérés.

— Ah çà! monsieur, dis-je à mon petit bossu, dont le bavardage commençait à m'ennuyer, que voulez-vous donc faire de moi au bout du compte?

— Le voici : quand je m'arrête dans un bourg, dans une petite ville, je ne puis seul me faire connaître; il me faut un élève qui coure la ville en donnant des prospectus, et qui, quand je suis en affaire, réponde pour moi et prenne note des demandes que l'on vient me faire.

— Mais je ne veux pas être votre élève, puisque je ne veux rien apprendre.

— J'entends fort bien, mon ami. Oh! je ne veux pas vous casser la tête par un travail fatigant!... Je vous ferai faire des pilules, voilà tout.

— Des pilules?

— Oui, de toutes les grosseurs, et de toutes les couleurs... Soyez tranquille, ce ne sera pas difficile. Mais ce n'est pas tout.

— Que ferai-je donc encore?

— Il faudra dormir à volonté, et faire le somnambule quand cela sera nécessaire...

— Oh! pour dormir, ça!... je m'en acquitte joliment!...

— Vous répondrez en dormant aux questions que l'on vous adressera....

— Si je dors, comment voulez-vous que je vous réponde?...

— Mais c'est que vous ferez semblant d'être endormi, mon garçon... je vous expliquerai tout cela. Oh! c'est une des principales branches de mon commerce.

— Quand vous endormez les autres?

— Non pas, mais quand je fais parler les somnambules, quand je leur fais donner des remèdes aux malades.

— Ah! un instant, je veux bien dormir, mais je ne veux pas donner de remèdes ni en prendre... On m'a même fouetté pour cela chez mon père!

— Oh! vous n'y êtes pas! des remèdes... ce sont des médicaments qu'on prend...

— Avec une seringue... Oh! je connais ça!...

— Je vous dis que ce n'est pas de cela qu'il est question. Vous parlerez en faisant le somnambule... Je vous ferai votre leçon d'avance, et vous répondrez aux malades ou aux curieux.

— Eh bien! je ne comprends pas du tout.

— Parbleu ! je le crois bien ; ceux qui questionnent les somnambules n'y comprennent rien non plus, et c'est justement ce qui fait le charme de la chose; si l'on savait à quoi s'en tenir, il n'y aurait plus moyen de gagner sa vie avec le magnétisme et le somnambulisme. Enfin voulez-vous être mon compagnon et me seconder dans mes entreprises? Je vous nourrirai bien, je vous habillerai convenablement, et vous verrez du pays, car je ne reste jamais longtemps dans le même endroit.

— Et pour cela, il ne faudra que faire des pilules et dormir?

— Pas davantage!...

— Allons, c'est dit, je vais avec vous.

Me voilà donc compagnon du petit bossu. Nous arrivâmes à la nuit dans un village; mon conducteur nous chercha le meilleur gîte et nous fit servir un assez bon souper. Il me semblait fort commode de voyager à cheval, sans avoir besoin de m'occuper de mes repas. D'ailleurs j'étais toujours le maître de quitter mon nouveau compagnon lorsque cela me ferait plaisir, et cette raison suffisait pour que je me trouvasse bien avec lui : la certitude d'être libre donne un charme à l'existence et répand sa douceur sur les plus légères circonstances de la vie; l'esclavage, au contraire, jette une teinte de tristesse sur la plupart de nos actions; il fait fuir les plaisirs, il ôte tout le charme à l'amour, toute la force à l'âme, toute la gaieté à l'imagination.

Ce que je te dis là, Sans-Souci ça n'est pas de moi; mais c'est une phrase que mon parrain me répétait souvent, et que j'ai retenu facilement parce qu'elle s'accordait avec mes goûts.

En nous réveillant le lendemain matin, mon bossu qui s'appelait *Groagratcus*, nom que probablement il avait fait lui-même, et qu'on ne pouvait prononcer sans faire la grimace, ce qui le rendait tout à fait imposant; mon petit bossu, dis-je, me proposa une leçon de somnambulisme que nous devions mettre en pratique dans le premier endroit peu important où nous arrêterions. J'acceptai. Il me fit asseoir, m'engagea à regarder fixement sans avoir l'air de voir, et m'apprit enfin à dormir les yeux ouverts; cependant, comme cela me fatiguait les paupières, il me permit de fermer les yeux quand nous n'aurions que des paysans ou de pauvres diables à guérir.

Vint ensuite l'article des philtres; mon compagnon en manquait, il était urgent d'en préparer d'autres. Pendant que je nettoyais une quinzaine de petites fioles, qui devaient servir à contenir les charmes, maître Graografcus alla chercher dans le village les plantes, les racines et les ingrédients dont il avait besoin pour la confection des philtres. Il alluma du feu, emprunta à notre hôte toutes ses écuelles; et notre chambre, où tout était sens dessus dessous, devint, pour parler le langage de mon compagnon, un atelier de chimie et de magie.

— Ah çà ! dis-je à mon bossu pendant qu'il ratissait de la bardane et que je pilais de la cannelle, à quoi va servir ce que vous préparez? Je veux bien être votre compère, mais c'est à condition que vous m'apprendrez vos mystères.

— Vous allez le savoir, mon garçon ; nous ne devons pas avoir de secrets entre nous. Je compose maintenant un philtre pour donner de l'amour; celui-là n'est pas bien difficile à faire, il ne faut pour cela que des toniques, des spiritueux et des stimulants. Je fais bouillir ensemble de la canelle, du girofle, de la vanille, du poivre, du sucre et de l'eau-de-vie. Quand on a avalé cela on est très-amoureux, et pour peu que celui ou celle qui a fait prendre de mon philtre se trouve en tête-à-tête avec l'objet de sa flamme, il voit opérer le charme et ne doute pas que je ne sois sorcier. De plus, cette petite drogue a la propriété de gâter les dents; les dents ne se gâtent point sans douleur, et comme on appelle vulgairement mal d'amour le mal de dents, dès que l'on sait que celui qui a goûté de ce philtre a la rage de dents, on présume qu'il devient amoureux. Je vends beaucoup de ce philtre surtout aux dames ; nous en ferons provision.

Passons à celui-ci, qui provoque la jalousie. Ah ! j'avoue qu'il m'a coûté de longues études et de profondes réflexions ; mais je crois m'en être tiré avec succès. D'où naît la jalousie d'abord? Des soupçons que l'on conçoit sur la fidélité de l'objet aimé ; ces soupçons ont une cause, car il n'y a point d'effet sans cause ; on est quelquefois jaloux sans sujet, mais on l'est bien plus souvent avec raison. D'après cela, je me suis dit : en rendant des amants infidèles je rendrai nécessairement l'autre jaloux ; mais comment rendre infidèle celui qui ne prendra pas de mes drogues?... Ah ! c'est là, mon petit homme, où il fallait un trait de génie !... C'est là ce qu'un sot n'eût jamais trouvé, et ce que j'ai fait, moi, sans le secours d'aucun traité de médecine. J'ai composé ce philtre avec du sublimé, mêlé à des simples qui portent à la peau. Ce charme a le don de rendre les yeux ternes, le teint plombé et le nez tiré ; il fait sortir l'humeur en faisant pousser sur la peau quantité de boutons, de pustules de toutes grosseurs, et il rend l'haleine d'une force à faire tomber les mouches à dix pas. Vous sentez bien que celui ou celle qui fréquente la personne qui a pris de mon philtre devient facilement infidèle, celui qui a pris de mon baume devient jaloux comme un démon !..... et il l'est pour toute sa vie ; car il a beau faire, il ne parvient plus à plaire et à inspirer de l'amour. Hein ! que dites-vous de cela ?... Quel calcul ! quelle profondeur ! quelle connaissance des passions et de leurs effets !... Eh bien ! voyez ce que c'est que le monde ; je vends beaucoup moins de ces philtres-là que des autres, il est même rare que la même personne en prenne deux fois.

Quant à ce dernier, pour lequel je ratisse cette bardane, il sert à exciter la colère, la haine, la mauvaise humeur, et il ne manque jamais son effet ; c'est un composé de manne, de rhubarbe, de vinaigre, de térébenthine et de cacao, que je fais réduire en sirop avec cette bardane. Ce petit charme, à la fois émollient et astringent, donne la colique et la migraine; or, quand on a mal à la tête et au ventre, on n'est pas de bonne humeur; on se met facilement en colère et on prend tout le monde en grippe, surtout quand les douleurs ont l'avantage d'aller *crescendo*. J'espère que voilà qui est joliment raisonné, et qu'il fallait mon tact et ma pénétration pour trouver le moyen de faire naître tant de passions diverses.

J'écoutais mon compagnon avec attention, et, lorsqu'il eut fini, je lui demandai s'il comptait faire sur moi l'essai de ses philtres; il me dit que cela n'était nullement son intention, et cette assurance me rendit ma bonne humeur; car je n'aurais pas voulu à quelque prix que ce fût goûter les charmes de maître Graograïcus.

— Il ne me reste plus, me dit-il, qu'à vous apprendre à faire des pilules; c'est bien facile: je les fais toutes avec de la mie de pain et les roule dans différentes poudres pour leur donner plusieurs couleurs.

— Et à quoi servent-elles?

— A guérir toutes les maladies.

— Comment! vous guérissez avec de la mie de pain?

— Je guéris quelquefois, car beaucoup de maladies gisent dans l'imagination, et quand le malade croit prendre un remède infaillible, il se persuade que cela lui fait du bien, et c'est cette persuasion qui le guérit, et non pas mes pilules. Mais du moins celles-ci ne peuvent faire aucun mal, et c'est toujours quelque chose. J'en vends considérablement aux nourrices et aux vieilles femmes.

CHAPITRE X

LEÇON DE MAGNÉTISME.

Me voilà donc au fait de tous les secrets de mon compagnon: il me fit promettre de ne pas le trahir, et je le jurai. Mais je ne jurai point de ne pas m'amuser aux dépens des sots qui le consulteraient ; et c'est ce qu'en moi-même je me proposai de faire ; car, quoique je n'eusse alors que quinze ans, j'étais décidé, courageux, volontaire et passablement espiègle.

Le village dans lequel nous avions couché ne pouvait donner à mon bossu l'occasion d'exercer ses talents et de vendre ses drogues ; nous nous préparâmes donc à le quitter. Mon malin compagnon eut cependant le talent de faire prendre, en secret, à la femme de notre hôte, une boîte de pilules qui devaient empêcher ses cheveux de blanchir et ses dents de noircir.

Nous nous remîmes en route de nouveau, portant notre fortune attachée à la selle du cheval. Le temps ne nous favorisait pas. Nous essuyâmes un violent orage ; et en arrivant dans la petite ville qui devait retentir du bruit de nos merveilleux talents, nous étions dans un si piteux état, que l'on nous aurait plutôt pris pour de misérables baladins que pour de savants docteurs.

Nous nous rendîmes cependant à la plus belle auberge de l'endroit. L'aubergiste ne fit d'abord aucune attention à nous, et ne se dérangea pas pour nous recevoir ; mais quand mon compagnon eut demandé un des plus beaux appartements et commandé un repas soigné, l'hôte nous examina d'un air incertain, qui exprimait ses doutes sur l'état de nos finances. Mon rusé bossu jeta plusieurs écus sur la table, en engageant l'hôte à prendre d'avance le paiement de huit jours de location de son appartement.

Cette manière de s'annoncer changea toutes les idées de l'aubergiste, qui crut alors avoir affaire à des seigneurs voyageant *incognito*. Nous fûmes logés au premier et servis à la minute.

— Monsieur l'aubergiste, dit mon compagnon à l'hôte au moment de nous mettre à table, vous ne savez pas qui je suis ; je veux bien me faire connaître pour le bonheur de cette ville. Veuillez donc apprendre aux habitants de votre endroit qu'ils ont l'avantage de posséder dans leurs murs, mais pour huit jours seulement, le célèbre Graografcus, médecin en chef de l'empereur de la Chine, magnétiseur de la sultane favorite du soudan de Damas, physicien breveté de la cour du roi de Maroc chimiste du grand-vizir de Constantinople, et astrologue de l'hetman des Cosaques. Dites-leur de plus... que j'ai pour l'instant avec moi le petit somnambule, le plus fameux, le plus extraordinaire qui ait jamais paru sur la surface du globe. C'est un jeune homme de trente ans, qui n'en paraît pas quinze, parce qu'il a passé la moitié de sa vie à dormir. Ce jeune homme singulier, né sur les bords de l'Indus, connaît toutes les langues, qu'il ne parle pas à la vérité, mais qu'il comprend mieux que vous et moi. Il devine, en songe, votre maladie, sa cause, ses effets, les douleurs que vous éprouvez, les périodes de vos maux, et vous indique les remèdes que vous devez prendre, même pour les maladies à venir. Il a eu l'honneur de s'endormir devant des comtes, des marquis, des ducs, et même des altesses. Il a opéré, toujours en dormant, des cures qui auraient passé pour des miracles sous le règne du grand Salomon, et même sous celui du roi Dagobert : il a guéri un Anglais du spleen, une baronne allemande d'une maladie cutanée, et son mari de la goutte; une jeune danseuse de la haine pour les hommes, et une vieille fille de son amour pour son chien un courtisan de l'habitude de tendre le dos, et une courtisane de celle de tendre le derrière; un rentier d'une faiblesse d'estomac, et un Prussien d'une indigestion; un auteur d'un bourdonnement dans les oreilles, et un musicien d'une faiblesse dans les jambes ; un huissier d'une courbature dans les reins, et un procureur d'une démangeaison dans les doigts; un avocat d'un embarras dans la langue, et un chanteur d'un vice dans la respiration ; une coquette de ses vapeurs, et un vieux séducteur de son asthme; un pacha à trois queues de l'impuissance d'avoir des enfants, et un muletier de sa trop grande facilité à en faire ; un mari libertin de l'habitude de semer le bon grain sur la pierre, et un Italien de celle de fouetter les petits garçons, et bien d'autres personnages encore, que je ne vous nommerai point, parce que cela serait trop long, et que d'ailleurs nous ne sommes pas de ces charlatans qui ne cherchent qu'à jeter de la poudre aux yeux. Ce petit prospectus, que je vous prie de distribuer, suffira pour donner aux habitants de cette ville une idée de notre savoir. Tenez, monsieur l'aubergiste... prenez, et croyez.

L'hôte écoutait, en ouvrant de grands yeux, tout ce que le bossu venait de débiter avec une emphase et une assurance extraordinaires; il prit les prospectus en s'inclinant avec respect, assura de son dévouement, voulut prononcer le nom de mon compagnon, n'en put venir à bout, fit une grimace, ôta son bonnet, et sortit de notre chambre à reculons.

Quand il fut sorti, je demandai à mon compagnon si c'était moi qui étais le somnambule âgé de trente ans, qui avait guéri tant de monde.

— Oui, mon cher ami, me dit-il; ne vous étonnez de rien; je réponds de tout. Vous m'avez dit vous nommer Jacques; mais ce nom est trop à la portée de tout le monde; quand nous aurons des visites, je ne vous appellerai que *Tatouos*; souvenez-vous-en.

Je vais faire un tour dans la ville et prendre des notes; pendant ce temps, amusez-vous à ranger mes philtres dans cette armoire, et à faire quelques boîtes de pilules; je reviendrai incessamment.

Je restai seul, mais au lieu de faire des pilules, je m'amusai à manger le cacao, la cannelle, et autres ingrédients qui servaient à confectionner les soi-disant charmes; je visitai aussi la valise que mon compagnon avait laissée ouverte : je trouvai une grande robe noire, un faux nez, une perruque de chiendent et une barbe de filasse. J'étais occupé à examiner ces différents objets, lorsque l'on frappa un petit coup à la porte de notre chambre.

— Entrez, dis-je, sans me déranger. On ouvrit la porte

bien doucement, et une jeune brunette de vingt ans entra dans notre appartement. C'était une des filles de l'auberge ; elle était, comme la plupart de ses pareilles, fort curieuse et passablement délurée ; elle avait entendu son maître s'écrier en sortant de notre appartement, qu'il possédait dans son auberge les deux hommes les plus extraordinaires de l'univers : un savant qui traitait les Français comme les Chinois, et un somnambule de trente ans qui avait l'air d'un enfant de douze, et qui endormait les gens les plus éveillés. A ce récit, Clairette avait voulu être la première à se faire endormir, afin de voir l'effet que cela lui ferait ; et, présumant que lorsque nous serions connus il serait plus difficile d'obtenir une audience, elle s'était hâtée de monter à notre appartement, sous le prétexte de s'informer si nous n'avions besoin de rien.

La jeune fille s'avança sur la pointe du pied, et comme quelqu'un que la crainte et la curiosité agitent en même temps. Elle s'arrêta à deux pas de moi, et me regarda avec beaucoup d'attention. Je la regardai à mon tour, et la trouvai fort gentille. Je n'avais pas encore songé aux femmes ; jamais, d'ailleurs, je ne m'étais trouvé en tête-à-tête avec une jeune fille ; la présence de celle-ci, son attention à m'examiner, et l'expression agréable de sa physionomie, tout cela me troubla violemment, et j'éprouvai un sentiment qui jusqu'alors m'avait été inconnu.

Nous gardions tous deux le silence. Clairette le rompit la première :

— Comment, monsieur, dit-elle en ouvrant de grands yeux, comment !... vous avez trente ans ?...

— Oui, mademoiselle, répondis-je aussitôt, me rappelant ce qu'avait dit mon compagnon, et pensant que ce mensonge pourrait donner lieu à des aventures singulières. D'ailleurs, tu sais qu'à quinze ans un jeune homme est bien aise de paraître plus âgé et plus raisonnable qu'il ne l'est, tandis qu'à trente ans il regrette de n'en avoir plus quinze.

— Ah! mon Dieu!... mais je n'en reviens pas!... trente ans!... vous en paraissez à peine la moitié!...

Et Clairette m'examinait encore de plus près, et moi je me laissais regarder et je tâchais de faire le gentil.

— Monsieur, c'est donc un secret que vous possédez et qui vous empêche de vieillir?

— Oui, mademoiselle. Oh! j'en possède bien d'autres!...

— Ah! monsieur, si vous pouviez seulement m'apprendre celui-là?... Je serais si contente... si heureuse... paraître toujours jeune! Ah! que c'est donc agréable!.! J' vous promets que je ne dirai votre secret à personne. D'ailleurs je n'voudrais pas que les autres filles de l'endroit restassent jeunes aussi!... il n'y aurait plus de plaisir... Monsieur... serez-vous assez bon... pour... Ah! d'abord... pour ça!... vous pouvez me demander tout ce vous voudrez!...

La jeune servante paraissait en effet fort bien disposée en ma faveur; je sentais déjà mille désirs s'élever dans mon âme; mais je n'osais encore les faire connaître; j'étais bien novice, mais j'éprouvai l'envie de ne plus l'être, et c'était de Clairette que je voulais recevoir mes premières instructions.

Cependant, quand on se donne trente ans on ne veut pas avoir l'air d'un ignorant, et pour ne pas faire et dire de gaucheries, je me taisais et me contentais de regarder Clairette.

La fille étonnée de mon silence, craignit d'avoir été indiscrète; cependant le désir de rester jeune la tourmentait si fort que bientôt elle recommença ses questions.

— Monsieur, on dit que vous êtes somnambule?
— Oui, je le suis.
— Et que vous endormez tout le monde.
— J'endors ceux qui croient à ma science.
— Oh! monsieur, j'y crois tout à fait!... et si vous vouliez m'endormir... C'est peut-être cela qui donne l'air jeune...

— Mais oui, c'est un commencement...

— Ah! monsieur, commencez-moi, je vous en prie!... ça sera toujours autant de fait!... Tenez, si vous vouliez, pendant que nous sommes seuls... et que vous avez le temps...

— Que voulez-vous donc?

— Que vous m'endormiez, monsieur... Ah! j'suis toute prête.

— J'étais fort embarrassé; je ne savais pas de quelle manière il fallait s'y prendre pour faire le sorcier, et je regrettais bien alors de n'avoir pas demandé à mon petit bossu de plus amples détails sur cet article. Cependant, ne voulant point refuser plus longtemps la jeune Clairette, qui me priait avec tant de grâces, je me dis en moi-même : Parbleu! je ne suis pas plus bête que mon bossu, il ne m'a pas appris sa manière d'endormir les gens; je vais en inventer une, et peut-être ma méthode vaudra-t-elle mieux que la sienne.

— Allons, j'y consens, dis-je à Clairette, je vais vous donner une leçon; mais celle-ci ne sera que pour vous débrouiller un peu; nous en ferons davantage par la suite.

— Ah! monsieur, tout ce que vous voudrez.

La jeune servante était si contente de ce que je voulais bien faire pour elle, qu'elle sautait dans la chambre comme une petite folle.

— D'abord, asseyez-vous, lui dis-je en tâchant de prendre un air bien grave.

— Où ça, monsieur?...

— Mais... là... sur une chaise auprès de moi.

— M'y v'là, monsieur?...

— Donnez-moi votre main...

— Oh! toutes les deux, si vous voulez...

Je lui pris en effet les deux mains, je les serrai avec force dans les miennes; je sentais une douce chaleur parcourir tout mon être; j'étais déjà si heureux, que je n'osais bouger de crainte de rompre le charme qui enivrait mes sens; mes yeux étaient fixés sur ceux de Clairette, dont la tendre langueur m'inspirait le premier amour. Au lieu de donner une leçon à la jeune fille, je sentais qu'elle pouvait m'apprendre mille choses; je tremblais, je rougissais et je pâlissais à chaque instant; jamais sorcier ne fut plus timide; mais j'avais oublié mon rôle, et Clairette, sans s'en douter, venait de prendre le mien.

— C'est étonnant, dit la jeune fille dont je serrais les mains depuis cinq minutes, ça ne m'endort pas du tout.

— Attendez... attendez... Cela ne se fait pas tout de suite... Il faut maintenant fermer les yeux...

— Bah !... fermer les yeux tout à fait?

— Oui, cela est indispensable.

— Allons... je ne vois plus rien...

Clairette ne me regardant plus, je devins moins timide, et après avoir contemplé tout à mon aise un sein charmant, dont j'avais légèrement dérangé le fichu, je me hasardai à cueillir un baiser sur les lèvres de ma jolie écolière; un feu inconnu embrasa mon cœur, je trouvais dans ces baisers une volupté nouvelle, je ne pouvais me lasser d'en prendre, et Clairette se laissait faire, tout en murmurant à demi-mots:

— Eh ! mais... c'est étonnant... ça ne m'endort pas du tout.

Je ne sais comment cette première leçon se serait terminée, si mon compagnon ne fût entré brusquement dans l'appartement, au moment où je pressais Clairette dans mes bras. Sa présence me troubla si fort que je fus en un saut à l'autre bout de la chambre. Clairette paraissait moins embarrassée que moi, elle restait sur sa chaise, me regardant ainsi que le petit bossu, comme quelqu'un qui attend l'issue d'une expérience.

— Que faites-vous donc là? mon cher Tatouos, dit en souriant le malin bossu, qui devinait fort bien la cause de mon trouble.

— Mais... je... je cherchais à endormir cette jeune fille...

— Ah!... c'est à cela que vous procédiez... Mais vous savez bien qu'il faut quelques préparations indispensables, et que d'ailleurs l'heure n'est pas propice... Croyez-moi, remettez votre leçon de magnétisme à un autre moment.

Tout en disant cela, mon compagnon me faisait des signes que je compris à merveille; il s'approcha ensuite de Clairette, qui restait tranquille sur sa chaise.

— Ma chère enfant, je vois avec plaisir que vous avez envie de vous instruire, et que vous croyez à notre science. Soyez tranquille, nous vous en apprendrons plus long que vous ne pensez... surtout le seigneur Tatonos, qui est très-versé dans son art, et qui ne demande qu'à faire des prosélytes. Mais le moment n'est pas arrivé. Votre maître vous demande à la cuisine; vos fricassées pourraient brûler; notre souper s'en ressentirait, et j'en serais très-fâché: car j'ai bon appétit, et je n'aime pas les sauces tournées et les viandes desséchées. Allez, ma chère amie, demain nous commencerons nos grandes expériences!... Et si vous êtes telle que je l'espère, vous serez initiée à nos mystères!... Demain enfin vous dormirez, et vous verrez la lumière.

Je ne sais pas si Clairette comprit tout ce que mon compagnon voulait dire, mais elle fit une profonde révérence et s'éloigna. En passant devant moi, elle me lança un regard dont l'expression acheva de me tourner la tête; ne pouvant plus résister à ce que j'éprouvais pour elle, et me moquant de tout ce que mon collègue pourrait me dire, je suivis la jeune fille dans le corridor.

— Si vous voulez que je vous apprenne tout ce que je sais, lui dis-je à demi voix, dites-moi où est votre chambre, j'irai vous y trouver cette nuit.

— Oh! je ne demande pas mieux!... Tenez, vous suivrez l'escalier, et tout en haut.... la petite porte à droite... d'ailleurs je la laisserai entr'ouverte.

— Parfait.

— Mais vous me rajeunirez!....
— Soyez tranquille.

Clairette me quitta, et moi je retournai près de mon compagnon.

— Tu vois que l'amour m'avait déjà rendu inventif; j'étais résolu à tout entreprendre pour posséder Clairette, et pourtant je n'avais que quinze ans et quelques mois; mais un caractère décidé, une tête ardente et une santé robuste me poussaient avant l'époque ordinaire dans la carrière des aventures.

CHAPITRE XI.

JACQUES ENDORT CLAIRETTE ET FAIT DES MERVEILLES.

En retournant près de mon compagnon de voyage, je m'attendais à quelque sévère réprimande sur ma conduite inconséquente avec la petite servante de l'auberge, et je me proposais de lui répondre que je ne restais avec lui que sous la condition de faire toutes mes volontés; mais je fus agréablement surpris en le voyant rire et venir gaiement au devant de moi.

— Il me paraît, mon jeune camarade, me dit-il d'un air malin, que vous voulez déjà travailler pour votre compte; peste!... c'est commencer un peu jeune! Cependant je ne prétends en rien vous gêner; d'ailleurs je ne suis ni votre père ni votre tuteur, et vous ne m'écouteriez pas si je vous prêchais la sagesse. Permettez-moi seulement de vous donner quelques conseils dictés par la prudence et notre intérêt commun.

— Je vous écoute.

— J'ai du tact!... et je crois que vous aimez la jeune fille qui était là tout à l'heure.

— Vraiment? il ne fallait pas un grand tact pour deviner cela.

— Mais l'essentiel est de savoir si vous lui plaisez.

— Pourquoi ne lui plairais-je pas ?
— Vous êtes si jeune !
— Elle me croit trente ans.

— C'est juste ! je n'y pensais plus. Il faut alors tâcher de la mettre dans nos intérêts : vous entendez bien, mon cher Jacques, que pour avoir de grands succès dans une ville, il faut que j'y fasse, ou que j'y trouve des compères.

— Quoi ! vous ne pouvez pas vous en passer ?... Vous n'êtes pas très-adroit, à ce que je vois !...

— Mon petit Jacques, vous commencez vos fredaines et vos voyages ; vous ne connaissez pas encore le monde ; si vous l'aviez étudié comme moi, vous sauriez que pour réussir, les gens même les plus rusés ont souvent besoin du secours des autres ; et voilà ce que j'appelle du compérage. Les marchands s'entendent pour vendre plus cher leurs marchandises ; l'intendant s'entend avec les fournisseurs pour le payement de leurs mémoires ; les courtisans s'entendent pour flatter le prince et lui cacher la vérité ; le jeune blondin s'entend avec une danseuse de l'Opéra pour ruiner un fermier général ; le médecin s'entend avec l'apothicaire, le tailleur avec le marchand de draps, la couturière avec la femme de chambre, l'auteur avec les claqueurs, qui, de leur côté, s'entendent pour vendre les billets qu'ils ont reçus pour applaudir ; les agioteurs s'entendent pour faire monter et descendre les rentes, les cabaleurs pour faire tomber l'ouvrage d'un homme qui n'est point de leurs coteries, les musiciens pour jouer de travers la musique d'un confrère, les acteurs pour empêcher la mise en scène d'une pièce dans laquelle ils ne jouent point, et les femmes s'entendent fort bien avec les amis de leur mari. Tout cela, mon cher, c'est du compérage. Et faut-il donc s'étonner qu'un faiseur de tours, un joueur de gobelets, ait besoin des compères !... Tant pis pour les sots qui se laissent attraper ; ou plutôt tant mieux ; car s'il n'y avait point d'illusion, il y aurait bien peu de plaisir. Quant à moi, j'ai besoin de savoir d'avance quelles sont les personnes qui viennent me consulter; vous entendez bien que je ne suis pas plus sorcier qu'un autre. Pour que vous deviniez en faisant le somnambule les maux que l'on ressent et ceux que l'on a éprouvés, il faut bien que je vous fasse votre leçon d'avance. Tout cela ne nous empêchera pas de guérir, s'il plaît à Dieu; mais il faut imposer à la multitude; et les hommes sont faits de telle sorte que le merveilleux leur plaît et leur plaira toujours. Or donc, cette petite servante paraît espiègle et fort éveillée, il faut en faire notre commère; vous lui donnerez de l'amour et moi de l'argent. Avec cela nous serons bien malheureux ou bien maladroits si nous ne la mettons pas dans nos intérêts.

Je fus enchanté de la proposition de mon compagnon : donner de l'amour à Clairette, c'était mon unique pensée, mon seul désir! Cependant, comme le petit bossu ne cessait de me recommander la prudence et m'engageait à ne point faire de démarches sans le consulter, je ne lui parlai pas de mon rendez-vous avec la jeune servante; il aurait pu trouver cela trop brusque, trop prompt, et pour tout au monde je n'aurais pas manqué à mon premier rendez-vous.

Maître Graografcus m'apprit ensuite le résultat de ses courses dans la ville; il connaissait déjà les anecdotes, les intrigues, les événements récents, les nominations qui allaient se faire, les maladies à la mode, les personnages à considérer, les mariages qui devaient avoir lieu, ceux qui étaient rompus; enfin tout ce qui occupait les grosses têtes de l'endroit. Vive une petite ville pour être en peu de temps au courant des nouvelles! il ne faut, pour être instruit que s'arrêter un moment chez le boulanger, le perruquier et la fruitière.

Mon compagnon avait une grande habitude pour retenir ce qui pouvait lui être utile; sa mémoire était presque toujours exacte; elle lui tenait lieu de science, comme chez bien des gens elle tient lieu d'esprit.

On nous servit à souper. L'hôte vint d'abord lui-même

faire dresser notre couvert et prendre nos ordres ; Clairette parut enfin; elle semblait moins rassurée que lors de sa première visite; elle tenait ses yeux baissés, et ne fit aucune attention à mes regards expressifs et au sourire malin du petit bossu. J'étais sur les épines; je craignais qu'elle n'eût changé d'idée et de résolution; j'étais neuf en intrigue amoureuse, et j'ignorais qu'une femme ne cache jamais si bien ses désirs qu'au moment de les voir satisfaits.

Elle s'éloigna, et je fis tout ce que je pus pour hâter la fin du souper; mais mon compagnon, qui n'était pas amoureux, se livrait avec délices aux plaisirs de la table. Il me fallut le voir savourer de chaque mets, et entendre ses plaisanteries sur mon peu d'appétit! il était loin cependant de soupçonner la véritable cause de ma préoccupation.

Le souper se termina enfin, et nous passâmes dans notre chambre à coucher, où deux lits étaient près l'un de l'autre. Je me hâtai de me fourrer dans le mien, mettant mon pantalon sur mes pieds, afin de le retrouver plus facilement. Après avoir fait une douzaine de tours dans l'appartement et rangé ses philtres et ses boîtes de pilules, ce qui me donnait des crispations d'impatience, mon compagnon se décida enfin à se coucher. J'attendais ce moment comme le signal de mon bonheur, car je savais qu'à peine au lit il s'endormait profondément.

Je vois enfin arriver cet instant si ardemment désiré : mon camarade est dans son lit; je me persuade qu'il ronfle... Je me lève, je passe lestement mon pantalon, et sans me donner le temps de prendre mes souliers, je cours à la porte de notre appartement; je l'ouvre bien doucement, et me voilà sur l'escalier.

J'allais à tâtons, et je ne faisais aucun bruit, marchant pieds nus, retenant ma respiration, tant je craignais de donner l'éveil aux gens de l'auberge, et de voir s'échapper cette nouvelle félicité que je brûlais de connaître. Enfin, j'arrive à l'endroit désigné; je suis au haut de l'escalier ; j'entends tousser légèrement, et mon cœur me dit que je suis près de Clairette. En effet, je trouve une porte entr'ouverte, et à la lueur d'une veilleuse, j'aperçois la petite servante qui m'attendait.

La jeune fille n'avait qu'un petit jupon et une camisole, présumant sans doute que la toilette était inutile dans les mystères du somnambulisme; mais jamais femme ne m'avait paru aussi séduisante, et jamais aussi je n'en avais vu me regarder d'une manière aussi expressive.

— Je vous attendais, me dit-elle; reprenons bien vite la leçon que votre compagnon a interrompue tantôt si mal à propos..... Il me tarde de savoir comment vous me rajeunirez.

— Vous n'avez pas besoin d'être rajeunie, lui dis-je, il faut seulement que vous restiez toujours comme vous êtes.

— Oui, c'est ce que je voulais dire... Dépêchons-nous. Tenez, je vais m'asseoir et fermer les yeux comme tantôt.

Et, sans attendre ma réponse, Clairette alla s'asseoir sur le pied de son lit, sans doute parce que la seule chaise qui était dans sa chambre lui semblait trop peu solide pour supporter une expérience de magnétisme: je me gardai bien de retenir mon élève, et j'allai vite me placer près d'elle. J'étais alors trop enflammé pour être timide; et Clairette, fermant toujours les yeux, se contentait de dire :

— Comment... c'est comme cela?... c'est là ce qui rend jeune;... mais Pierre et Jérôme m'en ont déjà appris autant!

J'avais recommencé plusieurs fois mon expérience, et je m'étais endormi dans les bras de Clairette, lorsqu'un grand bruit nous réveilla tous deux. Le tapage semblait partir de l'appartement au dessous; nous distinguions un murmure confus de voix, et entre autres celle de l'aubergiste, qui appelait Clairette et demandait de la lumière.

Que faire? si l'aubergiste monte lui-même, où me cacher? Il n'y a dans la chambre de Clairette rien qui puisse me dérober aux regards de son maître. La jeune fille me pousse dehors et me supplie de la sauver de la colère de son bourgeois, qui n'entend pas que les servantes de son auberge aient de faiblesses pour d'autres que pour lui.

Pendant qu'elle souffle sa veilleuse et fait semblant de battre le briquet, je descends l'escalier, ne sachant trop ce que je vais dire. A peine suis-je à l'étage au dessous que quelqu'un s'approche, me saisit le bras et me dit à l'oreille :

— Fais le somnambule; j'ai eu une indigestion, j'ai pris la chambre de notre hôte pour le cabinet d'aisance, et une soupière contenant de la gelée pour un vase nocturne. Ne crains rien, je te tirerai de là.

J'avais reconnu la voix de mon compagnon, je repris courage. L'aubergiste, impatienté de ne point avoir de lumière, monta lui-même à la chambre de Clairette, qui continuait à battre sa pierre sans mettre l'amadou dessus, moyen infaillible pour faire du feu sans en allumer. Enfin, notre hôte redescendit avec deux chandelles bien allumées; il allait entrer dans sa chambre lorsqu'il m'aperçut me promenant dans le corridor, marchant en chemise d'un pas grave, et tenant sous mon bras pantalon, que je n'avais pas eu le temps de remettre.

— Qu'est-ce que cela signifie? dit l'hôte en m'examinant avec une surprise mêlée d'effroi; que faites-vous là, monsieur?... que cherchez-vous ainsi, au milieu de la nuit? Est-ce vous qui êtes entré dans ma chambre et qui m'avez éveillé en faisant un bruit sourd qui ressemblait à un roulement de tambour, et qui jetait autour de moi une odeur infernale? Répondez donc.

Je me gardai bien de répondre, et je continuai de marcher lentement; l'aubergiste me suivait avec ses deux chandelles à la main, et Pierre et Jérôme, les deux valets de la maison, que le bruit avait attirés de notre côté, attendaient avec curiosité l'issue de cette aventure.

Enfin un gémissement sort de la chambre de l'aubergiste.

— Ah! il y a quelqu'un chez moi! s'écrie l'hôte en pâlissant; suivez-moi, vous autres, et marchez devant.

Il pousse en effet Pierre et Jérôme : on entre dans la chambre où était mon compagnon, et l'on me laisse dans le corridor. J'entends bientôt la voix de notre hôte, qui paraît fort courroucé contre maître Graografcus. Je juge qu'il est temps d'aller mettre la paix, et pour cela j'entre gravement dans la chambre où l'on se querellait.

A mon aspect le tumulte cesse.

— Chut!... silence!... attention!... dit à demi voix mon compagnon, c'est *Tatouos*, il est en état de somnambulisme. Je vais le mettre en rapport avec moi, et vous allez voir qu'il nous racontera tout ce que j'ai fait cette nuit.

Aussitôt le petit bossu s'approche de moi. Il passe à plusieurs reprises ses mains devant ma figure, met son index sur le bout de mon nez, afin, dit-il, d'établir le rapport, et commence ses questions :

— Qu'ai-je éprouvé cette nuit?

— Des douleurs au ventre.

— Puis encore?

— Des maux de cœur.

— Puis encore?

— Des coliques.

— Hein! que vous disais-je tout à l'heure? s'écrie mon compagnon en se tournant vers l'auditoire ébahi.

— Mais, continuons, ceci n'est encore rien; je gage qu'il nous dira tout ce que j'ai fait... D'où provenait ce mal?

— D'une indigestion.

— Et cette indigestion?

— D'avoir trop mangé à souper.

— Etonnant!... prodigieux!... disait l'hôte en se serrant entre ses deux garçons.

— Chut!... dit mon compagnon, n'interrompez pas le charme. Qu'ai-je fait alors?

— Vous vous êtes levé.
— Dans quelle intention ?
— Dans l'intention de vous rendre dans un certain lieu...
— Ai-je pris de la lumière ?
— Non, vous n'en aviez pas.
— Et comment ai-je marché ?
— A tâtons.
— Vous l'entendez, messieurs ; j'ai marché à tâtons, parce que je n'avais pas de lumière ; c'est qu'il ne se trompe pas sur un seul fait. Poursuivons : Où me suis-je rendu ?
— Dans le corridor ; là, vous avez oublié qu'on vous avait enseigné le cabinet à gauche ; vous avez pris à droite, et vous êtes entré dans cette chambre.
— C'est bien cela. Ensuite ?
— Vous avez trouvé une soupière et vous vous êtes servi de ce vase pour...
— De mieux en mieux.
— Le bruit a réveillé notre hôte ; il a crié, est sorti chercher de la lumière, et pendant ce temps vous avez caché la soupière sous le lit.
— C'est bien cela... Visitez, et voyez s'il se trompe sur un seul point !...

Les garçons trouvèrent en effet la soupière, qu'ils replacèrent bien vite en se bouchant le nez. L'hôte était stupéfait ; cependant son bouillon perdu lui donnait un peu d'humeur, il devait avec cela faire des potages pendant toute la semaine. Mon compagnon, qui s'aperçut de ce qui tourmentait l'aubergiste, se rapprocha de moi :

— Quelle est mon intention depuis que je me suis aperçu de ma méprise ?
— De donner douze francs à notre hôte en dédommagement de cette aventure.
— C'est parbleu bien cela !... douze francs !... Je vous l'ai dit tout à l'heure, mon cher hôte, pour calmer votre colère.

— Non, monsieur, je vous certifie que vous ne m'en avez pas dit un mot !...

— Non !... Eh bien, je l'avais sur le bout de la langue. Maintenant vous voilà content, j'espère... je puis réveiller notre jeune homme.

Il s'approcha de moi, me pinça le petit bout du doigt. Je secouai la tête et me frottai les yeux, comme quelqu'un qui s'éveille, et je demandai naturellement ce que je faisais là.

Mon compagnon regarda les gens de l'auberge; ils étaient tellement surpris de tout ce qu'ils venaient de voir et d'entendre, qu'ils me regardaient comme un être extraordinaire.

— Maintenant, allons nous recoucher, dit le malin bossu en prenant une des lumières. A demain, messieurs; je vous promets que vous en verrez bien d'autres si vous nous laissez faire en paix nos expériences.

Mon compagnon me prit par le bras, nous regagnâmes notre chambre, laissant l'aubergiste et ses valets s'assurer mutuellement que tout ce qu'ils venaient de voir était bien réel.

CHAPITRE XII

GRANDES EXPÉRIENCES DU PETIT BOSSU.

Quand nous fûmes enfermés dans notre chambre, mon compagnon se jeta dans mes bras et m'embrassa avec joie :

— Mon ami, je suis enchanté de vous, me dit-il; vous avez joué votre rôle comme un ange !... Vous êtes un garçon précieux, et notre fortune est faite. L'aventure de cette nuit fera du bruit.

Nous nous couchâmes fort satisfaits de la manière dont nous étions sortis d'un mauvais pas. Je m'endormis en pensant à Clairette, à ses charmes, aux plaisirs qu'elle m'avait fait connaître, à ceux que j'espérais goûter encore; et mon compagnon en calculant ce que lui rapporterait sa première séance dans une ville où sa réputation s'établissait si bien.

Le petit bossu ne s'était pas trompé en conjecturant que l'aventure de la nuit nous amènerait des curieux : les gens de l'auberge s'étaient levés de bon matin, afin de raconter bien vite tout ce qu'ils avaient vu et entendu. Les perruquiers, les boulangers, les épiciers furent les premiers instruits; mais cela suffisait pour que toute la ville sût ce dont nous étions capables. En passant de bouche en bouche, une aventure grossit tellement, que quelquefois on a de la peine à reconnaître sa propre histoire, en entendant raconter ce qui nous est arrivé à nous-mêmes. Chacun est bien aise d'ajouter quelque chose de singulier, de merveilleux ; de renchérir sur son voisin; c'est ainsi qu'un ruisseau devient un torrent fougueux; qu'un enfant qui récite un compliment sans se tromper est un prodige; qu'un joueur de gobelets est un sorcier; qu'un homme qui a une voix de soprano est castrat; que celui qui n'aime que son pays est suspect aux yeux de celui qui n'aime que son intérêt, et qu'une comète annonce la fin du monde.

La servante, en allant acheter son once de café, apprend du garçon épicier que l'auberge de la Tête-Noire est habitée par deux hommes extraordinaires, qui sont doués de la faculté de vous dire ce que vous avez fait et ce que vous voulez faire.

— Pardine... j' vas conter ça à ma maîtresse, dit aussitôt la bonne en quittant la boutique ; elle a été l'autre soir se promener avec son cousin, elle ne veut pas que son mari le sache, j' lui dirai de n' pas aller faire éventer la mèche par ces sorciers-là.

— Quelle nouvelle? demande le vieux garçon à son perruquier en s'asseyant sur sa chaise et en mettant la serviette destinée à sa barbe.

— Quelle nouvelle? monsieur Sauvageon !... Peste!

nous en avons de bien singulières !... de bien piquantes !...

— Voyons cela, mon ami... parlez... parlez...

— Ces deux étrangers... ces docteurs arrivés hier à a Tête-Noire, ont déjà fait des expériences !...

— En vérité !...

— C'est un fait certain, je le tiens de Jérôme, garçon de l'auberge, qui a été témoin oculaire et auriculaire.

— Diable !...

— C'est cette nuit que le somnambule a commencé ses courses nocturnes...

— Des courses nocturnes la nuit !... Ces somnambules sont donc nyctalopes !

— Oui, monsieur, ils sont nycta... Comment dites-vous cela, monsieur Sauvageon ?

— Nyctalopes, mon ami.

— Ils sont nyctalopes, assurément... Et qu'est-ce que cela veut dire, nyctalopes ?

— Cela signifie qu'ils voient clair la nuit.

— Ah ! je comprends ! c'est comme les chats ; au fait, les somnambules sont la nuit aussi adroits que les chats. Mais pour en revenir à celui de la Tête-Noire, vous saurez qu'il devine tout ce qu'on a fait ; et cette nuit il a découvert une chose qui était cachée à tous les yeux !...

— J'entends !... il a découvert le pot aux roses.

— Oh ! ce n'était pas précisément le pot aux roses !... Son compagnon avait ressenti la nuit des douleurs... des coliques, des crispations provenant de son souper.

— Et peut-être de quelque mets mal apprêté, de quelque casserole mal récurée ; car on n'est pas très-bien servi à la Tête-Noire, j'y ai mangé une fois un fricandeau qui m'est resté trois jours sur l'estomac, parce qu'on y avait mis de la muscade qui me fait toujours mal. De la muscade dans un fricandeau !... vous conviendrez que cela est détestable !...

— C'est vrai, cette auberge ne mérite pas sa réputation ; car à la noce de ma sœur, qui s'est faite là...

— Votre sœur ? et laquelle donc ?

— Celle qui a épousé Lagripe... le frotteur du sous-préfet... vous savez bien?... ce petit blond qui a les yeux bleus et le nez rouge...

— Ah! oui, celui qui a fait, dit-on, un enfant à la petite ravaudeuse d'en face...

— Ah! pour ça, je n'en crois rien!... Ce sont des propos de mauvaises langues, de bavards...

— Prenez donc garde, mon ami, vous me coupez..

— Ce n'est rien, c'est une paille qui était sur votre joue, et qui a fait tourner le rasoir.... Vous sentez bien que si Lagripe avait fait un enfant à la ravaudeuse, ma sœur ne l'aurait point épousé...

— Et pourquoi donc cela? mon garçon, entre nous, votre sœur...

— Comment? que voulez-vous dire, monsieur Sauvageon?

— Suffit, mon ami; donnez-moi un œil de poudre, et revenons au somnambule... Vous dites donc que cette nuit il a guéri les coliques de son compagnon?

— Je ne vous dis pas qu'il l'a guéri; mais je vous dis qu'il a découvert les objets les plus cachés, et entre autres une soupière qui était sous le lit de l'aubergiste.

— Une soupière qu'on avait probablement volée et cachée là jusqu'au moment de l'emporter!

— C'est bien possible; ce qu'il y a de certain, c'est qu'il a dit tout ce qui était contenu dans la soupière!

— Peste! voilà qui est bien fort; et Jérôme vous a-t-il dit ce que contenait la soupière?

— Certainement! elle contenait le souper du magicien... du médecin, de celui qui est bossu.

— Cela me passe!... escamoter un souper et le faire retrouver dans son état naturel, après l'avoir mangé. J'avoue que c'est un tour bien extraordinaire!...

— Mais, monsieur Sauvageon, je ne vous ai pas dit que le souper fût dans son état naturel... c'était au contraire le résultat des coliques... qui se trouvait...

— Eh! morbleu, mon garçon! que ne parliez-vous

donc !... vous me tenez là deux heures autour du... Mettez-moi un peu de pommade à la vanille.

Et notre vieux garçon se trouve coiffé et rasé, et son perruquier le quitte pour aller redire son histoire à une autre de ses pratiques, en ayant soin d'y changer ou d'y ajouter quelque chose. C'est charmant pour bien des gens d'avoir une nouvelle à raconter, et des commentaires à faire dessus.

— Mais, à propos d'histoire, monsieur l'auteur, vous êtes furieusement bavard, et vous paraissez prendre plaisir à écouter ous les caquets d'une petite ville. A coup sûr, ce n'est pas Frère Jacques qui raconte à Sans-Souci la conversation du vieux garçon avec son perruquier, ni celle de la petite bonne chez l'épicier de l'endroit. D'où l'aurait-il sue ?

— C'est juste, lecteur, je m'avoue coupable ; je tâcherai de ne plus mettre mon mot dans les aventures de notre soldat, et pour commencer, je le laisse reprendre son récit.

A peine étions-nous levés et avions-nous sonné pour demander notre déjeuner, que l'hôte entra dans notre chambre, tenant à la main une grande feuille de papier qu'il présenta à mon compagnon.

— Messieurs, nous dit-il en saluant jusqu'à terre, voilà la liste des personnes qui désirent vous consulter ce soir, et qui se sont fait inscrire chez moi.

— C'est bien... donnez... Avez-vous mis les noms, titres, âges et qualités des personnes ?

— Tout y est, monsieur.

— C'est très-bien... Laissez-nous, et envoyez-nous pour le moment votre servante Clairette : j'ai des ordres à lui donner relativement à ma séance de ce soir.

L'hôte s'inclina avec le respect d'un Chinois qui voit passer un mandarin, et sortit en promettant de nous envoyer incessamment la jeune fille.

Mon compagnon déroula la liste ; elle était considérable ; cela promettait de nombreux prosélytes. Le petit bossu lisait à haute voix et faisait d'avance ses conjectures, lorsque Clairette arriva.

La petite servante paraissait un peu embarrassée. Elle tenait les yeux baissés, et avait les mains collées sur son tablier. Pour moi, j'étais rouge, et je ne savais que dire. La présence de Clairette bouleversait tout mon être; j'en étais franchement amoureux; j'éprouvais pour elle une véritable passion, et d'après les preuves de tendresse qu'elle m'avait données dans la nuit, je croyais en être sincèrement aimé. Je crois qu'alors si l'on m'eût dit qu'il fallait épouser la petite servante, ou renoncer pour toujours à elle, je n'aurais point hésité à lui donner ma main! et ce que j'éprouvais, je gage que beaucoup de jeunes gens l'ont ressenti comme moi. On aime si bien la première fois!... Ah! mon cher Sans-Souci, j'étais alors bien jeune et bien neuf! Mais j'ai reconnu depuis que plus on acquiert d'expérience, plus on perd de plaisirs.

Mon compagnon alla fermer la porte de notre chambre. Il ne fallait pas qu'aucun indiscret pût entendre notre conversation avec Clairette. Il revint ensuite près de nous, et commença l'entretien par un grand éclat de rire qui me fit ouvrir les yeux avec étonnement, tandis que Clairette lâchait les bouts de son tablier.

— Mes amis, vous êtes encore un peu simples, nous dit-il enfin; vous, mon cher Jacques, qui êtes amoureux d'une jeune fille qui ne pensera plus à vous demain; et vous, ma petite Clairette, qui croyez aux sortiléges, et vous figurez que l'on peut paraître jeune toute la vie. Nous ne sommes pas plus sorciers que d'autres, ma chère amie; mais il faut que vous nous serviez à en imposer aux sots qui se disputent le plaisir de nous consulter. Vous ferez tout ce que nous voudrons, d'abord, parce que cela vous procurera l'occasion de vous moquer de beaucoup de personnes, ce qui est toujours agréable; ensuite, parce que nous vous payerons grassement : moi, en argent, et ce jeune homme en amour; et que, si vous refusiez de nous servir, vous vous priveriez d'un grand nombre de profits qui ne se retrouvent pas souvent dans une petite ville.

Ce discours mit tout le monde à son aise. Clairette, qui vit que le petit bossu était au fait de tout, accepta en souriant un double louis que celui-ci lui glissa dans la main, et ne demanda pas mieux que de nous servir de commère. Tout étant arrangé, maître Graografcus reprit sa liste, m'engagea à écrire les réponses de la jeune fille, afin de ne point nous tromper, et commença son interrogatoire, auquel Clairette répondit de son mieux.

— Annette-Suzanne-Estelle Guignard, âgée de trente-six ans.

— Elle ment; elle en a au moins quarante-cinq. C'est une vieille demoiselle qui voudrait à toute force se marier, mais on ne veut pas d'elle; d'abord parce qu'elle boite, ensuite parce qu'elle chique du tabac...

— C'en est assez.

— Antoine-Nicolas La Giraudière, âgé de quarante ans, employé à la mairie.

— C'est un gros bon homme tout rond; on dit qu'il n'a pas inventé la poudre; il vient peut-être vous consulter pour que vous lui donniez de l'esprit !...

— Impossible... On s'en croit toujours assez...

— Ah ! attendez... Sa femme a déjà fait quatre filles, et elle est furieuse de ne point avoir de garçons.

— C'est cela... j'y suis... Il veut que je lui indique une manière pour en faire. Passons. Romuald-César-Hercule de La Souche, marquis de Vieux-Buissons, âgé de soixante-quinze ans, ancien grand veneur, ancien chevau-léger, ancien page, ancien... Parbleu ! il pouvait se dispenser de mettre ancien devant tous ses titres !... Je me doute bien qu'il ne monte plus à cheval et ne va plus à la chasse... Que peut-il me vouloir ?

— Il vient d'acheter une petite terre aux environs; il est en dispute avec ses vassaux; il prétend que ce sont des lièvres...

— Des lièvres ! ses vassaux ?

— Non... attendez ; je me trompe, c'est... des cerfs...

— Ah ! fort bien, des serfs... Je comprends ce que tu veux dire...

— Il veut aussi, quand on fait un mariage, que la mariée vienne passer une heure en tête-à-tête avec lui, et dame ! les paysans n'entendent pas ça ; c' qui fait qu'il est toujours en dispute avec eux.

— C'est bon : j'en sais assez sur son compte. Angélique Prudhomme, femme Jolicœur, âgée de trente-deux ans, blanchisseuse en fin des grosses têtes de l'endroit... Peste ! quel honneur !

— Ah ! c'est une commère, allez, que madame Jolicœur !... elle fait parler d'elle dans la ville... Elle blanchit les officiers de garnison et va au bal avec eux !...

— Elle est donc jolie ?

— Ah ! comme ça ! Une figure chiffonnée... et un air hardi !... comme un cuirassier !... Elle a déjà fait battre plus de douze personnes, et dernièrement encore, à la fête de l'endroit, elle a valsé avec le tambour-major qui s'est querellé avec un sapeur au sujet d'un rendez-vous qu'elle avait donné au dernier pour aller promener dans le labyrinthe !... Ça serait devenu sérieux, si M. Jolicœur n'était pas arrivé là !... Mais il est bon enfant ! il a raccommodé le tambour avec le sapeur, en jurant au dernier que sa femme n'avait pas eu l'intention de lui manquer de parole, et que ce n'était qu'un oubli de sa part.

— Ce mari-là sait vivre. Passons. Cunégonde-Aline Trouillard, quarante-quatre ans et un café très-achalandé.

— Ah ! c'est la limonadière !... Elle a toujours des vapeurs... des migraines !... des... enfin elle se croit toujours malade, et passe sa vie à prendre des drogues au lieu d'être à son comptoir !

— C'est une femme bien précieuse pour les apothicaires !

— Son mari veut faire le malin, le chimiste... il fait du café avec de la graine d'asperges, et du sucre avec des navets. Oh! je suis sûre qu'il viendra aussi vous consulter.

Je continuais à prendre note des réponses de Clairette, et nous avions presque épuisé la liste, lorsqu'on frappa à notre porte. Je fus ouvrir : c'était notre hôte qui venait nous prévenir que M. le maire désirait nous voir, et qu'il nous attendait chez lui. Nous ne pouvions refuser cette invitation. Mon compagnon mit son plus bel habit et me prêta même une culotte de drap de soie noire qui me descendait jusqu'aux talons, attendu que le petit bossu l'avait achetée d'occasion d'un grand poète, lequel l'avait eue d'un acteur des boulevards qui la tenait d'un académicien qui faisait la cour à une petite danseuse, chez laquelle il l'avait oubliée.

Nous partîmes un peu inquiets des suites de notre visite. Cependant mon compagnon, qui avait de l'esprit, espérait se tirer d'affaire. Nous arrivâmes chez M. le maire; on nous fit entrer dans son cabinet. Nous vîmes un petit homme sec, dont les yeux pétillaient d'esprit et de vivacité. Aux premières questions qu'il nous fit, mon compagnon s'aperçut qu'il avait affaire à forte partie. Le maire était savant; il connaissait à fond plusieurs sciences abstraites, entre autres, la médecine, la chimie, la botanique et l'astronomie. Près de lui, mon pauvre petit bossu ne retrouvait plus son babil et son audace. Le maire, qui s'aperçut de notre gêne, voulut bien la faire cesser.

— Je n'ai pas intention de vous empêcher de gagner votre vie, nous dit-il en souriant, au contraire!... vous professez, m'a-t-on dit, le magnétisme, et guérissez ainsi tous les maux; c'est fort bien. Je désire sincèrement le bien-être de mes administrés, je cherche surtout à les guérir de ces sots préjugés, de ces antiques superstitions pour lesquels les hommes n'ont que trop de penchant. La magie, la sorcellerie, le magnétisme, le somnambulisme doivent offrir beaucoup d'attraits aux amateurs du merveilleux. Je sais que c'est en vain que l'on combat l'opinion des hommes ; il n'y a qu'un seul moyen pour les guérir : c'est de les laisser être dupes eux-mêmes. C'est pour cela que je vois avec plaisir venir des charlatans dans cette ville. C'est toujours une nouvelle leçon pour les habitants, car les sorciers ne sortent jamais d'un endroit sans y avoir fait des dupes. Je vous permets donc de magnétiser mes administrés.

M. le maire ne nous faisait pas de compliments cependant mon compagnon s'inclina profondément en remerciant le maire de sa bonté.

— Vous avez sans doute, nous dit-il, quelque remède que vous vendez *gratis*... comme cela se pratique... Voyons ce que c'est.

Le bossu présenta aussitôt une de ses boîtes de pilules. Le maire en prit une, la jeta dans un petit vase où elle se décomposa. Il examina un moment notre mie de pain, puis nous rendit notre boîte en souriant : — Allez, messieurs, nous dit-il, et vendez-en beaucoup !... cela n'est pas dangereux.

Ainsi se termina cette visite. Nous retournâmes à notre auberge, bien contents de n'avoir pas montré nos philtres et nos charmes à M. le maire.

Enfin l'heure indiquée pour notre séance publique arriva. Mon compagnon m'avait donné toutes mes instructions et fait répéter plusieurs fois mon rôle. Il prit le costume de rigueur, la robe noire qui grandit les gens élancés et rapetisse encore les personnes contrefaites, et avec laquelle le petit bossu ressemblait parfaitement à un magicien ou à un sorcier, lesquels ne doivent jamais être bâtis comme les hommes ordinaires ; plus, la barbe de considération et le grand bonnet obligé : voilà quel était le costume de maître Graografcus.

Quant à moi, il me passa une espèce de tunique rouge parsemée d'étoiles jaunes, qu'il avait faite avec un vieux couvre-pied acheté au Temple à Paris ; laquelle tunique était censée me venir du Grand-Mogol. Il voulut aussi me mettre sur la tête un turban de sa façon; mais comme je trouvai que cela ne m'allait pas bien, et que je pensai que Clairette me verrait dans mon grand costume, je ne voulus jamais mettre le turban, et il fallut que mon collègue consentît à me laisser relever mes cheveux à la Charles XII, ce qui n'allait pas très-bien avec la tunique; mais les grands génies ne s'arrêtent point à ces misères-là.

La salle de notre appartement était préparée pour les mystères qui allaient se passer devant tout le monde. Un baquet plein d'eau, un cercle de fer, une baguette du même métal, des fauteuils pour les consultants, des chaises pour les aspirants, des banquettes pour les curieux, et un seul quinquet, qui ne répandait dans la salle qu'une clarté douteuse : voilà dans quel ordre tout était disposé.

Dès que mon compagnon eut fait dire à notre hôte que l'on pouvait entrer, la foule se précipita dans la salle. Les uns venaient avec confiance, d'autres avec crainte, la plupart poussés par la curiosité; mais enfin nous avions beaucoup de monde, et c'était l'essentiel.

Quand on fut entré, que l'on fut placé tant bien que mal, que les premiers chuchotements furent calmés et que l'on nous eut assez regardés, maître Graografcus salua l'assemblée avec dignité, et n'ayant point de petits bancs, monta sur une chaufferette, afin d'être vu de tout le monde, puis commença le discours d'usage.

— Messieurs, mesdames et mesdemoiselles... s'il y en a dans l'assemblée, vous savez... ou vous ne savez pas qu'il y a dans la nature un principe matériel inconnu jusqu'ici, lequel principe agit sur les nerfs. Si vous le savez, je ne vous l'apprends pas; si vous ne le savez pas, je vais vous l'expliquer : nous disions donc qu'il y a un principe, et nous partons de là; moyennant ce principe, et d'après des lois mécaniques particulières, il y a une influence mutuelle entre les corps animés, la terre et les corps célestes : en conséquence, il se manifeste

7

dans les animaux... faites bien attention, messieurs... dans les animaux et surtout dans l'homme, des propriétés analogues à celles de l'aimant. C'est ce magnétisme animal que j'ai trouvé le secret de déployer sur les maladies, et c'est par cette méthode que je prétends les guérir toutes.

La vertu magnétique peut être communiquée et propagée par d'autres corps. Cette matière subtile pénètre les murailles, portes, verres, métaux, sans perdre notablement de sa force ; elle peut être accumulée, concentrée et transportée dans l'eau et dans les verres et réfléchie par les miroirs ; elle est encore propagée, communiquée et augmentée par le son ; enfin son pouvoir n'a point de bornes, et tout ce que je vous lis là, je ne l'ai point inventé, je ne fais que vous répéter ce que les savants Mesmer, Deslon et autres vous diraient maintenant s'ils n'étaient pas morts.

L'assemblée écoutait dans le plus profond silence ; les jeunes gens ouvraient de grands yeux, les petites demoiselles souriaient, les vieillards secouaient la tête, les femmes se regardaient, et personne n'osait dire à son voisin qu'il ne comprenait rien à l'explication du nouveau thaumaturge. Celui-ci s'en aperçut et continua :

— Je vois, messieurs et mesdames, que je vous ai convaincus ; je ne pousserai donc pas plus loin le raisonnement : je dois cependant ajouter, avant de commencer mes expériences, qu'il y a des corps qui ne sont pas susceptibles du magnétisme animal et qui ont même une propriété tout à fait opposée, par laquelle ils en détruisent l'efficacité dans les autres corps. Je me flatte que nous ne rencontrerons point ici de ces corps malheureux ; mais j'ai dû vous prévenir, en cas que cela arrivât. Montez, si cela vous est possible, vos esprits à la hauteur de la découverte sublime qui nous occupe. Ce n'est point ici du charlatanisme... c'est l'évidence, c'est la puissance, c'est l'influence secrète qui agit... c'est...

A cet endroit de son discours, la chaufferette se cassa,

et l'orateur roula au milieu de la salle ; mais il se releva aussitôt, et s'adressant à l'assemblée avec une nouvelle chaleur :

— Messieurs, s'écria-t-il, j'ai voulu finir par une expérience : en vous parlant tout à l'heure, je magnétisais cette chaufferette avec mon pied gauche, et j'étais certain de la réduire en poudre !... vous voyez que j'ai réussi.

Des applaudissements unanimes partirent de tous les points de la salle.

— Vous le voyez, me dit tout bas mon compagnon, en ne se déconcertant jamais, l'homme d'esprit tire parti de tout.

Le moment des expériences était arrivé, et comme l'effronterie se communique encore plus facilement que le magnétisme, j'attendais avec impatience dans mon fauteuil l'occasion de montrer aussi mon savoir-faire.

Madame Jolicœur passa la première, malgré tout ce que put dire le marquis de Vieux-Buissons, qui soutenait qu'un homme de sa qualité devait passer avant tous les autres. Mais la blanchisseuse n'était pas femme à céder à personne ; d'ailleurs elle était jolie et jeune ; le marquis était vieux, laid et bourru : madame Jolicœur devait avoir le premier pas.

Le grand magnétiseur la prit par la main et la fit tourner autour du baquet, puis il la fit asseoir et la magnétisa du bout de sa baguette. La jeune femme ne paraissait pas disposée à s'endormir.

— Je vais vous mettre en rapport avec mon somnambule, lui dit-il. La blanchisseuse me regarda en souriant, et ne parut point fâchée d'être mise en rapport avec moi.

Je savais mon rôle ; j'avais pris mes notes sur madame Jolicœur.

— Il faut frapper les grands coups, me dit tout bas mon compagnon, car cette femme-là serait capable de se moquer de nous.

La blanchisseuse fut placée en face de moi ; on lui recommanda le silence, on lui dit de se laisser toucher ; ce qu'elle fit avec beaucoup de complaisance, cependant elle riait avec malice pendant que je tenais une de ses mains, et tout en feignant de dormir, je l'entendais marmotter tout bas :

— Ah ! mon Dieu, que c'est bête !... le sapeur m'avait bien dit que c'était des giries qu'on me ferait.

Je débitai aussitôt à haute voix tout ce que Clairette nous avait appris sur les amours de la blanchisseuse. Je n'oubliai rien, ni le tambour-major, ni la valse, ni le rendez-vous, ni les suites. Aux premiers mots, l'assemblée se mit à rire, madame Jolicœur se troubla, et, avant que j'eusse achevé mon discours, la blanchisseuse s'était levée, avait écarté à coups de coude la foule des curieux, et s'était sauvée de l'auberge en jurant que nous étions des sorciers.

Cette première expérience ne laissait aucun doute sur la vertu du magnétisme ; aussi M. le marquis de Vieux-Buissons s'avança-t-il gravement vers nous, et pria-t-il mon confrère, d'un ton presque poli, de le mettre de suite en rapport avec moi.

Les préliminaires d'usage terminés, le dialogue suivant s'établit entre nous deux :

— Que suis-je ?

— Très-haut et très-puissant seigneur dans votre vieux château, dont il ne reste plus qu'une aile ; c'est pour cela que vous venez d'acheter une petite seigneurie nouvelle dans les environs.

— C'est juste ; mais, dans ce moment, qu'est-ce que je veux faire ?

— Vous voulez que vos vassaux soient devant vous comme des agneaux devant un lion, soumis, tremblants et craintifs ; vous voulez être le maître de leur destinée ; vous voulez qu'ils vous donnent ce qu'ils ont de plus beau, de meilleur, ce qu'ils ont gagné à la sueur de leur front, et vous voulez encore qu'ils vous payent par sur cela.

— C'est fort juste.

— Vous voulez que les petites filles ne disposent point de leur pucelage sans votre permission.

— C'est la vérité.

— Et comme vous n'êtes plus capable de le leur prendre, vous voulez, pour avoir l'air dangereux, passer, le premier jour de leur mariage, votre vieille jambe nue dans le lit de la jeune vierge, qui criera et pleurera à l'aspect du mollet de son seigneur, ce qui fera beaucoup d'honneur à celui-ci, qui n'a plus que son mollet à présenter à ses vassales, et qui est bien aise de leur faire peur avec, puisqu'il ne peut plus faire éprouver d'autres sentiments. Enfin, vous voulez faire revivre le droit de jambage, de cuissage, de marquette et de prélibation, comme cela existait dans le bon temps de la chevalerie, où l'on marchait toujours la lance en avant, se battant quand, dans un chemin étroit où l'on ne pouvait pas passer deux de front, aucun ne voulait céder le pas à l'autre ; se battant quand celui que nous rencontrions ne voulait pas crier que notre belle était la plus belle, quoiqu'il ne l'eût jamais vue ; se battant contre les nains (il y en avait alors) et contre les géants qui enlevaient les jeunes filles et qui, malgré leur énorme massue (car un géant ne marche jamais sans cela), se laissaient percer comme des mannequins par le premier chevalier qui se présentait !...

— C'est cela, c'est bien cela... Je veux avoir un nain à la porte de mon colombier et tuer le premier géant qui paraîtra sur ma terre, où l'on n'en a pas encore aperçu.

— Eh bien, monsieur le marquis, prenez des pilules de maître Graograleus, mangez-en beaucoup et souvent ; elles vous rendront jeune, vert, dispos et gaillard ; vos cheveux blancs redeviendront noirs, votre taille se redressera, vos rides s'effaceront, vos joues se rempliront, vos couleurs reparaîtront et vos dents repousseront. Je vous réponds que quand cette métamorphose se sera opérée en vous, vos vassaux feront tout ce que vous voudrez, et surtout que les jeunes filles ne vous fuiront plus.

Le marquis, enchanté de mes réponses, prit douze boîtes de pilules, qu'il paya sans marchander. Il en mit dans toutes ses poches ; il en avala de suite une demi-douzaine, et il rentra chez lui, la tête haute, l'œil animé, et se trouvant déjà rajeuni de dix ans.

Après le marquis, se présenta Aline-Cunégonde Trouillard ; il n'était pas besoin de préliminaires ni de discours pour disposer madame Trouillard à croire au magnétisme : la pauvre femme avait les nerfs si sensibles qu'elle tomba en syncope dès que mon compagnon l'eut touchée avec le bout de sa baguette. Dans mon entretien avec elle, je lui dis au hasard tout ce qui me passa par la tête ; elle avait toutes les maladies que je lui nommais, elle ressentait toutes les douleurs que je lui annonçais, elle éprouvait tous les symptômes dont je lui parlais. Quelle bonne fortune pour les charlatans que des esprits faibles ! Madame Trouillard emplit son ridicule de pilules et s'éloigna, après avoir pris un abonnement à toutes nos séances publiques et particulières.

Nous attendions Estelle Guignard, qui s'était fait inscrire, lorsqu'un gros bon homme, en sabots et en blouse bleue, perça la foule et s'approcha de nous. Je n'avais pas de réponses préparées pour ce nouvel arrivant, aussi le laissai-je s'adresser à mon confrère, qui cherchait des yeux Clairette, dans l'espoir d'obtenir d'elle quelques renseignements indispensables ; mais la jeune fille, qui ne pensait plus que nous aurions besoin d'elle, venait de redescendre à sa cuisine. Il fallut donc agir sans compère ; mon collègue espéra s'en tirer facilement, surtout ayant affaire à un paysan : il s'approcha du villageois, qui regardait d'un air étonné dans le baquet mystérieux ; et tâchant de se donner un air encore plus imposant, il commença à l'interroger :

— Qui êtes-vous ?

— Pardine, vous le savez ben, puisque vous êtes sorcier.

— Sans doute, je le sais, mais puisque je vous le demande, c'est que j'ai sans doute des raisons secrètes pour vous interroger. Répondez donc sans tergiverser.

— Sans tergi... sans terger... Quoi que vous dites là?

— Je vous demande votre nom.

— Je m'appelle comme mon frère, Eustache Nicole.

— Que faites-vous?

— Dam', j'travaille aux champs, ou ben j'mène les charrettes des bourgeois quand gnia des commissions de marchandises...

— Pourquoi venez-vous ici?

— Tiens! j'y viens comme les autres!... pour voir comment est fait un magicien.

— Qui vous a dit que je le fusse?

— C'est l'perruquier ousque je m'suis fait tondre ce matin; et comme depuis longtemps il ne vient pus d'sorciers dans nos campagnes, j' sommes resté exprès à la ville pour vous voir.

— Voulez-vous être magnétisé?

— Magné?... Comment est-ce que vous entendez ça?

— Voulez-vous que je fasse agir l'agent secret?

— Pardi! faites agir tout c' que vous voudrez!...

— Enfin, que désirez-vous savoir?

— Oh! dam', ben des choses... Est-ce que vous ne le devinez pas?

— Si fait, et je vais d'abord vous magnétiser.

— Allons j' veux ben; ça me coûtera-t-il cher?

— Je ne prends rien pour cela.

— Oh! alors j' vois ben qu' vous êtes un sorcier, puisque vous faites vot' commerce sans qu'on vous graisse la main!

Mon petit bossu fit asseoir le paysan dans un grand fauteuil puis le toucha à plusieurs reprises avec la baguette magique; mais le rustre se laissait toucher, et ne paraissait nullement sous le charme. Mon compagnon se mit alors à lui passer bien légèrement les doigts devant les yeux, afin de lui communiquer le fluide magnétique. Le villageois se laissait faire, et se contentait de se retourner de temps à autre sur son fauteuil et de se frotter les yeux. Je me sentais une grande envie de rire en voyant la peine que se donnait mon pauvre camarade, qui suait à grosses gouttes à force de magnétiser Eustache Nicole.

Enfin le paysan parut plus calme ; il cessa de se remuer et de se frotter les yeux.

— Le charme opère, disait à demi-voix maître Graograteus en continuant son exercice : voilà un drôle qui m'a donné bien du mal ! mais enfin j'en suis venu à bout... Vous le voyez, il entre en état de somnambulisme ; avant peu il parlera.

Mais au lieu de parler, le villageois, qui s'était réellement endormi, lâcha un vent tellement prolongé que le plus intrépide magnétiseur n'aurait point eu le courage de continuer. Mon bossu fit un saut en arrière en se tenant le nez. Je partis d'un éclat de rire, et toute l'assemblée en fit autant.

Cette rumeur soudaine réveilla notre villageois ; il se leva et demanda si l'expérience était finie.

— Vous êtes un butor, lui dit mon compagnon avec colère : vous avez manqué à toute la société, et vous n'êtes pas digne d'être magnétisé.

Le villageois n'était pas endurant ; il se fâcha, dit que c'était nous qui nous moquions du pauvre monde, et que nous n'étions pas plus sorciers que lui. A ces mots, maître Graograteus voulut renvoyer l'insolent qui doutait de son savoir : il le poussa avec sa baguette. Le paysan irrité se retourna et saisit mon grand magnétiseur à la barbe ; celui-ci cria. Les curieux s'avancèrent ; les femmes appelèrent au secours ; les plus sages se contentèrent de rire, et les partisans du magnétisme s'empressèrent de venir à l'aide du pauvre sorcier, qui se débattait avec M. Nicole qui ne voulait point lâcher la barbe. Tout en se débattant, ces messieurs approchèrent du baquet; ils trébuchèrent, ils tombèrent tous deux le nez dedans. L'eau rafraîchit et calme les sens. Le paysan, en retirant sa tête du baquet, lâcha la barbe de son adversaire, et sortit tranquillement de la salle. Mon compagnon qui était tout trempé sentit qu'il n'était plus en état de faire des prosélytes, et il déclara que la séance était levée.

CHAPITRE XIII

EFFETS DES PHILTRES. — FRÈRE JACQUES QUITTE SON COMPAGNON.

Malgré la fin désagréable de notre première séance de magnétisme, nous faisions assez bien nos affaires à l'auberge de la Tête-Noire; Clairette nous donnait tous les renseignements que nous désirions, et, pour éviter une seconde représentation de la scène d'Eustache Nicole nous ne laissions plus pénétrer jusqu'à nous que les personnes qui étaient inscrites d'avance.

Cependant la curiosité se lasse, et l'effet de nos pilules ne répondait pas toujours à l'attente des acheteurs. De mon côté, je commençais à ne plus être aussi amoureux de Clairette; je l'avais surprise plusieurs fois se faisant rajeunir par Pierre et Jérôme, et cela m'avait ôté toutes les illusions romanesques d'un premier amour. Ce fut donc sans chagrin que je me décidai à partir lorsque mon compagnon m'en fit la proposition.

Pendant six mois nous vécûmes de la même manière, restant plus ou moins de temps dans un endroit, suivant le nombre de dupes que nous y faisions. Cela allait assez bien ; cependant nous ne trouvions pas toujours des compères, et alors nous étions sujets à commettre de grandes erreurs. Je dis un jour à un usurier qu'il n'aimait pas l'argent, à un ivrogne qu'il n'aimait pas le vin, à un joueur qu'il n'aimait pas les cartes, à un garçon que sa femme le trompait : tu conçois, Sans-Souci, que nous ne brillâmes point dans cette ville-là.

Je commençais à m'ennuyer de ce genre de vie ; j'avais déjà fait entendre à mon compagnon que je voulais me séparer de lui ; mais il essayait toujours de me retenir. Ma foi ! je résolus un jour de donner carrière à mes folies et de lui jouer quelque tour qui pût lui ôter l'envie de m'avoir pour associé.

Nous étions dans une petite ville où nous faisions merveille..... Le magnétisme, le somnambulisme y tournaient toutes les têtes : on se disputait pour nous consulter, pour obtenir des conférences ; je ne pouvais pas suffire aux demandes de pilules, et les charmes mêmes se débitaient très-bien. C'est là que je me décidai à faire une expérience de ma façon sur les imbéciles qui s'adressaient à nous.

Un vieil avocat courtisait depuis quelque temps une coquette entre deux âges, laquelle refusait de répondre à sa flamme, sans cependant cesser d'écouter ses tendres déclarations. La dame était rusée, elle était bien aise de faire des passions, et elle craignait en cédant aux désirs de son adorateur de perdre l'empire qu'elle exerçait sur lui. Tous deux vinrent nous consulter : l'avocat pour trouver le moyen d'attendrir sa belle, et celle-ci pour conserver les charmes qui faisaient tant de malheureux. Mon compagnon promit à M. Gérard (c'était le nom du vieux soupirant), un philtre capable de rendre amoureuse la femme la plus insensible, et à madame Dubelair, un charme pour mettre les siens à l'abri des ravages du temps.

Dans la même maison que madame Dubelair, logeait l'adjoint du maire de l'endroit. M. Rose était un bon homme ; mais sa femme lui trouvait un grand défaut ; il n'était pas assez amoureux d'elle et n'était nullement jaloux. Madame Rose vint donc aussi nous consulter sur les moyens que l'on pourrait employer pour faire cesser l'indifférence de son époux. Rendre après quinze ans de mariage un mari amoureux de sa femme, cela était bien difficile ! Néanmoins, mon compagnon promit à madame Rose un philtre merveilleux pour la jalousie, et la chère femme s'éloigna enchantée de savoir qu'elle pourrait encore faire enrager son mari.

Mon bossu se hâta de confectionner les philtres, et me chargea de les porter à leur adresse en me recommandant de me faire payer comptant. Je réfléchis en route qu'il serait plaisant de changer la destination des petites fioles.

— Parbleu ! me dis-je, je veux voir ce qui en arrivera !... Donnons à madame Rose, au lieu du charme pour la jalousie, celui qui rend amoureux ; à M. Gérard, celui qui provoque la colère, et à madame Dubelair celui qui rend jaloux : cela ne peut manquer d'avoir des résultats comiques.

J'exécute à l'instant ce projet, je porte les philtres, je les donne aux trois personnages en les assurant de leur effet miraculeux, et je m'éloigne, attendant avec impatience le résultat de mon espièglerie.

M. Gérard avait sollicité et obtenu de madame Dubelair la permission de goûter avec elle en tête-à-tête. Je lui portai de bon matin le charme séducteur, et il pensa que, pour se donner de l'audace et de la fermeté, il ne ferait pas mal d'en prendre sa part avant d'en donner à sa belle. Madame Dubelair s'était hâtée de goûter de la fiole merveilleuse, dont le contenu devait rendre ses charmes inamovibles, et madame Rose avait versé une partie de sa bouteille dans le chocolat que son époux prenait tous les matins.

Tu sais, mon cher Sans-Souci, de quoi se composaient les drogues de mon bossu, et comment il avait combiné et calculé leur effet immanquable ; juge des événements qui arrivèrent dans cette soirée mémorable. M. Gérard se rend chez celle qu'il adore : il ressent en chemin de légères coliques ; sa tête est brûlante ; il pense que le charme opère ; il se hâte d'arriver chez madame Dubelair; il la trouve couchée nonchalamment sur une chaise longue. Mais quelle est sa surprise ! Sa douce amie n'est pas reconnaissable : son nez est rouge et enflé, sa peau tirée; plusieurs boutons ornent son front.

— Comment me trouvez-vous ce soir, monsieur Gérard ? dit madame Dubelair en souriant avec malice; je suis sûre que vous me trouvez changée...

— En effet, madame, répond le pauvre avocat en se tenant le ventre et en faisant des grimaces diaboliques, je vous trouve changée; vous êtes sans doute malade ?

Malade! malade... et c'est vous-même, monsieur, qui vous tortillez d'une manière bien extraordinaire.

— Madame, j'avoue que... depuis un moment...

— Fifine, mon miroir... Je veux savoir si j'ai l'air malade, comme le trouve monsieur.

Le pauvre Gérard n'en pouvait plus, le philtre agissait, la migraine et la colique se déclaraient; la femme de chambre apporte à madame Dubelair son miroir. La coquette se regarde... elle pousse des cris affreux, elle casse le miroir, elle a des attaques de nerfs, et son pauvre amant supplie Fifine de lui donner la clef de la garde-robe de sa maîtresse. La jeune fille, maligne et espiègle comme la plupart des soubrettes, rit aux éclats en voyant la situation de M. Gérard, et pour achever le désordre, madame Rose accourt en criant qu'elle est trahie, déshonorée!... que son époux est un monstre qui ne lui fait pas d'enfants et qui vient de suborner sa portière. Notre philtre amoureux avait mis le diable au corps de M. Rose : le pauvre homme était rentré chez lui, espérant y trouver sa femme : celle-ci s'était cachée afin de le rendre jaloux, et le cher mari ne trouvant sous sa main que sa portière, femme de cinquante ans, l'avait rendue victime des feux qui le consumaient.

Les cris de madame Rose, qui était furieuse, de la portière qui faisait semblant de l'être, de madame Dubelair, qui voulait s'arracher le nez, de M. Gérard, qui se tenait le ventre, et de M. Rose, qui pleurait sur sa perversité, attirèrent bientôt tout le quartier. On accourut, on se questionna, on se poussa, on se pressa, on donna à madame Rose de la fleur d'oranger, à la portière de l'eau de Cologne, à madame Dubelair de l'éther, à M. Gérard des lavements, et à M. Rose du nénufar.

Lorsque les premiers cris furent calmés, on tâcha de connaître la cause de tant de malheurs. Il fallait bien qu'il y eût là-dessous quelque chose de magique. Madame Dubelair assurait qu'elle n'avait jamais eu de sa vie un bouton sur le nez ni ailleurs, M. Gérard ne se donnait point d'indigestions, et madame Rose avouait, malgré sa colère, que son mari n'était pas homme à pincer le genou à une femme, à moins qu'on ne l'eût grisé. Ainsi donc ces événements extraordinaires devaient avoir une cause secrète. On se rappela les philtres ; on se fit mutuellement des confidences ; et le résultat fut que le petit bossu était un sorcier, un magicien, un charlatan, un imposteur digne de l'enfer ; mais en attendant qu'il allât en enfer, on pensa qu'il fallait le mettre en prison, afin de l'empêcher de recommencer ses infâmes sortilèges.

L'adjoint Rose alla trouver le maire, auquel il expliqua le cas ; il obtint main-forte pour faire arrêter le coupable. De son côté, le vieil avocat assembla tous les notables de l'endroit ; ils partagèrent sa fureur, et ils pensèrent qu'on ne saurait trop punir le drôle qui donnait la colique à un homme de robe. Madame Dubelair et madame Rose mirent toutes les femmes en l'air ; madame Dubelair surtout n'eut qu'un mot à dire : un homme qui pouvait rendre le nez rouge et le teint plombé... était un scélérat digne de la corde !... Quant au philtre dont M. Rose avait bu, toutes ces dames en demandèrent quelques gouttes pour leur usage particulier, pensant qu'ainsi divisé il ne pouvait plus produire que des effets très-agréables.

Ces événements avaient pris du temps, il faisait petit jour lorsqu'on se dirigea vers notre demeure pour nous arrêter; je dis nous, car je pense bien que j'aurais partagé le sort de mon compagnon. Mais depuis la veille, j'étais sur pied, je parcourais la ville, j'épiais toutes les démarches, j'écoutais les propos de chacun; bref, je savais que l'on devait venir nous arrêter, et je ne jugeai pas prudent d'attendre ce moment. Je fis, pendant le sommeil de mon compagnon, un petit paquet de ce qui m'appartenait et de l'argent que j'avais gagné avec lui, je ne pris que fidèlement ce qui me revenait; ensuite, souhaitant beaucoup de bonheur à mon petit bossu, je sortis de notre demeure, le laissant se tirer d'affaire comme il pourrait.

J'ignore ce qui lui arriva, car je ne l'ai jamais revu; mais comme on ne pend plus les sorciers, depuis qu'on s'est aperçu qu'il n'y en a point, je suis bien sûr que mon pauvre charlatan en aura été quitte pour quelques mois de prison.

CHAPITRE XIV

FIN DES AVENTURES DE JACQUES.

J'avais une trentaine de louis dans ma bourse; car c'est un assez bon métier que de vendre des pilules de mie de pain; on fait peu d'avances et jamais de crédit, ce qui te prouve qu'il n'y a point de non-valeur. Tu penses bien, mon cher Sans-Souci, que je ne songeai qu'à bien me divertir : c'est ce que je fis dans plusieurs villes où je m'arrêtai; mais l'aventure qui m'arriva à Bruxelles mit un terme à mes plaisirs.

J'étais depuis deux jours logé à l'auberge, et je passais mon temps comme tous les oisifs ou les étrangers, mangeant beaucoup, buvant de même, me promenant sans but déterminé, mais entrant dans tous les endroits publics, et visitant tout ce qui me paraissait un peu curieux.

Le second jour, m'étant rendu au spectacle, je me trouvai placé à côté d'un jeune homme d'un extérieur honnête. Il paraissait avoir trois ou quatre ans de plus que moi, et semblait déjà posséder un grand usage du monde. Nous causâmes ensemble; il m'apprit de suite qu'il était de Lyon, et voyageait pour son plaisir et pour se soustraire à un mariage que ses parents voulaient lui faire contracter. Sa confiance provoqua la mienne; je lui contai, à mon tour, toutes mes aventures, dont le récit parut l'intéresser beaucoup.

Bref, d'après cette conformité de goûts et d'humeur, nous devînmes amis. Bréville, c'était le nom de ma nouvelle connaissance, m'engagea à dîner avec lui le lendemain chez un des meilleurs traiteurs, et j'acceptai de grand cœur; car c'est un grand plaisir, lorsque l'on arrive dans une ville, d'y trouver quelqu'un avec qui l'on puisse se lier.

Mon nouvel ami me traita au mieux; nous fîmes grande chère; puis la promenade, le spectacle, les cafés. Pour un étranger, Bréville paraissait connaître fort bien la ville; il me faisait visiter toutes les tabagies, tous les lieux publics; je lui en fis la remarque en riant et en le complimentant sur la facilité avec laquelle il retenait les chemins de tous les endroits de plaisir. Bref, à force de courir la ville, les cafés et les belles, nous nous trouvâmes à une heure du matin dans la rue, ivres de punch, de liqueurs, de porter, d'alambic et de faro.

J'avais peine à me soutenir, et je désirais ardemment me trouver dans mon lit, où j'aurais voulu être transporté par quelque bon génie, car je sentais que mes jambes ne me fourniraient plus qu'un faible secours. Bréville paraissait moins accablé que moi, cependant il se plaignait aussi de la fatigue : les réverbères n'éclairaient plus qu'imparfaitement. Depuis une heure je priais mon compagnon de me remettre chez moi; mais nous parcourions en vain les rues et les places, je n'apercevais pas mon auberge.

Mon guide m'avoua enfin qu'il s'était trompé de chemin, et que nous étions fort loin de ma demeure; mais en revanche nous étions près de la sienne, où il m'offrit un lit. Tu penses bien que j'acceptai sans hésiter... Je n'étais plus en état de marcher; à peine si je voyais clair pour me conduire, résultat inévitable des nombreux plaisirs que nous avions goûtés

Bréville frappa à la porte d'une allée sombre. Une vieille femme vint nous ouvrir. Je montai, ou plutôt on me fit monter un escalier sale et tortueux; enfin je me trouvai dans une chambre presque nue, ce qui, en tout autre temps, ne m'aurait pas donné une idée bien brillante de la situation de ma nouvelle connaissance; mais alors je ne pensais à rien qu'à dormir : en deux minutes je fus couché sur un mauvais grabat, et bientôt livré au sommeil le plus profond.

Soit l'effet du punch ou des liqueurs fortes, je me sentis la nuit violemment agité; cependant je ne m'éveillai point, et ce ne fut que tard dans la matinée que des secousses réitérées me firent ouvrir les yeux.

— Holà, l'ami!... éveillez-vous... Il y a assez longtemps que vous dormez... ça vous fera mal!...

Telles furent les premières paroles qui frappèrent mes oreilles. J'ouvrais de grands yeux, je regardais autour de moi, et je ne répondais pas, car le tableau qui s'offrait à ma vue me laissait dans l'incertitude si j'étais vraiment bien éveillé.

Juge de ma surprise, mon pauvre Sans-Souci; au lieu de me retrouver dans une chambre, et dans le lit où je m'étais couché la veille, je me trouvai étendu sur un banc de pierre, dans une espèce de carrefour, sans habit, sans chapeau, n'ayant pour tout vêtement que ma chemise, mon pantalon et mon gilet, et entouré de plusieurs commissionnaires qui m'examinaient avec curiosité.

— Allons, allons, camarade, me dit l'un deux, revenez à vous; on aura probablement bien soupé hier... et surtout bien bu... dam'!... ça tape joliment... j' connaissons çà! le matin après on est tout bête; on n'sait pu où est la mémoire! mais ça revient tout doucement!...

Les paroles de cet homme me rappelèrent en effet toutes mes folies de la veille... Un mouvement aussi prompt que la pensée me fit tâter mes poches et mes goussets... Hélas! ils étaient vides! et, ainsi que la plupart des jeunes gens, j'avais la sottise de porter sur moi tout ce que je possédais. J'étais la dupe d'un escroc... Je demandai vainement à ceux qui m'entouraient la demeure de Bréville, personne ne le connaissait. Je regardai si je reconnaîtrais la maison où le traître m'avait conduit; je ne vis rien qui lui ressemblât!...

Je me levai, la honte et la rage dans le cœur; si alors j'avais aperçu le fripon qui m'avait dupé, je ne sais à quels excès je me serais porté!... Mais tu penses bien qu'il ne se présenta point à ma vue. Je demandai le chemin de mon auberge, j'en repris tristement la route. Mais qu'allais-je faire? Que devenir? Je n'avais plus le sou, et j'étais vêtu comme un mendiant! Après avoir fait le seigneur, après avoir satisfait tous ses désirs, se trouver réduit à demander l'aumône!... quel affreux changement!... Combien alors je regrettais mon petit bossu et nos séances de magnétisme... Si du moins j'avais pu recommencer seul ce métier, je me serais consolé! Mais je n'avais pas même de quoi acheter ce qu'il fallait pour faire des pilules, et je sentais bien qu'un somnambule qui n'avait ni habits ni bas ne pouvait endormir personne.

J'étais cependant bien décidé à mourir plutôt qu'à demander ma vie, et c'est dans cette situation que j'arrivai à l'auberge, d'où la veille j'étais sorti si brillant. J'entrai dans la salle où déjeunaient les voyageurs. On ne me reconnaissait pas, et les garçons allaient me chasser, lorsque je fis tristement le récit de mon aventure.

L'aubergiste me plaignit, mais ne m'engagea pas à remonter dans ma chambre, où le peu d'effets que j'avais laissés devait à peine suffire pour payer ma dépense. Je restais immobile au milieu des voyageurs; je ne disais plus rien; mais deux larmes coulaient de mes yeux, et mon silence même devait être éloquent.

— Eh bien, jeune homme, qu'allez-vous faire maintenant? me dit une voix qui dans ce moment retentit jusqu'à mon cœur. Je tournai la tête, et j'aperçus deux militaires déjeunant à une table près de moi.

— Hélas! monsieur, répondis-je à celui qui me regardait avec intérêt, je n'en sais rien... Je n'ai plus de ressources!...

— Plus de ressources!... On en a toujours quand on est brave et qu'on n'a point commis de bassesse... Allons, asseyez-vous là... déjeunez avec nous... et reprenez courage, morbleu! ce n'est pas à votre âge qu'on doit se désespérer.

Ces paroles me rendirent toute ma bonne humeur; je ne me fis pas répéter l'invitation, et je mangeai ma bonne part d'une tranche de jambon et d'un morceau de fromage qui composait le déjeuner des deux militaires. Lorsque je fus un peu rassasié, celui qui paraissait le supérieur m'adressa de nouveau la parole :

— Mon garçon, vous avez quitté vos parents pour faire des sottises, première faute; vous vous êtes lié avec de mauvais sujets, seconde faute, et vous vous êtes laissé voler, troisième faute : jusqu'à présent cependant elles sont excusables; mais prenez garde... après avoir été dupe on devient quelquefois fripon!... C'est ce qui n'arrive que trop fréquemment aux jeunes étourdis qui comme vous se trouvent sans argent le lendemain d'un festin. Alors on se laisse aller à ses passions, au goût de la débauche et de l'oisiveté; alors on fait des bassesses pour avoir de quoi subsister, et on devient enfin coupable après n'avoir été qu'étourdi. Vous êtes sur la route, jeune homme, il faut prendre un parti; vous n'aurez pas un dîner en vous promenant les bras croisés, ni une culotte en regardant les étoiles, quand il y en a. Savez-vous un métier?

— Non, monsieur.

— En ce cas, faites-vous soldat. Prenez le mousquet, portez-le avec honneur. Vous êtes jeune, grand, bien bâti ; soyez avec cela brave, soumis à vos supérieurs, et je vous réponds que vous ferez votre chemin.

Cette proposition me fit tant de plaisir que j'en sautai de joie sur ma chaise, et en voulant embrasser mon protecteur, je renversai la table, sur laquelle heureusement il ne restait plus rien. Ma vivacité plut au sergent et à son camarade. A l'instant ils m'emmenèrent et me conduisirent vers leur capitaine, qui, après m'avoir toisé d'un regard, me reçut dans sa compagnie, où depuis j'ai toujours fait mon devoir avec honneur, j'ose le dire.

Tu sais maintenant toutes mes aventures, mon cher Sans-Souci ; je ne te parlerai point de celles qui me sont arrivées au régiment, et que tu as partagées avec moi. Elles sont d'ailleurs communes à tous les braves : amourettes, combats, querelles, raccommodements, bombances, disettes, victoires, revers ! Voilà ce qui compose toujours l'histoire d'un soldat.

Les années se sont écoulées, je n'avais pas oublié ma famille ; mais, je l'avoue, je voulais ne reparaître devant elle qu'avec un grade honorable : j'avais l'espérance de l'obtenir, déjà cette décoration faisait plus doucement battre mon cœur !... lorsque les événements changèrent de face. Rentré dans la classe bourgeoise, je pensais qu'un honnête et brave militaire ne pouvait pas faire rougir ses parents, et je fus à Paris les chercher !... J'y appris leur mort !... Ce coup est bien cruel !... mais l'accueil glacé... le ton froid et méprisant de mon frère achèvent d'ulcérer mon cœur !... C'en est fait, Sans-Souci, il ne me verra plus, l'ingrat, jamais il n'entendra parler de moi !...

C'est ainsi que Jacques termina la narration de ses aventures, et une larme vint humecter sa paupière à cette dernière partie de son récit ; cette larme était pour son frère, qu'il aimait encore malgré la manière dont celui-ci l'avait reçu.

Il faisait nuit, le récit de Jacques avait été plus long qu'il ne l'avait pensé d'abord, et Sans-Souci l'avait écouté avec tant d'intérêt qu'il n'avait point senti que l'heure du dîner était passée depuis longtemps. Mais lorsque son camarade eut fini, il se leva, secoua la tête et frappa sur son ventre en regardant son compagnon.

— Camarade, tu as tout dit?

— Oui.

— Eh bien, en avant!...

— Pour quoi faire? où veux-tu aller?

— N'importe le lieu, pourvu que ce soit dans un endroit où l'on mange.

— Ah! tu as faim!

— Oui, mille cartouches!... et terriblement faim!... mon estomac ne se nourrit pas avec des aventures. Les tiennes m'ont beaucoup amusé pourtant; mais depuis que tu ne parles plus, je sens qu'il me faut du solide!...

— Veux-tu que je recommence?

— Non pas! Je veux que tu me suives.

— Mais où irons-nous enfin?

— Viens toujours... et en avant!

Jacques et son camarade se mettent en marche à travers champs. On ne voyait pas clair et ils ne savaient quelle route prendre. Jacques ne disait mot, Sans-Souci chantait et jurait alternativement, pestant souvent contre les haies et les buissons qui leur barraient le passage. Enfin, après une heure de marche, ils aperçurent une lumière.

En avant vers le falot, dit Sans-Souci en doublant le pas; on va nous donner à souper.

— Sans-Souci, as-tu de l'argent?

— Pas le sou!... et toi?

— Pas davantage!

— C'est égal, marchons toujours.

On approche du bâtiment d'où partait la lumière: cela paraissait être assez grand pour être une ferme, mais il faisait trop nuit pour bien distinguer les objets. Sans-Souci s'avance à tâtons et se met à frapper de toute la force de ses pieds et de ses poings contre la première porte qu'il rencontre. En vain Jacques l'engage à faire moins de bruit, Sans-Souci meurt de faim, et il n'écoute que son estomac qui crie aussi fort que lui.

Enfin, au tapage qu'il fait, répondent deux chiens qui se promènent dans la cour ; leurs jappements réveillent les vaches qui mugissent et les ânes qui se mettent à braire ; c'est un charivari infernal, au milieu duquel la voix d'une femme, qui vient de se mettre à une fenêtre, a bien de la peine à se faire entendre.

— Qui est là !... Que voulez-vous ? répondez donc...

— Eh ! mille canonnades... je ne me trompe pas !... c'est elle, c'est ma brunette !... Quand je te disais, Jacques, que nous aurions à souper... nous sommes à la ferme... ouvre, ma cocote... Ouvre vite !... l'amour et la faim me ramènent près de toi !...

— Comment, est-ce que c'est lui !...

— Eh oui ! c'est lui, c'est moi, c'est nous enfin !... Allons, Louise, passe le cotillon de rigueur et viens nous ouvrir. Mais tâche de faire taire tes bêtes, car on ne s'entend pas chez toi.

La fermière quitte la fenêtre pour venir leur ouvrir, et Sans-Souci apprend alors à Jacques qu'ils sont chez l'infidèle dont il lui a parlé le matin, laquelle est au fond une très-bonne femme, très-sensible (elle lui en avait donné des preuves le matin), très-obligeante, très-serviable, et ne faisant son mari cocu que par tempérament.

— Mais ce mari, dit Jacques, il est le maître chez lui, et...

— Non : *primo*, c'est Louise qui est la maîtresse ; *secundo*, il est bon enfant. Ho ! elle m'a dit tout ça ce matin ; elle voulait alors me faire passer quelque temps à la ferme, comme un de ses parents éloignés revenant de l'armée. Je n'ai point accepté, parce que je t'avais promis d'aller te rejoindre, et que ton amitié passe avant tout. Mais puisque te v'là, et que nous sommes nos maîtres, ma foi ! c'est un bon vent qui nous a conduits chez ma belle... Chut... v'là la particulière !...

Louise ouvrait en effet la porte ; elle parut surprise à la vue de Jacques.

— C'est mon ami que je te présente, dit Sans-Souci, c'est un brave, un bon camarade que je ne veux jamais quitter...

— Oh ben alors, c'est bon... c'est not' ami aussi... Ah çà ! mon mari dort, mais c'est égal, Sans-Souci, n'oublie pas que t'es not' cousin...

— C'est fini !... c'est arrangé ! marchons à la cuisine...

— J'vas vous faire une omelette avec du lard !....

— C'est délicieux !... Mais est-ce que tu es seule ?...

— Not' garçon se marie après demain, et dam', il dort pour queuque temps d'avance.

— C'est bien vu. Donne-moi la queue de la poêle.

En peu de temps le souper fut préparé. Jacques et Sans-Souci y firent honneur. Louise les regardait en riant et en pensant à la surprise de son mari le lendemain matin en apprenant que deux étrangers avaient couché chez lui.

— J'vas vous loger dans la p'tite chambre aux fromages, dit la fermière, elle est ici contre, et vous pouvez y aller sans passer dans la nôtre et sans réveiller not' homme. Demain nous lui conterons tout ça.

Louise tenait beaucoup à ce qu'on n'éveillât pas son mari ; elle conduisit les deux nouveaux venus dans une petite pièce où les fromages que l'on faisait pour l'hiver étaient placés sur des planches le long de la muraille. Cela ne répandait pas dans la chambre une odeur bien suave, mais deux soldats ne sont pas difficiles. Jacques se jeta sur le lit et s'endormit paisiblement ; pour Sans-Souci, il prétendit que les fromages l'incommodaient ; il se leva pour prendre l'air, ou toute autre chose, n'importe, la nuit se passa fort bien, et le fermier ne s'éveilla point mal à propos.

Le lendemain tout le monde fut sur pied de bonne heure. Le fermier Guillot ouvrit de grands yeux au récit de sa femme, qui lui dit qu'un de ses cousins, ancien militaire, était arrivé dans la nuit avec un de ses camarades. Guillot courut embrasser le cousin et son ami ; il les fêta, but avec eux, les trouva de fort bons vivants, et les mena voir sa ferme, ses poules, ses bœufs, ses blés et ses foins. Nos deux soldats trouvèrent tout cela fort beau et parfaitement entretenu ; ils en firent compliment au fermier, et l'on fut bientôt les meilleurs amis du monde.

Jacques aimait la campagne, les prés, les bois et les travaux des champs. Sans-Souci aimait la fermière et sa cuisine. Jacques contait le soir à Guillot ses batailles, ses siéges, ses aventures. Le fermier ouvrait de grands yeux et retenait sa respiration ; Sans-Souci lui-même se taisait et partageait les plaisirs des villageois, qu'il prolongeait encore en ajoutant le récit de ce qui le concernait. Ces aventures amusaient tellement les paysans, que l'on allait le matin plus gaiement aux champs lorsque les deux soldats promettaient une histoire pour la veillée.

Les habitants du village réclamaient comme une faveur la permission de venir écouter le cousin de Louise et son camarade, et comme aux champs on ne connaît ni gêne ni cérémonie, la grande salle basse de la ferme était encombrée de villageois dès que les travaux du dehors étaient terminés. La vieille apportait son rouet, son lin ; la ménagère travaillait à l'aiguille ; la jeune fille assemblait les gerbes; dans un coin, un jeune paysan secouait avec un van la nourriture de ses chevaux ; plus loin buvait le vieillard, tandis que le laboureur fumait, appuyé sur une futaille ; les enfants se traînaient à terre, d'autres jouaient avec la moustache de Sans-Souci, Louise leur préparait la bouillie, Guillot triait des graines, et tous avaient les yeux tournés vers Jacques, écoutant avec attention le récit d'une bataille. Lorsque l'affaire devenait chaude et que Jacques s'animait, les figures exprimaient l'anxiété, la crainte, la terreur... La vieille arrêtait son rouet, le laboureur ôtait sa pipe de sa bouche, le vieillard oubliait son verre, le garçon cessait de remuer son van, et chacun, le cou tendu et la bouche béante, attendait l'issue de la bataille pour reprendre sa première occupation.

C'est ainsi que huit jours s'écoulèrent avec rapidité. Cependant nos deux compagnons, qui ne voulaient point ne payer l'hospitalité du fermier qu'avec des histoires, savaient le matin aider les villageois dans leurs travaux : Jacques suivait Guillot aux champs, il labourait, il bêchait avec force et courage. D'abord le fermier avait voulu s'opposer à ce qu'il travaillât; mais Jacques avait insisté, et en peu de temps était devenu très-habile. Pour Sans-Souci, il restait de préférence à la ferme. Louise se chargeait de lui donner de l'occupation, et elle lui en fournissait constamment. C'était une maîtresse femme, un garçon ne manquait jamais de besogne auprès d'elle; soit au grenier, soit à la cave, au jardin, à la cuisine même, partout elle trouvait moyen de l'employer.

Au bout de quelque temps, le garçon de ferme qui s'était marié alla s'établir dans sa chaumière près de sa femme. Il fallait à Guillot quelqu'un pour le remplacer; la ferme était forte, le terrain qui en dépendait était considérable, et le villageois sentait qu'il n'aurait point trop de Jacques et de Sans-Souci pour l'aider à l'exploiter : il n'osait en faire la proposition aux deux amis; mais Louise, qui tenait à les garder, se chargea d'arranger l'affaire.

Aux premiers mots, Jacques embrassa la fermière avec joie.

— Je craignais, lui dit-il, de vous être à charge; vous m'offrez les moyens de gagner honorablement ma vie, j'accepte avec reconnaissance. Je serai laboureur. Je vous réponds que Sans-Souci fera comme moi. Nous avons tous deux été soldats, mais porter le fusil ou pousser la charrue, n'est-ce pas toujours servir son pays?

Tout fut donc arrangé au grand contentement de chacun. Jacques se livra entièrement à ses nouveaux travaux ; quelquefois, au milieu de ses occupations, le souvenir de son frère se présentait à sa mémoire, alors ses traits devenaient sombres, sa main s'arrêtait sur la bêche, et ses yeux se tournaient vers le chemin de Villeneuve-Saint-Georges. Mais chassant aussitôt ses tristes pensées, il reprenait avec zèle la pioche ou la charrue en s'efforçant de bannir de son cœur l'image d'Edouard.

CHAPITRE XV

QUATRE MOIS DE MARIAGE. — NOUVEAUX PROJETS.

Edouard, sa femme et la maman Germeuil sont établis dans la jolie maison de Villeneuve-Saint-Georges. Edouard, qui n'a point parlé de son frère, a tremblé en approchant du village, et il est encore plus ému en mettant le pied dans la demeure de ses parents. Il croit à chaque instant qu'il va rencontrer son frère, et le jour de son arrivée il ne veut point absolument se promener dans les jardins. Cependant il est bien décidé à faire à Jacques un bon accueil et à le présenter à la famille de sa femme ; mais, tout en prenant cette résolution, il éprouve un embarras, une crainte vague qui jettent un secret mécontentement dans son âme.

Le second jour de son arrivée à la campagne, il questionne secrètement le concierge de sa maison :

— Est-il venu du monde en mon absence?... Avez-vous revu cet étranger?... cet homme qui se tenait toujours au bout du jardin?...

— Non, monsieur, non, je ne l'avons plus aperçu, et personne n'est venu pour vous voir.

Edouard respire plus librement, et il revient plus gai près des dames. Le temps s'écoule, on n'aperçoit plus la tête à moustaches. Madame Germeuil en fait quelquefois la remarque en riant, elle ne se doute pas alors du mal qu'elle cause à son gendre ; mais enfin, on finit par oublier entièrement cette particularité, et Edouard recouvre sa tranquillité.

Le cœur d'Adeline n'a point changé : toujours tendre, sensible ; elle aime son époux avec idolâtrie, elle est heureuse dès qu'il est près d'elle, et tant qu'elle peut lire dans ses regards les mêmes sentiments, le même amour, le même bonheur. Elle porte dans son sein un gage de la tendresse d'Edouard. C'est un nouveau sujet de joie, d'espérances, de projets pour l'avenir. Toute au bonheur de devenir mère, Adeline est moins étourdie, moins vive ; elle songe déjà qu'une imprudence peut être funeste à son enfant.

On a peu de société à la campagne, mais Edouard est encore amoureux de sa femme, et il n'éprouve aucun ennui. Quelquefois cependant il trouve les soirées longues, le piquet de la maman Germeuil lui semble éternel, et les promenades dans les environs lui paraissent un peu monotones. Mais les caresses d'Adeline sont toujours agréables et ses baisers aussi doux.

Un beau jour, une voiture s'arrête devant la maison d'Edouard ; deux dames et un cavalier en descendent et entrent dans la cour. Le concierge demande le nom des étrangers pour les annoncer à ces dames, qui sont dans le jardin. Mais on veut surprendre la famille Murville, et une des deux dames qui paraît conduire ses compagnons prend de suite le chemin du jardin en invitant ses amis à la suivre.

On aperçoit enfin la société. Madame Germeuil et Adeline se lèvent avec surprise et courent au-devant de madame Dolban.

— Eh quoi ! c'est vous, ma chère amie !... On n'est pas plus aimable.

— J'ai voulu vous surprendre : il y a longtemps que je me promettais ce plaisir, car j'aime passionnément la campagne. J'ai emmené ma petite cousine Jenny, qui se faisait une fête de m'accompagner ; et comme il nous fallait un cavalier, j'ai pris la liberté de vous amener

M. Dufresne, qui est charmé de pouvoir vous présenter ses hommages.

M. Dufresne salua profondément ces dames, et la maman Germeuil assura madame Dolban que les personnes qu'elle lui amènerait seraient toujours les bien venues.

— Mais monsieur ne doit pas vous être inconnu, reprit madame Dolban, il était à la noce de ma chère Adeline, c'est madame Devaux qui vous l'avait présenté.

— Je crois me le rappeler en effet, dit madame Germeuil; mais ces jours-là on est tellement occupée qu'on est excusable de ne point remarquer tous les jeunes gens... Vous savez aussi combien dans la soirée il s'est passé d'événements singuliers!... cette pauvre madame de Volenville, et ce M. Robineau!

— Ah! ne me parlez pas, ma chère amie, ou vous allez encore me faire mourir de rire... Mais où donc est Murville?

— Il parcourt les environs, il ne tardera pas à rentrer; en attendant, venez vous reposer à la maison.

On se rendit au salon : Dufresne offrit sa main à madame Germeuil, et Adeline conduisit madame Dolban et sa cousine. Edouard ne tarda pas à revenir. Il parut agréablement surpris en trouvant chez lui de la société. On a beau être amoureux, les plus agréables tête à tête lassent à la longue; aussi une coquette sait-elle les ménager, les rompre quelquefois, afin de les faire désirer ensuite plus vivement. Mais Adeline n'était pas coquette!... Revenons à notre société.

Madame Dolban était une femme jeune encore; elle n'était pas jolie, mais elle avait de la physionomie, et ce que dans le monde on appelle de l'aisance et du jargon.

La petite Jenny était une jeune fille de dix-huit ans, bien simple, bien douce, et qui savait se taire lorsque sa cousine parlait. Quant à Dufresne, nous le connaissons déjà imparfaitement, à la vérité, mais la suite nous le fera mieux juger.

C'était à la noce d'Adeline qu'il avait fait la connaissance de madame Dolban. En était-il devenu amoureux? Cela paraissait peu probable; cependant, il avait agi comme un amant très-passionné : faisant à la veuve une cour assidue, il avait aisément triomphé d'elle. Madame Dolban n'était point une vertu, mais elle avait l'air de cacher ses faiblesses, afin de pouvoir être toujours reçue dans les sociétés où l'on tient aux mœurs et à la décence, et la maison de madame Germeuil était du petit nombre de ces sociétés-là.

Dufresne avait pris un empire absolu sur l'esprit de madame Dolban, qui l'aimait passionnément et aurait tout sacrifié pour lui. Elle n'avait pas tardé à s'apercevoir que ce jeune homme, qui se disait homme d'affaires, courtier, agent de change, négociant, et qui prenait tous les titres, suivant les circonstances, n'était au fond qu'un chevalier d'industrie, n'ayant aucun état, aucune place, et vivant sans que l'on sût quels étaient ses moyens d'existence.

Une femme prudente eût rompu avec un personnage semblable : madame Dolban n'en eut pas la force; au contraire, elle se livra entièrement à lui, lui ouvrit sa bourse, le laissa chez elle le maître absolu, et Dufresne usa sans ménagement de la petite fortune de son amie, lui assurant qu'il allait se lancer dans les affaires, et qu'avant peu il triplerait ses capitaux.

Guidé par un motif inconnu, Dufresne s'informait souvent d'Adeline et de son époux. Un jour enfin il témoigna le désir de se rendre à leur campagne : madame Dolban s'y prépara aussitôt; elle emmena sa petite cousine, afin d'ôter tout soupçon d'une liaison trop intime avec un jeune homme qu'elle voulait présenter chez madame Germeuil.

Dufresne avait de l'esprit, de l'usage du monde, de la gaieté lorsqu'il voulait être aimable; et dans la demeure des jeunes époux il fit tout ce qu'il jugea convenable pour plaire à chacun. Empressé, prévenant, galant même avec madame Germeuil (il savait que la galanterie charme encore les mamans), il fut aimable, réservé et respectueux près d'Adeline; mais c'est surtout avec Edouard qu'il sut faire usage de toutes les ressources de son esprit, afin de captiver entièrement la confiance de Murville, dont il s'appliqua de suite à étudier le caractère, à connaître les goûts, à sonder les sentiments.

Tout prit un air de fête dans la demeure de Villeneuve-Saint-Georges. Trois personnes de plus dans une maison y apportent bien du changement. On chanta, on fit de la musique, des promenades, des parties de chasse, de pêche. Le temps s'écoula très-vite pour Edouard, qui sentait le besoin d'avoir du monde. Mais il parut long à Adeline, qui ne pouvait plus dans la journée trouver un moment pour être en tête à tête avec son bien-aimé.

Le troisième jour de son arrivée, madame Dolban parla de retourner à Paris. Edouard insista pour retenir la société encore quelques jours. Il ne pouvait plus se passer de Dufresne. Ils allaient tous deux à la chasse, à la promenade, le matin avant le lever de ces dames; Murville était enchanté de son nouvel ami. De l'esprit, de la gaieté, une humeur égale, une conformité de goûts lui rendaient Dufresne nécessaire, et lui faisaient un besoin de sa présence comme un bonheur de son amitié.

Adeline ne pouvait être jalouse de cette nouvelle liaison; cependant elle éprouvait une secrète peine de voir que sa tendresse ne remplissait pas assez le cœur de son mari pour en exclure tout autre sentiment. L'amour est souvent égoïste, l'amitié même lui porte ombrage; ce qui peut un moment charmer l'objet aimé semble un vol à ce dieu exigeant. Mais cet excès d'amour est toujours excusable, il ne paraît un fardeau que lorsqu'il cesse d'être partagé.

Madame Dolban et sa société prirent congé des jeunes époux; Adeline en éprouva de la joie : elle allait se retrouver en tête à tête avec Edouard; elle pourrait sans réserve l'entretenir de ses projets pour l'avenir, de l'é-

8.

ducation de leur enfant, et de toutes les douceurs qu'ils goûteraient en famille!... Murville vit avec peine s'éloigner la société; mais il eut soin d'engager Dufresne à venir le voir souvent, et à passer à Villeneuve-Saint-Georges tous les moments que ses affaires lui laisseraient de libres.

Le soir, Adeline prit le bras de son époux et l'entraîna dans les jardins; elle lui témoignait le plaisir qu'elle éprouvait à se retrouver seule avec lui; elle serrait tendrement ses mains dans les siennes; elle fixait sur lui ses beaux yeux remplis d'amour, et quelquefois écoutant d'avance les illusions maternelles, elle lui faisait remarquer un léger mouvement de l'être qu'elle portait dans son sein. Mais Édouard était distrait, préoccupé; tout en répondant à sa femme, il paraissait songer à autre chose qu'à ce qu'elle disait. Adeline s'en aperçut; elle soupira, et la promenade se termina bien plus tôt qu'à l'ordinaire.

Le lendemain, on était rassemblé pour déjeuner; Édouard parla de Dufresne et du plaisir qu'il avait eu à faire sa connaissance. C'était un homme charmant, plein d'esprit et de moyens, et qui ne pouvait manquer de parvenir et de faire une brillante fortune.

— Mais, mon ami, dit Adeline, il me semble que tu ne peux encore bien connaître ce monsieur...

— En effet, dit la maman Germeuil, je crois M. Dufresne un galant homme, il est aimable dans la société, et d'ailleurs madame Dolban le connaît sans doute depuis longtemps!... Mais enfin, mon cher Édouard, tu ne lui as parlé que depuis huit jours; car il ne faut pas compter le jour de ton mariage... tu étais alors trop préoccupé pour faire attention à lui.

— Oh! oui, dit Adeline en soupirant, ce jour-là on ne pensait qu'à moi...

En vérité, mesdames, vous êtes singulières; faut-il donc si longtemps pour connaître et juger quelqu'un? Quant à moi, deux jours me suffisent... d'ailleurs, quel intérêt engagerait Dufresne à se contrefaire avec nous?... Il n'a nul besoin de nos services, et vous savez que dans le monde c'est notre intérêt qui nous guide constamment; mais hors cela, pourquoi se contraindre? Dufresne a de la fortune... Il fait des affaires...

— Quelles affaires?

— Ah! des affaires de bourse... de commerce... de spéculation... enfin des affaires très-brillantes, à ce qu'il m'a dit.

— A-t-il un cabinet, une charge? Est-il avoué? agent de change?

— Non!... non!... mais on n'a pas besoin de tout cela maintenant pour faire son chemin... D'ailleurs, mesdames, permettez-moi de vous dire que vous n'entendez rien à tout cela...

— En vérité, mon ami, tu es bien aimable!... Et pourquoi crois-tu que nous ne savons pas juger aussi bien que les hommes ce qui peut ou non nous être utile?

— Parce que vous n'êtes pas élevées pour cela.

— Mon ami, dit madame Germeuil, l'éducation ne donne ni l'esprit ni le jugement. Crois-moi, une femme peut donner de fort bons conseils, et les hommes ont presque toujours tort de les dédaigner. Le seul que je puisse te donner maintenant est de ne point former trop légèrement une liaison intime avec un homme que tu ne connais que depuis huit jours. L'amitié ne doit point s'accorder si vite...

— Mais Édouard est d'un caractère si bon, si facile...

— Oh! je sais apprécier les gens... Je vous réponds que l'amitié de Dufresne me sera fort avantageuse...

— Comment cela?...

— Parbleu, je veux faire comme lui; et, pour augmenter notre fortune, je ferai aussi des affaires. Je sens d'ailleurs qu'un homme ne peut pas vivre sans être occupé. Quand nous serons à Paris, je ne me promènerai pas du matin au soir; je n'irai ni à la chasse ni à la pêche...

— C'est ce que je vous ai dit, lorsque vous avez voulu quitter votre place, dit la maman Germeuil, mais alors vous ne m'avez pas écoutée.

— Eh! ma chère maman, quand je serais resté vingt ans cloué dans un bureau, à quoi cela m'aurait-il mené?... à devenir peut-être sous-chef... quelques années avant d'être à la pension; belle perspective!... au lieu de cela, je puis devenir un jour très-riche...

— Comment, Édouard, est-ce que tu as de l'ambition, maintenant?

— Je n'ai point d'ambition, ma chère Adeline; mais quand cela serait? notre famille peut augmenter encore, et il n'est pas défendu de penser au bien-être de ses enfants...

— Sans doute, sans doute!... dit madame Germeuil; mais quelquefois en voulant courir après de vaines chimères, on perd ce que l'on a de certain...

— Oh! soyez tranquilles, mesdames, je ne courrai pas après des chimères... Je n'agirai qu'à coup sûr; je ne me mettrai que peu en avance, et d'ailleurs Dufresne me donnera de bons conseils.

Ainsi se termina cette conversation. Édouard sortit pour aller songer à ses nouveaux projets de fortune; madame Germeuil rentra tristement dans sa chambre, et Adeline alla rêver seule au jardin.

CHAPITRE XVI

RETOUR A PARIS. — L'HOMME D'AFFAIRES

Au bout de quelques jours, M. Dufresne vint rendre visite aux habitants de la campagne. Édouard le reçut comme un ancien ami, madame Germeuil avec politesse, et Adeline un peu froidement. Le nouveau venu parla beaucoup de ses affaires, de ses spéculations, de ses grands projets. Tout cela charmait et éblouissait Murville, qui brûlait déjà de se lancer dans la nouvelle carrière que son ami devait lui ouvrir; et qui, piqué par le peu de confiance que sa belle-mère avait dans cette manière de parvenir, désirait vivement lui prouver la fausseté de ces craintes.

Malgré tout ce que put dire Edouard, Dufresne ne resta qu'un jour près de lui. Son temps était compté... et ses intérêts le rappelaient à Paris. Mais la saison s'avançait; on ne pouvait séjourner plus longtemps dans les champs, qui se dépouillaient de leur verdure. On était à la fin d'octobre, et depuis près de six mois à la campagne. Edouard vit arriver avec joie le moment de retourner à Paris. Adeline lui en fit de tendres reproches; madame Germeuil se tut, mais déjà elle craignait pour l'avenir, car tout ne s'arrangeait pas comme elle l'avait espéré en mariant sa fille à Murville; ce dernier était d'un caractère faible, irrésolu, et cependant Adeline faisait toutes ses volontés.

— Ah! disait en secret la bonne maman, ma fille est trop aimante, trop sensible! ce n'est point là la femme qu'il faudrait à Edouard. Elle devrait être la maîtresse, mais elle ne sait que l'embrasser ou soupirer!... et s'il veut faire quelques sottises, jamais elle n'aura la force de s'y opposer!... Espérons qu'il n'en fera point.

On retourne à Paris. Là, Edouard songe à réaliser les projets qu'il a formés. Chaque jour il va à la Bourse et dans les cafés où se rendent les hommes d'affaires. Il n'y négocie rien encore, mais il écoute, il se promène, il cause, il fait des connaissances; Dufresne s'y trouve souvent, et il a promis à son ami de lui faire partager ses brillantes spéculations. D'ailleurs lorsque les affaires ne vont pas, on passe agréablement le temps à rire, à se conter l'anecdote du jour, à parler théâtres, bals, modes, concerts, aventures galantes. Le cours de la rente n'empêche point que l'on ne soit au courant des cours de littérature, de musique et de danse. En prenant note du change sur Vienne ou sur Londres, on s'informe du nom de l'actrice qui doit jouer dans la pièce nouvelle; on se charge de vendre des actions et de louer une loge aux Bouffons; on vante la probité de tel négociant et l'originalité de lord Byron; la ponctualité d'un courtier, et les pirouettes de Paul; on connaît la cause de la dernière faillite et l'analyse du mélodrame qui fait fureur; on sait ce qui s'est passé au dernier bal d'un banquier et dans la petite loge grillée de sa femme. Enfin on sait tout, on connaît tout, car on discute sur tout. On fait dans toutes ces réunions la paix et la guerre, la pluie et le beau temps; on divise, on réunit, on agrandit les empires avec le bout d'une canne ou d'une badine; on connaît le secret du cabinet de chaque puissance!... Mais on rentre près de sa femme, et l'on ne s'aperçoit pas de tout ce qui s'est passé pendant notre absence.

Adeline regrette les beaux jours qu'elle a passés à la campagne dans les premiers temps de son mariage. Cependant son mari l'aime toujours; elle n'en doute pas, mais elle le voit moins souvent; et lorsqu'il est près d'elle, ce n'est plus, comme autrefois, pour parler amour, constance, bonheur conjugal, c'est pour lui assurer qu'il aura bientôt des affaires brillantes, des spéculations, des bénéfices considérables.

— Eh! qu'avons-nous besoin de tant de fortune, mon ami, dit Adeline en le pressant dans ses bras; je vais être mère, voilà pour moi le plus grand des biens; avec ton amour, je n'en désire pas d'autre...

— Ma chère amie, ce que tu dis là est fort joli; je partage tes sentiments, mais je vois plus loin que toi... Sois tranquille, nous serons un jour très-heureux!..

— Ah! mon ami... jamais autant... jamais plus que je ne l'ai été : avant que tu connusses Dufresne, tu ne t'occupais que de moi!

— Allons, tu vas encore me parler de Dufresne!... Tu ne l'aimes pas... Tu l'as pris en aversion... Qu'a-t-il donc fait pour cela? il me donne de bons avis, me pousse dans le chemin de la fortune; je ne vois pas qu'il y ait là de quoi le détester !...

— Je ne déteste personne...

— Cependant tu le reçois froidement, ainsi que madame Dolban.

— Je le reçois comme tout le monde.

— Oh! sans doute : tu voudrais vivre comme une ourse! ne voir aucune société....

— Je n'ai point dit cela... mais autrefois je te suffisais, et il ne te fallait pas du monde pour te plaire dans ton ménage.

— Allons... tu vas pleurer!... des larmes ne sont pas des raisons!... tu es d'un enfantillage!... tu sais bien que je t'aime... que je n'aime que toi.

— Je ne pleurerai plus, mon ami; si cela te plaît, eh bien, nous recevrons beaucoup de compagnie.

— Oh! je ne dis pas cela... nous verrons... si mes projets réussissent; Dufresne m'a dit que je ne ferais pas mal de donner des soirées... des punch... avec un violon... et une table d'écarté... Oh! mais ne parle pas encore de cela devant ta mère... elle est si singulière...

— Je ne dirai rien, mon ami.

Edouard sort pour ses affaires, et Adeline reste seule. Elle donne alors un libre cours à ses pleurs, car elle ne peut se dissimuler que son époux n'est plus le même. Cependant il l'aime tendrement, il n'est point infidèle; pourquoi donc s'affliger d'un changement qui est dans la nature et que rien ne saurait empêcher? Huit mois de mariage n'ont pas altéré la tendresse d'Adeline : son amour est toujours aussi ardent, aussi exclusif, ses caresses aussi vives, aussi passionnées, mais le cœur d'un homme a besoin de repos dans ses affections, il ne sait pas aimer longtemps avec la même ivresse; il bat violemment... puis s'arrête; il s'enflamme... puis se refroidit : c'est un feu qui ne brûle pas également partout; un rien suffit pour l'éteindre ou le rallumer.

La jeune épouse se dit tout cela pour se consoler, elle

se promet surtout de cacher ses chagrins à sa mère; mais elle ne peut prendre sur elle à l'égard de Dufresne, cet homme lui inspire un éloignement dont son cœur ne peut se rendre compte. Il est pourtant aimable, galant auprès d'elle; jamais dans ses prévenances, dans ses attentions, il n'a cessé d'être respectueux ; de quoi donc pourrait-elle s'offenser ?... Elle n'en sait rien, mais elle ne l'aime pas, et son regard lui cause un trouble, une gêne qui ne sont pas naturels; elle croit remarquer en lui une sorte de contrainte qu'elle ne peut définir; lorsqu'elle paraît, Dufresne semble embarrassé, il sort si madame Dolban est présente ; il se tait, si le hasard le fait se trouver seul avec la femme de son ami; mais ses yeux suivent alors tous les mouvements d'Adeline, et ils ont une expression qu'elle ne peut supporter.

Quelques jours après la conversation qu'il a eue avec sa femme, Édouard rentra chez lui d'un air triomphant ; son visage était radieux, ses yeux brillaient de plaisir.

— Qu'avez-vous donc, mon gendre, que vous est-il arrivé? dit la maman Germeuil; vous semblez bien satisfait?...

— Mais en effet, et j'ai sujet de l'être...

— Mon ami, tu vas sans doute nous faire partager ta joie...

— Oui, mesdames, vous allez, je l'espère, cesser de dire que je me berce de chimères : par le hasard le plus heureux, j'ai fait dernièrement connaissance avec un riche étranger qui veut se fixer en France. Il cherchait une maison vaste, jolie et toute meublée, dans un des plus beaux quartiers de la ville; je la lui ai trouvée; il l'a vue, en est enchanté, l'achète, me donne six mille francs pour mes soins, et le vendeur m'en envoie autant pour ma commission... Eh bien! n'est-ce pas charmant? voilà douze mille francs de gagnés en un moment...

— Oui, mon gendre, mais depuis trois mois vous courez pour attraper ce moment-là !

— Douze mille francs! Cela vaut bien la peine que l'on se donne!...

— Il est vrai, mais de pareilles affaires doivent être rares!

— On en fait d'autres.

— Elles ne sont pas toutes aussi heureuses!

— Ah! si l'on gagnait tous les jours douze mille francs, on serait trop heureux!

— Il me semble que dans cette affaire vous n'avez pas eu besoin de l'entremise de Dufresne?

— Oh! il m'en procurera de plus belles encore... Mais il faut, pour bien faire, que j'aie un cabinet... Vous sentez bien que lorsque mes clients viendront me parler, je ne pourrai les recevoir ni dans un salon ni dans une chambre à coucher... Il faut un cabinet bien garni de cartons... Cela impose; et comme ici il n'y a pas moyen d'en avoir un convenable... nous déménagerons...

— Quoi! mon gendre, vous voulez quittez ce logement...

Ah! mon ami!... c'est ici que nous avons été unis par maman... C'est ici que l'hymen a comblé nos vœux, et je m'y trouvais si bien!...

— Ma bonne amie, on est bien partout quand on est riche. Nous prendrons un logement beaucoup plus beau... Ce salon est trop petit...

— Il est assez grand pour recevoir des amis...

— Oui, mais on ne reçoit pas que des amis, on a des connaissances!...

— Mon gendre, vous voulez afficher un luxe au dessus de vos moyens, pensez-vous?...

— Madame, je veux faire fortune; c'est je crois, une ambition très-louable; pourquoi ne tenterais-je pas ce que mille autres ont essayé avec succès! Ai-je moins de mérite, moins de talents que mes devanciers? je puis vous prouver le contraire : quel est ce fabricant, dont le nom est dans toutes les bouches, dont les richesses sont immenses et le crédit illimité? Il est venu à Paris sans un sou, il ne savait qu'écrire et calculer; il est entré comme petit commis dans ce magasin, dont il est aujourd'hui propriétaire; mais il avait de l'ambition, il a beaucoup travaillé, et tout lui a réussi. Ce financier qui fait à la Bourse des opérations immenses est arrivé de son village en demandant l'hospitalité dans les auberges, couchant sur la paille et ne mangeant que du pain... heureux encore lorsqu'il en avait assez pour satisfaire son appétit. Il s'est arrêté à Paris sur la place du Péron, incertain s'il demanderait l'aumône, ou s'il irait se jeter à l'eau! Un négociant l'a vu, lui a donné une lettre à porter : la promptitude, le zèle qu'il a mis à remplir sa commission ont intéressé en sa faveur. Chacun le choisissait pour son commissionnaire; bientôt il parvint à amasser quelque argent, il agiota pour son compte, la hausse et la baisse lui furent favorables ; bref, il est devenu millionnaire. Je pourrais vous citer cent exemples pareils!... et puisque de rien on peut devenir quelque chose, il me semble qu'il est encore plus facile de s'enrichir quand on a déjà des ressources devant soi.

— Mon gendre, lorsqu'on n'a rien on ne risque pas de se ruiner.

— Eh! madame, il n'y a que les sots qui se ruinent!

— Il vaut mieux être sot que fripon, et bien des gens n'ont amassé leur fortune qu'au dépens de celle d'autrui.

— Je pense, madame, que vous ne me supposez pas capable de m'enrichir de cette manière!

— Non, sans doute!... mais il faut avant tout de l'ordre, de l'économie... C'est avec cela que se sont enrichis le financier et le fabricant que vous me citiez tout à l'heure, et non en donnant des soirées et des bals ruineux!

-- Madame, autre temps, autre méthode; aujourd'hui on fait ses affaires en s'occupant de ses plaisirs. On traite d'une vente en buvant du punch, on signe un transfert à une table de bouillotte ou d'écarté, et l'on achète des rentes en dansant une anglaise. Eh bien, je ne vois pas de mal à tout cela!... C'est ce qui s'appelle mener les affaires gaiement!...

— Oui, monsieur, mais non pas solidement. Quant à moi, je ne choisirai point pour mon banquier celui qui donne les plus belles fêtes, et si votre intention est de quitter ce logement pour agir de la sorte, je vous préviens que je n'irai point habiter avec vous.

Edouard ne répond rien à sa belle-mère, mais il prend son chapeau et sort de fort mauvaise humeur, pestant contre les femmes qui veulent se mêler de choses où elles n'entendent rien. Madame Germeuil reste avec sa fille.

— Ah! maman, dit Adeline en se jetant dans les bras de sa mère, ne vous fâchez pas contre Edouard !... Hélas! c'est moi seule qui suis coupable !... c'est moi qui l'ai engagé à quitter la place qu'il occupait... mais aussi, pouvais-je prévoir!... C'est ce Dufresne.... ce sont ses conseils qui tournent la tête à mon mari.

— Ma chère Adeline, il fallait, dans les premiers jours de ton mariage, t'emparer de l'esprit de ton époux et l'habituer à faire ta volonté; alors cela t'était bien facile.... mais tu as fait tout le contraire!...

— Je ne cherchais qu'à lui plaire... et nous n'avions alors qu'une seule volonté! mais bientôt je vais être mère... Ah! j'attends ce moment avec impatience; je suis sûre que les caresses de son enfant feront oublier à Edouard toutes ses idées de fortune... de grandeurs.

— Puisses-tu dire vrai!...

Le terme marqué par la nature avançait. Edouard sentit que ce n'était pas le cas de changer de logement. Il ne parla donc plus de ses projets, et Adeline crut qu'il y avait renoncé. Bientôt elle mit au monde une jolie petite fille, image fidèle des grâces de sa mère. Edouard désirait que Dufresne fût le parrain de son enfant, mais la maman Germeuil le refusa pour compère; il fallut bien céder et prendre à la place un vieux rentier très-probe, très-rangé, très-méthodique, qui donna trois boîtes de bonbons et deux paires de gants à sa commère, et promit d'aller dîner toutes les semaines chez la jeune mère, afin d'avoir des nouvelles de sa filleule.

Edouard ne disait mot, mais il attendait l'entier rétablissement de sa femme pour exécuter ses projets ; et il désirait intérieurement que madame Germeuil persistât dans son refus de changer de logement, afin de n'avoir plus auprès de lui une belle-mère dont les conseils et les réprimandes commençaient à lui déplaire.

Adeline est toute au bonheur d'être mère ; elle nourrit elle-même son enfant, malgré ce qu'a pu dire Edouard pour lui prouver que cela ne se fait pas dans la bonne compagnie ; mais cette fois Adeline résiste à son mari, l'amour maternel l'emporte, et ce nouveau sentiment modère un peu la force de celui qui jusqu'alors a régné en despote dans son cœur.

Depuis quelque temps madame Dolban va moins fréquemment dans la maison Murville ; Adeline et sa mère en ignorent la cause, mais elles ne sont pas fâchées de se trouver moins souvent avec Dufresne, qui ordinairement accompagne madame Dolban ; elles pensent qu'Edouard, en la voyant plus rarement, se livrera moins aux nouvelles idées de fortune qui lui ont été suggérées par ce jeune homme.

Ces dames se trompent : Dufresne n'a garde de négliger Murville, dont il connaît maintenant parfaitement le caractère. Il sait tout le parti qu'il peut tirer de sa connaissance. Il a d'ailleurs de grands projets, que les événements nous mettront sans doute bientôt à même de juger. Mais en homme habile, Dufresne attend que le moment soit venu pour exécuter ses desseins. Il voit que madame Germeuil ne l'aime pas ; la présence de la mère d'Adeline contrarie ses plans ; il cherche adroitement à semer la division entre elle et son gendre ; il trouve moyen de les séparer en faisant naître à Edouard l'idée de prendre un logement plus vaste pour y donner de brillantes soirées. Tous les jours les deux amis se voient ;

ils passent ensemble une partie de la matinée, et lorsque le soir Murville quitte sa demeure, c'est encore pour se rendre dans les maisons où Dufresne lui a donné rendez-vous. Edouard ne peut plus se passer de son ami, il ne veut rien faire sans le consulter, rien entreprendre sans l'avoir vu!... Mais si sa femme lui donne un avis, si sa belle-mère lui fait quelque remontrance, Edouard se fâche, s'emporte et veut être le maître!.. tandis qu'il n'est que le jouet de celui qui sait flatter ses goûts. Caractère bizarre! faible par nature, entêté sans raison, voulant être ferme et ne pas se laisser diriger par les autres, n'ayant pas assez d'esprit pour discerner ce qui est bien, c'est ainsi qu'Edouard s'abandonne aux volontés de celui qui lui conseille en secret d'avoir de la persévérance, de la force dans ses projets, parce qu'il sait bien que c'est ainsi qu'il faut parler à un homme faible, qui n'est à ses yeux qu'une matière ductile à laquelle il donnera la forme qu'il voudra.

La santé d'Adeline ne souffre point des nouveaux soins auxquels elle se livre; au contraire, ses traits paraissent encore plus doux, ses yeux plus tendres, sa démarche plus gracieuse; elle est charmante lorsqu'elle tient son enfant dans ses bras, et sort le matin pour lui faire prendre l'air. Un autre que Murville trouverait Adeline embellie; mais un mari fait rarement de pareilles observations, il ne s'aperçoit que du contraire. A son défaut, d'autres remarquent la beauté de sa femme, admirent ce qu'il ne voit pas, louent ce qu'il cesse de louer, et s'enflamment pour tout ce qu'il néglige; c'est à quoi messieurs les maris ne songent pas, c'est ce dont ils ne s'inquiètent guère, et c'est pourtant ce qui leur joue de si mauvais tours.

Un homme observait tout ce qu'Edouard ne remarquait plus; il suivait Adeline sans qu'elle s'en aperçût; il admirait ses charmes, il devinait ceux qu'il ne voyait pas, et dévorait des yeux tout ce qu'il pouvait voir. Une passion violente le maîtrisait; il n'attendait qu'un moment favorable pour essayer de faire partager son ivresse. Il n'avait cependant que bien peu d'espoir de se faire aimer, il le savait. Adeline est la vertu même, elle est toute à son époux et à sa fille. Mais pour celui qui l'adore, il n'est aucun obstacle, aucune barrière qu'il ne soit résolu à renverser. Rien ne peut arrêter le torrent fougueux grossi par les orages : rien ne peut effrayer son amour, si l'on peut nommer ainsi les désirs effrénés, le délire, la jalousie, qui depuis longtemps remplissent son cœur. Il est décidé à tout tenter, à tout entreprendre, à tout oser pour posséder Adeline; sa passion cachée depuis longtemps n'en a que plus de force; le feu qui le dévore doit tout embraser quand il éclatera. Mais cet homme mystérieux, dont l'amour fut jusqu'à présent un secret, quel est-il ?...

— Vous le connaissez, lecteur, et je gage que vous l'avez déjà deviné.

Edouard, qui s'est plus que jamais lancé dans les affaires, auxquelles il n'entend rien, mais qui ne lui en paraissent que plus séduisantes, Edouard loue une maison élégante, un cabriolet à la mode, achète des meubles magnifiques et dans le dernier goût, se fait un fort beau cabinet, garni de tous côtés de tablettes sur lesquelles sont des cartons, vides à la vérité; mais bientôt ils doivent contenir les dossiers des affaires qui ne peuvent manquer d'arriver en foule. En attendant qu'elles arrivent, notre homme prend un commis qui passe son temps à lire la *Gazette* et à tailler des plumes.

Adeline est conduite dans sa nouvelle demeure. Elle regarde tout, soupire et se tait. Madame Germeuil, au contraire, éclate en reproches et fait à son gendre une scène violente. Elle lui prédit qu'il se ruinera. Edouard contrarié s'emporte, une rupture s'ensuit. Madame Germeuil s'éloigne de chez son gendre en lui jurant de ne jamais le revoir : elle ne veut pas céder aux larmes de sa fille, larmes que la bonne maman se reproche dans le fond de son cœur; elle sent qu'il valait mieux donner son

Adeline à un homme ferme mais raisonnable qu'à un être faible, sans caractère, qui n'a pas assez d'esprit pour avouer ses torts, et trop d'entêtement pour les réparer. Mais le mal est fait.

Après le départ de madame Germeuil, nouvelle scène entre les deux époux; car Adeline ne peut s'empêcher de gronder aussi son mari, elle le supplie de retourner chercher sa mère : celui-ci s'entête; il s'obstine à refuser un raccommodement, et il annonce à sa femme qu'il est résolu à faire ses volontés, que toute représentation est désormais inutile et ne changera rien à la conduite qu'il veut tenir, et dans laquelle il ne prétend pas se laisser guider par des femmes.

C'est par des pleurs qu'est inaugurée la brillante demeure du nouvel homme d'affaires; mais Murville ne s'occupe plus de pareilles misères; il a dans la tête des choses de haute importance. Dufresne doit lui faire gagner cinquante mille francs avec un riche armateur qui vient d'arriver à Paris, et cherche des placements pour ses fonds dont il ne sait que faire. Il faut, pour lier connaissance avec cet homme précieux, donner une soirée, un bal, auquel il sera amené par une personne tierce. Le bal est arrêté; et d'après les conseils de son ami, Edouard fait les plus grands préparatifs pour une fête qui va décider de son rang dans le grand monde. Il est vrai que les frais de cette fête sont énormes! Les douze mille francs gagnés quelque temps auparavant sont en partie dépensés; il faut faire quelques avances; il a fallu toucher à ses revenus pour acheter les meubles et décorer sa maison; mais tout cela n'est rien; il faut semer pour recueillir : c'est la maxime de Dufresne. Et son exemple prouve qu'il s'en trouve bien; jamais il n'a paru plus heureux, plus brillant, plus à son aise. Il a un cabriolet, un jockey, des diamants!... Il fait donc de fort bonnes affaires.

CHAPITRE XVII

GRANDE SOIRÉE. — DÉCLARATION D'AMOUR... SI L'ON VEUT.

— Ma chère amie, dit un matin Edouard à sa femme, je donne demain une fête... un bal ; il faut vous disposer à en faire les honneurs.

— Vous donnez une fête... à qui donc ?... Seriez-vous raccommodé avec maman ?...

— Il s'agit bien de votre mère !... C'est une femme qui veut se mêler de choses auxquelles elle n'entend rien, et qui, parce que son goût la porte à vivre dans un cercle étroit, veut nous empêcher aussi d'en sortir !... Vous conviendrez que cela n'a pas le sens commun. Au reste, lorsque j'aurai cinquante mille livres de rente, je pense qu'elle me pardonnera de ne pas avoir écouté ses conseils.

— Cela ne sera pas alors de sitôt !...

— Plus tôt que vous ne pensez, madame ; j'agis en conséquence.

— Et c'est pour cela que vous donnez une fête ?

— Justement.

— Quelles personnes comptez-vous avoir ?

— Oh ! soyez tranquille ! nous aurons beaucoup de monde. D'abord il le faut, c'est de rigueur maintenant ; si l'on n'est pas poussé et gêné dans un salon, on ne croit pas s'y être amusé.

— Ah ! mon ami, quelle folie ! qui vous a dit cela ?

— Ce ne sont point des folies, madame. Je vois le grand monde pendant que vous bercez votre fille...

— Oh ! je sais bien que vous ne restez plus avec moi.

— Cela est nécessaire ; il faut que je me répande dans la société ; c'est là où l'on fait des connaissances...

— Pernicieuses quelquefois !...

— Eh! mon Dieu! je ne suis pas un enfant; je sais à qui j'ai affaire!... Mais il semblerait, à entendre vous et votre mère, que je ne suis pas capable de me conduire.

— Mon ami, je n'ai jamais dit cela... mais je ne puis m'empêcher de regretter le temps où seule je suffisais à tes plaisirs... alors tu passais tous tes moments près de moi!... tu n'allais pas dans le monde... Eh bien! n'étais-tu pas heureux?

— Sans doute...

— Pourquoi donc as-tu changé de manière de vivre ¿

— Pourquoi?... pourquoi?... tu me fais là une singulière demande!... on ne peut pas toujours faire l'amour, n'est-il pas vrai?

— Oh! je m'en aperçois! mais ce n'est pas après un an de mariage que je croyais l'apprendre...

— Allons... tu vas me faire encore des reproches!... les femmes ne sont jamais raisonnables....

— Je ne te fais aucun reproche, mon ami; donne des fêtes puisque cela peut te faire plaisir; je ne m'y opposerai jamais.

— Tu es charmante... oh! tu n'es pas entêtée comme ta mère!... Et, je te le répète, tout ceci c'est pour notre bien. Fais donc les apprêts nécessaires... J'ai déjà tout commandé, tout arrangé, tout ordonné, tu n'auras plus qu'à veiller à l'exécution de mes préparatifs.

— Il suffit. Mais que dirai-je à des gens que je ne connais pas?...

— Oh! que cela ne t'inquiète pas!... on salue!... on sourit à chacun!... Avec ta grâce, ton esprit, tu seras toujours charmante!...

— Je voudrais l'être pour toi seulement.

— Est-ce que je te fais des infidélités?... Je suis vraiment d'une sagesse...

— Dont quelque jour on te fera un ridicule...

— Sois sans crainte, je n'aime que toi... Je vais faire encore quelques invitations; occupe-toi de notre soirée.

Edouard embrasse sa femme et s'éloigne. Adeline, pour lui faire plaisir, s'informe de tout ce qui doit se faire le lendemain ; elle est effrayée de l'énormité des dépenses, mais il n'y a plus moyen de s'y opposer. Après avoir donné ses ordres, la jeune épouse va voir sa mère. C'est dans le sein de madame Germeuil qu'elle dépose ses chagrins, dont cependant elle lui cache une grande partie, afin de ne point l'aigrir encore davantage contre son mari.

— Ah! dit Adeline, tant qu'il me sera fidèle, je ne serai pas à plaindre!... Je puis lui pardonner tout, hors son indifférence, que je ne pourrais supporter.

Le lendemain, dès le point du jour, tout est en l'air dans la maison de Murville : les domestiques ne peuvent suffire aux nombreux préparatifs qui se font de toutes parts : des ouvriers viennent poser des tapis, des lustres, des girandoles, des vases de fleurs le long des rampes des escaliers. Les garçons miroitiers, tapissiers, les fleuristes, les décorateurs remplissent les salons et se pressent avec les valets et les gens de la maison; bientôt après arrivent les traiteurs, pâtissiers, glaciers qui s'emparent des offices et décorent d'avance les buffets qui doivent être le soir garnis de la manière la plus somptueuse, et offrir à la fois tout ce qui peut flatter les yeux, l'odorat et le goût. Adeline veut traverser quelques pièces pour se rendre dans le cabinet de son mari ; elle est étourdie par le bruit, les cris, le tumulte; elle ne reconnaît plus son logement ; elle aperçoit enfin Edouard qui se promène dans les salons et regarde d'un air satisfait les préparatifs de sa soirée.

— Eh bien ! ma chère amie ! dit-il à sa femme du plus loin qu'il l'aperçoit, que penses-tu de tout ceci?

— Que je ne conçois pas que l'on se donne autant de peine pour recevoir des gens que l'on ne connaît pas, et qui ne vous ont aucune obligation des soins que vous vous donnez pour les traiter ainsi.

— Mais, ma chère amie, songe donc que l'on fait tout

cela pour sa réputation !... Parbleu, je ne m'embarrasse pas non plus des personnes que je reçois; je ne tiens nullement à leur amitié, mais je tiens à ce qu'on dise dans le monde : La fête de M. Murville était charmante, rien n'y a manqué, tout était dans le dernier genre. Cette soirée a dû lui coûter horriblement !... » Tu conviendras que cela fait honneur; on me suppose alors une fortune considérable, et j'ai plus d'affaires que je n'en veux... Songe à faire une brillante toilette et à mettre tes diamants... ils ne sont pas aussi beaux que je le voudrais... Mais dans quelque temps, j'espère te faire cadeau d'une rivière magnifique.

— Mon ami, tu sais bien que je ne désire rien de tout cela... ton amour seul...

— Il se fait tard, va t'habiller.

Le moment de la réunion est arrivé : entre neuf et dix heures, les voitures et les piétons (car il en vient toujours, même dans les plus grands bals) entrent en foule dans la cour de la maison de Murville. On se presse sous le vestibule; les cochers s'injurient, se disputent le passage; les jeunes femmes, enveloppées dans leurs pelisses ou witchoura, sautent d'un pied léger sur le palier de l'escalier et attendent, l'une sa mère, l'autre son mari, pour monter dans les salons. Le jeune officieux se présente avec grâce, le corps entortillé dans un large manteau doublé de velours cramoisi qui cache presque tout son visage et ne laisse voir que le bout de son nez; il offre sa main à une jeune dame que la crainte des chevaux arrêtés dans la cour a séparée de son conducteur. Le galant au manteau ne voit que des yeux fort expressifs et quelques boucles de cheveux, car le reste est caché sous le capuchon d'une pelisse; mais il en aperçoit assez pour deviner des traits charmants et une taille de nymphe : il presse doucement la main qu'on lui confie... Il retient son inconnue pour la première contredanse, et il a déjà des espérances avant d'avoir pénétré dans l'antichambre. Cette pièce est encombrée : dans un coin les dames refont leur toilette, donnent un dernier coup d'œil à leur parure froissée par la voiture ; plus loin, et dans une encoignure moins éclairée, quelques commis de banque économes tirent de leur poche la fameuse paire de chaussons et la mettent à la place de leurs souliers, qu'ils renferment avec soin dans une grande feuille de papier, entortillent avec leurs guêtres et fourrent le tout sous quelque gros meuble que l'on ne doit point déplacer. Après avoir ainsi terminé ce petit changement, ils sortent avec soin leur jabot de dessous leur gilet, ils remontent leur cravate, et étalent le nœud, passent leurs mains dans leurs cheveux, s'ébouriffent ou se lissent suivant que cela va à leur physionomie, puis, se redressant avec fierté, entrent dans le salon en se donnant un air d'impudence et de fatuité qui doit persuader à chacun qu'ils sont venus dans leur wisky.

Ce salon est déjà garni de femmes de tous les âges ; car ce n'est pas à la mise, ce n'est qu'à la figure que l'on peut distinguer la mère de la fille, la tante de la nièce. Les hommes se promènent un lorgnon à la main, et malgré ce petit accessoire, mettent presque leur nez sous celui de ces dames en faisant devant elles la grimace, lorsque l'objet n'est pas à leur goût, tandis que celles-ci leur sourient en minaudant au lieu de leur cracher au visage, ce que mériterait bien leur insolente manière de les regarder. Bientôt la foule devient si considérable que l'on peut à peine marcher. C'est alors le moment délicieux : le jeune mirliflore arrêté devant une jeune fille assise près de sa mère lui fait les mines les plus indécentes, que la pauvre petite n'évite qu'en tenant constamment les yeux baissés, ce qui la prive de jouir du coup d'œil du bal ; mais le jeune homme est tenace : il ne bouge pas de devant elle, et il a l'effronterie d'interpréter en sa faveur la rougeur qui couvre le front de celle qu'il daigne remarquer. A quelques pas de là, un autre merveilleux montre du doigt, à quatre ou cinq pas de ses amis, une assez jolie femme dont le mari n'est pas loin ; il leur dit en confidonc qu'elle a été huit jours sa maîtresse; ces messieurs le félicitent en lui demandant des détails sur les appas secrets de la dame et sur la manière dont elle fait l'amour; il leur répond en riant aux éclats, en se dandinant, en gesticulant comme un possédé, ce qui ne peut manquer d'attirer sur lui tous les regards et d'exciter la curiosité de ceux qui ne l'entendent point. Heureusement le cher mari est de ce nombre, mais il veut savoir ce qu'on dit; il approche...

— De quoi riez-vous donc si fort, messieurs?...

— Ah! ce n'est rien... une farce qu'il nous raconte...

— Quelque polissonnerie, je gage... vous êtes des roués!...

— Vous saurez plus tard ce que c'est.

Et les jeunes gens se dispersent en riant de plus belle, et le mari rit aussi sans savoir pourquoi; mais il veut avoir l'air d'être au fait.

Le signal de la danse est donné : un orchestre fort bon, dirigé par Collinet, fait entendre des quadrilles délicieux et qui vous invitent au plaisir; des airs charmants, pris dans les chefs-d'œuvre des grands maîtres, servent maintenant de thème et de motif à une poule, à une trénis, à un pantalon. Comment ne pas s'abandonner à la danse, lorsque c'est sur des passages de Rossini, de Mozart, de Cherubini, de Boïeldieu, que l'on peut faire une pirouette, un balancé ou un entre-chat? L'oreille n'est pas moins charmée par l'exécution; les contredanses modernes sont de petits concerto pour les instruments à vent et à cordes; il faut des talents pour les exécuter. Nous avons laissé aux pauvres aveugles les airs semblables à la Monaco, à la Périgourdine, à la Furstomberg; il nous faut des artistes pour jouer les quadrilles des Weber, des Collinet, des Rubner, etc.

On a peu de place : on se marche sur les pieds, on se coudoie, mais on danse; c'est l'essentiel : quel plaisir pour la jeune personne qui veut montrer ses grâces, et pour la femme sur le retour qui se flatte d'être très-légère !

Ceux que la danse et la musique ne captivent point vont s'asseoir à une table d'écarté : là ils se livrent à leur passion pour le jeu, ils attendent une veine favorable ; ils cherchent à connaître leur joueur, à lire sur sa figure ce qu'il a dans ses mains ; ils oublient leur femme ou leur fille, bien souvent aussi ces dames, dans le salon, oublient celui qui est à la table d'écarté.

Mais la galerie se forme autour des joueurs. Les paris s'ouvrent et deviennent bientôt considérables ; les jeunes gens, qui ne devraient s'occuper que des dames et de la danse, attendent avec anxiété si leur adversaire retournera un roi ; leur sang s'allume, la vue de l'or, l'espoir du gain les entraînent ; et plus d'un, en s'éloignant de la table d'écarté, les poches vides, refusera le lendemain de l'argent à son tailleur et à son bottier, tandis que nos économes à souliers et à guêtres, qui se sont laissé séduire par l'exemple, se disent tout bas, en ôtant leurs chaussons, qu'ils auraient bien mieux fait de prendre une voiture et de ne point jouer ni parier à l'écarté.

D'autres, pour se consoler, courent au buffet, où ils se bourrent de pâtisseries et de rafraîchissements : le plus grand gourmand prend les friandises les plus recherchées, sous prétexte de les porter à des dames. Quel gaspillage se commet dans ces cohues ! les assiettes renversées ; les volailles que l'on rejette pour prendre d'un autre mets dont on laisse les trois quarts ; les crèmes que l'on s'arrache ; les bonbons qui disparaissent sans qu'on ait eu le temps d'en avoir : c'est ainsi que se passent les collations dans les grandes réunions ; le buffet est toujours au pillage, et les jeunes gens qui l'entourent ont l'air de n'avoir rien mangé depuis huit jours. Quelle singulière manière de se conduire pour des gens du bon ton !

Au milieu du tumulte, de la foule, Adeline cherchait à apercevoir quelque connaissance ; mais la plupart des visages lui étaient inconnus. Lasse de s'entendre adresser des fadeurs ou des compliments outrés, par des hommes qu'elle ne connaissait point, ennuyée d'être le but des lorgnons de ces messieurs, la jeune femme saisit un moment où chacun est occupé suivant son goût pour aller s'assurer si sa fille dormait, et goûter en l'embrassant le seul plaisir que cette soirée pût lui offrir.

Pour parvenir à la chambre où repose sa petite Ermance, Adeline s'éloigne tout à fait de la société, car elle n'a pas voulu que son enfant puisse être éveillée par le bruit; elle traverse plusieurs pièces éclairées à demi; elle arrive près de sa fille, elle s'arrête devant son berceau et contemple Ermance qui dort paisiblement. Plus tranquille alors, Adeline s'éloigne et va rejoindre la société; mais en entrant dans un boudoir assez sombre, qui touche à la chambre de sa fille, elle aperçoit quelqu'un se glisser le long de la tapisserie; un sentiment d'effroi s'empare de son âme.

— Qui est là? dit-elle aussitôt.

— Ne craignez rien, madame; je suis désolé de vous avoir causé cette surprise.

Adeline se rassure, elle reconnaît la voix de Dufresne.

— Que cherchiez-vous donc par ici? lui dit-elle.

— Le bruit... la chaleur m'avaient incommodé... J'étais bien aise de pouvoir être loin du monde pour me reposer un moment.

Adeline alla prendre une lampe dans la pièce voisine et l'apporta dans la chambre où Dufresne était resté; celui-ci suivait des yeux tous ses mouvements et paraissait vivement agité.

— Si vous vous trouvez indisposé, je vais aller vous chercher quelque chose.

— Oh! non, madame, restez, de grâce... votre présence m'est cent fois plus précieuse...

Dufresne avait pris la main d'Adeline; celle-ci, étonnée du ton extraordinaire, du feu avec lequel il lui parlait, ne savait que lui répondre et restait embarrassée devant lui. Dufresne serre avec force la main qu'il tient dans les siennes, Adeline effrayée la retire aussitôt, elle va s'éloigner, il se place devant elle et l'arrête.

— Que me voulez-vous? lui dit-elle d'une voix altérée par un effroi dont elle ne peut se rendre compte.

— Que vous m'écoutiez, madame; que vous daigniez m'entendre.

— Qu'avez-vous donc à me dire qui exige tant de mystère? nous pourrions aussi bien causer dans le salon...

— Non, madame, non, c'est ici... Ah! depuis longtemps je retarde ce moment; mais je sens qu'il m'est impossible de cacher plus longtemps le feu qui me dévore : non, je ne suis plus maître de vous voir... de contempler tant de charmes sans vous exprimer l'ardeur qui me consume...

— Que dites-vous, monsieur?...

— Que je vous aime... que je vous adore, belle Adeline... et qu'il faut que vous soyez à moi!...

— O ciel!... qu'entends-je?...

— Apprenez tout enfin : sachez que depuis le moment où je vous ai vue, vous avez été l'objet de toutes mes pensées, de tous mes désirs, le but de toutes mes actions; je ne me suis lié avec madame Dolban que pour trouver le moyen de m'introduire chez vous ; cet espoir et celui de vous plaire un jour m'ont seuls empêché de commettre quelque extravagance depuis le jour de votre mariage jusqu'à celui où j'ai été présenté chez vous. Mais alors, combien j'ai souffert pour cacher à tous les yeux la flamme qui me dévorait, et quels tourments n'ai-je point endurés en voyant prodiguer à mon heureux rival ces caresses qu'il reçoit avec indifférence, tandis qu'une seule serait pour moi le comble de la félicité!...

— C'en est trop, monsieur ; j'ai contenu mon indignation, mais je n'en serais plus maîtresse si je vous écoutais davantage...

— Votre indignation!... et en quoi l'ai-je méritée?

— Appeler mon époux votre rival, et pour prix de son

amitié tenter de séduire sa femme... une telle conduite est affreuse!

— Une telle conduite est très-ordinaire et ne vous semble affreuse que parce que vous ne partagez pas mes sentiments; car si vous m'aimiez, au lieu d'être un monstre à vos yeux, je serais un malheureux consumé par une passion insurmontable, souffrant depuis longtemps et cachant ses peines à tous les regards, et même devant celle qui les fait naître... Une telle conduite alors ne vous semblerait pas criminelle; tant d'amour, de constance exciteraient au moins votre pitié, vous me l'accorderiez, madame, vous m'écouteriez sans colère, et peut-être un sentiment plus doux plaiderait ma cause dans votre cœur et me ferait obtenir le prix de tous mes soins. Voilà, madame, ce que vous devez considérer. Je vous adore, tel est mon crime; il cessera d'en être un si vous partagez mes feux; le succès fait pardonner les entreprises les plus téméraires, et je ne serai coupable que si vous me haïssez...

— Vos discours, monsieur, ne vous justifieront pas à mes yeux. Je puis excuser votre amour, mais non l'espoir que vous aviez de me le faire partager. On n'est pas maître de son cœur, je le crois, mais on est maître de sa conduite, et la vôtre est indigne d'un galant homme.

— Madame...

— Ne me parlez jamais de votre amour, ce n'est qu'à cette condition que je consens à oublier cet entretien et à ne point le rapporter à mon mari.

— Votre mari!... il ne vous croirait pas!

— Que dites-vous?

— Non, madame, il ne croirait jamais ce que vous lui diriez contre moi. Pensez-vous que je n'ai point tout prévu?... Je me suis tellement emparé de l'esprit de votre mari, qu'il ne voit plus que par mes yeux, ne se conduit plus que par ma volonté; c'est une machine enfin que je fais mouvoir à mon gré. Mais tremblez, si vous rejetez mes vœux, du pouvoir que j'exercerai sur le faible Edouard! Vous apprendrez alors à me connaître, vous vous repentirez d'une injuste fierté; mais il sera trop tard, ma haine sera aussi active que mon amour est violent.

— Homme abominable!... Je sens redoubler encore l'horreur que vous m'inspirez, mais je brave vos menaces et vous défends de reparaître devant moi.

La figure de Dufresne exprime à la fois la fureur et l'ironie, ses nerfs se contractent, un sourire amer expire sur ses lèvres, tandis que ses yeux lancent des traits de feu. Adeline effrayée veut le fuir; il l'arrête, l'entoure de ses bras nerveux, la presse avec violence contre lui-même, pose ses lèvres brûlantes sur le sein palpitant de sa victime, il va se porter aux derniers excès... la jeune femme pousse un cri perçant... On accourt, le bruit des pas approche... Dufresne ouvre la fenêtre qui donne sur le jardin, il saute et disparaît.

Des valets et quelques jeunes gens entrent dans l'appartement; on entoure Adeline, on s'informe de la cause de son trouble. Ses yeux errent au hasard autour d'elle; la vue de la croisée encore ouverte lui rappelle tout ce qui s'est passé, elle sent la nécessité de cacher son émotion.

— Qu'avez-vous, madame, que vous est-il arrivé? s'empresse-t-on de lui demander de toutes parts.

— Je ne sais, dit-elle en s'efforçant de calmer son agitation, je ne me sentais pas bien... la chaleur m'incommodait... Je suis venue dans cette chambre pour y prendre l'air, mais en ouvrant cette fenêtre... un étourdissement... j'ai voulu appeler du monde, et je n'en ai pas eu la force.

Cette explication paraît fort naturelle; on engage madame Murville à ne point rentrer dans les salons, où la grande chaleur pourrait de nouveau lui faire mal. Adeline n'en avait pas non plus l'intention; elle n'aurait pu supporter la présence de Dufresne. Elle se retira donc dans son appartement en chargeant quelques personnes de l'excuser auprès du reste de la société.

Elle pria sa femme de chambre d'avertir Edouard qu'elle désirait le voir dès qu'il serait libre. La domestique s'acquitta de ce message. Mais Murville n'y fit que peu d'attention; il venait de perdre quarante louis à l'écarté avec une jeune femme fort jolie, qui lui lançait des œillades très-expressives, lui souriait en montrant les plus belles dents du monde, et laissait, par mégarde sans doute, ses deux petits pieds sur les siens, et ses genoux entre ses jambes. Comment ne pas se laisser gagner par une aussi aimable joueuse; elle faisait une petite moue si gracieuse quand il lui refusait des cartes, qu'il n'y avait pas moyen de lui résister!... Edouard se sentait subjugué; mais que devint-il lorsqu'on le pria de fourrer un mouchoir dans un dos bien blanc que la danse avait trempé de sueur; il s'acquitta en tremblant de cet emploi : on le remercia en lui serrant la main, et on l'invita à venir prendre sa revanche de la partie d'écarté.

A cinq heures du matin, on dansa l'anglaise d'usage pour finir le bal. On sauta, on s'embrouilla, on s'éreinta; on fit beaucoup de bruit et de poussière, puis on partit, emportant un vieux chapeau à la place du neuf que l'on avait en arrivant, et qui ne se retrouva point, ainsi que la jolie badine que l'on avait cependant placée dans un coin très-obscur; bien heureux encore quand le carrick, le manteau ou la redingote n'étaient pas changés.

Avis aux jeunes gens qui courent les grandes réunions: n'emportez pas de cannes de prix, et n'ayez qu'un vieux chapeau à déposer dans l'antichambre, à moins que vous ne vouliez le tenir constamment à votre main, ce qui se fait volontiers maintenant pour éviter le petit désagrément dont nous venons de parler.

Edouard, le cœur plein et la bourse vide, rentra dans sa chambre, tout occupé de la jolie femme avec laquelle il avait joué à l'écarté, et sans songer à la sienne, qui l'attendait en vain depuis longtemps.

CHAPITRE XVIII

AVEUGLEMENT. — FOLIE. — FAIBLESSE.

Adeline s'était levée dans la nuit, inquiète de son époux; mais apprenant qu'il s'était retiré fort tard dans son appartement, elle ne voulut point troubler son repos, et attendit son réveil pour lui raconter ce qui s'était passé dans la soirée entre elle et Dufresne, qu'elle espérait lui faire enfin connaître tel qu'il était.

Edouard s'éveille, il descend pour déjeuner. Adeline l'attendait; elle lui fait de tendres reproches sur son indifférence de la veille; mais il l'écoute à peine, il est distrait, préoccupé, il se plaint d'un violent mal de tête, il va sortir pour le dissiper... Adeline le retient en lui annonçant qu'elle a quelque chose de très-important à lui dire. Etonné du ton de son épouse, Edouard se remet machinalement sur sa chaise, et la prie de se dépêcher, parce que des affaires l'appellent dehors. On renvoie les domestiques, et Adeline raconte à son mari sa conversation de la veille avec Dufresne.

Edouard écoute d'abord avec indifférence; bientôt le mécontentement, l'impatience se peignent sur sa figure.

— Eh bien, mon ami, lui dit Adeline après avoir tout raconté, que pensez-vous maintenant de votre sincère ami?

— Je pense... je pense que vous faites un crime d'une misère... et une affaire majeure de ce qui n'est rien au fond.

— Quoi! mon ami...

— Sans doute... une déclaration à une femme!... Eh mon Dieu! est-ce donc une chose si rare et pour laquelle il faille faire tant de bruit? Tous les jours, les jolies femmes en reçoivent, qu'on leur adresse en plaisantant, et auxquelles elles ne mettent pas plus d'importance que cela n'en mérite!... Mais vous vous effarouchez pour un mot! une simple galanterie vous paraît une tentative de séduction!... Il ne faut pas prendre ainsi les choses!... Oh! mais je vous connais : vous n'aimez pas... il y a mieux, vous détestez Dufresne. Depuis longtemps vous cherchez à le perdre dans mon esprit, et vous saisissez ce prétexte pour y parvenir; mais je vous préviens, madame, que vous ne réussirez pas dans votre entreprise.

— Se peut-il, monsieur!... c'est moi que vous accusez... c'est moi que vous soupçonnez capable de vous tromper!...

— Ou de l'être. Qui vous dit que Dufresne ne vous a pas débité toutes ces folies pour se moquer de vous et pour se venger de votre haine, dont il s'aperçoit fort bien!...

— Est-ce aussi pour cela qu'il a osé porter l'audace jusqu'à prendre un baiser?...

— Un baiser!... Allons, je conviens qu'il a eu tort de vous embrasser malgré vous, et je l'en gronderai. Mais un baiser n'est pas une chose qui doive vous irriter à ce point!...

— Vous comptez donc, monsieur, ne pas cesser de recevoir M. Dufresne chez vous?

— Certainement, madame, je ne prétends pas m'afficher, me faire tourner en ridicule et me faire montrer au doigt comme un mari jaloux... tout cela, parce qu'on a osé vous embrasser en plaisantant!... Cela n'aurait pas le sens commun!... Mais calmez-vous, je défendrai à Dufresne de vous reparler de sa flamme!...

— Comment, Edouard, vous riez!... vous faites aussi peu de cas de ce que je vous dis?

— Je fais ce que je dois faire, et je sais me conduire.

— Hélas!... vous ne m'aimez plus, je le vois... Autrefois vous étiez plus jaloux!...

— On peut aimer sans être jaloux, madame; et d'ailleurs... Mais l'heure s'avance, mes affaires m'appellent...

— Et ce riche armateur pour qui vous avez donné votre soirée?

— Il n'a pas pu venir.

— Ainsi toutes vos dépenses ont été inutiles?

— Inutiles? Non certes!... on m'a fait de grands compliments de ma soirée... Elle me fera beaucoup de bien par la suite, et je suis enchanté de l'avoir donnée... Je vous quitte, je n'ai pas un moment à moi.

Edouard s'éloigne vivement pour courir chez Dufresne. Celui-ci paraît un peu troublé en le voyant : il se remet bientôt. Ce n'est pas pour lui parler de ce que lui a dit sa femme, que Murville s'est empressé d'aller le trouver, c'est pour causer de la jolie dame avec laquelle il a joué la veille à l'écarté, pour savoir qui elle est, ce qu'elle fait dans le monde; enfin c'est pour se livrer sans réserve à des désirs, à des espérances qu'il ne craint point de laisser paraître devant son ami.

Dufresne satisfait la curiosité d'Edouard en lui apprenant que madame de Géran est veuve d'un général, qu'elle est maîtresse absolue de ses actions, qu'elle a de la fortune, mais sait la dépenser rapidement, parce qu'elle aime beaucoup les plaisirs. Dufresne a soin d'ajouter que chacun adresse des hommages à la jeune veuve, mais qu'elle les reçoit avec indifférence, traite l'amour en plaisantant, se joue des flammes qu'elle fait naître, et que sa conquête paraît enfin fort difficile à faire.

Tout ce qu'il apprend augmente encore la passion naissante d'Edouard... Quel bonheur de l'emporter sur tant de rivaux, et madame de Géran l'a regardé et traité de manière à lui laisser concevoir des espérances. Le fait est qu'elle lui a tourné la tête; et Dufresne, qui lit aisément dans le cœur du faible et inconstant Murville, profite de ce moment pour parler le premier de ce qui s'était passé entre lui et Adeline, en ayant soin de présenter la chose comme un simple badinage, qu'il ne s'attendait pas à voir traiter aussi sévèrement.

— Oui, oui, je sais, dit Edouard, ma femme m'a déjà parlé de cela ce matin...

— Ah!... elle vous a dit...

— Que vous étiez un monstre!... un scélérat! un faux ami!...

— En vérité!...

— Et bien autre chose encore!... car je vous préviens qu'elle est furieuse contre vous!... Mais soyez tranquille, je la calmerai! elle verra bien qu'elle a pris la chose de travers en apprenant que vous m'avez tout dit le premier.

— Je suis vraiment fâché de m'être amusé à... mais aussi, votre femme est bien singulière!...

— C'est sa mère, madame Germeuil, qui lui a farci la tête d'idées romanesques.

— Il est certain qu'on ne la croirait pas élevée à Paris.

— Oh! il faudra qu'elle se forme dans le grand monde... Croiriez-vous qu'elle prétendait ne plus vous voir?...

— Si ma présence est désagréable à madame Murville, j'aurai soin d'éviter ses regards...

— Comment donc! Mais voilà ce que je ne veux pas, ou je me fâche aussi avec vous. J'entends que vous veniez plus que jamais à la maison, cela me convient et cela doit suffire. N'êtes-vous pas assez mon ami pour passer sur le caractère bizarre de ma femme?

— Oh! il est certain que mon attachement pour vous ne connaît point de bornes!...

— Ce cher Dufresne... Tenez, pour vous faire voir combien j'ai de confiance en vous, et le peu de cas que je fais des contes de ma femme, je vais vous faire une confidence... et je compte sur votre amitié pour m'aider dans cette affaire...

— Je vous suis tout dévoué, parlez.

— Mon ami, j'aime, j'adore, je suis fou de madame de Géran.

— Se pourrait-il? vous ne la connaissez que d'hier.

— Ce temps a suffi pour me la faire aimer... Que voulez-vous, on n'est pas maître de cela... C'est un caprice, une faiblesse, tout ce que vous voudrez!... mais j'en perds la tête.

— Vous, Murville, si raisonnable!... vous, qui êtes marié!

— Eh! mon cher, les hommes mariés valent-ils mieux que les garçons? Vous savez bien le contraire... on ne peut pas toujours s'en tenir à sa femme...

— Si la vôtre pensait comme vous?

— Oh! de ce côté-là, je suis tranquille, ma femme est la vertu même, et en cela elle ne fait que son devoir, car une femme, c'est bien différent...

— Oui, pour les conséquences, car, au moral et même suivant la loi naturelle, je trouve que la faute est absolument égale.

— Vous plaisantez! d'ailleurs les conséquences ne sont-elles pas tout? Le ridicule est-il le même, se moquera-t-on d'une femme dont l'époux aura des maîtresses? Non, on ne dira rien, parce qu'on trouvera cela fort ordinaire; mais si une femme fait son mari cocu...

— Cela est aussi fort ordinaire.

— Malgré cela, on se moque du pauvre mari et on le montre au doigt!... D'ailleurs quel mal peut-il résulter de l'infidélité de l'homme? aucun. Les belles qui lui ont cédé n'iront pas s'en vanter partout! Une femme, c'est tout le contraire, des amants la perdent toujours de réputation, soit par leurs paroles, soit par leurs actions, qui n'échappent jamais aux yeux de la médisance et de la curiosité. Enfin, une femme qui trouve son mari dans les bras d'une autre ne peut que se plaindre et pleurer; un homme qui prend sa femme en flagrant délit a le droit de punir la coupable : vous voyez donc bien, mon cher, que la faute n'est pas la même, puisque la punition est différente.

— Je vois que c'est nous qui avons fait les lois, et que nous nous sommes fort bien traités.

— N'allez-vous pas aussi me faire de la morale? En vérité, Dufresne, vous êtes d'une vertu presque aussi farouche que ma femme.

— Non, mon ami; oh! vous ne me connaissez pas

encore... Mais j'ai voulu, avant de vous servir, savoir si vous aviez bien pesé les conséquences de cette intrigue...

— Tout est calculé, tout est pesé. J'aime madame de Géran, je veux obtenir du retour... Je sens qu'il n'est pas de sacrifices dont je ne sois capable pour parvenir à mon but... Vous m'entendez?

— Oh! très-bien... Puisque vous êtes décidé, je vous seconderai, mais au moins vous ne me reprocherez pas de vous avoir entraîné..

— Eh! non, non!... C'est moi qui vous supplie de me servir et de m'aider à cacher cette intrigue aux yeux de ma femme.

— Soyez tranquille et reposez-vous sur moi de ce soin. Je me charge de tout. Quand comptez-vous aller chez madame de Géran?

— Ce soir... Mais on y joue, sans doute?

— Oui, et assez gros jeu...

— Diable! c'est que je n'ai plus d'argent... Cette fête m'a mis à sec...

— Il est facile de vous en procurer. Les rentes sont à un taux très-élevé... Vendez... Dans quelque temps elles ne peuvent manquer de redescendre; alors, comme nous aurons fait d'autres affaires, et que probablement vous serez en fonds, vous achèterez... Vous voyez que c'est un bon coup de commerce à faire.

— C'est vrai, vous avez raison... Mais les rentes sont au nom de ma femme...

— Ne pouvez-vous pas la faire signer en lui disant que vous faites une superbe opération?

— Oui, oh! elle signera, j'en suis certain, elle signera tout ce que je voudrai.

— Profitez de sa bonne disposition pour vendre vos rentes, je vous le répète, elles sont sur le point de baisser, et dans quelques jours vous pourrez, avec beaucoup moins d'argent, racheter le même nombre d'actions. Pour peu que cela vous oblige, je me chargerai de cette opération.

— Vous me ferez grand plaisir... car je suis encore un peu gauche dans les affaires, et sans vous je serais souvent embarrassé.

— Ne craignez rien. Agissez hardiment, je vous certifie que votre soirée d'hier vous a donné un crédit immense... Si vous aviez besoin de 30,000 francs, vous les trouveriez facilement.

— Vous m'enchantez. Je retourne près de ma femme, allez m'attendre au café, bientôt j'y serai avec les papiers en question.

— J'y vais.... De la discrétion avec votre femme!...

— Me prenez-vous pour un enfant?... Sans adieu, mon cher Dufresne.

Edouard retourne précipitamment chez lui, il monte à l'appartement d'Adeline, qu'il trouve assise et tenant sa fille dans ses bras. A la vue de son mari, qui n'a pas coutume de revenir près d'elle dans la journée, un doux espoir fait palpiter son cœur, elle pense que c'est l'amour qui le ramène vers elle, et un sourire de bonheur embellit ses traits charmants.

Edouard reste muet devant sa femme; il est embarrassé, il éprouve un sentiment pénible, il se sent coupable; mais il ne veut pas se l'avouer à lui-même.

— C'est vous, mon ami, dit Adeline du ton le plus doux; que je suis heureuse quand je vous vois!... cela est si rare maintenant... Mais venez donc embrasser votre fille...

Edouard s'approche machinalement de la petite, il l'embrasse d'un air distrait, sans remarquer ses grâces enfantines; il reste rêveur et ne sait comment parler du sujet qui l'amène.

— Vous paraissez triste, dit Adeline, auriez-vous quelque chagrin?... De grâce, faites-les-moi partager, vous n'avez pas d'amie plus tendre, plus sincère que votre épouse!...

— Je le sais, ma chère Adeline; mais je n'ai pas de chagrin! Non, je suis préoccupé... je songe à une affaire très-importante et qui me fera gagner beaucoup d'argent...

— Toujours des projets... des spéculations, et jamais d'amour, de repos, de bonheur!...

— Oh! quand nous serons riches... alors... Mais j'ai une demande à vous faire... je veux vous prier de signer quelque chose... c'est pour une opération qui sera bien avantageuse...

— En êtes-vous certain, mon ami?

— Oh! très-certain... c'est...

Edouard allait dire, c'est Dufresne qui me l'a assuré, mais il pensa que ce ne serait pas le moyen de convaincre sa femme, et il s'arrêta. Après avoir pris dans un secrétaire tous les papiers qui lui étaient nécessaires, il dressa l'acte par lequel sa femme approuvait le transfert de ses rentes, et présenta en tremblant la plume à Adeline. Celle-ci, confiante et soumise, signa, sans même le lire, l'acte qu'il lui présentait.

— Voilà ce que c'est, dit Murville en mettant les papiers dans sa poche, maintenant je cours à la Bourse terminer cette importante affaire.

Il embrasse Adeline et sort vivement. Celle-ci s'aperçoit que ce n'est pas pour la voir qu'il est revenu près d'elle; mais son cœur l'excuse; elle le croit entièrement occupé d'affaires.

— Il n'aime que moi, se dit-elle. Voilà l'essentiel. Il faut lui pardonner cet amour du travail et ce désir si naturel d'enrichir sa femme et ses enfants.

Pauvre Adeline! elle ignore quel emploi son mari compte faire de cet argent, qu'il est si empressé de réaliser.

CHAPITRE XIX

CE N'EST PAS SA FAUTE.

Edouard retourne en triomphe trouver Dufresne; il est possesseur d'une somme considérable, il peut en disposer à son gré, car ce n'est pas sa femme qui lui en demandera compte, et sa belle-mère ne se mêle plus de ses affaires. Dufresne attendait Murville avec impatience, il craignait quelques difficultés de la part d'Adeline; mais en voyant les précieux papiers, un sourire de satisfaction vient mourir sur ses lèvres; un sentiment qu'il veut cacher aussitôt donne à sa physionomie une expression singulière qui frapperait tout autre qu'Edouard; mais celui-ci ne se donne pas le temps de parler à Dufresne, il le presse d'aller vendre et chercher des fonds, et ce dernier se hâte de le satisfaire, de crainte qu'il ne change de résolution.

Adeline attend en vain le retour de son mari; la journée se passe, il ne rentre pas. Elle pense qu'il aura été engagé à dîner par quelques-unes de ses nouvelles connaissances : elle tâche de prendre son parti; mais ce qui lui fait le plus de peine, c'est l'aveuglement d'Edouard sur le compte de Dufresne; c'est l'insouciance avec laquelle il a entendu le récit de la conduite audacieuse de celui qu'il croit son ami. Les menaces de Dufresne se retracent à la mémoire d'Adeline; elle pense à la faiblesse de son époux, et ne peut s'empêcher de frémir en réfléchissant que son bonheur, son repos, celui de son enfant, peut-être, sont entre les mains d'un homme vicieux, qui paraît capable de se porter aux plus grands excès pour satisfaire ses passions.

Adeline était plongée dans ses réflexions; il était neuf heures du soir; elle attendait tristement le retour de son mari, lorsqu'un coup violent frappé à la porte de la rue retentit à son oreille; bientôt elle entend quelqu'un monter son escalier... on approche... c'est Edouard sans doute... Elle court ouvrir sa porte... mais ce n'est pas lui; un de ses domestiques se présente; il tient à la main une lettre qu'un étranger vient d'apporter en recommandant expressément de la remettre à madame; l'inconnu est parti sans attendre de réponse. Le valet donne la lettre à sa maîtresse et s'éloigne.

Adeline rompt le cachet : l'écriture lui est inconnue ; elle paraît tracée par une main faible et tremblante : la lettre est signée par madame Dolban.

— Que peut-elle m'écrire ? se dit Adeline ; lisons :

« Madame, je suis très-souffrante ; depuis longtemps je ne puis plus sortir de ma chambre ; mais je ne veux pas attendre davantage pour vous donner un avis bien important. C'est moi qui ai commis le mal ; c'est à moi à tâcher de le réparer. J'ai conduit chez vous un homme nommé Dufresne... hélas ! combien je m'en repens... mais alors, je le croyais incapable de rien faire de contraire à la délicatesse... Une passion funeste m'a longtemps aveuglée, maintenant il ne m'est plus possible de douter de l'affreuse vérité. Ce Dufresne est un misérable, capable de toutes les bassesses... Je n'ai que trop de preuves de l'infamie de sa conduite. Il m'a dépouillée de tout ce que je possédais, mais je regrette moins ma fortune que je n'ai de honte d'avoir été sa dupe. Le jeu, la débauche, tous les excès lui sont familiers, et il a l'art de cacher ses affreuses passions... Je n'ose vous dire ce que je sais, mais rompez sans délai la liaison qu'il a formée avec votre époux, ou craignez tout pour lui des conseils d'un monstre pour qui rien n'est sacré.

« Veuve Dolban. »

Adeline frémit ; son âme est oppressée par une terreur secrète ; elle relit encore la lettre fatale, puis lève vers le ciel ses beaux yeux mouillés de larmes.

— Voilà donc l'homme pour qui Edouard s'est brouillé avec ma mère ! voilà quel est son conseiller, son confident... son ami !... O ciel ! que de maux j'entrevois dans l'avenir ! mais comment les éviter ? Mon époux ne m'écoute plus ; il rejette mes avis, il est sourd à mes prières... Mais il ne saurait l'être à mes larmes... Non, Edouard n'a pas un mauvais cœur... Il m'aime encore, il ne repoussera pas son Adeline : je le supplierai, au nom de notre enfant, de cesser de voir un homme qui l'en-

10.

traînerait à sa perte... Cette lettre sera, je l'espère, une preuve suffisante; il ouvrira les yeux et cessera toute relation avec celui qui m'a déjà causé tant de tourments.

Ces réflexions calmèrent un peu la douleur d'Adeline; bien résolue à montrer à son mari la lettre qu'elle vient de recevoir aussitôt qu'il rentrera, elle est décidée à l'attendre. Il ne peut tarder, la soirée est déjà avancée, il ne faut plus qu'un peu de courage. Pauvre femme! si elle savait ce qui occupe son époux pendant que, triste et pensive, elle dévore dans le silence les angoisses de l'inquiétude et de la jalousie!... Vous qui cherchez à lire dans l'avenir, combien vous seriez à plaindre, si vos yeux perçaient à travers l'espace et si vos oreilles entendaient toujours la vérité! L'illusion fut inventée pour le bonheur des mortels; elle leur fait presque autant de bien que l'espérance.

La jeune femme cherche à tromper la longueur du temps en faisant des projets pour l'avenir. Elle voit avec plaisir revenir la saison des beaux jours; bientôt on pourra retourner à la jolie maison de campagne; elle y a été si heureuse dans les commencements de son mariage, qu'elle se flatte d'y retrouver le bonheur qu'elle n'a point rencontré à Paris. Edouard l'accompagnera, il aura oublié tous ses projets, renoncé à ces affaires qui le tourmentent et rompu entièrement avec le perfide Dufresne. Alors rien ne pourra troubler leur félicité, sa mère reviendra se fixer auprès d'eux. La petite Ermance grandira et s'élèvera sous les yeux de ses parents en apprenant à les respecter et à les chérir. Quel avenir charmant!... Combien alors le temps paraîtra court! combien il sera bien employé!...

Le cœur d'Adeline éprouve un mouvement de plaisir causé par le tableau charmant que son imagination vient de se créer... mais l'heure sonne... elle regarde la pendule... elle soupire... L'image du bonheur disparaît! la triste réalité est revenue.

C'est ainsi que les infortunés cherchent à tromper leurs

peines, à se cacher leur propre douleur. Celui qui vient de perdre une amante chérie a son image sans cesse présente à la pensée; il la voit, il lui parle, il se porte avec elle dans le temps passé, dans les lieux où il ont été le plus heureux; il entend sa voix, ses accents si doux, ses aveux si tendres qui ont fait battre délicieusement son cœur; il se rappelle ces entretiens charmants dont l'amour faisait tous les frais; il croit presser encore les mains de son amie dans les siennes... Il cherche ses lèvres brûlantes, sur lesquelles il puisait la plus douce volupté... mais l'illusion s'évanouit! elle n'est plus là!... alors quel vide affreux!... quel cruel retour à la vie!...

Adeline est agitée par toutes ces lueurs de crainte et d'espérance; vingt fois elle a été près du berceau de sa fille; elle revient se placer à sa fenêtre et écoute avec anxiété, attentive au plus léger bruit; mais le roulement de quelques voitures interrompt seul le calme de la nuit; chaque fois que ce bruit se fait entendre, le cœur d'Adeline bat avec plus de force... C'est son époux qui revient... Oui... c'est lui... la voiture approche... mais elle passe... elle ne s'arrête pas...

Adeline a vu bien des heures s'écouler; le froid de la nuit, la fatigue de la veille engourdissent ses sens. Malgré son désir d'attendre son époux, elle sent qu'elle ne peut résister plus longtemps au sommeil qui l'accable; elle se décide enfin à se mettre au lit; mais elle place sur sa table de nuit la lettre de madame Dolban; elle veut l'avoir près d'elle, afin de pouvoir la montrer à son époux dès qu'elle le verra. C'est de cette lettre précieuse qu'elle attend son repos, son bonheur. Elle allume la veilleuse qui chaque nuit éclaire sa chambre; elle se couche enfin... c'est à regret... elle voudrait combattre encore le sommeil... mais la fatigue l'emporte sur l'inquiétude, ses paupières s'appesantissent... elle s'endort profondément.

Depuis une heure Adeline dormait; un bruit assez fort, causé par la chute d'une chaise, l'éveille en sursaut :

elle ouvre les yeux... mais elle ne distingue rien ! sa veilleuse est éteinte ; elle fait un mouvement pour se lever... un bras passé autour de son corps la retient dans le lit, et deux baisers lui ferment la bouche. Adeline sait que son mari seul a une clef de sa chambre, que nul autre que lui ne peut la nuit pénétrer chez elle ; c'est donc Edouard qui est rentré et qui est dans ses bras.

— Ah ! mon ami, lui dit-elle, je t'ai attendu bien longtemps, je désirais tant te voir... te parler... si tu savais !... J'ai reçu une lettre de madame Dolban, la pauvre femme !... elle est bien malheureuse !... Tu verras que je ne m'étais pas trompée au sujet de Dufresne... le monstre !... C'est un homme bien dangereux ; il est, dit-elle, capable de tout !... c'est lui qui l'a ruinée... il a tous les vices !... tous les défauts... Mon cher Edouard, je t'en supplie, ne fais plus ta société de cet homme-là... il te perdrait !... Tu ne diras plus que ce sont des chimères... Tiens, la lettre est là... sur ma table de nuit... si la lampe n'était pas éteinte, je te la ferais lire de suite...

Adeline est prête à se lever pour rallumer la veilleuse, mais l'amour la retient dans le lit ; elle se sent prodiguer les plus tendres caresses, les baisers les plus brûlants ; elle a retrouvé son époux, elle se livre à ses désirs, s'abandonne à son amour, partage la vive ardeur dont il est animé ; ses chagrins passés ne sont plus qu'un songe que la plus douce ivresse vient de chasser.

Le plaisir amène aussi le besoin du repos : ivre d'amour et de bonheur, Adeline s'endort dans les bras de celui qui vient de partager son délire. Un rayon du jour perçait à travers ses carreaux, lorsqu'elle ouvre les yeux ; son âme est encore émue des plaisirs qu'elle a goûtés... elle détourne la tête pour contempler son époux endormi... Un cri d'horreur lui échappe... elle tremble... elle suffoque... ses regards restent fixes... son cœur ne bat plus.. C'est Dufresne qui est près d'elle. C'est sur son sein qu'elle a reposé sa tête... C'est à lui qu'elle a prodigué ses caresses... C'est dans ses bras qu'elle a connu le délire, les transports de l'amour.

Le cri de la jeune femme a réveillé Dufresne; il comtemple Adeline; un sourire perfide, une joie barbare animent ses yeux attachés sur sa victime; celle-ci semble privée de la faculté d'agir... elle reste anéantie; Dufresne veut mettre à profit le peu de temps qui lui reste, il se rapproche d'elle... il veut renouveler d'odieuses caresses... Adeline se ranime, elle reprend ses esprits, elle repousse violemment le monstre... saute hors de son lit, s'enveloppe dans sa robe, et la fermeté de sa contenance, la fierté de son regard semblent défier une nouvelle offense.

Dufresne s'arrête, il la considère un moment en silence puis laisse échapper un rire moqueur.

— Eh! quoi! madame, encore de la résistance... des simagrées!... En vérité, après ce qui s'est passé cette nuit entre nous, vous conviendrez que c'est bien un enfantillage. Votre fierté est maintenant fort déplacée!... Allons, croyez-moi... faisons la paix... Je vous assure que votre époux n'en saura rien... un peu plus... un peu moins, il ne le sera pas davantage!... Eh! d'ailleurs, je puis vous avouer que, de son côté, il est dans les bras d'une autre; vous n'aurez aucun reproche à vous faire..

Dufresne fait quelques pas pour s'approcher d'Adeline; elle s'éloigne de lui avec horreur... Il l'atteint, il veut de nouveau assouvir ses désirs... Adeline se débat, elle semble douée d'une force nouvelle, et sa voix, appelant Edouard, fait retentir l'appartement. Dufresne s'arrête, il la laisse libre; il sent que les cris de la jeune femme peuvent être entendus; les gens de la maison pourraient venir, et cela dérangerait tous ses plans. Il faut donc malgré lui qu'il s'éloigne d'Adeline; mais la rage, la colère brillent dans les regards qu'il jette sur elle; il court s'emparer de la lettre de madame Dolban, et la montre à celle qui brave sa fureur et déjoue ses nouvelles tentatives.

— Le voilà, lui dit-il en souriant avec ironie, le voilà cet écrit dont vous espériez tirer un si grand parti... Vous dédaignez, vous rejetez mon amour, tremblez des effets de ma haine et de la vengeance que je tirerai de vos mépris. Adieu, j'emporte la lettre de madame Dolban, désormais elle ne vous en écrira plus.

En disant ces mots, Dufresne sort précipitamment de l'appartement d'Adeline.

CHAPITRE XX

LES PASSIONS VONT VITE QUAND ON NE LES COMBAT PAS

Edouard avait reçu de Dufresne une somme de cent mille francs ; cet argent n'était qu'une moitié de ce qu'avait produit la vente des actions ; mais Dufresne, qui est bien aise de garder une partie de la somme, dit à Edouard qu'il n'a pas négocié la totalité de ses rentes, parce que sous peu de jours il compte avoir de ce qui reste un taux plus avantageux ; et le crédule Murville, s'en rapportant entièrement à la bonne foi de celui qu'il croit son ami, le charge de terminer l'affaire quand il le jugera convenable.

Tout occupé de sa nouvelle passion pour madame de Géran, Edouard s'est rendu chez la jolie veuve, négligeant pour elle son ménage, son épouse et son enfant. Il trouve seule celle dont les charmes enflamment son imagination. La soi-disant veuve est au fond de son boudoir, c'est déjà une faveur que d'être admis dans son tête-à-tête ; la coquette sait y déployer toutes ses grâces, y faire usage de tous ses avantages pour achever la conquête du jeune homme d'affaires ; elle parvient aisément à son but : les gens faibles se laissent si facilement séduire !... Un sourire, un regard les rend amoureux, et de ce côté-là, les esprits forts ressemblent souvent aux esprits faibles ! Une femme adroite et qui n'aime pas ménage avec art sa défaite; ce n'est que lorsqu'elle est certaine de commander, de gouverner, qu'elle accorde ses faveurs. Auprès d'un roué, d'un libertin, madame de Géran aurait eu peu d'empire, mais avec un mari qui n'a encore aimé que sa femme, une coquette doit faire beaucoup de chemin!... C'est pourquoi une femme sage doit épouser de préférence un homme qui a couru les belles, car celui-là du moins, est en garde contre la séduction.

Il est bien certain que pour rendre amoureux il ne faut pas toujours l'être, mais seulement en faire semblant. Le véritable amour rend timide, gauche, imprudent, maladroit : comment plaire avec tout cela ? Lorsqu'on l'éprouve, on perd tous ses avantages : la jeune fille... (notez bien que j'entends la jeune fille innocente) qui voit celui qu'elle aime entrer dans le salon où elle est entourée de monde, devient à l'instant embarrassée, rêveuse, distraite : le rouge lui monte au visage ; on lui parle, elle répond gauchement ; elle n'ose lever les yeux de crainte de se faire remarquer ; elle tremble qu'on ne devine ce qu'elle cherche ; il lui semble que tous les regards sont attachés sur elle, et que chacun connaît son secret. Si deux personnes parlent bas, elle s'imagine qu'elles s'entretiennent à son sujet. La moindre chose augmente son trouble. Si elle est musicienne et qu'on la conduise au piano, ses doigts se brouillent et ne peuvent glisser sur les touches. Chante-on ? sa voix est altérée, elle craint de donner trop d'expression à des paroles qui peignent l'amour; danse-t-on ? elle craint de danser avec celui qu'elle adore ; elle se désole en secret s'il danse avec une autre !... Pauvre petite !... si tu n'aimais pas!... s'il n'était pas là, tu retrouverais tes grâces, ta gaieté; tu serais peut-être coquette, mais tu séduirais davantage ; et tes charitables amies ne se moqueraient pas entre elles de la gaucherie et de tes sottises.

Chez un jeune homme c'est encore pis, car la timidité, l'embarras qui s'emparent d'une jeune femme lui donnent toujours un certain air d'innocence, de candeur, qui fait excuser sa gaucherie. Mais un homme amoureux qui va s'asseoir et bouder dans le coin d'un salon, si celle qu'il aime ne l'a pas regardé assez tendrement; qui soupire sans parler, lorqu'il est assis près de sa belle ; qui ne sait que dire, lorsque l'occasion se présente de lui déclarer sa flamme : un tel homme, il faut l'avouer, est bien peu aimable; dans le monde on en rit, et celle qui cause ses bévues est souvent la première à se moquer de lui. Tandis qu'un étourdi, qui n'aime point, qui ne sent rien, qui se plaît à tourmenter les femmes, qui tourne le sentiment en ridicule et la constance en dérision; un mauvais sujet enfin, se rend aisément maître d'un cœur, et triomphe en un jour de celle pour qui l'amant sensible et timide a soupiré vainement plusieurs années !... Il est vrai que le mauvais sujet est bien vif, bien leste, bien entreprenant en tête à tête !... tandis que le pauvre amoureux !... La chanson a bien raison !

Ah ! qu'on est bête quand on aime !

Mais je vois d'ici beaucoup de dames se fâcher contre moi et s'écrier :

— Comment, monsieur l'auteur, vous ne voulez pas que l'on nous aime véritablement? Mais c'est affreux !... Vous avez des principes abominables !

De grâce, mesdames, calmez-vous, je me suis peut-être mal expliqué; je ne veux pas que l'on vous aime gauchement, sottement, voilà tout; en cela vous conviendrez vous-mêmes que j'ai raison : un amant qui ne sait que soupirer, est un être bien insipide; je veux que l'on vous fasse la cour avec esprit, quand on en a, avec gaieté, parce que cela ajoute aux charmes de l'amour ; avec ardeur, parce que cela ne vous déplaît pas, et qu'enfin la vie n'est pas éternelle, et que lorsqu'on se convient, je ne vois pas la nécessité d'attendre un siècle pour se le dire; vu qu'il vaut autant être heureux aujourd'hui que demain.

Mais laissons toute la métaphysique de l'amour ; retournons près d'Edouard, qui en éprouve beaucoup pour une femme qui n'en a jamais éprouvé pour personne, et qui ne commencera pas par lui, qu'elle veut rendre son esclave, et que, par cette raison, elle ne compte pas aimer ; car on ne donne point des chaînes à celui qu'on aime, on les porte avec lui.

C'est une bonne fortune pour madame de Géran, qui, quoi qu'en ait dit Dufresne, n'était pas aussi cruelle qu'elle voulait le paraître, qu'un jeune homme riche et passionné comme Edouard. Si ce dernier avait voulu prendre des informations sur le compte de la jeune veuve, il aurait su qu'sa divinité avait une réputation plus qu'équivoque ; qu'elle avait eu des liaisons intimes avec un grand seigneur russe, un gros baronnet, un fournisseur et un marchand de cachemires ; que sa maison était le rendez-vous des jeunes fous, des étourdis, des intrigants et des joueurs ; et qu'enfin on n'avait jamais trouvé au ministère de la guerre le nom du général dont elle se disait veuve.

Edouard ne sut rien de tout cela. Il crut posséder une femme qui se donnait à lui par la force de la sympathie qui les entraînait l'un vers l'autre ; il fut tout glorieux d'un triomphe que vingt autres avaient remporté avant lui, et il s'extasia devant des charmes qu'il trouva bien supérieurs à ceux de sa femme, par la raison qu'une maîtresse a toujours la peau plus douce, la gorge plus ferme et le pied plus petit qu'une épouse, ce qui n'est pas vrai les trois quarts du temps ; mais les femmes s'en vengent en se laissant admirer par des connaisseurs.

Edouard passa donc la journée à caresser la peau si douce, la gorge si ferme et le pied si petit de madame de Géran, qui le laissait faire, parce qu'elle ne pouvait résister à la force de son amour et à la voix de son cœur ; c'est du moins ce qu'elle lui disait en recevant ses caresses. Le temps va bien vite dans de si aimables occupations. Edouard avait entièrement oublié sa maison et

11

ses affaires. Il ne s'aperçut de la fin de la journée qu'à l'arrivée d'une douzaine d'individus, habitués de la maison de sa charmante veuve, et qui venaient tous les soirs faire la partie chez elle.

Edouard voulut alors se retirer, mais madame de Géran s'y opposa ; elle voulait le posséder toute la soirée ; et d'ailleurs elle devait lui donner une revanche à l'écarté. Il n'y avait pas moyen de refuser. Edouard resta et se mit à une table de jeu devant sa bien-aimée, qui jouait l'écarté avec une grâce charmante, ce dont il devait savoir quelque chose.

Dufresne arriva le soir chez madame de Géran ; il parut surpris d'y trouver encore son ami. Celui-ci faisait alors la partie avec un homme qu'il ne connaissait point. Sa chère veuve avait abandonné le jeu, parce qu'elle jouait d'un bonheur étonnant, et qu'elle ne voulait pas, disait-elle, abuser de sa veine avec Murville. Cependant il n'était pas plus heureux avec le petit monsieur qui avait remplacé madame de Géran ; il perdait constamment et ne voulait pas quitter la partie, dans l'espérance de se rattraper.

Dufresne, arrêté devant Edouard, l'examinait en silence. Une joie secrète perçait dans ses traits ; il découvrait en lui tous les symptômes d'une passion qui, une fois excitée, ne devait plus connaître de bornes. En voyant la figure décomposée de Murville, ses veines gonflées, sa respiration étouffée, il était facile de juger l'effet que le jeu produisait sur lui. Cependant, se rappelant que l'imprudent est porteur d'une somme considérable, et ne se souciant pas qu'elle passe dans les mains d'autrui, Dufresne s'approche d'Edouard et lui conseille tout bas de ne point jouer davantage ; mais il n'est pas écouté : Murville éprouve déjà l'ascendant de la fatale passion à laquelle il vient de se livrer, et d'ailleurs l'entêtement, la vanité, l'empêchent de quitter la place.

— Du moins, lui dit Dufresne, si vous voulez continuer à jouer, remettez-moi votre portefeuille et ce qu'il contient encore ; vous avez assez d'argent devant vous, surtout étant en malheur ; ne vous exposez point à perdre en une soirée une somme aussi considérable.

De la part de tout autre, cet avis n'aurait pas été écouté ; mais Dufresne avait pris tellement d'empire sur Murville, que celui-ci lui remet sans balancer son portefeuille, duquel il avait déjà tiré plusieurs billets de banque.

— Tenez, dit-il d'une voix entrecoupée et cherchant à déguiser la vive émotion que lui cause la perte de son argent, prenez... Voici la clef de mon appartement... vous m'attendrez chez moi.

Dufresne ne s'était pas fait répéter ce conseil. Il s'était rendu chez Murville dans la soirée ; mais on avait tellement l'habitude de le voir, que les domestiques ne faisaient plus attention à lui. Dufresne avait attendu Edouard une partie de la nuit, seul dans son appartement, et voyant enfin qu'il ne rentrait pas coucher, il avait conçu le projet audacieux de s'introduire dans la chambre d'Adeline lorsqu'elle serait endormie. Cela lui était facile, il avait remarqué où était placée la clef de son appartement, et nous avons vu comment il effectua son entreprise.

Quant à Edouard, la chance ne lui est pas favorable. Il continua à perdre tout ce qui lui restait d'argent, et encore mille écus sur sa parole. Pour le consoler, madame de Géran le retint seul à souper. Elle lui assura que le chevalier Desfleurets, qui l'avait gagné, était un fort galant homme qui lui donnerait sa revanche dès qu'il le désirerait, et que, comme il faut qu'à la longue la chance tourne, il devait s'attendre tôt ou tard à rattraper son argent. Des raisons aussi fortes firent oublier à Edouard le petit revers qu'il venait d'essuyer. Il se coucha près de sa belle conquête, qui l'enivra d'amour et de plaisirs, et il ne s'endormit que fort tard dans ses bras. Le lendemain il s'éveilla moins riche de dix mille francs ; c'était payer un peu cher les faveurs qu'il avait obtenues ! mais l'amour ne calcule pas.

CHAPITRE XXI

LA ROULETTE.

Adeline resta longtemps absorbée sous le poids de ses peines, et plusieurs heures après le départ de Dufresne, elle était encore assise à demi-nue dans un coin de sa chambre, n'ayant pour se couvrir que les vêtements dont elle s'était emparée, et qu'elle tenait encore pressés contre son sein.

Le jour brille; les domestiques vont et viennent dans la maison. Adeline se lève enfin et s'habille machinalement, puis retombe sur la chaise qu'elle vient de quitter; elle n'a plus de projets, de désirs, d'espérance, elle souffre, mais elle ne pense plus.

On frappe doucement à sa porte: elle sort de son accablement, elle rappelle ses idées, et retrouve le sentiment de ses maux. Elle va pour ouvrir... mais elle s'arrête près de la porte... une pensée subite la retient: si c'était son mari!... elle sent qu'elle ne pourrait supporter ses regards, elle croit qu'il lira sa honte sur son front!... Pauvre Adeline! tu n'es pas coupable, et tu trembles!... Quel contraste avec ce que nous voyons tous les jours dans la société!

Une voix se fait entendre: c'est celle de la femme de chambre qui demande à sa maîtresse si elle peut entrer; Adeline se rassure et ouvre.

— Pardon, madame, dit la domestique, mais j'étais inquiète de votre santé; il est bien tard, vous ne m'avez pas sonnée, et vous ne descendez pas pour déjeuner?

— Il est tard, Marie? et M. Murville est-il rentré?

— Oui, madame, monsieur vient de rentrer tout à l'heure, il est allé un moment dans son appartement, puis il est ressorti tout de suite...

— Il est sorti, dites-vous?

— Oui, madame.

Adeline respire, elle se sent moins agitée ; car elle redoute maintenant la présence de celui qu'elle attendait avec impatience quelques heures auparavant.

Marie regarde sa maîtresse ; elle la trouve pâle et changée, elle soupire et la plaint ; elle pense que la conduite de son mari est ce qui cause la douleur de madame Murville. Les serviteurs sont les premiers censeurs de la conduite de leur maître ; ils voient tout, rien ne leur échappe ! il n'est point de héros pour son valet de chambre, et peu d'époux fidèles pour les domestiques.

— Est-ce que madame a été malade cette nuit ? dit enfin Marie à demi-voix.

— Non, non... je n'ai rien eu, répond Adeline en rougissant, puis elle cache sa figure dans son mouchoir, et cherche à retenir ses sanglots. — Pardi !... reprend la bonne Marie, madame a ben tort de se chagriner comme ça... ah, mon Dieu !... les maris font tous de même... c'est une fureur qu'ils ont de courir !... on ne peut pas les en empêcher !... mais ça leur passe !... et madame est si bonne que...

— Laissez-moi.

La domestique va s'éloigner ; Adeline la rappelle :

— Marie, est-il venu du monde cette nuit dans la maison ?

— Du monde... cette nuit !... La femme de chambre regarde sa maîtresse avec étonnement, elle ne comprend rien à sa question.

— Oui... avez-vous entendu frapper ?... a-t-on fait du bruit ?

— Frapper la nuit, ça n'aurait pu être que monsieur, mais il n'est pas revenu ; Dieu merci, nous avons été tranquilles ! et tout le monde a bien dormi ; ce n'est pas étonnant, après le remue-ménage de la soirée d'avant-hier nous étions fatigués !

Adeline, un peu plus calme, renvoie sa femme de chambre ; elle est certaine du moins que son déshonneur est un mystère ; elle va près de sa petite Ermance ; elle la prend dans ses bras, et cherche près d'elle des consolations ; une voix intérieure lui dit qu'elle n'est pas coupable ; elle le sent et reprend un peu de courage. L'intention seule fait le crime, et Adeline éprouve pour Dufresne la haine la plus violente ; elle le nourrit avec délices ; il lui semble que plus elle ressent d'horreur pour lui, moins elle est criminelle à ses propres yeux.

Mais une pensée accablante vient frapper ses esprits : elle se souvient des dernières paroles de Dufresne : Edouard en aime une autre. C'est dans les bras d'une femme qu'il a passé cette nuit cruelle ; il est revenu et n'a pas songé à la voir. C'en est fait, il l'oublie, il est infidèle !... Cette certitude achève de désoler la pauvre Adeline, elle lui ôte tout espoir de bonheur.

Encore tout étourdi de sa journée et de sa nuit, Edouard a quitté la demeure de madame de Géran pour rentrer chez lui, mais un sentiment de honte, un remords secret, l'empêchent de se rendre près de sa femme ; on a beau vouloir se trouver excusable, à moins d'être depuis longtemps adonné à tous les excès et habitué à braver l'opinion publique, on ne commet point une action coupable sans éprouver un mécontentement intérieur, sans entendre enfin les reproches de sa conscience. Edouard était encore trop novice dans le sentier du vice, pour ne point sentir les remords qui suivent une première faute. Une nuit passée hors de sa demeure, son épouse délaissée, une somme considérable perdue au jeu en deux jours ! que de sujets pour se livrer à de sérieuses réflexions !... Edouard fit comme la plupart de ceux qui viennent de faire des sottises : au lieu de se promettre d'être plus sage et plus rangé à l'avenir, il chercha à s'étourdir et se livra avec plus de fureur que jamais à toutes ses passions ; semblable à ces malheureux qui se noient par crainte de la fin du monde.

C'était auprès de Dufresne qu'Edouard était sûr de trouver de la dissipation. C'est donc chez lui qu'il se rend. Il est seul, livré à de profondes réflexions. Pour la première fois, Murville commence à le tutoyer ; il se sent plus à son aise avec lui depuis qu'il cesse d'être bien dans son ménage. Il partage entièrement ses principes et sa manière de voir, toute cérémonie devait donc être bannie entre deux amis aussi unis. Edouard se jette dans un fauteuil et regarde Dufresne, qui attendait qu'il parlât le premier.

— Me voilà, mon cher ami, je croyais te trouver chez moi...

— J'y suis allé hier au soir, mais ne vous voyant pas revenir, et ennuyé d'attendre, je suis parti.

— Ma foi, tu as aussi bien fait... Tu m'aurais attendu en vain... J'ai passé la nuit chez madame de Géran... Tu m'entends...

— Oui... fort bien !... Je vous en fais mon compliment. on n'est pas plus heureux... Cette femme-là vous adore !

— Oh ! elle est folle de moi !... c'est le mot... elle ne voulait pas encore que je la quittasse ce matin... J'ai eu beaucoup de peine à m'arracher de ses bras !...

— Prenez garde ! madame de Géran a les passions vives... la tête ardente, l'imagination exaltée !... elle est capable de s'attacher sans cesse à vos pas...

— Tu m'enchantes ! j'aime les femmes comme cela !

— Mais si la vôtre venait à découvrir !...

— Bath ! bath !... la mienne est d'une indolence !... sa manière d'aimer ne ressemble en rien à celle de madame de Géran...

— Si j'osais vous donner un conseil...

— Parle... mais plus de vous entre nous... bannissons la cérémonie, mon cher Dufresne...

— J'y consens avec joie !...

— Tu disais donc...

— Si tu m'en crois, pour être plus libre, tu enverras ta femme à ta campagne.

— Parbleu ! tu as une idée excellente !... Justement, elle me parle tous les jours de champs, de prairies, de verdure !... je vais l'envoyer paître ; et je reste à Paris.

— Mais tu ne me parles pas de ta partie avec le chevalier Desfleurets ? as-tu regagné ?

— Non, au contraire, j'ai joué avec un malheur inouï, j'ai constamment perdu... tu me fais songer que je lui dois mille écus, et que j'ai promis de les lui donner ce matin.

— Les dettes du jeu sont sacrées, il faut t'acquitter.

— C'est ce que je vais faire. Il m'a donné rendez-vous au Palais-Royal... au numéro 9 ; est-ce qu'il demeure là ?

— Ah ! ah ! ah !... que tu es ignorant, mon cher Murville, tu ne sais pas que le numéro 9 est une académie, une roulette ?

— Comment ! ce chevalier va à la roulette ?...

— Pourquoi pas ? tu verras là des gens comme il faut : beaucoup de nobles qui veulent bien gagner l'argent des roturiers, et d'honnêtes bourgeois qui sont flattés de faire la partie d'un chevalier ou d'un vicomte ; mais toujours de la décence !... de la tenue ! point de bruit !.. je t'assure que plus d'un joueur de société pourrait prendre à l'académie des leçons de bienséance : on y perd son argent sans se plaindre !... on ne jure qu'entre ses dents ! enfin tout s'y passe fort bien.

— Parbleu ! je suis curieux de voir cela ; mais je croyais qu'un homme d'affaires ne devait pas se montrer dans de pareils lieux... on m'avait dit que cela était fort nuisible à sa réputation.

— On t'a trompé, et la preuve, c'est que tu verras là beaucoup de négociants, d'hommes d'affaires, d'agents de change, de courtiers marrons... c'est une très-jolie réunion : le rendez-vous des militaires, des étrangers, des grands seigneurs qui voyagent incognito ; et la police veille à ce qu'il ne se glisse point de canaille ; on laisse le 113 aux goujats, aux ouvriers, aux petits fabricants, parce qu'il faut que ces bonnes gens s'amusent aussi ; mais le numéro 9 est presque aussi honnête que Frascati.

— D'après cela, je puis sans crainte m'y rendre.

— Tu ne peux manquer d'y trouver Desfleurets. Il y

est depuis l'ouverture jusqu'à l'heure des repas... encore ne sort-il pas toujours pour dîner. Il est assis à la table verte, il pique des cartes. Il y a dix ans qu'il cherche une martingale certaine pour faire fortune, il assure qu'il la tiendra avant peu ; alors il en fera part à ses connaissances. Si on pouvait trouver cela! ma foi, cela serait charmant!... on n'aurait plus besoin de s'inquiéter de rien... on s'amuserait, on vivrait le plus gaiement du monde...

— Penses-tu que cela soit possible?...

— Eh! certainement!... on a trouvé des choses plus extraordinaires... on a des exemples... tiens... entre nous, je connais plus de vingt personnes qui tiennent un rang dans la société, qui font de la dépense, suivent les modes, ne se refusent rien... et qui pourtant ne vivent que du jeu; écoute un bon auteur :

> .... Le jeu fait vivre à l'aise
> Nombre d'honnêtes gens, fiacres, porteurs de chaises ;
> Mille usuriers fournis de ces obscurs brillants
> Qui vont de doigt en doigt tous les jours circulants,
> Des Gascons à souper dans les brelans fidèles,
> Des chevaliers sans ordre et tant de demoiselles,
> Qui, sans le lansquenet et sans produit caché,
> De leur faible vertu feraient fort bon marché!

— Tu m'étonnes... je n'aurais pas cru... car c'est toujours un hasard...

— Eh! mon cher, il n'y a point de hasard pour l'homme qui veut raisonner froidement, calculer les chances, les séries et les probabilités... au reste, ce que je t'en dis n'est pas pour t'engager à jouer... tu n'y es pas heureux il vaut mieux te tenir au solide...

— A propos, et les affaires?...

— Il y a de la stagnation... il faut attendre!...

— Soit. Ah! mon cher Dufresne, si nous trouvions une martingale sûre!... comme nous nous en donnerions pendant que ma femme sera à la campagne!...

11.

— Allons, crois-moi, ne pensons plus à cela!... ce sont des folies... des chimères... je te quitte.

— Nous nous reverrons ce soir.

— Où donc?

— Eh, parbleu! chez madame de Géran.

Dufresne et Edouard se séparent; le premier, bien certain de l'effet que ses discours auront produit sur la tête faible du mari d'Adeline, et celui-ci ne rêvant que roulette, martingale, et formant déjà les projets les plus extravagants.

C'est dans ces dispositions qu'Edouard arrive à l'endroit désigné par le chevalier; il entre, il traverse plusieurs salles, il pénètre enfin dans une pièce où les joueurs sont rassemblés autour d'une roulette. Il se sent rougir, et il cherche à cacher son embarras et à prendre déjà l'air d'un habitué de la partie. Le chevalier Desfleurets l'aperçoit : il se lève, court à lui et oublie de piquer sa carte, par l'empressement qu'il a de toucher ses mille écus. Edouard se hâte de s'acquitter ; le chevalier est enchanté des procédés de son débiteur, il l'engage à s'asseoir un moment près de lui. Edouard hésite... il regarde avec inquiétude autour de lui... il craint de rencontrer des personnes de connaissance. En effet, il aperçoit plusieurs hommes d'affaires qu'il a vus avec Dufresne et quelques autres qui sont venus à sa soirée. Mais toutes ces personnes paraissent fort occupées autour du tapis vert, et ne font aucunement attention à lui, le chevalier l'entraîne, il se laisse conduire... et le voilà assis à la table de roulette.

Desfleurets reprend sa carte et se remet à piquer, après s'être informé à un grand homme sec, en habit marron, des numéros qui sont sortis; le grand monsieur qui jette un regard de colère, tousse, crache, se mouche, fait la grimace, ferme les poings et ne lui répond pas.

— C'est un original, dit tout bas le chevalier à Edouard, il pique trois heures avant de risquer sa pièce de cent sous, et attend presque toujours trop tard... il épiait le

zéro rouge, je gage qu'il sera sorti sans qu'il l'ait mis!...
cet homme-là ne saura jamais jouer! il est trop poltron!

Edouard écoutait et regardait avec étonnement ce qui se passait pour la première fois devant lui ; car avant son mariage il n'avait jamais voulu monter dans une maison de jeu, étant assez sage alors pour se défier de sa propre faiblesse. Ce n'est que lorsqu'on est certain de ne point succomber à la tentation, lorsqu'on éprouve pour le jeu l'horreur qu'il devrait inspirer à tout homme sensé, que l'on peut monter dans un tripot. Quel vaste champ pour observer, pour étudier les effets de cette funeste passion! Le résultat des réflexions est triste, mais il donne une leçon utile, et c'est dans une maison de jeu qu'un jeune homme pourrait se corriger de ce goût fatal, si, au lieu de se livrer à la passion qui l'y entraîne, il pouvait examiner de sang-froid ce qui se passe autour de lui.

Quel vertige s'est donc emparé de ces malheureux qui se pressent contre cette table, et dévorent des yeux les masses d'argent, d'or, les billets de banque étalés devant les croupiers? ils ne voient point que tout cela n'est là que pour les séduire, pour les entraîner ; ils se disent: Celui-ci gagne, cet autre sort les poches pleines ; pourquoi ne serions-nous pas favorisés comme eux?... Eh! quand cela serait, l'argent gagné dans les tripots a-t-il jamais servi à enrichir une famille, à nourrir une épouse, à doter une fille, à secourir les infortunés? Non, les joueurs ont le cœur sec et dur, l'âme sordide et dégradée par la passion qui les domine. S'ils gagnent aujourd'hui, ils rejoueront demain, jusqu'à ce qu'ils ne puissent plus rien se procurer pour satisfaire ce besoin insatiable qui les ramène autour de la table fatale. S'ils rentrent les poches pleines d'or, ne pensez pas qu'ils soient plus généreux dans leur maison. Leurs femmes sont mal vêtues, leurs enfants manquent de tout, des créanciers assiégent leur porte ; mais ils ne donneront rien, ne payeront personne, se moqueront des menaces de ceux dont ils retiennent le salaire, et seront sourds à la voix de la nature.

Bientôt ils perdront ce qu'un hasard heureux leur a fait gagner; alors malheur aux êtres qui les entourent; c'est sur eux qu'ils font retomber leur fureur, qu'ils n'osent point faire éclater devant des étrangers! C'est dans leur intérieur qu'ils se livrent à la colère, à la brutalité, souvent aux derniers emportements. Il leur faut de l'argent, ils s'emparent de tout ce qui peut encore en produire; les derniers vêtements de leurs enfants sont vendus, le produit d'une journée de travail disparait en une seconde, sur une couleur ou un numéro. Alors ils jettent des regards sombres autour d'eux, le désespoir se peint dans tous leurs traits; ils regardent avec rage cet or qu'ils ne peuvent posséder, et les croupiers, qui voient leur douleur avec la plus froide indifférence. Alors, les désirs les plus coupables, les dernières bassesses tourmentent leur imagination exaspérée; ils convoitent l'argent de leur voisin; ils en approchent leur main... et souvent, poussés par la passion cruelle qui les égare, ils commettent le plus honteux des crimes!... Ces exemples ne sont que trop communs; le jeu a trois résultats, mais ils sont inévitables: c'est de conduire au suicide, à l'hôpital ou au tabouret.

Edouard ne faisait point ces réflexions (malheureusement pour lui). Il regardait jouer, et après avoir compris la marche de la roulette, il posa une pièce de vingt francs sur la rouge; cette couleur sortit neuf fois de suite, Edouard avait toujours laissé ses fonds, il gagna donc en cinq minutes dix mille deux cent quarante francs. Le chevalier Desfleurets, qui sautait d'étonnement sur sa chaise, à la vue d'un bonheur aussi grand, conseilla tout bas à Murville d'en rester là pour le moment, parce que, d'après les probabilités et les piqûres faites sur sa carte, la noire ne pouvait manquer de sortir. Le chevalier était fort aise de voir gagner le jeune homme, il comptait bien le retrouver chez madame de Géran, et comme il jouait à l'écarté fort mal, et payait fort bien, c'était une fort bonne fortune de le savoir en fonds.

Edouard ne s'occupait pas des probabilités, mais il sentait de grands tiraillements d'estomac, car l'occupation que sa nouvelle conquête lui avait donnée toute la nuit lui faisait éprouver le besoin de reprendre des forces. Il se leva donc, et quitta la table, en promettant au chevalier de lui tenir tête le soir.

La boule s'arrêtait alors dans une case, et contre l'attente de Desileurets, elle se fixa sur la rouge. Edouard éprouva un violent regret d'avoir sitôt quitté la partie, mais il se promit de s'en dédommager à la première occasion. Le grand homme en habit marron qui avait entendu le conseil que le chevalier donnait à Edouard, laissa échapper un b..... d'animal! en voyant sortir la rouge; ce qui étonne un peu Murville, vu l'extrême bon ton que Dufresne lui avait annoncé régner dans cet endroit; mais il n'en met pas moins son or dans ses poches, et sort tout radieux de son bonheur.

C'est chez lui qu'il dirige ses pas; chemin faisant il songe à sa femme; elle doit être bien inquiète, bien fâchée contre lui; elle ne l'a pas vu depuis la veille; il se sent embarrassé pour lui parler; cependant il se décide à se rendre chez elle, et, après avoir été porter son or dans son cabinet, où il trouve son commis endormi sur le *Moniteur*, Edouard monte à l'appartement de sa femme.

Malgré l'indifférence qu'il a depuis quelque temps éprouvée pour son épouse, Edouard se sent ému en voyant le changement qui, depuis la veille, s'est opéré dans toute sa personne : Adeline est pâle, abattue; ses yeux rouges et gonflés sont encore pleins de larmes; tous ses traits portent l'empreinte du plus profond chagrin. Edouard ne doute point que sa longue absence n'ait causé la douleur de sa femme; il s'approche d'elle, il cherche par quelles excuses il va colorer sa conduite.

— Vous m'avez peut-être attendu hier... vous avez sans doute été inquiète... mais j'ai été retenu malgré moi dans une société où l'on jouait... je gagnais, je ne pouvais décemment quitter la partie...

— Vous êtes le maître de vos actions, monsieur, répond Adeline sans lever les yeux sur son mari, vous auriez tort de vous gêner pour moi.

Edouard ne s'attendait pas à rencontrer autant de soumission ; il redoutait les reproches, les plaintes, les larmes ; mais Adeline n'ajoute pas un mot, elle paraît résignée, elle soupire et se tait. Cette conduite fait plus d'effet sur le cœur de son mari que les cris et les remontrances ; il se sent attendri, il est prêt à tomber aux genoux de sa femme et à lui demander pardon de ses fautes... mais l'image de madame de Géran vient s'offrir à sa pensée... elle change toutes ses sensations ; il chasse une sensibilité trop bourgeoise pour un homme à la mode, et revient à ses nouveaux projets.

— Madame, vous m'avez témoigné le désir de retourner à la campagne, l'été commence à s'avancer, il faut en profiter. Je pense d'ailleurs que cela fera beaucoup de bien à notre enfant. Je vous engage à partir incessamment... Je ne puis maintenant vous accompagner ; des affaires importantes me retiennent à Paris, mais j'espère cependant aller vous voir souvent.

— Il suffit, monsieur, je vais tout préparer pour mon départ et mon séjour à la campagne, où je resterai jusqu'à ce que je reçoive de vous l'ordre de revenir.

— D'honneur, dit Edouard en lui-même, ma femme est charmante !... quelle soumission !... quelle obéissance !... c'est vraiment extraordinaire !...

Il prend la main d'Adeline, il la presse légèrement dans les siennes, et sans faire attention au frémissement de cette main jadis chérie, il dépose dessus un baiser bien froid, et s'éloigne avec la rapidité d'un écolier qui entend sonner l'heure de la récréation.

— Il veut que je parte, se dit Adeline lorsqu'elle est seule, ma présence lui est importune !... éloignons-nous !... Qu'importe désormais en quel lieu je dois vivre, puisque nulle part je ne trouverai le bonheur : J'ai perdu l'amour de mon époux, j'ai perdu l'honneur, le repos ;

allons cacher ma triste existence; c'est pour ma fille
seule que je désire la conserver, je vais la lui consacrer
tout entière... Pauvre enfant! que deviendrais-tu si tu
me perdais!...

Adeline embrasse sa fille, c'est en se rappelant qu'elle
est mère qu'elle tâche de ranimer son courage abattu.
Elle fait les apprêts de son départ pour Villeneuve-
Saint-Georges, elle voudrait bien décider sa mère à l'accompagner; mais la maman Germeuil aime peu la campagne; elle a ses habitudes, ses connaissances à Paris,
et la vieillesse devient toujours égoïste; elle sent qu'elle
n'a plus que peu de plaisirs à goûter et ne se soucie point
d'en sacrifier.

Huit jours suffisent à Adeline pour faire les apprêts de
ce qui lui sera nécessaire ainsi qu'à sa fille dans son
séjour à la campagne. Au bout de ce temps, pendant
lequel elle n'a fait qu'apercevoir son mari de loin à loin,
elle se prépare à partir. Cependant avant de s'éloigner,
elle veut tenter un dernier effort, non pour recouvrer
l'amour de son époux, elle sait bien que ce sentiment ne
se commande pas, mais pour lui faire enfin connaître
Dufresne tel qu'il est. Edouard ne l'écoute plus et refuse
de la croire quand elle lui parle du misérable qui le
conduit à sa ruine; mais Adeline songe à madame Dolban; elle pense qu'elle ne se refusera pas à écrire à
Murville une autre lettre, dans laquelle elle lui détaillera
la perversité de celui qu'il nomme son ami.

C'est pour l'honneur, pour la réputation d'Edouard
qu'Adeline fait cette dernière démarche, qui ne lui rendra pas le bonheur, mais qui la rassurera sur le sort
futur de son époux.

La jeune femme se rend aussitôt à la demeure de
Mme Dolban, elle s'informe au portier si elle peut la voir.

— Vous venez trop tard, madame, lui répond cet
homme, madame Dolban est morte il y a trois jours!...

— Elle est morte!... et elle m'a écrit il y a neuf
jours...

— Ah! mon Dieu, v'là c' que c'est que le monde!... un redoublement de fièvre... et puis des coliques nerveuses.. que sais-je!... ça l'a emportée tout de suite.

— Tout est perdu! dit Adeline en s'éloignant, plus d'espoir de convaincre Edouard!... Dufresne triomphe! il l'entraînera à sa perte!

Découragée par ce nouveau revers, la triste Adeline se hâte de quitter Paris; elle part avec sa fille pour Villeneuve-Saint-Georges, et seule au fond d'une voiture, n'ayant que son enfant pour témoin de sa douleur, elle songe à la diférence de ce voyage avec celui de l'année précédente, et pleure sur la rapidité avec laquelle a fui son bonheur.

CHAPITRE XXII

LES INTRIGANTS. — LES JOUEURS. — LES ESCROCS.

Débarrassé de la présence de sa femme, dont la vue est encore pénible pour sa conscience, Edouard se livre sans contrainte aux conseils de Dufresne, à son amour pour madame de Géran et à sa passion pour le jeu.

Dufresne avait gardé la moitié de la somme provenant de la vente des rentes. Son intention avait toujours été de s'approprier une partie de la fortune d'Edouard, dans la bourse duquel il puisait déjà depuis quelque temps, parce que, disait-il, les affaires n'allaient pas bien. Mais Dufresne joignait à tous ses vices celui d'être aussi un joueur, et la somme qu'il avait gardée alla bientôt se perdre dans le gouffre où il avait, en peu de temps, englouti la fortune de madame Dolban.

Edouard passe une partie de ses journées dans les académies et ses nuits près de madame de Géran, chez laquelle on joue un jeu d'enfer. Des gens assez bien couverts, mais dont la figure dénote la bassesse, se rendent tous les soirs chez la veuve du général, où l'on est certain de trouver M. Murville et quelques autres dupes, que les intrigants se disputent et que les femmes entretenues s'arrachent.

Mais madame de Géran ne perd point de vue son amant ; elle ne veut pas que son esclave lui échappe ; elle sait mettre en jeu tous les ressorts de la coquetterie ; toutes les ruses, tous les moyens sont employés pour étourdir et aveugler un homme qui se croit adoré, et fait tous les sacrifices pour satisfaire les désirs de sa maîtresse.

Madame de Géran mène ses amants fort grand train : jeu, spectacles, dîners, promenades, parties fines, toilette, cachemires, bijoux, soupers, tendresse, caresses!... ce n'est qu'avec tout cela que l'on peut compter sur sa fidélité, du moins ostensible. Mais il faut avouer aussi qu'au milieu de tant de plaisirs, Edouard n'a pas un moment à lui ; il ne trouve même pas le temps de s'ennuyer, et c'est bien rare quand on se blase sur tout.

Cependant la chance a cessé de lui être favorable. Après avoir gagné à la roulette plusieurs fois de suite, il éprouve l'inconstance de la fortune et perd des sommes considérables. Au lieu de s'arrêter, il s'entête : c'est l'effet inévitable d'un premier gain qui amorce les gens qui commencent à fréquenter les tripots ; aussi les banquiers regardent-ils en souriant le joueur qui sort les poches pleines d'or, bien certains que le lendemain le malheureux perdra le double de ce qu'il a gagné.

> S'il est quelque joueur qui vive de son gain,
> On en voit tous les jours mille mourir de faim.

Après avoir essayé du trente et un, du creps et de la roulette, et avoir en une heure perdu vingt mille francs, dernier restant de la somme que Dufresne lui a remise avant le départ de sa femme, Edouard rentre chez lui sombre et inquiet ; il gronde ses domestiques, brusque tout le monde sans raison, mais il faut bien qu'il fasse supporter à ses gens une partie de sa mauvaise humeur. Il entre dans son cabinet, où il trouve son commis endormi sur son bureau, il le pousse durement.

— Que faites-vous là?... Est-ce ainsi que vous vous occupez de votre besogne?...

Le jeune homme bâille, étend les bras, se frotte les yeux, et regarde monsieur l'homme d'affaires qui se promène à grands pas dans le cabinet.

— Eh bien! m'entendez-vous, monsieur? pourquoi n'êtes-vous pas à l'ouvrage?...

— Mais, monsieur, vous savez bien que je n'en ai pas.

— Pourquoi n'écrivez-vous pas des circulaires pour les provinces?...

— Monsieur sait aussi qu'on a envoyé plusieurs de ses prospectus aux mêmes personnes... et elles n'ont pas répondu.

— Vous êtes un sot!... vous ne savez pas conduire une affaire... Et cette maison qu'on voulait acheter?

— Monsieur, on est venu trois fois pour avoir des renseignements, mais on ne vous a pas trouvé.

— Il fallait les donner, vous!

— Moi, monsieur, je les ignorais.

— Et ce placement de fonds qu'on voulait faire?

— On vous a donné deux rendez-vous auxquels vous n'êtes pas allé.

— Eh!... ces gens-là croient donc que je suis à leurs ordres!...

— Ils disent qu'il faut être exact...

— Taisez-vous, vous êtes un insolent. Je n'ai pas besoin d'un commis qui dort sur mon bureau... Je vous renvoie.

— Monsieur va me payer d'abord mes appointements.

— Vos appointements!... c'est en dormant que vous les gagnez.

— Monsieur, ce n'est pas ma faute s'il n'y a rien à faire dans votre cabinet... payez-moi, et...

— Je vous payerai, laissez-moi.

Edouard sait bien qu'il n'a pas de quoi solder son commis ; il ouvre son secrétaire, visite tous ses tiroirs et ne trouve rien. Il se fie sur la somme que Dufresne a encore entre les mains, et il veut le voir pour l'engager à vendre de suite, n'importe à quel taux : il lui faut absolument de l'argent. Fatigué et défait par sa séance au jeu, il ne veut pas sortir avant d'être habillé ; et il se décide à envoyer de suite chercher Dufresne : il sonne et appelle son domestique, personne ne répond. Les valets ont perdu l'habitude de voir leur maître, depuis qu'Adeline a quitté la maison ; Edouard est quelquefois plusieurs nuits sans revenir coucher ; les laquais ne se gênent plus ; ils passent leur temps à s'amuser. La bonne Marie, la seule domestique qui fût honnête, a quitté l'hôtel depuis le départ de sa maîtresse.

Edouard sort de son cabinet, il parcourt la maison, il trouve la cuisine déserte ; mais la porte de la cave est ouverte ; il descend et aperçoit son portier qui boit son vin avec la cuisinière ; les valets restent interdits à l'aspect de leur maître. Celui-ci jure, tempête, et prend le portier par une oreille, tandis qu'il donne un coup de pied à sa servante.

— Monsieur, balbutie le portier à moitié ivre, vous ne mangez plus chez vous... et nous venions savoir... si votre vin ne s'aigrissait pas.

Edouard chasse ses gens devant lui ; il quitte la cave, remonte au premier, et croit entendre du bruit dans le cabinet de toilette de sa femme ; il entre brusquement et aperçoit son valet de chambre faisant un enfant à la portière, jeune femme assez gentille, qui aimait autant l'amour que son mari aimait le vin.

— Morbleu ! s'écrie Edouard, quelle maison !... quel désordre !... croyez-vous, canaille, que je souffrirai cela ? je vous chasse tous !...

— Comme monsieur voudra, répond le valet de chambre sans se troubler, en rajustant ses vêtements, tandis que la portière mettait ses mains sur son sein et sur autre chose que son doux ami venait de découvrir, que monsieur nous paye de suite nos gages, et nous le quitterons.

Edouard s'éloigne avec colère et va s'enfermer dans son cabinet. Depuis le départ de sa femme, il n'a pas donné un sou à ses domestiques, car il n'a jamais eu assez d'argent pour fournir à ses dépenses, et maintenant il est forcé de garder des misérables qui le pillent, le volent et mettent tout sens dessus dessous dans sa maison; mais il pense que Dufresne va lui fournir les moyens de sortir d'embarras : il se dispose à aller le chercher, lorsque celui-ci entre d'un air désespéré dans son cabinet.

— Ah! tu viens à propos, s'écrie Edouard, j'avais absolument besoin de te voir, mon cher: il me faut de l'argent, il m'en faut aujourd'hui même.

— Cela sera difficile! répond Dufresne d'une voix sombre.

— Comment... n'as-tu pas les rentes ?

— Je venais t'apprendre un malheur affreux! celui à qui j'avais confié tout cela... ainsi que la procuration en blanc...

— Eh bien ?...

— Il a vendu... mais il est parti avec l'argent...

— Parti !...

— Eh oui... il a disparu... impossible d'avoir de ses nouvelles.

Edouard est consterné. Il se jette avec désespoir dans un fauteuil.

— Je suis ruiné !... j'ai tout perdu !...

— Ruiné !... quelle folie !... quand on a du crédit... des connaissances !... Allons, reviens à toi... je te promets de réparer cet échec... fie-toi à mon zèle... à mon amitié... j'ai fait la faute par mon trop de confiance !... je veux te tirer de là...

— Mais par quel moyen?...

— Il y en a mille...

— Songe que je n'ai plus le sou... et que j'ai besoin d'argent à chaque instant... surtout avec madame de Géran... à qui je veux cacher ce malheur...

— Tu feras fort bien, quoique je sois persuadé qu'elle t'adore !

— Je lui avais promis un cachemire charmant dont elle a grande envie.

— Tu le lui donneras... tiens, signe cela.

— Qu'est-ce que c'est !

— Pour vingt mille francs de billets à mon ordre...

— Mais je ne te dois rien...

— Sans doute!.. aussi n'est-ce que pour avoir de l'argent. On appelle cela des billets faits sous la cheminée.

— Ah ! cela est permis?

— Permis!... ah! parbleu ! on ne demande pas de permission pour en faire.

— Mais est-ce bien délicat... de...

— Ah! ah! tu me fais rire avec tes scrupules!... au bout du compte tu les payeras; ainsi, qu'a-t-on à dire?...

— Et tu espères les escompter?

— J'en suis sûr... on te croit riche, tu as un train de maison!... ta soirée t'a fait beaucoup de bien!... sois tranquille!... demain je t'apporterai les fonds... et il ne faut qu'une bonne veine pour rattraper le double de ce que tu as perdu aujourd'hui...

— Maudite roulette! une série d'impairs!

— Oh! c'est un hasard!... cela n'arrive pas deux fois... ce diable de Desfleurets a, dit-il, trouvé une martingale infaillible!... mais il faut des fonds pour la commencer...

— Nous n'en aurons pas assez peut-être...

— Oh! j'ai des ressources... mais signe vite, je vais m'occuper de tes billets.

Édouard signe pour vingt mille francs de lettres de change, et pour se distraire, se rend auprès de sa maîtresse. Elle fait une petite moue en n'apercevant pas le cachemire désiré, mais on le lui promet pour le lendemain et elle redevient charmante; elle gronde son tendre ami sur son air sérieux et distrait : celui-ci s'excuse en disant qu'il est fort occupé d'une affaire majeure; on l'embrasse, on le flatte, on le caresse. Un homme qui fait de grandes spéculations et qui est généreux, quel trésor à conserver!

La société ne tarde pas à arriver. Si elle est peu choisie, du moins est-elle fort nombreuse : des marquis ruinés, des seigneurs sans château, des propriétaires sans propriétés, des chevaliers d'industrie, des hommes d'affaires, comme Édouard, tous joueurs ou intrigants, et quelques jeunes gens de famille n'ayant plus rien à perdre, ou quelques imbéciles se croyant dans le grand monde : voilà quel était en hommes le fond de la société; les dames étaient dignes de ces messieurs : de vieilles intrigantes, des entremetteuses, des femmes entretenues ou qui cherchaient à l'être, toutes habituées des tripots où l'on reçoit le beau sexe; telle était la réunion de madame de Géran, dans laquelle on affectait de la tenue, de grands airs, de belles manières et un langage sévère, qui ne tardait pas à devenir crapuleux lorsque les passions de ces messieurs et de ces dames étaient excitées, au point de leur faire oublier leur toilette et le rang qu'ils croyaient avoir.

Madame de Géran donnait un punch : c'est une manière honnête de monter la tête aux joueurs, et de leur faire trouver les dames jolies. L'imagination échauffée par la liqueur prête des charmes à des beautés surannées ou flétries; les verres circulent, les têtes se troublent, on joue gros jeu, la chaleur est étouffante, ces dames ôtent leurs fichus; l'œil d'un amateur placé debout contre la chaise d'une joueuse plonge dans une gorge qu'un corset barbare retient avec effort à une hauteur calculée; regarde-t-il en arrière, il aperçoit des épaules assez blanches, un dos entièrement nu, et sa vue qui s'égare, devine le peu qu'on lui cache. Comment alors refuser la belle qui se retourne et vous emprunte vingt-cinq louis en vous lançant un regard significatif pour le mode de payement dont vous prenez un à-compte en vous asseyant près de votre séduisante emprunteuse, et en pinçant tout ce que vous voulez, car on ne vous oppose aucune résistance; et c'est ainsi que l'on fait une connaissance dans les grandes réunions.

Édouard n'admire point les gorges et le dos de ces dames, parce qu'il est entièrement subjugué par une seule; mais il se met à une table de jeu, après avoir emprunté trente louis à sa maîtresse, ayant, dit-il, oublié de prendre de l'argent; elle les lui prête sans difficulté, bien certaine qu'il les lui rendra avec intérêts le lendemain.

Un certain marquis de Monclair, ami intime du chevalier Desfleurets, propose à Édouard une partie d'écarté; on se place, et Desfleurets reste derrière Édouard, auquel, dit-il, il veut porter bonheur. Cependant, loin de gagner, Murville perd toutes les parties; les trente louis qu'il vient d'emprunter sont déjà loin, mais on joue volontiers avec lui sur parole, parce qu'on connaît son exactitude à s'acquitter.

Madame de Géran fait circuler le punch avec profusion; elle-même en boit lestement plusieurs verres afin de faire avec plus de grâces les honneurs de sa soirée. Chacun paraît fort occupé, soit du jeu, soit de la galanterie; le bruit a remplacé la tenue ordinaire, on s'oublie de part et d'autre, la pudeur de commande fait place à la gaieté un peu libre de ces dames; on jure d'un côté, on rit de l'autre; on se querelle, on s'agace; on se dispute au jeu, on se fait l'amour sur une ottomane; c'est un tableau très-varié, très-animé, où chacun a un intérêt particulier.

Madame de Géran paraît elle-même fort échauffée, quoiqu'elle ne joue pas; elle s'approche un instant de la partie d'Édouard, s'aperçoit qu'il est tout à son jeu, et sort du salon pour se rafraîchir un moment.

Édouard ne pouvait gagner une seule partie : la rage,

le désespoir étaient au fond de son cœur; il devait déjà quinze mille francs au marquis, et doublait sans cesse son jeu dans l'espoir de s'acquitter, mais son attente était toujours déçue. Pâle, tremblant, les yeux égarés il ne sait plus ce qu'il fait; ses mains se serrent, ses nerfs sont en contraction, il respire à peine.

— Je vous joue les quinze mille francs à la fois, dit-il enfin d'une voix altérée à son adversaire.

— J'y consens, répond le marquis, vous voyez que je suis beau joueur... c'est qu'en vérité je suis désolé de vous voir perdre si constamment.

Edouard ne répond rien, il est tout dans la partie qui va s'engager: ses yeux sont attachés sur les cartes dont il attend son sort; il n'y a pour témoin que Desfleurets, qui est toujours resté derrière Edouard, et une vieille intrigante, qui est fort liée avec le marquis, et s'intéresse à son jeu. Tous les autres personnages de la société sont occupés à d'autres tables.

La partie s'engage, le marquis a déjà trois points... il retourne un roi... Edouard, outré d'un bonheur si constant, se retourne brusquement pour s'en plaindre à Desfleurets... il aperçoit celui-ci, qui avec d'autres cartes montre derrière son dos son jeu à son adversaire; le chevalier veut cacher ce qu'il tient, Edouard ne lui en donne pas le temps, il lui arrache les cartes des mains, voit la friponnerie dont il a été dupe, et dans sa fureur renverse la table en annonçant au marquis qu'il ne le payera point. Le marquis, habitué à de pareilles scènes ne se trouble pas, mais veut son argent. Edouard le traite d'escroc; son adversaire prend une chaise et le menace; Desfleurets ramasse quelques louis qui sont tombés à terre. La vieille jette les hauts cris, Murville s'empare d'un flambeau qu'il lance à la tête de son créancier. Le marquis reçoit le flambeau sur la figure, il perd un œil et une narine; il pousse des cris effroyables; tout le monde se lève, les femmes se sauvent, quelques hommes en font autant, les escrocs qui se voient en force entourent Murville et veulent le rosser... Dans ce moment Dufresne entre dans le salon... il aperçoit d'un coup d'œil le danger d'Édouard : habile à profiter des circonstances, il perce jusqu'à lui en repoussant tout le monde ; il crie plus haut que tous les autres, et, faisant signe à Édouard de s'éloigner, dit qu'il se charge d'arranger l'affaire et promet au marquis de lui faire payer la valeur de son visage, qui ne doit pas être d'un grand prix. Dufresne a un ton qui impose à ces messieurs : ils se calment, et Murville, qui sent qu'il ne sera pas le plus fort, sort du salon, laissant Dufresne pour répondant.

Afin de se consoler un peu de cette aventure, Édouard cherche madame de Géran ; elle n'était pas dans le salon ; il traverse les antichambres sans la rencontrer ; elle se sera rendue dans sa chambre qui est au-dessus : il monte précipitamment l'escalier qui n'est pas éclairé, mais il connaît le chemin, il ouvre le cabinet... aperçoit par-dessous la porte de la lumière dans le boudoir... la clef est à la serrure... il entre brusquement... mais que devient-il en apercevant sa chère maîtresse couchée sur un lit de repos avec son jockey, et dans une situation qui ne permet pas de douter du genre de rafraîchissement qu'elle se fait administrer !

Édouard reste quelques minutes immobile, ne pouvant en croire ses yeux ; le jockey, grand garçon de dix-huit ans, fort, robuste, bien bâti, mais bête comme un âne, dont il avait aussi les avantages, avait été choisi par madame de Géran pour son agrément particulier, et il s'acquittait avec zèle et ponctualité de son emploi ; toujours prêt, dès que sa maîtresse le demandait et lui faisait le signe convenu, elle n'avait encore eu qu'à se louer de sa bonne conduite et de ses services, dont elle faisait un usage fréquent. Mais il faut dire aussi que Charlot n'était que depuis deux mois en condition chez madame de Géran, où l'on faisait fort bonne chère, mais où les jockeys étaient bien vite sur les dents.

Le punch avait fait son effet sur les nerfs de la petite maîtresse, elle avait senti le besoin de se faire rafraîchir ; et après s'être assurée que Murville était engagé dans une partie sérieuse qu'elle ne croyait pas devoir finir de sitôt, elle avait traversé son antichambre, où était Charlot, en mettant son petit doigt dans son oreille ; le jockey, qui savait ce que cela signifiait, avait volé sur les pas de sa maîtresse, et nous avons vu ce qui en advint.

Le boudoir était loin du salon : on n'avait entendu qu'une partie du vacarme, auquel d'ailleurs on était accoutumé ; Charlot cependant s'était arrêté un moment pour écouter ; mais sa maîtresse, qui n'avait pas de distraction, et était toute à son affaire, lui avait dit avec tendresse :

— Va donc, imbécile !... de quoi t'occupes-tu ?... laisse-les se disputer et fais ton service. Sur quoi Charlot obéissant s'était remis à la besogne.

L'entrée subite d'Edouard ne dérangea donc pas le jockey ; présumant que c'est un des joueurs qui vient de se disputer en bas, et se rappelant ce que sa maîtresse lui a dit le moment d'auparavant, Charlot va son train sans se déconcerter ni détourner les yeux ; quant à madame de Géran, voyant qu'il n'y a plus moyen d'abuser Edouard, elle prend son parti, ne se dérange pas non plus, et laisse faire son jockey.

Mais la colère de Murville, contenue quelques instants par l'excès de la surprise, éclate bientôt avec fureur ; il se saisit d'une pelle à feu et en applique plusieurs coups sur le postérieur découvert de Charlot ; celui-ci crie qu'on l'assassine : madame de Géran crie parce qu'elle se trouve sous le jockey, et qu'elle est fort attachée au derrière de son serviteur ; enfin Edouard crie aussi fort qu'eux, et las de frapper Charlot, jette sa pelle dans la psyché de madame.

La glace est brisée, elle tombe en éclats ; Edouard jure, tempête, ne se possède plus ; Charlot pleure en tâtant son postérieur meurtri ; madame de Géran appelle au secours, parce qu'elle craint pour ses autres meubles et même pour elle ; dans son effroi, elle repousse brusquement son jockey, qui roule contre un *lavabo* qu'il renverse, la cuvette, les éponges, les flacons, les essences, roulent sur le parquet ; et au bruit, aux cris, aux éclats, aux pleurs, une partie de la société du salon accourt et pénètre dans le boudoir.

Chacun exprime sa surprise à l'aspect de madame de Géran dans le plus grand désordre, du jockey se traînant, la culotte bas, au milieu des débris de la glace, de la cuvette et des flacons ; et d'Édouard, qui, l'œil furieux et se promenant à travers les ruines comme Achille autour des remparts de Troie, paraît disposé à mettre tout à feu et à sang.

On veut savoir ce qui est arrivé, on se pousse, on s'informe, et en voulant rétablir le calme on augmente le désordre. Le marquis de Monclair tient son mouchoir sur sa figure pour y retenir le restant de son nez ; il jure que Murville est un furieux que l'on doit enfermer : Desfleurets le suit tenant encore à la main un jeu de cartes avec lequel il préparait quelque coup particulier ; il met dans sa poche les flacons et les éponges qu'il rencontre sous sa main, et profite du désordre pour remonter sa garde-robe. Quelques vieilles coquettes s'empressent autour de Charlot, dont la jeunesse et autre chose qui se trouve à découvert intéressent beaucoup ces dames ; elles examinent les parties blessées et ordonnent des remèdes ; les jeunes gens aident madame de Géran à refaire sa toilette ; ceux qui ont conservé le plus de sang-froid cherchent à calmer Murville, et demandent que l'on s'explique avant de se battre. Pour toute explication, la maîtresse du logis réclame le prix de sa psyché et de sa toilette. Édouard la traite de catin et repousse tout le monde ; Dufresne, qui est toujours là dans les moments difficiles, tire Édouard par son habit et le fait malgré lui sortir du boudoir, laissant chacun rire ou crier suivant ses intérêts particuliers.

— Tu es un enfant, dit Dufresne à Murville lorsqu'ils sont dans la rue ; pourquoi faire un pareil tapage ?

— Pourquoi ?... pourquoi ?... Tu ne sais pas que je suis trahi, trompé indignement par cette femme dont je me croyais adoré !... et pour qui ?... pour un valet !...

— Eh ! mon Dieu, est-ce une raison pour mettre une maison sens dessus dessous ?... Il faut savoir prendre les choses philosophiquement !... On ne casse pas des meubles pour une bagatelle semblable !... Tu trouveras mille autres femmes qui t'adoreront... pour ton argent !...

— Après tous les sacrifices que j'ai faits pour elle.

— Ah ! c'est désagréable, j'en conviens !... Mais, mon cher, l'argent qu'on donne à une femme est toujours placé à fonds perdu !..... Tiens, le plus malheureux dans tout ceci, c'est ton affaire avec Monclair... J'ai été obligé de lui donner une grande partie de tes lettres de change, pour qu'il n'allât pas montrer son visage chez un juge de paix ; cela aurait amené des débats, des procès et des frais, qu'il faut toujours éviter avec la justice. Peste !... sais-tu que tu es un terrible homme !... couper le nez à l'un, fendre le derrière à l'autre !... Si je te laissais faire, tu te mettrais dans de beaux draps !... Heureusement que je suis toujours là pour te calmer... mais cette soirée te coûte cher...

— Ainsi donc cet argent sur lequel je comptais...

— Oh ! sois tranquille... tu en auras... tu feras d'autres lettres de change... et d'ailleurs la veine changera... on n'est pas toujours malheureux... il y a des moyens pour fixer la fortune...

— Des moyens ?

— Oui, oui... Tu les connaîtras plus tard... Mais voilà le jour qui commence à paraître, il est temps d'aller nous coucher... Viens chez moi, demain nous songerons à nos affaires.

Dufresne entraîne Edouard, qui, égaré, abattu, désespéré par tout ce qu'il a éprouvé depuis quelque temps, n'ose déjà plus jeter un regard en arrière, ni envisager tout ce que l'avenir lui prépare.

CHAPITRE XXIII

VUE DE L'INTÉRIEUR D'UNE MAISON DE JEU.

— Ah çà ! il faut maintenant arranger tes affaires, dit Dufresne en se levant après la nuit orageuse passée chez madame de Géran. Tu vas faire encore pour une quinzaine de mille francs de billets ; je tâcherai de les escompter. J'avoue cependant que c'est plus difficile que je ne pensais... On ne se soucie pas trop de nos signatures... On devient exigeant... Il n'y a que quelques juifs... Mais ils prennent cinquante pour cent... Qu'en dis-tu ?...

— La perfide... me trahir pour un laquais !...

— Comment, tu penses encore à ton infidèle !... quelle sottise !...

— Si je pouvais me venger...

— La meilleure vengeance, c'est de faire de la dépense, d'afficher un grand luxe : alors elle regrettera ta conquête. Tu vois donc bien qu'il faut toujours de l'argent. Je sors pour en trouver. Toi, ne te laisse pas atteindre par la tristesse, sors de cet état de langueur qui ne te mène à rien de bon. Va faire un tour au jeu. C'est là que tu retrouveras du nerf, des idées...

— Je n'ai pas un sou, quelle figure ferais-je là ?...

— Tu chercheras une manière pour gagner... Au revoir, je vais faire de l'argent.

Dufresne sort, et Murville se rend à sa demeure. Il y trouve une lettre de sa femme ; c'était la sixième qu'elle lui écrivait depuis son séjour à la campagne, mais Edouard n'avait jamais répondu. Il avait lu les premières ; elles contenaient les souhaits d'Adeline pour son bonheur ; les prières de ménager sa santé, mais pas un mot d'amour; Adeline n'osait plus l'entretenir du sien. Parler de notre tendresse à un infidèle, c'est parler à un aveugle des couleurs, à un sourd de la musique, à un sauvage de la bienséance.

Edouard ne lit plus les lettres de sa femme, parce qu'il ne sait que lui répondre. Son cœur ne lui dit rien, et sa conscience lui en dit trop. Il endurcit l'un et n'écoute pas l'autre. La saison est avancée; il craint qu'Adeline ne parle de son retour, et il sent que sa présence le génerait plus que jamais. Il veut lui cacher l'état de ses affaires, qui ne confirme que trop les craintes que sa femme et sa belle-mère ont manifestées.

En entrant dans ses appartements, l'homme d'affaires est fort surpris d'y trouver des huissiers qui procèdent à la saisie de ses meubles.

— Qu'est-ce que cela signifie? s'écrie Edouard; qui vous envoie chez moi?...

— Monsieur, répond un petit homme noir, c'est le propriétaire de cet hôtel, dont vous ne payez pas le loyer...

— Il fallait me prévenir...

— On vous a envoyé des assignations...

— Je ne les ai pas lues!

— Ce n'est pas ma faute.

— Je ne connais pas les formes...

— Comment!... Monsieur plaisante! un homme d'affaires...

— Je n'en fais plus...

— Cela ne nous regarde pas.

Edouard laisse les gens de la chicane; il monte à son cabinet : son commis n'y est point. Il visite ses papiers, mais lui-même ne connaît rien à ses affaires. Il jette avec humeur ses cartons au milieu de la chambre. Il descend, il appelle ses valets : ils sont partis. Le portier seul est resté, et il répond à Edouard avec insolence, parce qu'il s'aperçoit qu'il est ruiné.

Murville abandonne sa demeure et marche à pas lents

vers le Palais-Royal, ne sachant à quel parti s'arrêter et comment se débarrasser des huissiers. Il attend Dufresno pour le consulter. Celui-ci arrive enfin; il paraît content, il annonce qu'il a trouvé de l'argent. Edouard se ranime à cette nouvelle, et il apprend à Dufresne ce qui se passe à son hôtel.

— Ma foi, dit Dufresne, si tu m'en crois, tu les laisseras faire, et tu vendras un mobilier qui t'est inutile pour le moment : tu n'as pas besoin d'un si grand train de maison, puisque tu vis en garçon : c'est de l'argent qui dort, nous le ferons valoir.

— Mais si ma femme revenait...

— Bah! elle préfère la campagne! et d'ailleurs ne sais-tu pas qu'à Paris avec de l'argent on trouve en une heure un hôtel, des meubles et des laquais?

— C'est vrai; mais tu m'avais dit d'afficher un grand luxe...

— Nous allons nous loger magnifiquement en garni.

— Mais... ma réputation...

— Sois tranquille... elle est en bon chemin. Fais fortune et laisse parler les sots, voilà l'essentiel.

— Oui, mais je suis loin de faire fortune!

— Parce que tu t'y prends mal!...

— Je fais tout ce que tu me dis...

— Eh! non! tu as encore une fausse délicatesse qui te fait du tort et dont il faudra te défaire. Mais viens chez le restaurateur : sablons le champagne, le madère, et moquons-nous des événements.

Edouard se laisse conduire, il s'abandonne en aveugle aux conseils de Dufresne; il suit le torrent qui l'entraîne, et les personnes qui l'ont vu à l'époque de son mariage ont peine à le reconnaître, tant les débauches et le jeu l'ont changé.

Quelle existence que celle d'un joueur! Jamais de repos, de tranquillité; il semble qu'une fièvre permanente agisse sans cesse sur ses organes; ses yeux sont caves, rouges; son teint pâle et flétri par les veilles; ses joues creuses, ses traits tirés; sa mise sale et en désordre; sa démarche brusque ou incertaine; une certaine inquiétude se lit dans ses yeux; s'il sourit, c'est avec amertume : il semble que la gaieté soit étrangère à son âme, sans cesse agitée par la soif de l'or, par l'avidité du gain, par l'anxiété du jeu.

Voilà quel est Edouard; qui pourrait reconnaître ce jeune homme, lorsque tout entier à son bonheur, à son amour, il conduisait avec fierté sa charmante future à l'autel? Maintenant ses traits sont flétris, l'expression de sa physionomie est changée, sa voix même n'est pas reconnaissable, car au milieu des transes, des angoisses qu'il éprouve chaque jour, les mouvements du désespoir, de la fureur, des juremcnts, les imprécations ont rendu ses accents sombres ou rauques. Sa conversation se ressent de la compagnie qu'il fréquente; ce n'est pas dans les tripots, avec des filles ou des escrocs, que l'on prend le ton de la bonne compagnie; on y perd toute politesse, toute pudeur, toute retenue. Edouard crie, s'emporte, jure à tous propos; sa manière, sa tournure, ses principes sont semblables aux modèles qu'il a sans cesse sous les yeux. Un homme vertueux, probe, raisonnable, a bien de la peine à résister à l'influence d'une mauvaise connaissance; que doit donc faire un homme faible, asservi à ses passions, et qui ne s'entoure plus que du rebut de la société?

L'hiver est venu : Edouard ne reçoit plus de lettres de sa femme. Il ignore que Dufresne les reçoit pour lui et les renvoie à Adeline de la part de son époux. Les premières lettres de change ont été payées avec la vente des meubles; mais les secondes vont échoir, et les deux inséparables n'ont plus d'argent. C'est en vain que Murville, qui ne rougit plus de tendre la main et d'emprunter de côté et d'autre, va le soir, avec le peu qu'il a trouvé, s'asseoir autour du fatal tapis vert; c'est en vain qu'il essaye aussi de calculer et combiner en piquant des cartes ou en faisant des martingales, rien ne réussit. Il voit passer devant le banquier l'argent qu'il vient de déposer en tremblant sur un numéro; le fatal râteau éloigne de lui cette somme qu'il espérait quadrupler; il n'a plus rien, il roule les yeux dans la salle... il cherche quelque connaissance pour emprunter encore... il n'en aperçoit pas : il n'est plus d'ami pour les joueurs. Édouard sort du numéro 9, il parcourt les galeries du Palais-Royal, il monte à chaque académie pour chercher Dufresne ou quelque autre; il ne rencontre personne qui veuille lui prêter. Il arrive au 113, où il n'avait pas encore pénétré. Il voit le pauvre ouvrier qui vient exposer en frémissant le fruit de sa journée de travail; sort les poches vides, et s'en retourne vers sa demeure, où sa femme laborieuse veille avec ses enfants et attend le retour de son mari pour aller acheter de quoi faire souper sa petite famille... mais il n'apporte rien, les pauvres enfants se coucheront sans manger, l'épouse malheureuse trempera son grabat de ses larmes, parce que son mari a été au jeu.

Et ce marchand que l'on croit tout occupé de son commerce, que fait-il dans cet antro du vice?... Il perd sa fortune, sa réputation, son honneur, le bien de ses correspondants. Il doit le lendemain payer des billets qu'il a souscrits, et c'est à la roulette qu'il vient en chercher les fonds!... Son regard est attaché sur la couleur qu'il espère voir sortir, et chaque fois que le sort trahit son attente, sa main, cachée dans sa poitrine, déchire ses vêtements, arrache son sein!... Mais il ne sent rien... ses sensations sont concentrées sur la boule qui va décider de son sort.

Ce jeune homme, dont l'extérieur est honnête, la mise décente, et qui a l'air de se cacher, parce qu'il est encore sensible à la honte, vient exposer aux chances du hasard une somme que le banquier chez lequel il est employé lui a remise pour aller porter chez un notaire. La fortune le trahit, il a tout perdu! et il reste là!... Il doute encore de son crime, de son malheur!... Que fera-t-il en sortant de ce repaire où il laisse son honneur?... Sa famille est pauvre, mais honnête ; il ne peut se résoudre à la déshonorer, à supporter les reproches de son père ; le désespoir s'empare de son âme, il ne voit plus qu'un seul moyen pour éviter l'avenir qui l'épouvante. Il sort... il presse sa marche, il se dirige du côté de la rivière, il arrive... il met fin à son existence en se précipitant dans les flots!... et celui qui pouvait fournir une carrière heureuse et honorable, celui qui devait faire le bonheur de sa famille se suicide à vingt ans parce qu'il a été au jeu.

De pareils tableaux ne sont que trop vrais, nous en avons tous les jours des exemples ; quand donc ces maisons de crime cesseront-elles d'être tolérées?...

Edouard aurait dû profiter des leçons qu'il avait devant les yeux ; au lieu de cela, il alla se placer au *biribi*; il avait encore dix sous dans sa poche, il s'empressa d'aller les jouer à la table où l'on tire jusqu'aux derniers liards des malheureux.

C'est à cette table, assis auprès de gens qui ressemblent à des mendiants, qu'il est depuis un moment, lorsque Dufresne paraît et lui fait signe de le suivre.

— J'ai de bonnes nouvelles à t'apprendre, lui dit-il d'un air joyeux ; d'abord ta belle-mère est morte hier soir d'une attaque d'apoplexie foudroyante.

— Se pourrait-il?

— C'est un garçon d'ici, qui loge dans sa maison, qui vient de me l'apprendre. De plus, j'ai trouvé de l'argent sur tes lettres de change, à condition que tu donneras ta maison de Villeneuve-Saint-Georges pour hypothèque...

— Ma maison... mais...

— Allons, ne vas-tu pas faire des difficultés!... d'ailleurs avec le peu que tu auras de ta belle-mère, tu payeras tes billets et tu garderas ta maison. Tu vois que tout s'arrange pour le mieux... Oh!... si j'avais pensé plus tôt à ta maison de campagne... Mais enfin te voilà en fonds, c'est l'essentiel ; il te faudra pour recueillir ce que laisse madame Germeuil une procuration de ta femme...

— Comment l'avoir ?... je n'oserai jamais lui apprendre la mort de sa mère, elle va être désolée !...

— Eh bien ! je m'en charge ! Si tu veux, j'irai pour toi à Villeneuve-Saint-Georges, et j'apprendrai cette nouvelle à ta femme avec tous les ménagements possibles !...

— Tu me feras grand plaisir... dis-lui aussi que je ne l'oublie pas... que je compte aller la voir incessamment...

— Oui, je sais tout ce que je dois lui dire. Repose-toi sur mon zèle et sur mon amitié.

Cet arrangement étant terminé, Dufresne se hâte de se faire donner les papiers nécessaires pour se rendre près d'Adeline, qu'il brûle de revoir. Quant à Edouard, après avoir engagé sa maison de campagne, dernier asile de sa famille, et avoir touché le montant de ses effets, il se livre de nouveau à la passion effrénée qui le domine.

CHAPITRE XXIV

LES BONNES GENS. — RECONNAISSANCE.

Adeline est toujours à la jolie maison de campagne. Elle y est arrivée bien triste, bien malheureuse ; mais enfin le calme des champs, les premières caresses de sa fille, ont ramené un peu de repos dans son âme ; elle est résignée à son sort. Dans les premiers jours de son arrivée, elle espère encore qu'Edouard viendra la rejoindre, qu'il se lassera des faux plaisirs auxquels il se livre, et ouvrira les yeux sur les personnes qui l'entourent ; mais elle ne tarde pas à perdre cette dernière espérance. Elle écrit à son époux, il ne lui répond pas ; elle a par sa mère des nouvelles de Paris, et ces nouvelles sont désespérantes; elle apprend à quel excès se livre celui qu'elle aime toujours; elle frémit : elle songe à la vengeance de Dufresno, à la faiblesse d'Edouard; elle écrit encore, mais on lui renvoie ses lettres sans les ouvrir. Cette dernière marque d'indifférence et de mépris ulcère le cœur d'Adeline; elle attend en silence, et sans se permettre une plainte, que l'homme dont elle a fait le bonheur se souvienne des liens qui l'attachent à elle.

En se promenant un jour à la campagne avec sa petite Ermance dans ses bras, Adeline, livrée à ses pensées, ne s'aperçoit pas qu'elle fait plus de chemin qu'à l'ordinaire, mais enfin la fatigue la force de s'arrêter. Elle regarde autour d'elle; ne reconnaissant pas le site et craignant de s'égarer pour revenir, elle se dirige vers une ferme qu'elle aperçoit dans l'éloignement, afin d'y demander son chemin et un guide si cela lui est nécessaire.

Elle arrive bientôt à la ferme de Guillot; car c'était elle qu'elle avait aperçue. Louise était sur sa porte, faisant rentrer ses canes et ses poules; Sans-Souci était dans la cour, occupé à ranger des bottes de foin. Les enfants barbotaient suivant leur usage, pêle-mêle avec les oies, les poulets et le fumier.

Ce tableau fait sourire Adeline; elle regrette de n'être pas née au village, où l'on y coule des jours uniformes, monotones peut-être, mais du moins exempts de trouble et d'amertume.

La fermière s'empresse de faire entrer la jeune dame à la ferme. Elle prend la petite Ermance, la fait sauter dans ses bras, tout en répondant aux questions d'Adeline, qui apprend qu'elle est à plus de deux lieues de sa demeure, et qui, touchée de l'accueil franc et cordial des villageois, consent à se reposer quelques moments chez eux et à prendre sa part du repas préparé pour le retour des travailleurs.

Six heures sonnent : c'est l'instant où les habitants de la ferme se rassemblent gaiement pour prendre un repas simple, mais bon, nourrissant et toujours assaisonné par l'appétit.

Guillot arrive portant du bois, selon son habitude. Sans-Souci entre dans la salle en fredonnant une chansonnette, et Jacques dépose dans un coin les instruments aratoires. Le fermier examine la jeune dame avec l'air benêt qui lui est familier; Jacques salue et va se reposer sans faire beaucoup attention à Adeline, tandis que celle-ci, en regardant le nouveau venu, cherche à se rappeler une circonstance déjà éloignée de son souvenir.

On se met à table. Jacques est placé près d'Adeline, qui est surprise de sa politesse, de ses manières franches et de sa douceur avec les enfants. De temps à autre, elle lance un regard sur cette figure sévère, décorée de larges moustaches, et sur laquelle est l'empreinte de plusieurs cicatrices; Jacques ne s'aperçoit pas de l'attention de la jeune dame à le considérer; il ne peut reconnaître une personne qu'il n'a vue qu'une fois à travers la grille d'un jardin, et à laquelle alors il n'a pas fait beaucoup attention. Mais en considérant la figure de Jacques, et surtout ses énormes moustaches, Adeline se souvient de l'endroit où elle l'a aperçu : elle ne peut retenir alors une exclamation de surprise.

— Comment! c'est vous, monsieur? Ah! je savais bien que je vous avais déjà vu...

— Est-ce de moi que madame veut parler? dit Jacques avec étonnement.

— Oui, monsieur, oh! c'est bien vous!... j'en suis certaine maintenant.

— Vous connaissez mon camarade? madame, dit Sans-Souci, vous connaissez en ce cas un brave... un honnête garçon.

— Je n'en doute pas, et pourtant monsieur m'a fait grand' peur...

— Peur, madame, j'en suis désespéré! mais comment ai-je pu?...

— Souvenez-vous d'un certain jour où vous allâtes à Villeneuve-Saint-Georges... il y a seize mois environ : vous vous êtes arrêté longtemps contre la porte d'un jardin; cette porte grillée et mal recouverte en planches ne laissait voir dans le jardin que votre figure... et j'avoue qu'alors vos yeux, vos cicatrices et vos moustaches m'ont beaucoup effrayée !...

— Quoi! madame, dit Jacques après avoir à son tour considéré Adeline avec intérêt, vous étiez dans ce jardin?

— Oui, monsieur, c'est celui de ma maison. Mais alors je la visitais pour la première fois avec ma mère et mon mari.

Jacques ne répond rien; il devient sombre et rêveur; il passe sa main sur son front, caresse un moment ses moustaches et laisse échapper un profond soupir.

— Eh ben! dit Guillot après avoir bu un grand verre de vin, v'là c' qui fait ben voir que quand même... et nonobstant qu'une figure soit ou non, et j'dis même que ce n'est pas toujours une moustache derrière une porte qui fait que... car on voit tout de même que quand une personne qui a peur croit comm'ça des choses !... Alors c'est pus ça!...

— C'est juste, not' homme, dit la fermière en coupant court à l'éloquence de Guillot, d'ailleurs si madame avait vu c'te croix d'honneur qu'est sus l'estomac de not'ami Jacques, j'pense ben qu'all n'aurait pas eu peur.

— Oh! dit Adeline, je n'ai pas besoin de le voir maintenant pour juger de mon erreur. Mais que voulez-vous ! la situation singulière... Les femmes sont craintives, et cette tête à moustaches qui paraissait seule au fond du jardin...

— Ah! ça, au fait, reprend Guillot, c'n'est pas l'embarras, mais j' crois que j'aurions eu peur toutd' même, parce que la surprise... derrière une grille... et des moustaches... dans un jardin... on n'est pas maître de ça !...

— Tais-toi, not'homme, t'es un poltron, n'est-ce pas, cousin, que c'est honteux!

— Ah! mille baïonnettes! dit Sans-Souci, si les voleurs attaquaient la ferme, je vous réponds que je les ferais marcher, moi, et en avant!...

— Monsieur votre époux est-il toujours à Villeneuve-Saint-Georges? dit Jacques à Adeline après un moment de silence.

— Non, il est à Paris depuis longtemps!

La jeune femme paraît si triste en prononçant ces mots, que Jacques se repent de sa question. Plus il considère la femme de son frère, plus il se sent entraîné vers elle et porté à l'aimer; il ne doute point qu'Edouard ne lui ait fait un mystère de sa rencontre avec lui. — Elle ne m'aurait pas repoussé, se dit-il tout bas; avec tant de douceur dans les traits et dans la voix, on ne peut avoir un cœur dur et insensible... Edouard seul est coupable! ne le lui disons pas; je l'affligerais inutilement, et d'ailleurs je ne prétends pas me rapprocher de l'ingrat qui me repousse.

La nuit approchait; Adeline ne pouvait rester au village; chacun s'offre pour l'accompagner; elle choisit Jacques, pour lui prouver qu'elle ne conserve plus de souvenir désagréable contre lui. Il est en secret flatté de cette préférence. Il prend la petite Ermance sur un bras, offre l'autre à la jeune femme qui dit adieu aux habitants de la ferme, et charmée de leur accueil obligeant, promet de revenir les voir.

Le chemin se fait d'abord assez silencieusement. De temps à autre Jacques embrasse la gentille Ermance qui n'a que huit mois, mais qui sourit déjà au brave soldat et passe sa petite main sur ses moustaches.

— Je suis fâchée, dit Adeline, de la peine que je vous donne, mais je ne croyais pas avoir fait tant de chemin...

— Madame, c'est un plaisir que vous me procurez...

— Cet enfant vous fatigue...

— Me fatigue... non, mille canons!... Ah! pardon; devant les dames on ne doit pas jurer...

— On excuse cela dans un ancien militaire...

— C'est que j'aime beaucoup les enfants... et cette petite... elle est vraiment gentille...

— Ah!... c'est ma seule consolation!... dit tout bas Adeline. Jacques ne peut l'entendre, mais il s'aperçoit qu'elle est triste, il change la conversation.

— Madame va sans doute bientôt retourner à Paris; la saison est avancée... nous touchons au mois d'octobre.

— Non, je ne pense pas quitter encore la campagne... Peut-être y passerai-je l'hiver!...

— C'est singulier, dit Jacques en lui-même, elle reste aux champs et son mari à la ville... feraient-ils mauvais ménage? En ce cas, reprend-il, j'espère que nous aurons quelquefois le plaisir de voir madame à la ferme.

— Oui, je me fais aussi une fête d'y retourner. Vous êtes parent du fermier, je crois?

— Non, madame... mon camarade est leur cousin... mais, moi, je ne suis qu'un ancien soldat... sans famille, sans connaissances, et auquel ils ont bien voulu fournir du travail.

— Je suis certaine qu'ils s'en félicitent chaque jour... Vous êtes encore jeune, vous ne pouvez avoir servi longtemps?...

— Pardonnez-moi, je me suis engagé de bonne heure!...

— Et à votre retour de l'armée vous n'aviez pas une mère... une sœur, pour vous prodiguer des soins et vous faire oublier les fatigues de la guerre?...

— Non, madame... Je n'avais qu'un parent... mais il m'a traité avec si peu d'amitié!... je suis fier... j'ai de l'honneur, j'ai repoussé des secours qui n'étaient point offerts par le cœur et qui m'auraient humilié.

— C'était sans doute quelque parent éloigné?...

— Oui, madame.

— Mon mari a un frère... Tenez, il se nomme Jacques comme vous ; depuis des années il a quitté sa famille ; il est sans doute mort ; mais s'il existait encore, s'il revenait... Ah ! je suis bien sûr qu'Edouard serait enchanté de le voir !...

Jacques ne répond rien ; mais il détourne la tête pour cacher à Adeline une larme qui s'échappe de ses yeux.

On arrivait alors à la maison de Murville. Adeline engage Jacques à entrer se reposer quelques instants ; mais il refuse, il craint de céder à son attendrissement et de se trahir.

— Du moins, dit la jeune femme, quand vous viendrez à Villeneuve-Saint-Georges, j'espère que vous vous arrêterez chez moi. Je vous ferai visiter les jardins que vous n'avez vus qu'au travers d'une grille.

— Avec plaisir, madame ; je vous engage aussi à ne point oublier la ferme.

Adeline le promet, et Jacques s'éloigne en jetant encore un regard sur la maison.

— C'est un brave homme, dit Adeline en rentrant chez elle, et nous le jugions bien mal, maman et moi !... Je suis sûre que ces dehors brusques et sévères cachent une âme sensible et un cœur franc. Ah ! les apparences sont bien trompeuses !

Quelques temps après, Adeline se rend un matin à la ferme, suivie de sa bonne, grosse fille de campagne, qui porte son enfant. Les villageois la reçoivent avec joie. Adeline est si aimable, si douce, si simple avec les habitants de la ferme, que les bonnes gens sont à leur aise auprès d'elle. Guillot fait des phrases à perte de vue ; Louise fait sauter la petite Ermance ; Sans-Souci jure qu'il n'a jamais vu de femme aussi douce au régiment, et Jacques témoigne à la jeune dame les plus grands égards, le plus vif intérêt ; ses prévenances pour Adeline sont si recherchées, ses manières si respectueuses, qu'elle ne sait comment interpréter sa conduite à la fois touchante et mystérieuse. Mais les regards de Jacques ont une expression qui ne saurait offenser ; c'est de l'intérêt, de l'amitié qu'elle lit dans ses yeux, et son cœur éprouve les mêmes sentiments sans qu'elle sache pourquoi.

Chacun se dispute l'honneur de reconduire la jeune dame ; Guillot offre son bras, Louise veut porter la petite ; Jacques sert de guide, et Sans-Souci veut aller en éclaireur. Mais Adeline, pour ne point faire de jaloux, revient seule avec sa bonne lorsqu'il n'est pas tard ; à moins, cependant, que le temps ne soit fort beau ; car alors Villeneuve-Saint-Georges est un but de promenade que l'on veut faire avec madame Murville, qui est touchée de l'attachement que lui témoignent les paysans.

C'est ainsi que s'écoulent plusieurs mois. L'hiver est venu, la verdure a disparu, la campagne est triste. Adeline ne reçoit aucune société. Elle est seule dans sa maison avec sa bonne et un vieux jardinier qui a remplacé le concierge insolent qu'Adeline a renvoyé parce qu'elle a su qu'il chassait avec dureté les pauvres, les mendiants, qui demandaient un morceau de pain à la porte de son habitation.

L'unique distraction d'Adeline est d'aller à la ferme lorsque le temps est beau et que le froid n'est pas trop vif pour son enfant. Jacques éprouve une douce satisfaction dès qu'il l'aperçoit ; mais il cache une partie de ses sentiments afin de ne point donner lieu aux questions des villageois ; Sans-Souci est le seul qui soit dans la confidence de Jacques : il sait qu'Adeline est la femme du frère de son camarade, mais il a juré de ne révéler son secret à personne, et on peut compter sur son serment, quoiqu'il enrage tout bas de ne pouvoir apprendre à Adeline les liens qui l'attachent à son ami. Mais Jacques le veut ainsi ; il a deviné une partie des chagrins de sa belle-sœur, il ne veut pas les augmenter en lui apprenant la conduite d'Edouard à son égard.

Cependant on est bien loin de deviner à la ferme et au village ce qui se passe à Paris! Les nouvelles ne viendront que trop tôt détruire le repos que l'on goûte encore. C'est Dufresne qui s'est chargé d'aller troubler la paix d'une femme à laquelle il ne peut pardonner ses mépris.

Un jour Adeline apprend qu'un monsieur arrivant de Paris demande à lui parler; elle se rend dans le salon où est l'étranger, et frémit d'horreur en apercevant Dufresne, qui, assis dans un fauteuil, attendait tranquillement son arrivée.

— Vous ici, monsieur ! dit-elle en s'efforçant de ranimer son courage : je ne croyais pas que vous oseriez reparaître devant moi !...

— Madame... pardonnez, répond Dufresne d'un ton hypocrite, j'espérais que le temps... adoucirait votre haine...

— Jamais, monsieur !... vous savez trop que vos outrages ne peuvent s'effacer de ma mémoire !... Hâtez-vous de me dire ce qui vous amène ici.

— Je vais encore vous causer de la peine... mais les ordres de votre époux...

— Parlez, je suis préparée à tout...

— Votre mère, vous savez sans doute...

— Ma mère... ô ciel! serait-elle malade?... Mais elle m'a écrit il y a peu de temps...

— Une attaque d'apoplexie... un coup de sang...

— Grand Dieu! elle n'est plus... et je ne l'ai pas vue à ses derniers moments...

Adeline tombe anéantie sur une chaise; deux ruisseaux de larmes s'échappent enfin de ses yeux, et ses sanglots, sa douleur, attendriraient l'être le plus insensible; mais les sentiments doux ne sont pas faits pour l'âme de Dufresne, qui n'est mue que par les passions qui dégradent l'humanité. Il contemple en silence le désespoir d'une femme jeune et belle dont il a fait le malheur; il écoute ses soupirs, il semble compter ses sanglots, et loin d'éprouver le moindre mouvement de repentir, il médite les nouveaux tourments qu'il veut lui faire éprouver.

La présence de Dufresne augmente encore la douleur

d'Adeline ; devant lui elle ne peut même pleurer en liberté et ne s'occuper que de sa mère ; elle tâche de reprendre un peu de courage pour renvoyer l'homme méprisable qui se repaît de ses souffrances...

— N'aviez-vous pour but en venant ici que de m'apprendre la perte cruelle que j'ai faite? dit-elle en se levant et en retenant ses sanglots.

— Madame, il faut régler les affaires qu'a laissées madame Germeuil ; j'ai pensé qu'il vous serait pénible de vous occuper de ces détails, qui d'ailleurs regardent votre mari... mais il nous faut votre signature... et j'apporte les papiers...

— Ah ! donnez, donnez, je signerai tout... je consens à tout abandonner !... mais que, du moins, votre présence ne vienne plus troubler ma retraite.

En disant ces mots, Adeline s'empare des papiers que lui présente Dufresno; elle signe tout aveuglément, les lui remet, et va s'éloigner... mais il la retient avec force par le bras au moment où elle se dispose à quitter le salon.

— Un instant, madame, vous êtes bien pressée de me quitter... Quant à moi, je veux me dédommager du temps que j'ai passé sans vous voir... j'ai d'ailleurs des nouvelles de votre époux à vous communiquer...

Un sourire cruel brille dans les yeux de Dufresno : Adeline frémit et veut s'échapper.

— Ne me retenez pas, s'écrie-t-elle, ou je saurai faire punir votre audace...

— Oh ! pas tant de fierté, belle Adeline !... croyez-vous que je n'ai pas pris mes précautions : votre jardinier est occupé au fond du jardin, votre bonne vient de descendre à sa cuisine, d'où elle ne peut vous entendre... car je connais parfaitement cette maison... Vous resterez, parce que je le veux... vous m'écouterez... et nous verrons ensuite.

— Misérable ! ne croyez pas m'intimider... la haine que vous m'inspirez doublera mes forces...

— Ah! vous me haïssez toujours? vous ne voulez donc pas devenir raisonnable? je suis de meilleure composition, j'oublierais vos injures, si vous vouliez enfin m'aimer... Mais prenez garde, ma patience se lassera, et alors je serai capable de tout.

— O mon Dieu!... il me faut entendre de telles infamies!...

— Allons... point de colère... vous ne pouvez plus aimer votre mari, il vous délaisse, vous oublie, vous ruine, court les filles et les maisons de jeu... Il est maintenant presque aussi débauché que joueur, et ce n'est pas peu dire... il vous mettra sur la paille!... Moi je veux vous donner des richesses!... rien ne me coûtera pour satisfaire vos désirs... Ouvrez les yeux!... et voyez si je ne vaux pas votre imbécile d'Edouard! Vous gardez le silence... Allons, je vois que vous sentez la justesse de mes discours... Faisons-la paix...

Dufresne veut se rapprocher d'Adeline, elle jette un cri perçant.

— Eh quoi!... toujours de la rigueur?... Oh! je n'aurai pas fait le voyage pour rien; il me faut un baiser...

— Monstre, plutôt mourir...

— Non! on ne meurt pas pour si peu de chose.

C'est en vain que l'infortunée veut fuir, le misérable la retient; il va flétrir de son souffle impur les lèvres de la beauté... lorsqu'un grand bruit se fait entendre... et bientôt Jacques entre dans le salon, suivi de Sans-Souci.

Dufresne n'a pas eu le temps de sortir; la lutte qu'Adeline a soutenue a épuisé ses forces; elle ne peut que balbutier ces mots :

— Délivrez-moi, sauvez-moi de ce monstre... et elle tombe sans connaissance sur le plancher.

Jacques court à Adeline en menaçant Dufresne : celui-ci veut sortir, Sans-Souci lui barre le passage en s'écriant :

— Un moment, camarade, vous avez manqué à cette

13.

jeune dame, et ça ne peut pas se passer comme ça...

— Vous êtes dans l'erreur, répond Dufresne en s'efforçant de cacher le trouble qui l'a saisi à la vue de Jacques. Cette dame a des attaques de nerfs... J'accourais à ses cris... je venais lui porter secours. Laissez-moi chercher sa domestique.

Sans-Souci est indécis, il ne sait plus que penser, lorsque Jacques, que la voix de Dufresno a frappé, se retourne et le considère avec attention ; il le reconnaît bientôt et crie à Sans-Souci :

— Arrête ce coquin-là, ne le laisse pas échapper... c'est Bréville... c'est ce drôle qui m'a dépouillé, volé à Bruxelles, mille cartouches ! il va me le payer!...

— Ah! ah! mon camarade, dit Sans-Souci, vous ne vous attendiez pas à la reconnaissance!... c'est désagréable, j'en conviens, mais il faudra la danser!... et en avant!

Dufresne voit qu'il n'y a plus moyen de ruser, il n'a de ressource que dans la fuite... Jacques est toujours occupé près d'Adeline, qui n'a pas repris ses sens ; Sans-Souci seul peut donc arrêter ses pas ; mais Dufresne est fort et robuste, Sans-Souci est petit et maigre, il prend aussitôt son parti : il se jette sur son adversaire, lui fait faire une pirouette, le terrasse avant qu'il ait eu le temps de se reconnaître, et sautant par-dessus lui, ouvre la porte et descend l'escalier quatre à quatre. Mais Louise avait accompagné à Villeneuve-Saint-Georges Jacques et Sans-Souci ; les habitants de la ferme venaient engager madame Murville à être d'une petite réunion que l'on préparait pour la fête de Guillot. En entrant dans la cour, ne voyant point le jardinier, la fermière était allée à la cuisine savoir où était madame ; et Jacques et son compagnon attendaient au bas de l'escalier, lorsque des cris se faisant entendre dans la maison, ils montèrent au secours d'Adeline.

Dufresne rencontre dans sa fuite Louise qui allait monter au salon ; il la repousse brusquement, elle trébuche et tombe entre ses jambes. Pendant qu'il cherche à se débarrasser, Sans-Souci, qui s'est relevé et qui est furieux d'avoir été vaincu par un misérable, accourt armé de son bâton noueux; il rejoint Dufresne et fait pleuvoir sur sa tête et sur ses épaules une grêle de coups, que celui-ci n'a pas le temps de parer ; il se sauve alors vers le jardin : Sans-Souci l'y poursuit ; mais Dufresne, qui en connait les tours, parvient à se dérober à la vue de son ennemi. Arrivé près d'un mur garni de treillage, il grimpe par dessus, s'élance dans la campagne et fuit vers Paris en maudissant la rencontre qu'il vient de faire.

Sans-Souci revient vers la maison, lorsqu'il s'aperçoit que celui qu'il cherche s'est échappé. Adeline reprend ses sens, grâce aux secours de Jacques qui ne l'a pas quittée. Elle ouvre les yeux, voit Jacques à ses pieds et la fermière à ses côtés :

— Ah! mes amis, leur dit-elle d'une voix attendrie, sans vous j'étais perdue!...

— Le scélérat! dit Jacques, ah! il y a longtemps que je le connais... il m'a autrefois dépouillé... je vous conterai cela, madame.

— Ah! le gredin! dit à son tour la fermière, c'est qu'il m'a poussée les quatre fers en l'air, ni plus ni moins que si j'étions un caniche... mais je vous assure que Sans-Souci l'a joliment rossé.., ah! lui en a-t-il donné! on n'voyait pas aller le bâton!...

Sans-Souci revenait alors d'un air contrarié.

— Eh bien! lui dit Jacques, l'as-tu arrêté?

— Eh non!... je ne sais comment il a fait ; mais je l'ai perdu de vue dans ces jardins qu'il paraît connaître!... moi, je ne savais plus de quel côté tourner... mais c'est égal, il en a eu une volée!... si madame veut, je vais battre la campagne et parcourir le village.

— Non, c'est inutile, dit Adeline, je vous remercie de votre zèle; mais laissons ce misérable, je me flatte que désormais il n'osera plus reparaître en ces lieux.

— Ne vous a-t-il pas volée, madame? dit Jacques.

— Non... il venait ici pour une affaire... des renseignements... il osait me parler d'amour... et furieux de mes mépris, allait se porter aux derniers excès, lorsque vous êtes arrivés.

— Le monstre!... ah! si je le retrouve...

— Pardi, voyez donc, c'gueusard! on lui en donnera des petites femmes douces et jolies comme madame Murville! je n'voudrais pas seulement qu'il m'baisât le cul!... sauf vot' respect!

— Qu'il ne s'avise pas de vous rien baiser, ni de regarder madame, dit Sans-Souci, ou, par la bataille d'Austerlitz, la poignée de mon sabre lui servira de cordon de montre.

Le calme se rétablit; mais Adeline, désolée de la perte de sa mère et de ce que le perfide Dufresne lui a dit d'Édouard, refuse d'aller à la fête de Guillot, ce qui chagrine les habitants de la ferme. En vain Louise et ses compagnons essayent de vaincre sa résolution, ils ne peuvent rien obtenir; il leur faut s'en retourner tristement sans madame Murville, et la laisser en proie aux chagrins dont elle paraît accablée.

Jacques et Sans-Souci lui offrent de passer la nuit dans une salle basse de sa maison, afin de la défendre contre de nouvelles attaques de la part du scélérat qui s'est échappé; mais Adeline n'y veut pas consentir : elle les remercie en les assurant qu'elle n'a plus rien à craindre, mais en les engageant à revenir la voir souvent.

Les habitants de la ferme s'éloignent avec peine, et Jacques se promet de veiller sur la femme de son frère.

CHAPITRE XXV

LE BUREAU DE LOTERIE.

— Comment se fait-il que je me ruine, tandis que je vois les autres gagner? Ne pourrai-je donc jamais trouver une manière prompte pour m'enrichir?

C'est ainsi qu'Edouard se parle à lui-même le jour du départ de Dufresne pour Villeneuve-Saint-Georges. Il sort d'une académie (manière décente de nommer un tripot); il vient encore de perdre une partie de la somme qu'il a empruntée sur sa maison. Il se promène avec humeur dans les rues de Paris; il rêve au jeu, aux martingales, aux séries, aux parolis et à toutes ces combinaisons malheureuses qui troublent sans cesse le cerveau d'un joueur. Une musique bruyante, le son d'une grosse caisse, de deux clarinettes et de cymbales, le tire de sa rêverie; il lève les yeux pour s'éloigner des musiciens dont le tintamarre le fatigue, il s'aperçoit qu'il est devant un bureau de loterie. La musique qu'il entend est celle de ces artistes ambulants qui, pour une pièce de quarante sous que leur donnera le buraliste, viennent faire un tapage d'enfer devant la boutique, et font amasser toutes les commères du quartier près de l'*heureux bureau* où la liste des ambes, des ternes, voire même des quaternes, qu'on a soi-disant gagnés, est pendue à la porte avec la note exacte du produit des lots; le tout enjolivé de faveur rose et bleue, comme les dragées du confiseur.

Edouard s'arrête machinalement, et comme les autres il admire la pancarte séductrice. Soixante-quinze mille francs gagnés avec vingt sous; c'est bien engageant!... Il est vrai qu'on a eu un quaterne; c'est fort rare; mais enfin cela se voit et on peut l'attraper aussi bien qu'un autre.

— Ah! ma voisine... le beau tirage! dit une marchande de marée à une fruitière, qui est tout proche d'Edouard et qui copie le produit des lots, —11, 20, 44, 19, 76. Ah! je devrais être aujourd'hui riche comme une reine... V'la z'un an que je poursuis un terne *sèche* sur les trois premiers numéros qui sont sortis; c'était avant z'hier la clôture! J'attendais Thomas qui travaille à la Vallée, et qui devait m'apporter z'une oie farcie de marrons pour souper en tête-à-tête, avec du vin à seize... de chez Eus-

tache, aux Barreaux Verts... qui a un joli bouquet !
J'avions l'intention de faire un petit souper... dans un
cabinet particulier, ça porte bonheur, et de faire ma
mise en revenant coucher chez nous ! Eh ben ! pas du
tout !... Thomas m' fait croquer l' marmot z' à l'attendre !... Impatientée, j' vas à sa soupente, il avait des
coliques dans les reins pour avoir trop valsé dimanche à
la société des *Lapins*. J' suis obligée de l' soigner, l'heure
de la clôture se passe, et j'oublie mon terne *sèche* en lui
donnant des lavements.

— Ma pauvre Françoise !... c'est avoir du malheur...
Ah ben, défunt mon homme aurait ben pu se serrer le
ventre, ça ne m'aurait pas fait oublier mes mises !...
depuis dix ans je ne paye mon terme qu'avec le 20 ;
c' te fois il a un peu passé l'époque, mais c'est égal,
j' l'ai eu, j'avais mis ma courte-pointe en plan pour le
suivre... Ah ! vois-tu, j'aurais plutôt vendu ma chemise
que de le quitter, j'étais butée à ça.

— En connais-tu de ceux qui ont gagné le gros lot ?

— Eh mais ! il y a la cuisinière du marchand de
nouveautés... Trois numéros pris au hasard dans la
roue !...

— C'est-i ça qu'est z'heureux !...

— Ah ! c'est pas étonnant, elle avait rêvé que son
maître faisait ses besoins dans son pot-au-feu !...

— Alors c'était d' l'argent sûr !... J' suis guignonée !...
J' n'ai jamais pu rêver d' cochonneries.

— Ah ! ben moi, j'en rêvais souvent, du temps d' feu
mon mari.

Edouard s'éloigne en repoussant la foule qui se presse
devant le bureau de loterie. Chemin faisant, il songe aux
lots qui sont sortis. Cette manière de s'enrichir est moins
prompte que la roulette, les chances offrent moins de
probabilités ; mais les résultats sont bien plus avantageux, puisque avec une modique pièce de monnaie on
peut gagner une très-forte somme.

Il passe sa journée à réfléchir à la loterie, et le lendemain, il se décide à tenter la fortune de cette nouvelle manière. Il entre dans le premier bureau qu'il trouve sur son chemin, et il ne va pas loin pour en rencontrer, car on voit plus de bureaux de loterie que de bureaux de bienfaisance.

Il était dix heures du matin. C'était la clôture d'une loterie étrangère. Le bureau était plein, la foule était si considérable que l'on pouvait à peine entrer, et qu'il fallait faire queue pour aller échanger son argent contre quelques morceaux de papier.

Edouard se décide à attendre. Il jette un regard sur la foule qui l'entoure. Elle se compose presque entièrement de bas peuple, de marchandes à éventaires, de cuisinières, de ravaudeuses, de savetiers, de commissionnaires, de chiffonniers.

Ce n'est pas que parmi les classes supérieures on ne joue point à la loterie; mais les gens du grand monde font mettre pour eux, et les bourgeois, qui s'en cachent, n'entrent que par la porte dérobée.

Edouard se bouche le nez, car la réunion de ces messieurs et de ces dames répand une odeur qui n'est rien moins que suave, et la crotte du Savoyard, les harengs de la marchande, la hotte du chiffonnier, la poix du savetier et les merlands de la cuisinière forment un mélange de vapeurs qui ferait reculer un grenadier; mais les metteurs de loterie sont tout à leurs calculs, et ils ne sentent rien.

En attendant leur tour, les habitués se réunissent et se font part de leurs rêves et de leurs idées. Chacun parle à la fois; mais là, chacun a raison : c'est un vacarme épouvantable, malgré les représentations de la maîtresse du bureau, qui crie toutes les cinq minutes, comme au palais :

— Silence donc dans le coin... Paix donc, mesdames, on ne s'entend pas !...

Edouard, qui n'est pas habitué à tout cela, est étourdi par le bavardage des commères qui babillent sans s'ar réter ; mais la fortune ne saurait s'acheter trop cher, et il prend son parti, résolu même à faire son profit de ce qu'il entendra.

— Ma petite, dit une vieille qui est couverte de haillons à une autre qui tient son gueux sous son bras, j'ai vu ce matin à jeun une araignée grise derrière mon lit de sangle...

— Ah ! pardi, répond l'autre, des arraignées... j'en vois toute la journée chez nous...

— C'est égal, ça porte bonheur, j' vas mettre un écu sur l' 9, 30 et 51 : j' suis sûre qu'ils ne passeront pas la tournée.

Et la malheureuse, qui n'a pas de bas et dont le jupon est plein de trous, tire un écu de sa poche pour le mettre sur son araignée. Pour ceux qui croient fermement aux rêves, les numéros ne sont plus à leurs yeux des numéros, mais bien les objets qu'ils ont vus en songe, et qui sont tous représentés par des nombres, grâce aux livres de rêves, au *Petit Cagliostro*, à l'*Aveugle du bonheur*, et à mille jolis ouvrages tous à peu près de la même force, et que les actionnaires savent par cœur. Le buraliste, qui connaît aussi son métier, et sait, lorsque l'actionnaire en vaut la peine, lui faire des calculs sur les brouillards de la Seine, vous fait votre mise sur le simple exposé de votre rêve.

— Monsieur, mettez-moi mes bœufs, dit une écaillère en présentant sa pièce de trente sous.

— Monsieur, mettez-moi vingt-quatre sous sur un chat blanc...

— Monsieur, mettez-moi la camisole de ma tante...

— Ma petite mère, mettez-moi des anchois, première sortie...

— Faites-moi un terne avec des artichauts...

— Mon enfant, j'ai vu toute la nuit des chevaux qui trottaient dans ma chambre, ni plus ni moins que dans une écurie...

— De quelle couleur étaient-ils? demande la buraliste avec une gravité tout à fait comique :

— Ad! dame!... attendez-donc... j' crois qu'ils étaient pommelés.. Non, ils étaient noirs.

— C'est le 24. Etaient-ils attelés?

— J' crois ben!...

— C'est le 23. Couraient-ils fort?

— Comme z'au Cirque!

— C'est le 72.

— Eh ben! arrangez-moi tout ça comme il faut!... Avec un rêve comme celui-là, je n' peux pas manquer de rouler carrosse.

— Moi, j'ai fait un songe ben plus farce!... J'étais dans z'un pays où gn' avaient des vaches qui dansaient en rond avec des bergers z'et des bergères, et puis des maisons qu'étaient faites avec du pain d'épice...

— Tiens! on pouvait s'engraisser à lécher les murs...

— Laisse-la donc continuer, chipie.

— Si ben que je me promenais sur une rivière dont l'eau bouillait et écumait comme un pot-au-feu.

— Et tu prenais les poissons tout cuits, n'est-ce pas?

— Tais-toi donc, bavarde. Enfin j'aperçois de l'autre côté d' l'eau un joli palais qui sortait de terre comme aux Funambules; les toits étaient de diamant, les murs d'or, les fenêtres d'argent et les portes z'en rubis...

— Diable!... ça ne devait pas faire reluire tes maisons de pain-d'épice!...

— Moi, quand j' vois ça, j' dis à mon batelier, qu'était z'un beau jeune homme, de m' conduire au palais; v'là-t-il pas qu'il m' demande à m' faire des bêtises pour prix du passage; moi j' le refuse net, mais il m'écoute pas... il m' jette dans l' fond d' sa barque... Enfin i' coquin m'a cosaquée, mes enfants!...

— Comben de fois?

— Ah! j' n'ai pas compté...

— Eh ben!... v' là donc ce biau rêve!... tout ça c'était

pour en venir à la bagatelle!... C'est sans doute ton homme... qui, pendant que tu dormais, te...

— Ah! ben oui... ignia pus d' six mois qu' ça ne nous est arrivé... tiens, pas depuis la veille d' la Saint-Fiacre!...

— Bath!... vous êtes donc z'en bisbille?

— Oh!... il m'a fait une fois manger des *truffes* pour le roi de Prusse, et d'puis c' temps-là, quand il y vient... bernique!...

— Eh ben! t'as tort!... oui, t'as tort! qui refuse muse : il ira porter ton bien z'ailleurs ; sois donc *inconséquente* ; une fois que ces chiens-là ont trouvé une autre cage, gnia pus moyen d' les ramener dans l' bon chemin!... c'est fini!...

— J' crois qu' t'as raison, Bérénice, j' passerai l'éponge là-dessus dimanche.

Et tu feras ben.

— Mesdames, vous êtes bien aimables, dit une cuisinière en fourrant dans son panier la poularde qu'elle vient d'acheter et qui, à en juger par l'odeur, se prendrait pour une bécasse ; mais mon maître attend son chocolat... il veut sortir de bonne heure, je n'ai pas encore allumé mon feu... Vite, madame, ma mise ordinaire... voilà trente-six sous, dépêchez moi, je vous en prie...

La cuisinière prend son billet et retourne chez ses maîtres en arrangeant ses petits calculs : la poularde lui a coûté cinquante sous, elle va la compter quatre livres six sous, par ce moyen elle a fait sa mise gratis, ce qui est très-agréable : à la vérité, ses bourgeois mangeront une poularde avancée au lieu d'une pièce délicate ; mais il faut bien avoir ses petits profits, et on n'a pas un cordon bleu sans qu'il fasse danser l'anse du panier.

— Les considérés sont fort anciens, dit un petit homme qui est depuis trois quarts d'heure en contemplation devant le tableau, ils sont excellents à jouer par extraits!

— Tenez, dit un autre, remarquez que le 6 est prisonnier... il sortira bientôt.

— Le 2 est venu, cela ramène le 20.

— Le 39 à cent trois tirages, c'est de l'or en barre ! Les zéros n'ont pas donné depuis longtemps...

— C'est vrai, je gage qu'ils viendront par *terme* ou ambe !...

— Comme les quarante sont venus dans la tournée !... Monsieur, si j'avais suivi ma première idée, j'aurais eu un ambe à Strasbourg : il faut dire que, quand ma femme rêve qu'elle fait un enfant, le 44 sort, c'est immanquable ;... eh bien ! elle a rêvé cela l'autre nuit. Moi, j'ai un chien que j'élève à tirer des numéros dans un sac ; il commence à les prendre assez bien avec la patte ; il m'avait tiré le 46, je voulais le mettre avec le rêve de ma femme, nous avons réfléchi à cela toute la journée, elle a voulu mettre à la place le jour de sa fête qui approchait... et vous voyez, c'est le numéro de mon chien qui est venu avec son rêve !... ah ! je ne donnerais pas cet animal là pour cent écus.

— Moi, mon cher ami, dit une vieille marchande de sucre d'orge, j' suis plus maline que vous... j'ai un talisman...

— Un talisman !...

— Oui vraiment, c'est une tireuse de cartes qui m'a donné ce secret-là...

— Quoi donc que c'est !... s'écrient à la fois toutes les commères...

— Un morceau de parchemin vierge sur lequel j'ai écrit des caractères avec mon sang.

— Ah ! mon Dieu ! mais c'est pis qu'à l'Ambigu... Ah çà, et qu'est-ce qui chantent tes caractères ?

— Ah ! ma foi, je n'en sais rien, c'est de l'hébreu, à ce qu'elle m'a dit.

— Prends garde, Javotte, ne t'y fie pas, c'est peut-être une invocation au diable !... tu iras tout droit en enfer avec ton talisman.

— Bah ! bah !... je ne crains rien, et je ne quitterai pas mon petit parchemin... J' suis *philosophe*.

— Est-elle bête avec son talisman ! disent les commères quand Javotte est partie. C'est étonnant comme ça lui porte bonheur!... elle doit à tout le monde dans le quartier, et elle ne peut pas payer. Mais l'heure du marché s'avance, et je n'ai pas étalé...

— Et moi qui devrais être à la fontaine des Innocents...

— Ah! mon Dieu, vous m' faites penser que mes enfants ne sont pas levés, je suis sûre qu'ils crient, les polissons!... et leur bouillie qui est sur l' feu d'puis huit heures...

— Il y aura joliment du gratin!...

— Je m' sauve... adieu, voisine...

— A tantôt... nous aurons la liste s'il fait du soleil.

C'est au milieu de cette cohue, poussé par l'un, pressé par l'autre, étourdi par chacun, qu'Edouard attend trois quarts d'heure que son tour arrive. Enfin il parvient au bureau ; tout ce qu'il a entendu sur les considérés, les anciens, les heureux et les prisonniers, lui trotte dans la tête ; mais ne sachant à quoi s'arrêter, il met vingt francs sur les premiers numéros qui lui viennent à l'idée, et sort enfin du bureau avec son espérance dans sa poche.

Chemin faisant, il rencontre beaucoup d'individus assez mal couverts qui lui offrent cinquante louis d'or pour douze sous. Ces messieurs ou ces dames dédaignent apparemment pour eux-mêmes la fortune qu'ils vendent si bon marché aux passants. Mais Murville les refuse. Il a dans sa poche ce qu'il lui faut ; déjà il bâtit des châteaux en Espagne, car ses numéros sont excellents (à ce que lui a dit le buraliste), et ils ne peuvent manquer de sortir. Il va se trouver au-dessus de ses affaires ; il pourra tenir un grand ton, entretenir les plus jolies femmes, et même les plus chères, ce qui fera endêver madame de Géran ; enfin il ne se refuse plus rien...

Mais il a fait du soleil : à trois heures la liste est placée en dehors du bureau ; Edouard, qui se promenait avec impatience devant celui où il avait été le matin, s'approche avec empressement du tableau.... Il regarde la liste, et il s'aperçoit qu'il n'a rien.

CHAPITRE XXVI

LES BONS AMIS, ET CE QUI S'ENSUIT.

Dufresne a fui le village, la rage dans le cœur et la tête pleine de projets de vengeance. Ce n'est plus la pensée de voir Adeline céder à sa brutale passion qui le tourmente ; il sent que cela est désormais impossible ; ce n'est que par la ruse la plus infâme qu'il est parvenu à assouvir ses désirs ; mais Adeline n'en est pas moins vertueuse. C'est en vain qu'il a espéré, par ce moyen, changer les sentiments de l'épouse d'Edouard ; elle le déteste encore davantage. Que veut-il donc faire?... n'est-elle pas assez malheureuse? elle pleure sur un crime qu'elle n'a pas commis ; elle a perdu la tendresse de son époux ; elle va se voir réduite à l'indigence!... quels coups peut-il donc encore lui porter?

Les conseils de Dufresne étaient devenus superflus pour entraîner Edouard au jeu, le malheureux ne passe pas un seul jour sans visiter les tripots dont abonde la capitale. C'est là qu'il cherche à s'étourdir sur sa situation, en s'enfonçant de plus en plus dans l'abîme. Le produit de ses dernières lettres de change va rejoindre sa fortune, partagée entre madame de Géran, la roulette, le trente-et-un, les filles et les escrocs. Que fera-t-il maintenant pour se procurer les moyens de satisfaire ses honteux penchants? L'échéance de ses billets approche, il ne peut les payer, on vendra sa maison de campagne, sa femme et sa fille n'auront plus d'asile, plus de ressources qu'en lui ; mais ce n'est point cela qui l'occupe. Il ne songe qu'à lui, et s'il pense à se procurer de l'or, ce n'est pas pour soulager sa famille. Non, il ne se souvient plus des liens sacrés qui l'unissent à une femme aimable et belle. Le jeu lui fait entièrement oublier qu'il est époux et père.

Forcé de quitter le logement qu'il occupait seul dans un assez bel hôtel, il va trouver Dufresne, et habite avec lui. Ce dernier a été quelques jours inquiet en revenant de la campagne ; il craignait que Jacques ne le poursuivît à Paris, et, pour éviter les poursuites, il a changé de nom, et il engage son compagnon à en faire autant. Dufresne se fait nommer Courval et Edouard Monbrun. C'est sous ces deux noms qu'ils se logent dans un misérable hôtel du faubourg Saint-Jacques, n'ayant pour société que des intrigants, des gens sans aveu, et qui, comme Dufresne, avaient des raisons pour éviter le grand jour.

Trois semaines après la mort de madame Germeuil, ce qu'elle avait laissé était déjà mangé, et l'on était forcé de recourir chaque jour aux expédients pour trouver de quoi subsister.

Un soir qu'Edouard était resté chez lui avec Dufresne, n'ayant point d'argent pour aller jouer, et se creusant la tête pour s'en procurer, on frappa à leur porte, et un nommé Lampin, grand vaurien, digne d'être l'ami intime de Dufresne, entra dans leur chambre d'un air joyeux, et tenant quatre bouteilles sous ses bras.

— Oh !... oh !... c'est toi, Lampin ! dit Dufresne en allant ouvrir à son ami et lui faisant certains signes auxquels celui-ci répondait de son côté sans qu'Edouard, enfoncé dans ses réflexions, s'aperçût de rien.

— Oui, messieurs, c'est moi. Allons, camarade Maubrun, sors donc de tes rêveries !... J'apporte de quoi vous égayer...

— Qu'est-ce que c'est que cela ?...

— Du vin, de l'eau-de-vie et du rhum.

— Peste ! tu es donc en fonds ?...

— Ma foi, j'ai aggripé dix francs au biribi et je viens les boire avec les amis.

— C'est bien, ça, Lampin, tu es un bon enfant. Tu arrives à propos pour nous agayer... car nous étions tristes comme des goussets vides, Maubrun et moi.

— Buvons d'abord, ça vous remettra, nous jaserons ensuite.

On place les quatre bouteilles sur une table. Ces messieurs s'assayent autour, et les verres se remplissent et se vident rapidement.

— Nous n'avons pas le sou, Lampin, et c'est une vilaine maladie.

— Bath ! parce que vous des êtes b..... de bêtes... A votre santé.

— Comment ça, donc, Jean-Fesse !

— Eh ! oui ! si j'avais vos talents... et surtout ceux de Monbrun, je ne serais pas où vous êtes, et je ferais joliment mon beurre.

— Qu'est-ce que tu veux dire parlà, demande Edouard en se versant de l'eau-de-vie, voyons explique-toi ?

— Ça s'entend, ça, mon fils, je te répète que si je savais manier l'écriture dans ton style, je ferais des spéculations en grand !... Mais vous êtes des peureux !...

— Nous avons assez spéculé, mais cela ne nous a pas réussi.

— Mais ce n'est pas ça, cadet. Buvons, messieurs... elle est chenue, au moins.

— Dis-nous donc, Lampin, comment tu aurais fait pour...

— Ah ! voyez-vous, j'suis crâne, moi ; je risquerais le paquet !... mais j'écris comme un chat.

— Qu'est-ce que tu écrirais enfin.

— C'est selon, tantôt une chose, tantôt une autre !... Tenez, voilà un effet qu'un ami m'a confié, c'est le montant du bien de son père qu'on lui fait passer ici, parce qu'il veut s'amuser avec nous.

— Qu'est-ce que cela ?

— Une lettre de change de douze cents francs acceptée par un fameux banquier de Paris... Oh ! c'est du bon, on vous escompte ça rubis sur l'ongle, mon collègue connait un particulier qui demeure aux environs de Paris, et qui lui a proposé du *quibus* pour son papier. Eh ben, canards, faites-en un semblable, on vous l'escomptera tout de même...

— Comment?.., Que dis-tu!... Contrefaire cet effet!...

— Oh! non, pas contrefaire, car au lieu de douze cents francs, je le ferais de douze mille ; c'est seulement une imitation... A votre santé.

— Malheureux! mais c'est un faux!

— Non, ça n'est pas un faux!... c'est un nouvel effet que nous faisons circuler dans le commerce; n'est-ce pas, Dufresne, que ce n'est pas un faux ? dans tout ça, il n'y a que le banquier qui la gobe, mais ces chenapans-là sont assez riches pour nous faire un petit cadeau.

— Au fait, dit Dufresne, ce n'est pas précisément un faux... nous créons un billet, voilà tout, et nous le faisons payer par un autre.

— C'est ça même, mon petit, ça n'est qu'une espièglerie... Oh! tu entends les farces, toi, mais Monbrun est un peu bouché.

— Non, non, j'entends fort bien, messieurs; mais je ne puis consentir à employer de pareils moyens... Je vous désaprouve.

— Oui! eh bien! tu ne feras jamais ton chemin, mon homme, et tu crèveras de faim comme les punaises en hiver.

— Il est vrai que nous n'avons plus de ressources, dit Dufresne, plus de linge, plus de vêtements que ceux qui nous couvrent !...

— C'est du propre !... Songez donc que vous n'avez rien à perdre et tout à gagner.

— Et l'honneur? dit Édouard d'une voix affaiblie.

— L'honneur! Ah! pardieu, je crois qu'il y a longtemps que le tien court les champs : quant à Dufresne, il a fait comme moi, il n'en a jamais eu, de peur de le perdre.

— Ce diable de Lampin plaisante toujours!... Buvons, messieurs.

— Songez aussi qu'avec douze mille francs que vous

palperiez, vous pouvez vous refaire joliment!... J'ai trouvé, moi, une manière sûre pour gagner, il ne faut seulement que trois cents lois pour en attrapper mille.

— En vérité?

— Foi d'honnête homme ; je vous enseignerai mon jeu, et nous partagerons les bénéfices.

— C'est vraiment engageant, dit Dufresne en examinant la lettre de change avec intention, tandis que Lampin versait du rhum à Edouard, qui commençait à n'avoir plus la tête à lui. Tu dis, Lampin, que tu connais un homme qui voulait escompter l'effet de ton ami?...

— Oui, il sait que c'est du bon. Ça ne peut pas lui paraître suspect, j'te dis, il croira que la succession est plus considérable, et v'là tout.

— Au fait!... dit Dufresne, qui le saura?... C'est un secret entre nous.

— Et... notre conscience?... balbutie Edouard.

— Ah! ben! est-il bête avec sa conscience? Tu crois donc parler à des mioches?

— Le plus essentiel, reprend Dufresne, serait de bien réussir. Quant à moi, si Monbrun veut faire le corps de l'effet, je me charge des signatures, et je prends tout sur moi.

— Eh ben! clampin, qu'as-tu à dire?... Vas-tu encore faire des façons? Tu entends, il prend tout sur lui ; j'espère que c'est un trait d'ami.

— Comment!... Dufresne... tu voudrais...

— Ma foi, je ne vois pas d'autre moyen pour nous tirer de la détresse... je te le répète, cela ne te mettra nullement en avant.

— Es-tu sûr?...

— Mais, va donc, Nicodème, puisqu'on te dit que tu ne seras pas en avant... Tenez, mes collègues, j'ai justement sur moi un papier à lettre de change tout timbré... taille des plumes, Dufresne, et amusons-nous à faire des pleins et des déliés.

— Ma main tremble, messieurs, dit Edouard, je ne pourrai jamais écrire...

— Va donc, va donc, c'est bien ça, au contraire... ah ! comme je serais riche si j'avais su en faire autant !... mais mon éducation a été tant soit peu négligée...

— Si nous étions arrêtés... reconnus pour les auteurs de...

— Bath ! impossible... et puis vous en seriez quittes pour quelques mois de prison, et on y est bien, on s'y amuse, on y fait des connaissances.

Edouard, égaré par les discours des misérables qui l'entourent, et ayant depuis longtemps perdu toute délicatesse dans les repaires du vice et de la débauche, franchit encore le faible espace qui le séparait des malheureux que les lois flétrissent; il étouffe le dernier cri de sa conscience; il commet le plus honteux des crimes.

La lettre de change est écrite. Dufresne s'applique à contrefaire les signatures, et y réussit parfaitement; ce qui n'étonne qu'Edouard. On fabrique des endosseurs; le malheureux Murville, qui se laisse entièrement diriger, contrefait son écriture et signe au dos de l'effet des noms qu'on lui nomme.

Lampin est enchanté, et pour plus de sûreté, propose de porter l'effet à celui qui a proposé d'escompter le billet de douze cents francs, et qui demeure à une petite ville peu éloignée de Paris. La chose est arrêtée ainsi : Dufresne doit accompagner Lampin, parce que ces messieurs ne se fient pas assez à lui pour lui confier leur effet, et Edouard, qui est moins hardi qu'eux, doit attendre à Paris le résultat de cette affaire.

Tout étant terminé, on boit de nouveau; Edouard, pour achever de s'étourdir; les autres pour se réjouir. Ces messieurs bâtissent des plans avec leur future fortune, et finissent par s'endormir les coudes sur la table.

Edouard, qui avait bu davantage, et supportait moins

facilement que les autres l'excès des liqueurs et du vin, ne se réveille que sur les huit heures du matin. La première pensée qui s'offre à lui est celle de l'action déshonorante qu'il a commise la veille. Il frémit, car il entrevoit alors toute l'étendue de son crime. Il cherche Dufresne pour l'engager à anéantir la fausse lettre de change; mais Dufresne n'est plus là, il est parti de grand matin avec Lampin, prévoyant quelques remords de la part d'Edouard, et le mettant, par son absence, dans l'impossibilité de revenir sur ses pas.

Edouard quitte sa chambre; il sort sans but; mais il cherche quelque distraction aux inquiétudes qui l'assiégent : déjà il craint d'être reconnu pour un criminel; il porte autour de lui des regards incertains; si quelqu'un l'examine en passant, il rougit, se trouble, et croit que l'on va l'arrêter; il cherche vainement à vaincre ses terreurs et sa faiblesse, il ne peut y parvenir, et il maudit déjà l'or acheté aussi cher.

Au détour d'une rue, un cri se fait entendre; on a prononcé son nom... Il double le pas sans oser regarder en arrière; mais on court après lui... on l'atteint, on lui prend le bras... il tremble... une sueur froide découle de son front... il lève les yeux... c'est sa femme et sa fille qui sont devant lui.

— C'est donc vous!... je vous retrouve enfin, dit Adeline, ah! je vous cherche depuis longtemps.

— Vous m'avez fait bien peur, dit Edouard encore tout surpris de cette rencontre. Mais pourquoi êtes-vous ici?... Pourquoi avez-vous quitté la campagne?

— Vos créanciers m'ont chassée de la maison que j'habitais... elle n'est plus à vous... Depuis quelque temps, le notaire m'avait avertie que votre fortune était dérangée; que la propriété que vous possédiez était grevée par de nombreux emprunts...

— Je sais tout cela, madame; épargnez-moi vos plaintes et des reproches inutiles.

— Je ne veux pas vous en faire... et cependant... Oh! mon ami, comme vous êtes changé!...

— J'ai été malade.

— Pourquoi ne m'avoir pas écrit? je serais venue vous soigner.

— Je n'ai besoin de personne.

— Et c'est ainsi que vous traitez celle que vous réduisez à la misère!... J'ai perdu ma mère, et je n'ai plus d'époux!... Le hasard seul me fait vous rencontrer; je vous ai demandé dans tous les endroits où vous avez logé; mais on n'a pu me donner de vos nouvelles. Voilà quinze jours que je suis ici... je perdais l'espérance lorsque je vous ai enfin aperçu... cher Edouard... et c'est de cette manière que vous me parlez... vous n'embrassez pas seulement votre fille...

— Voulez-vous que je me donne en spectacle aux passants?...

— Le spectacle d'un père caressant son enfant peut-il être ridicule aux yeux des gens honnêtes?... Mais entrons quelque part... dans un café...

— Je n'ai pas le temps...

— Où donc demeurez-vous?...

— Fort loin d'ici... et comme j'étais très-gêné, Dufresne m'a fait partager son logement.

— Vous logez avec Dufresne? un scélérat qui a déjà commis toutes les bassesses...

— Taisez-vous, et ne m'ennuyez pas avec votre morale!... Je fais ce que je veux, et je vois qui je veux; je vous permets d'en faire autant.

— Quel ton, quelles manières! se dit Adeline en examinant Edouard; n'importe, faisons un dernier effort : Monsieur, lui dit-elle, si c'est le besoin qui vous force à rester avec le misérable qui vous trompe, venez habiter avec moi, quittons cette ville qui vous rappellerait de douloureux souvenirs, et suivez-moi dans quelque campagne isolée; je n'ai plus rien, mais je travaillerai, je passerai les nuits s'il le faut, et je pourvoierai à notre subsistance. Dans une pauvre chaumière, on peut encore être heureux, lorsqu'on supporte l'adversité avec courage, et le ciel, touché de notre résignation, prendra peut-être pitié de nous. Vous trouverez le repos qui vous fuit, et moi je retrouverai mon époux... De grâce, Edouard, ne me refusez pas... venez, je vous en supplie, fuyez cette ville, des conseils perfides, des connaissances dangereuses, ou craignez d'y devenir criminel.

Edouard est ému, son cœur est agité par la pitié et les remords, il regarde sa fille pour la première fois.

— Eh bien ! dit-il à Adeline, je vais voir... si je puis terminer mes affaires... je vous suivrai...

— Qui vous retient maintenant?

— Une seule chose... mais très-importante... il faut que je sache... Où logez-vous?

— Dans une auberge, faubourg Saint-Antoine, tenez, voici mon adresse...

— Donnez, demain j'irai vous voir.

— Vous me le promettez?

— Oui... à demain. Adieu, je suis obligé de vous quitter.

Edouard s'éloigne précipitamment. Adeline retourne à sa demeure, passant tour à tour de la crainte à l'espérance. Elle connaît son mari, elle sait combien peu il faut compter sur ses promesses ; elle attend avec anxiété le lendemain.

Mais, le lendemain, Dufresne et Lampin reviennent avec de l'argent. L'escompteur a été leur dupe; il a cru reconnaître la signature du banquier. Ces messieurs entraînent Edouard; on se livre de nouveau aux plaisirs de la table, des femmes et du jeu. On étourdit Murville ; on fait taire ses remords, ses scrupules ; on se moque de ses craintes, et au lieu de revoir celui qu'elle attendait, Adeline reçoit le lendemain un billet d'Edouard qui ne contenait que ces mots :

« Ne cherchez pas à me revoir, n'espérez pas que j'irai

m'ensevelir avec vous dans une chaumière, tout cela ne me convient pas; quittez Paris sans moi, c'est le dernier ordre que vous recevrez de votre époux, qui vous laisse entièrement maîtresse de faire ce que bon vous semblera. »

Adeline baigne cette lettre de ses larmes.

— Tu n'as plus de père, dit-elle à la petite Ermance, pauvre enfant!... quel sera ton sort! Quittons cette ville, suivons les derniers ordres de mon époux. Allons trouver les bons villageois; à la ferme on ne me repoussera pas. Je ne rougirai pas de demander de l'ouvrage!... O ma mère... si vous existiez encore, c'est dans vos bras que je trouverai des consolations... ah! si j'avais suivi vos conseils!... peut-être Edouard... mais il n'est plus temps!... du moins vous avez ignoré l'excès de ma douleur.

Adeline vend tout ce qu'elle pense ne plus lui être utile dans la situation où elle va se trouver. Plus de bijoux, plus de fleurs, de parures superflues; une robe bien simple, un chapeau de paille noué avec un modeste ruban, sa fille sur un bras, et un petit paquet sous l'autre, c'est ainsi que madame Murville se met en route pour la ferme de Guillot.

CHAPITRE XXVII

ADELINE TROUVE UN PROTECTEUR.

Les habitants de la ferme sont désolés de la fuite de madame Murville. Depuis le jour où l'on avait chassé Dufresne du village, Adeline, livrée à la plus profonde tristesse, ne sortait pas de sa demeure; elle ne prenait plus aucune distraction, et les sollicitations des villageois n'avaient pu encore la décider à quitter sa retraite.

Jacques ne savait que penser de la conduite de son frère. Il devinait bien qu'il rendait sa femme malheureuse, mais il était encore loin de se douter de l'excès de ses désordres. Le frère d'Edouard n'osait questionner Adeline, mais elle lisait dans ses yeux la part qu'il prenait à sa peine, et son cœur reconnaissant payait le brave laboureur de la plus sincère amitié.

Tous les deux jours, Jacques se rendait au village pour s'informer de la santé de madame Murville. Un matin que, selon sa coutume, il sonnait à la grille de la cour, le vieux jardinier vint lui ouvrir, les larmes aux yeux.

— Qu'est-ce donc, père Forêt, qu'est-il encore arrivé à madame Murville? demande Jacques avec inquiétude; ce coquin de l'autre jour serait-il revenu?...

— Ah! mon bon monsieur! il en est venu plus d'un aujourd'hui!... et ils ont chassé ma bonne maîtresse!...

— Chassée!... ça n'est pas possible, mille morts!..

— C'est pourtant bien vrai!...

— C'étaient donc des brigands... des voleurs?

— Non, monsieur, c'étaient des huissiers... des créanciers!... que sais-je?... Ils ont montré à madame des papiers et lui ont dit qu'elle n'était pas cheux elle!... c'te pauvre femme!... elle a pleuré, mais elle n'a rien répondu!... et faisant un paquet de ses effets, elle a pris sa fille dans ses bras, et elle est partie...

— Partie!... elle est partie!... il se pourrait!... Le malheureux!... quoi! il l'a réduite à la misère!...

— Monsieur Jacques, j'vous dis qu'ils étaient beaucoup... tenez, voyez l'écriteau : c'te maison est en vente, à c'te heure, et on m'a laissé afin qu'il y ait quelques-uns pour la faire voir.

— Et savez-vous où est allée madame Murville?

— Dame, elle a pris le chemin de Paris.

— Elle va le retrouver!...

— Oui, oh! elle va sans doute auprès de son mari... mais tenez, entre nous, on dit que c'est un ben mauvais sujet; qu'il fait les cent coups à Paris, et vous conviendrez, monsieur Jacques, que lorsqu'on a une petite femme jeune, gentille et sage comme madame!.. car morgué, c'est la vertu et la bonté en personne! et puis un enfant qui sera, ma fine, l' portrait de sa mère; eh bon! quand on a tout ça et qu'on les oublie toute l'année!... c'est mal, et ça n'annonce rien de bon!

Jacques, ayant dit adieu au jardinier, jette un dernier regard sur la maison, et s'éloigne tristement du village. Mille projets se présentent à son esprit : il veut aller à Paris, y chercher Adeline; il veut parler à son frère, lui reprocher sa mauvaise conduite, lui faire honte de l'état d'abandon dans lequel il laisse sa femme; c'est en se livrant à ces pensées qu'il arrive à la ferme. Les habitants questionnent Jacques; ils se désolent avec lui, mais cependant ils espèrent encore que madame Murville viendra les voir; Sans-Souci partage cette espérance, il calme son camarade et l'engage à attendre quelques jours avant de prendre un parti.

La patience de Jacques commençait à s'épuiser; il allait quitter la ferme et se rendre à Paris, lorsqu'un matin les cris joyeux des enfants annoncèrent quelque bonne nouvelle. C'était Adeline qui arrivait à la ferme avec sa petite Ermance.

Tout le monde court au-devant d'elle; on l'entoure, on la presse, on l'embrasse, on se livre à la joie la plus franche; Adeline, attendrie en voyant l'attachement des villageois, sent qu'elle peut encore éprouver un sentiment de plaisir.

— Ah! leur dit-elle, je n'ai pas tout perdu puisqu'il me reste de vrais amis.

Jacques ne sait plus ce qu'il fait : il prend les mains d'Adeline, les baise, jure, crie, frappe des pieds et se retourne pour cacher ses larmes. Sans-Souci, heureux du retour d'Adeline et du plaisir que ressent son camarade, saute, gambade à travers les poules et les canards, et donne des claques à tous les enfants; ce qui ne lui arrive que dans ses moments de bonne humeur.

— Mes amis, dit Adeline aux habitants de la ferme rassemblés autour d'elle, je ne suis plus ce que j'étais des événements malheureux m'ont ravi ma fortune, je n'ai plus rien que du courage pour supporter ces revers, et ma conscience qui me dit que je ne les ai pas mérités. Il faut maintenant que je travaille pour subvenir à mon existence et pour élever mon enfant : vous m'avez accueillie lorsque j'étais riche ; pauvre vous ne me repousserez pas, et je viens avec confiance vous prier de me donner de l'ouvrage ; ah !... ne me refusez pas ! ce n'est qu'à ce prix que je consens à rester en ce lieu...

Pendant qu'Adeline parlait, l'attendrissement se peignait sur les traits de ceux qui l'entouraient ; Louise ne retenait point ses larmes ; Guillot, la bouche béante et les yeux fixés sur madame Murville, laissait à chaque instant échapper de gros soupirs, et Sans-Souci relevait ses moustaches en passant la main sur ses yeux.

Mais Jacques, plus profondément ému, plus attendri en voyant la résignation d'une femme charmante qui vient s'ensevelir dans une ferme et renonce à tous les plaisirs de la ville, à toutes les habitudes du grand monde, sans proférer un mot de reproche contre celui qui fait son malheur, le brave Jacques ne peut plus se contenir ; il repousse Louise et Guillot, qui sont près d'Adeline, et secouant avec force le bras de la jeune femme, qui le regarde avec surprise :

— Non, sacrebleu ! s'écrie-t-il, vous ne travaillerez pas, vous n'exposerez pas votre santé, vous ne flétrirez pas cette peau si douce par des travaux au-dessus de vos forces... c'est moi qui me charge de votre existence et de celle de cet enfant. Je vous nourrirai, je veillerai sur tous deux... et morbleu ! tant qu'il me restera une goutte de sang je saurai faire mon devoir...

— Que dites-vous, Jacques, votre devoir ?...

— Oui, madame... oui, mon devoir... mon frère a fait votre malheur, c'est bien le moins que je vous consacre mon existence, et que je cherche à réparer ses sottises...

— Se pourrait-il... vous seriez...

— Jacques Murville, ce garçon qui à quinze ans a

commencé ses caravanes, cédant à des passions vives, au désir de voir le monde... et, je l'avoue entre nous, gémissant en secret de la froideur de ma mère, et jaloux des caresses que l'on prodiguait à mon frère et que l'on me refusait injustement. Du reste, portant un cœur sensible à l'honneur, dont au milieu de mes folies de jeunesse je ne me suis jamais écarté. Voilà mon histoire... embrassons-nous; je me sens digne de votre amitié, et vous pouvez me l'accorder sans rougir.

Adeline presse Jacques dans ses bras; elle éprouve la joie la plus vive de retrouver le frère de son mari, et les villageois poussent des cris de surprise, tandis que Sans-Souci crie à tue-tête en se frottant les mains.

— Je le savais, double canonnade... Je le savais, moi; mais le camarade m'avait fermé la bouche, et je n'aurais pas lâché un mot pour toutes les pipes du grand sultan!

— Mais pourquoi m'avoir si longtemps caché les liens qui nous unissent? demande Adeline à Jacques; doutiez-vous du plaisir que j'aurais à embrasser le frère de mon époux?

— Non... répond Jacques un peu embarrassé, non... mais je voulais avant tout vous connaître mieux... on rougit quelquefois de ses parents!...

— Ah! mon ami! quand on porte ce signe de l'honneur, peut-on concevoir de pareilles craintes?

— Eh! mille bombes! c'est ce que je me tuais de lui dire tous les jours, dit Sans-Souci, mais il est un peu entêté, le camarade! quand il a quelque chose dans la tête, il ne veut pas en démordre.

— Vous me trouvez, maintenant que je puis vous être utile, c'est tout ce qu'il faut. Embrassons-nous encore, et regardez-moi comme votre frère... comme le père de cette pauvre petite... puisque celui qui devait la chérir et vous adorer n'a pas une âme comme les autres... puisqu'il est indigne de... Allons, allons, vous voulez que je me taise... vous l'aimez encore, je le vois! Eh bien! c'est fini; nous ne parlerons plus de lui et nous tâcherons de l'oublier...

— Ah! dit Adeline, s'il vous avait vu, s'il avait retrouvé son frère, peut-être vos conseils...

— S'il m'avait vu! Tenez, laissons cela... Oublions un ingrat qui ne vaut pas une des larmes que vous répandez pour lui.

— Oui, oui, de la gaieté, de la joie, dit Guillot; morgué! il ne faut pas toujours s'attendrir... ça rend tout bête!... Mettons-nous à table, et ce soir, pour nous distraire, le frère Jacques nous racontera une de ses batailles!... C'est ça qu'est divertissant! Quand je l'ai entendu, je rêve toute la nuit de combats... je prends les jambes de ma femme pour un bataillon carré, et son derrière pour une batterie!... i' m' semble même que j'entends le canon.

— Tais-toi donc, not' homme.

Après le repas, on s'occupe des apprêts que nécessite le séjour d'Adeline à la ferme. Louise prépare pour madame Murville une petite chambre ayant vue sur la campagne; elle tâche de la rendre aussi agréable qu'il est possible, en y portant les jolis meubles qu'elle trouve à la ferme. C'est en vain qu'Adeline veut s'opposer à tout cela; quand Louise a résolu quelque chose, il faut que cela soit; elle n'écoute pas la jeune femme qui la supplie de ne plus la considérer que comme une pauvre villageoise; elle veut faire oublier à madame Murville son changement de fortune en redoublant pour la servir de zèle et d'affection. Jacques ne remercie pas la fermière, mais il lui prend les mains et les lui presse tendrement chaque fois qu'elle fait quelque chose pour sa sœur, et Sans-Souci s'écrie en frappant sur le dos de Guillot:

— Morbleu! cousin, vous avez une brave femme!... elle manœuvre joliment!...

— C'est vrai, dit Guillot; aussi, moi, je ne me mêle de rien, pas même des enfants... Eh ben! morgué, ils viennent ben tout de même!...

Voilà donc Adeline installée à la ferme: elle travaille

à l'aiguille avec facilité, et Louise est forcée de la laisser employer toute sa journée, soit à coudre, soit à filer. Jacques sent doubler ses forces depuis que l'épouse de son frère et sa petite nièce sont près de lui. Il vaut à lui seul trois garçons de ferme. Devenu expert dans les travaux des champs, il augmente les revenus du fermier par les soins qu'il donne à tout ce qu'il entreprend ; de son côté, Sans-Souci imite son camarade ; il rougirait de rester oisif, tandis que les autres emploient ainsi leur temps. Tout va donc bien à la ferme ; Guillot et sa femme grondent Adeline parce qu'elle travaille trop, et défendent à Jacques de se donner autant de peine ; mais on ne les écoute pas, et l'on a la douce certitude de n'être point à charge aux bons villageois.

Plusieurs mois s'écoulèrent ainsi sans amener de changement dans la situation des habitants de la ferme. Adeline serait contente de son sort si elle pouvait oublier son époux ; mais elle aime toujours celui qui a fait son malheur, et le souvenir d'Edouard vient sans cesse troubler son repos. Que fait-il maintenant?... se dit-elle chaque jour ; et la pensée que Dufresne est avec lui ajoute à ses tourments et redouble ses inquiétudes. Souvent elle forme le projet d'aller à Paris prendre des informations sur la conduite de son mari ; mais elle craint de fâcher Jacques, qui, vivement irrité contre son frère, ne veut point entendre parler de lui, et a supplié Adeline de ne jamais l'entretenir d'Edouard.

Jacques feint une indifférence qui est loin de son cœur. En secret, il pense à son frère, mais il donnerait tout au monde pour le voir se repentir de ses erreurs, et revenir implorer un pardon qu'on est prêt à lui accorder.

Adeline et Jacques se cachent donc mutuellement ce qui les occupe parce que chacun d'eux craint d'affliger l'autre en renouvelant le souvenir de ses peines. Sans-Souci est leur confident à tous deux, Guillot a quelquefois des commissions pour Paris, soit pour la vente de ses grains, soit pour l'achat d'objets nécessaire à la ferme ; c'est toujours Sans-Souci que l'on y envoie, parce que Jacques a refusé d'y aller dans la crainte d'y rencontrer son frère. Mais chaque fois que Sans-Souci doit se rendre dans la capitale, Adeline le prend à part, et le supplie de s'informer de ce que fait son époux; Jacques n'ose en dire autant à son camarade, mais il rejoint Sans-Souci hors de la ferme, l'arrête un moment, puis lui dit à demi-voix :

— Si tu apprends quelque chose... de fâcheux sur celui qui nous oublie... songe à te taire, sacrebleu ! Si tu en souffles mot à ma sœur, tu n'es plus mon ami.

Sans-Souci part chargé de cette double commission ; mais il revient toujours sans avoir rien appris. Edouard ayant changé de nom, personne ne peut lui dire ce qu'il est devenu.

CHAPITRE XXVIII

L'AUDACIEUX. — LE LACHE. — L'IVROGNE.

La fortune paraît de nouveau sourire aux misérables qui, pour l'acquérir, ont trahi l'honneur et bravé toutes les lois de la société ; c'est une nouvelle tentation qui les pousse vers le crime et les empêche de retourner en arrière; les premiers succès semblent leur garantir l'impunité pour l'avenir : le coupable s'enhardit, et tel qui débute en tremblant dans la carrière du vice, dépouille bientôt toute honte, et cherche à surpasser ceux qui l'ont entraîné au déshonneur.

Le jeu, auquel Edouard se livre avec plus de fureur que jamais, a cessé de lui être contraire : il gagne, et le malheureux se félicite d'avoir trouvé un expédient pour ramener la fortune. Dufresne et Lampin lui enseignent tous les moyens mis en usage par les escrocs pour jouer à coup sûr avec les sots qui font leur partie. Ces messieurs rient ensuite entre eux aux dépens des dupes qu'ils viennent de ruiner, et chacun cherche à qui inventera les meilleures fourberies pour surpasser son camarade.

Lampin demeurait avec ses deux amis: Dufresne avait

fait sentir à Edouard qu'il ne fallait pas se brouiller avec lui. D'ailleurs Lampin était doué d'une imagination féconde en ruses et en tours d'adresse, il était d'une grande ressource pour des intrigants.

Lorsque la fortune avait été favorable, ou que l'on avait trouvé quelque nouvelle dupe, on ne songeait qu'à se divertir. Ces messieurs amenaient chez eux de ces femmes qui vont partout, et qui, pour de l'argent, se donnent indistinctement au maçon, au rentier, au financier ou au savoyard. De telles femmes pouvaient seules, en effet, convenir à des hommes qui se livraient aux orgies les plus dégoûtantes, à la débauche la plus effrénée.

Un soir que l'on n'attendait plus que Lampin pour se mettre à table, celui-ci arrive en riant et s'empresse d'annoncer à ses amis, comme une nouvelle fort drôle, que certaine lettre de change a été reconnue fausse, et que l'escompteur en est pour son argent. Edouard se trouble et pâlit; Dufresne le rassure en lui persuadant qu'on ne pourra jamais les découvrir; ils ont changé depuis de nom et de demeure; on ne peut les reconnaître; on n'a aucune preuve à produire contre eux. Lampin seul pourrait être recherché; mais il a tellement le talent de changer son visage et toute sa personne, qu'il nargue les agents de la police.

Edouard n'est pas tranquille; il tâche cependant de se distraire, de chasser ses craintes. Deux demoiselles, habituées de ces messieurs, arrivent à propos pour égayer la société.

— Parbleu! dit Lampin, Véronique-la-Blonde va nous conter quelque farce!... elle sait toujours les nouvelles les plus piquantes; cela remettra dans son assiette notre ami Bellecour (c'était le nouveau nom d'Edouard), qui est ce soir un peu dans les jobards.

— Ah!... je ne suis guère en train de *farcer*, répond Véronique en lâchant un soupir, j'suis aussi sens d'sus dessous aujourd'hui!...

— Mais il me semble que tu dois être habituée à ça...

— Ah!... ne dis pas de bêtises... Vraiment j'ai le cœur affligé.

— Bah! est-ce que tu es mal avec le commissaire?

— Ça n'est pas ça, mais j'ai une amie qui se trouve *appliquée* dans une mauvaise affaire!... et ça me tourmente!

— Quelle est donc cette affaire? parle; nous pourrons peut-être l'en tirer.

— Oh non! la justice a mis la main dessus, et pourtant c'te pauvre petite est innocente comme vous et moi.

— Peste, c'est beaucoup dire, mais voyons donc de quoi il s'agit.

— Vous saurez que mon amie... qui ne fait le commerce que depuis peu de temps, a été autrefois domestique, femme de chambre, dans plusieurs maisons : entre autres elle a servi une dame veuve..... qui est morte il y a quelque temps. Eh ben! est-ce qu'on ne s'est pas avisé de dire dans le quartier que cette dame était morte empoisonnée!... ces bruits-là sont venus aux oreilles de la justice; on a déterré la morte, et il paraît que les médecins ont dit la même chose que les voisins. Là-dessus on a fait des recherches, et on a arrêté ma camarade, parce qu'elle servait alors cette dame; mais la pauvre enfant est pure comme ce verre de vin, je vous le jure.

Dufresne écoutait attentivement le récit de Véronique-la-Blonde, tandis que Lampin caressait l'autre demoiselle, et qu'Édouard, qui était retombé dans ses réflexions relativement à un faux dont il se sentait coupable, s'était jeté sur un fauteuil dans un coin de la chambre, sans écouter une histoire qui ne l'intéressait aucunement.

— Cette affaire me paraît vraiment singulière, dit Dufresne en approchant sa chaise de celle de Véronique, mais comment se nomme ton amie?

— Suzanne. C'est d'honneur, une bonne enfant, et incapable d'arracher un cheveu à qui que ce soit!...

Au nom de Suzanne, Dufresne se trouble. Mais prenant aussitôt sur lui, il regarde dans la chambre, s'aperçoit que Murville ne l'écoute point, que Lampin est occupé, et continue à questionnner Véronique.

— Il me semble que ta Suzanne aura de la peine à se tirer d'affaire, si, comme tu le dis, cette dame n'avait qu'elle pour domestique?...

— Oh! c'est égal, Suzanne soupçonne celui qui a pu faire le coup.

— En vérité!

— Oui, mon ami, il venait chez cette veuve un jeune homme, son amant; un joueur, un gredin, un grippesou...

— Bon, bon, j'entends!... Après?...

— Cette pauvre femme se ruinait pour le mauvais sujet!... Attends donc, je sais son nom... madame Dou... Dol...

— Bien! bien!... dit Dufresne en interrompant brusquement Véronique : je n'ai pas besoin de connaître son nom.

— C'est juste, ça ne fait rien à l'affaire. Enfin cette dame était folle de son amant, qui ne l'aimait pas du tout et la grugeait tant qu'il pouvait... Il paraît que vers la fin ils se sont fâchés, et que le monstre l'aura empoisonnée pour se venger de ce qu'elle voulait déclarer toutes ses sottises.

— C'est assez probable.

— Ah! les hommes sont à présent des chiens de scélérats... Ils vous tuent une femme comme une mouche.

— Et que compte faire ta Suzanne?

— Oh! elle a déjà dit tout cela à la justice pour qu'on se mette sur les traces du coupable qui est à présent je ne sais où.

— Ce sera fort bien, et je désire qu'on découvre la vérité.

Dufresne prononce ces derniers mots à demi-voix. Malgré l'assurance qu'il affecte, l'altération de ses traits trahit les sentiments qui l'agitent.

La soirée se termine plus tôt qu'à l'ordinaire. Edouard est inquiet, et Dufresne paraît aussi fort agité. On renvoie les deux demoiselles. Lampin, qui seul a conservé sa gaieté, verse force rasades à ses amis en se moquant de leur tristesse. Edouard boit pour s'étourdir, mais Dufresne n'est pas disposé à leur tenir tête, et Lampin se grise seul en cherchant en vain à faire rire ses compagnons.

— Allons donc, les amis, ça ne va pas, dit-il en remplissant les verres : vous êtes ce soir sérieux comme des pendus !... Je le pardonne à Bellecour, qui n'est qu'une vraie poule mouillée !... mais l'ami... là-bas... Vermontré... Courval... Dufresne... Tout ce que vous voudrez..

— Silence ! imbécile ! s'écrie Dufresne avec colère : je te défends de me donner ce dernier nom maintenant !...

— Tu me défends... Tiens, voyez donc... cet air à tout pourfendre !... Tu t'appelais pourtant comme cela jadis... quand tu vivais avec cette pauvre Dolban... qui croyait bonnement que tu l'aimais... et qui...

— Mais tais-toi donc, ivrogne !...

— Ivrogne ! ah !... ça te va bien de m'appeler ivrogne... toi qui as couché hier sous la table !... et qui bois du punch comme un trou !... C'est égal, je ne me fâche pas avec les amis... car enfin nous sommes des amis !... je vois bien que vous êtes tous les deux de mauvaise humeur... Edouard, à cause de ce chiffon de papier qui le tourmente... et toi... Ah ! toi, ma foi, je n'en sais rien !... c'est quelque martingale que tu auras ratée !... ou quelque ami qui t'aura mis dedans... ou ben... c'est... Eh mais, qu'est-ce que Véronique t'a donc raconté avec son empoisonnement... sa veuve... son amant qui n'était pas son amant... Tiens, mais ça ressemble comme deux gouttes d'eau à ta liaison avec la vieille Dolban... Si c'était toi... qui... Ah ! ah ! ah ! tu serais bien capable d'une espièglerie dans ce genre-là !...

— Va donc te coucher, Lampin, tu vois bien qu'Edouard dort déjà, tu vas le réveiller avec tes ricanements...

— Eh ben! voyez donc le grand malheur quand je le réveillerais... Diable! tu es terriblement aux petits soins, ce soir!... mais je veux ricaner, moi; je veux rire et boire... et je ne veux pas me coucher, entends-tu? Je me sens en train... je suis fâché d'avoir laissé partir nos vestales... je suis homme à leur tenir tête... Tra la la la.

— Tu ne veux donc pas te coucher de la nuit?...

— Je me coucherai quand ça me fera plaisir, sournois. Oh! je vois bien que tu es de mauvaise humeur, j' te dis... Tu nous caches ton affaire : le récit de Véronique t'a tout à fait desséché la langue, mon pauvre Dufresne!...

— Misérable, te tairas-tu? s'écrie Dufresne en saisissant Lampin à la gorge; celui-ci se débat, se recule et va tomber sur Edouard qui s'était endormi dans un coin de la chambre, et qui, éveillé en sursaut, jette autour de lui des regards effrayés en s'écriant :

— Les voilà!... les voilà!... ils viennent m'arrêter...

— T'arrêter! dit à son tour Dufresne; et qui donc?

— Ah! ah!... sont-ils bêtes! s'écrie Lampin en se relevant, et en tâchant de garder son équilibre; celui-là rêve, et celui-ci ne s'en aperçoit pas!...

— Ah! ce n'était qu'un rêve, dit Edouard en passant sa main sur son front.

— Eh! oui... vous êtes deux bambins... mais, toi, ne t'avise plus de jouer à me serrer le sifflet... ou je me fâche tout de bon!...

— La nuit s'avance, messieurs, dit Dufresne, je suis fatigué et je vais me reposer.

— Eh ben, va!... l'ami me tiendra compagnie pour finir ce flacon de rhum.

— Non, je vais aussi me coucher; je me sens déjà tout étourdi.

— Allez vous promener : je boirai tout seul.

— Encore une fois, Lampin, ne fais pas tant de bruit, cela peut gêner les voisins.

— Que les voisins aillent faire lanlaire : je m'en bats l'œil et je ferai du sabbat encore davantage !... et tra la la.

Lampin chantait à tue-tête en buvant un grand verre de rhum; Dufresne et Edouard prenaient des flambeaux pour rentrer dans leur chambre, lorsqu'on frappa trois coups très-forts à la porte de la rue.

Dufresne fait un mouvement d'effroi, Edouard écoute en tremblant et Lampin se jette dans une bergère.

— On a frappé, dit Edouard en regardant Dufresne.

— Oui... je l'ai entendu...

— Eh bien! et moi aussi... je ne suis pas sourd... d'ailleurs on a frappé assez fort... Mais qu'est-ce que cela nous fait?... nous n'attendons personne... il est près de trois heures du matin... à moins que ce ne soit nos pucelles qui reviennent pour nous bercer...

— Chut!... on ouvre, je crois...

— Il faut bien qu'on ouvre pour qu'on entre!... Dans un hôtel garni... et dans le genre de celui-ci... est-ce qu'on ne rentre pas toute la nuit?... Au reste... arrive qui plante! je m'en moque, et je bois.

— Je n'entends plus rien, dit Dufresne, oh! ce n'est pas pour nous...

Edouard va se coller sur la porte qui donne sur l'escalier, et écoute attentivement. Lampin se remet à chanter en tâchant de conduire jusqu'à ses lèvres un verre que sa main n'a plus la force de porter. Tout à coup Edouard paraît plus agité.

— Qu'est-ce donc? demande Dufresne à voix basse.

— J'entends le murmure de plusieurs voix... le bruit approche... oui... on monte cet escalier... ah!... plus de doute : on vient nous arrêter, nous sommes découverts!...

— Silence!... imprudent!... dit Dufresne en tâchant de surmonter sa propre terreur, si en effet on vient ici, ne nous troublons pas! et prenez garde à ce que vous direz... surtout ne me nommez point Dufresne...

— Je ne sais plus où j'en suis, dit Edouard, dont la frayeur redoublait à mesure que le bruit approchait.

— Eh ben! v'là que je... je ne sais plus mon nom... moi!... dit Lampin en laissant tomber son verre, mais je vous dis... que... ça n'est pas pour nous...

En ce moment on sonne à la porte du carré. Edouard tombe presque sans force sur une chaise; Dufresne reste immobile au milieu de la chambre en faisant signe aux autres de ne point bouger. Bientôt on sonne de nouveau et on frappe avec violence.

— Il n'y a personne... crie Lampin, allez au diable!

— Allons, dit Dufresne, il faut ouvrir... Qui est là?

— Ouvrez, messieurs, ou l'on sera forcé de briser cette porte.

— Brise!... mon ami... dit Lampin, ça m'est égal? la maison n'est pas à moi.

Dufresne, voyant qu'il n'y a pas moyen de reculer, se décide à ouvrir, après avoir encore fait signe aux autres d'être prudents; mais Lampin n'y voyait plus clair et Murville n'avait plus la tête à lui.

Des gendarmes et un exempt entrent dans l'appartement. A leur aspect Dufresne pâlit. Edouard jette un cri d'effroi, et Lampin se laisse rouler de sa chaise sur le parquet.

— Il faut nous suivre, monsieur, dit l'exempt en s'adressant à Dufresne. Celui-ci cherche à faire bonne contenance et demande avec audace de quel droit on vient troubler son repos.

— Oui... de quel droit... trouble-t-on d'honnêtes gens dans leurs plaisirs? balbutie Lampin, je réponds de mon ami... corps pour corps!...

— Votre caution est de nulle valeur : on vous connaît, maître Lampin!...

— Eh ben!... on a une jolie connaissance, je m'en flatte...

— Vous nous suivrez aussi.

— Moi!... ah! ça sera difficile... je ne marcherais pas pour un bol de punch... jugez si j'irai en prison.

— Quant à monsieur, dit l'exempt en s'adressant à Edouard, je n'ai pas d'ordre pour l'arrêter; mais je l'engage à mieux choisir ses connaissances.

Edouard se tient tremblant et les yeux baissés dans un coin de l'appartement. Il n'entend pas ce qu'on vient de lui dire, il est tellement persuadé qu'on va l'emmener, qu'il se croit déjà plongé dans un cachot, et qu'il est décidé à avouer son crime, dans l'espoir que sa franchise désarmera ses juges.

Dufresne est furieux de voir qu'on va l'arrêter, et qu'Edouard ne le suit pas en prison.

— Vous vous méprenez, messieurs, dit-il, je n'ai rien fait pour que l'on m'arrête...

— Vous êtes le nommé Dufresne, qui vivait avec madame Dolban?

— Vous vous trompez, je me nomme Vermontré.

— Oh! ça, c'est la vérité, dit Lampin en essayant de se relever sans le secours des gendarmes, voilà au moins deux mois qu'il s'appelle comme cela!...

C'est en vain que vous voulez nier. Depuis longtemps la police vous surveille, et sur la nouvelle de l'attentat dont vous êtes accusé, il ne nous a pas été difficile de vous trouver, malgré tous les faux noms que vous av.z pris.

— Un attentat!... un attentat! s'écrie à son tour Lampin, un moment, messieurs, ça ne me regarde pas!... J'ai cru que vous veniez pour l'affaire du chiffon de papier... qui n'est qu'une bagatelle!... Mais un attentat!... Peste! entendons-nous!... Je suis blanc comme neige... et Fluet, qui est là dans le coin, vous en dira autant!... Nous n'avons travaillé, nous autres, que dans les écritures...

— Dans les écritures?...

— Oui... quand je dis nous... C'est la Valeur... qui tremble là-bas, qui a fait le plus long... mais il écrit jo-

15.

liment!... Ah! c'était tapé!... et le vieux juif a donné dedans... Si ben que... nous avons bu et mangé les espèces... Si vous voulez nous tenir compagnie, je suis votre homme.

L'exempt écoutait attentivement, et la terreur d'Edouard, jointes aux phrases décousues de Lampin, lui fit deviner que ces messieurs étaient auteurs de quelque friponnerie d'un autre genre que l'affaire pour laquelle il venait : c'était pour le crime commis sur madame Dolban que l'on visitait ces messieurs au milieu de la nuit, afin de s'assurer de Dufresne; le faux n'était découvert que de la veille, et la police n'avait pas encore saisi les traces des coupables.

— D'après ce que j'entends, vous allez nous suivre aussi, monsieur, dit l'exempt à Edouard ; si vous êtes innocent, il vous sera facile de vous justifier.

— Ah! j'avouerai tout, dit Edouard en se laissant saisir par les gendarmes.

— Eh bien! tu n'es qu'une bête, foi de Lampin ; pour moi, je n'avouerai rien!... Allons, les amis, portez-moi, si vous voulez que je vous suive...

On entraîne Dufresne, qui veut encore faire résistance. Edouard, au contraire, se laisse emmener sans prononcer un mot. Pour Lampin, on est obligé de l'emporter ; car il ne peut se soutenir sur ses jambes, et c'est en prison que ces messieurs vont finir le reste de la nuit.

Conduit le lendemain devant un juge d'instruction, pour subir un interrogatoire préalable, Edouard se trouble et balbutie ; mais il n'a pas la force de nier son crime ; en vain Lampin, dégrisé, lui a fait sentir la conséquence de ce qu'il répondra, et lui a fait sa leçon ; Murville a promis à Lampin d'être ferme et de suivre ses conseils; mais devant un magistrat, le malheureux perd courage et ne sait plus ce qu'il dit.

C'est à la Force qu'Edouard est enfermé avec Lampin, jusqu'à ce que l'on prononce sur l'affaire du faux.

Dufresne n'est pas avec eux; accusé d'avoir empoisonné madame Dolban, il doit être jugé avant ses deux amis, et c'est à la Conciergerie qu'il a été conduit.

Edouard, qui n'a pas eu la précaution de prendre de l'argent, est renfermé avec Lampin dans une salle infecte, au milieu d'un ramas de misérables, tous arrêtés pour vols ou actions du même genre. C'est sur un peu de paille qu'il est couché, et sa nourriture n'est que celle que la prison donne aux détenus. Lampin prend gaiement son parti; il chante, crie, et fait le diable avec les malheureux qui l'entourent. Edouard n'a pas le courage du crime; il sent au fond de son âme les remords et les regrets. Il pleure la nuit sur la pierre qui lui sert de lit, et ses larmes sont une source de plaisanteries et de quolibets pour les misérables enfermés avec lui.

Le jour, les prisonniers ont la permission de se promener dans une grande cour; Edouard n'y accompagne pas ses compagnons, afin d'être seul quelques moments, et de pouvoir au moins gémir en liberté. Il ne voit personne du dehors; il n'a plus d'amis; ses camarades de plaisir ne viennent point le visiter à sa prison, et cependant les autres détenus, qui ne valent pas mieux que lui, reçoivent journellement des visites, et ne sont point abandonnés par leurs dignes collègues. Mais Edouard a parmi ces messieurs la réputation d'un être faible et pusillanime, et les hommes de ce caractère ne sont propres à rien; le moindre revers les abat, les décourage, et les lâches sont aussi méprisés par les criminels que nuls parmi les honnêtes gens.

Le souvenir d'Adeline et de sa fille se présente alors à la pensée d'Edouard; c'est lorsqu'on est malheureux qu'on se souvient de ceux qui nous aiment véritablement. Il a repoussé sa femme et son enfant, et les a abandonnés sans savoir si les infortunés pourraient trouver de quoi soutenir leur existence; mais il est persuadé qu'Adeline accourrait lui prodiguer des consolations et mêler ses pleurs aux siens, si elle le savait au fond d'une prison. Malgré tout le mal qu'il lui a fait, il sait au moins ne pas douter de son cœur.

Lampin s'approche un jour de Murville, et son air joyeux semble annoncer quelque bonne nouvelle.

— Aurions-nous notre grâce? lui demande aussitôt ce dernier.

— Notre grâce! ah! ben oui! il ne faut pas nous attendre à cela... D'ailleurs, imbécile, tu as si bien mis notre affaire à jour, qu'à moins d'être aveugle, on doit nous condamner. Ah! si tu avais été un autre homme!... si tu avais seulement récité fidèlement ta leçon, nous aurions embrouillé tout cela de manière qu'on n'y aurait vu que du feu; mais tu jacasses comme une pie.

— Oubliez-vous que c'est votre faute si je suis arrêté? C'est vous qui avez donné l'éveil à la justice...

— Ah! mon petit, c'est différent : j'étais gris comme un brave garçon... j'avais bu pour toi, et, dans le vin, comme dit le proverbe, *in vino*... vérité!... Mais enfin, ce n'est pas de tout cela qu'il s'agit : notre ami Dufresne est plus heureux que nous...

— On lui rend la liberté?

— Eh! non, mais il la prend. Pour mieux dire, il s'est sauvé de sa prison avec deux autres détenus. Ah dame! mon fils, c'est que c'est un homme que Dufresne? c'est un gaillard qui est solide; ça n'est pas mou comme toi... Je gage qu'il aurait mis le feu à sa prison plutôt que d'y rester. Quand on est comme cela, on ne manque pas d'amis. Dufresne a trouvé des connaissances; il s'est évadé, et il a bien fait; car on assure qu'il sera condamné à mort.

— A mort!... qu'a-t-il donc fait?

— Ce qu'il a fait!... ah ben! elle est bonne, celle-là... Est-ce que tu sors d'un trou de souris? Tu ne sais pas pourquoi on l'a pincé?

— J'ai cru que c'était, ainsi que nous, pour ce malheureux effet...

— Eh! non, c'est mieux que ça... Mais, au fait, je me

souviens maintenant que la peur faisait sur toi l'effet du vin ; tu n'y étais plus. Apprends que Dufresne est accusé d'avoir empoisonné une madame Dolban avec laquelle il vivait...

— Grand Dieu !... le monstre !...

— Il paraît que son affaire est mauvaise ; il sera condamné à mort par contumace ; mais tu entends bien qu'il ne reviendra pas sur les lieux pour se faire empoigner. Nous ne le reverrons plus : j'en suis fâché, c'est un garçon d'esprit ; c'est dommage qu'il se soit lancé trop avant !...

— Et nous ?...

— On doit sous peu nous transférer à la Conciergerie pour nous mettre en jugement. C'est là, mon homme, qu'il faudra de la fermeté et de l'élocution !... Si tu pleures là comme ici, c'est fini... nous irons sur mer, au service du gouvernement

— Malheureux ! il se pourrait !...

— Chut ! on nous écoute... assez causé...

Pendant que le malheureux Édouard est en proie à toutes les angoisses de la terreur et des remords, et qu'entouré de vils scélérats qui se font gloire de leurs crimes et de leur dépravation, il se voit l'objet de leur mépris, sans qu'aucun d'eux lui adresse un mot de pitié et daigne prendre part à ses peines, Adeline coule des jours tranquilles à la ferme de Guillot. Elle voit grandir sa fille, qui déjà commence à balbutier quelques mots qu'une mère seule peut comprendre. Jacques, toujours plein de zèle et de courage, veut être chargé des plus rudes travaux ; il en fait plus que deux garçons de ferme, et pour lui le travail est un plaisir. Il revient le soir près d'Adeline ; il prend sa petite nièce sur ses genoux, et fait sauter l'enfant au refrain d'une chanson militaire. Tout le monde chérit le frère Jacques ; car c'est aussi comme cela qu'on le nomme au village depuis qu'on sait qu'il est le beau-frère de madame Murville ; et les villageois sont fiers de posséder sous leur toit rustique une femme comme Adeline, un brave comme Jacques.

Mais cette vie paisible ne pouvait durer : un voyage de Sans-Souci à Paris devait amener de grands changements. Le brave camarade de Jacques part un jour pour la grande ville, chargé, comme à l'ordinaire, des commissions secrètes d'Adeline et de son beau-frère, qui tous deux, sans se les communiquer, ont la même pensée, le même désir, et brûlent de savoir ce que fait Edouard.

Jusqu'alors Sans-Souci n'avait pu se procurer aucun renseignement, mais un hasard malheureux lui fait cette fois rencontrer un ami qu'il n'a pas vu depuis fort longtemps. Cet ami, après avoir fait divers métiers, est maintenant commissionnaire de la Conciergerie. C'est lui qui est employé par les détenus qui ont la permission de communiquer encore avec la société. Sans-Souci prononce le nom d'Edouard Murville ; son ami lui apprend qu'il est en prison, et que son jugement doit être prononcé le lendemain.

— En prison ! s'écrie Sans-Souci, le frère de mon brave camarade !... Mille cartouches ?... Voilà qui va désoler ce pauvre Jacques.

Le commissionnaire qui voit que Sans-Souci s'intéresse beaucoup à Edouard, est déjà fâché d'en avoir tant dit.

— Mais enfin pourquoi est-il en prison ? demande Sans-Souci avec inquiétude ; qu'a-t-il donc fait ?... parle... instruis-moi... Est-ce pour dettes ?

— Oui, oui... Oh ! c'est, je crois, pour un billet, répond en hésitant le commissionnaire, qui se garde bien d'avouer la vérité ; et qui tâche, mais en vain, de détourner la conservation.

— Morbleu !... son frère ! son mari ! en prison !... Pauvre petite femme ! pauvre camarade !...

— Ne leur en dis rien, mon ami, ne leur parle pas de cela. Je suis déjà assez fâché moi-même de l'avoir appris cette triste nouvelle.

— Tu as raison... je me tairai... je ne dirai rien! car aussi bien ils ne peuvent pas remédier à cela. Cet Edouard est un mauvais sujet! tant pis pour lui.

— Oh! oui, c'est un fort mauvais sujet qu'ils feront bien d'oublier.

— Eh! sans doute... nous pouvons penser cela, nous autres; mais une épouse... un frère... on a un cœur, vois-tu; et quand il s'agit de quelqu'un qu'on aime, il vous pousse toujours en avant... Adieu, mon vieux, je retourne à la ferme... bien fâché de t'avoir rencontré, quoique ça ne soit pas de ta faute... J'ai le cœur gros... et le mal, c'est que je suis trop bête pour dissimuler.

Sans-Souci quitte son ami et retourne à la ferme; Adeline et Jacques le questionnent suivant leur usage, et Sans-Souci répond qu'il n'en sait pas plus que les autres fois; mais c'est en vain qu'il veut feindre, sa tristesse le trahit; son embarras, lorsqu'elle lui parle d'Edouard, donne des soupçons à Adeline; une femme devine facilement les sentiments que nous éprouvons en secret. L'épouse d'Edouard, persuadée que Sans-Souci lui cache quelque chose de fâcheux concernant son mari, est sans cesse sous les pas du pauvre Sans-Souci : elle le presse, elle le supplie de lui tout avouer.

Pendant deux jours le courage du brave soldat tient bon contre les prières d'Adeline. Mais il réfléchit à la position d'Edouard, qu'il croit en prison pour dettes; il pense que sa femme possède à Paris des connaissances par lesquelles elle pourra sans doute adoucir la situation de son mari. Edouard a été coupable; mais peut-être le malheur aura mûri sa tête, il ne faut donc pas le priver de secours et de consolations. Ces réflexions décident Sans-Souci à ne plus cacher à Adeline ce qu'il sait. L'occasion ne tarde pas à se présenter; le lendemain la jeune femme le conjure encore de lui avouer ce que fait son mari; Sans-Souci se rend, à condition qu'elle n'en parlera pas à Jacques, par qui il craint d'être grondé; Adeline le promet, et lui apprend alors tout ce qu'on lui a dit à Paris.

Dès qu'Adeline sait que son mari est en prison, elle prend à l'instant son parti ; elle quitte Sans-Souci, se rend dans sa chambre, rassemble quelques bijoux, dernier reste de sa fortune passée, fait un petit paquet de ses hardes, et après avoir écrit sur un papier qu'on ne doit pas être inquiet de son absence, elle prend sa petite Ermance dans ses bras et sort en secret de la ferme, résolue à tout faire pour obtenir la liberté de son époux ou à partager sa captivité.

Il n'est alors que neuf heures du matin ; Jacques est aux champs, les villageois sont occupés de différents côtés. Adeline est sur la route de Paris avant que les habitants de la ferme se soient aperçus de son départ.

CHAPITRE XXIX

LA PLACE DU PALAIS.

Adeline ne sait point encore quels moyens elle emploiera pour parvenir jusqu'à son époux ; elle n'a formé aucun plan ; elle ignore les démarches qu'il faut faire pour parler à un prisonnier ; une seule pensée l'occupe : son Edouard est malheureux, il languit dans une prison, il est privé de toute consolation !... car Adeline connaît le monde : elle se doute bien que ceux qui entouraient Edouard dans sa prospérité l'ont abandonné dans sa détresse !... Qui donc maintenant ira sécher les larmes du pauvre détenu, si ce n'est son épouse et sa fille ! Il les a repoussées cependant ! il s'est jadis dérobé à leurs caresses ! mais lorsque celui qu'on aime est accablé sous le poids de l'infortune, une âme généreuse ne sait point se souvenir de ses torts.

Sans-Souci a parlé de la Conciergerie : c'est donc vers la Conciergerie qu'il faut se diriger. Adeline croit que ses prières, ses larmes et la vue de son enfant attendriront les geôliers ; elle ne doute point qu'on ne lui permette de voir son époux. Cette espérance double son courage. Après avoir gagné Villeneuve-Saint-Georges en portant dans ses bras la petite Ermance, qui n'a pas encore un an et demi, Adeline rencontre enfin une de ces mauvaises voitures qui mènent les Parisiens dans la banlieue et aux fêtes champêtres. Pour un prix modique le cocher fait monter la jeune femme et son enfant, et dirige ses rosses sur le chemin de Paris.

Un seul voyageur est dans la voiture avec Adeline : c'est un vieillard de soixante-dix ans environ, mais de bonne mine, dont l'air franc et bon inspire la confiance et le respect. Sa mise annonce l'aisance sans ostentation, et ses manières, sans être celles du grand monde, dénotent de l'usage et l'habitude de la société.

Adeline salue son compagnon de route et se place en silence près de lui.

Le vieux monsieur la considère d'abord avec attention, puis avec intérêt. Adeline a une physionomie si noble et si touchante qu'il est impossible de la voir sans éprouver quelque chose en sa faveur et sans désirer la connaître davantage.

La petite Ermance est sur les genoux de sa mère : ses grâces enfantines charment le vieillard qui lui donne des bonbons et lui fait quelques caresses. Adeline remercie le vieux monsieur de son obligeance ; elle sourit à sa fille, puis retombe dans ses pensées.

Le voyageur cherche à lier conversation avec la jeune dame ; mais les réponses de celle-ci sont si courtes, elle paraît tellement préoccupée que son compagnon craint d'être indiscret. Il cesse de parler ; mais il voit la tristesse d'Adeline, il entend ses soupirs, il remarque ses beaux yeux, sans cesse tournés vers Paris et souvent mouillés de larmes. Il n'ose chercher à la distraire de ses peines, il la plaint en silence.

Adeline trouve le chemin bien long ; les maudits chevaux ont leur pas ordinaire, rien ne saurait les faire galoper.

Quelquefois, cédant à son impatience, Adeline est prête à descendre de voiture, dans l'espoir qu'en allant à pied elle arrivera plus tôt à Paris. Mais il faudrait porter la petite Ermance, et ses forces trahiraient son courage. Elle reste dans la voiture et songe que chaque tour de roue la rapproche de son mari.

Le vieux monsieur regarde sa montre, et cette fois c'est Adeline qui, la première lui, adresse la parole :

— Monsieur, voulez-vous bien me dire quelle heure il est ?

— Bientôt une heure, madame.

— Nous sommes encore loin de Paris ?

— Mais non, à une petite lieue environ... dans trois quarts d'heure vous serez arrivée.

— Dans trois quarts d'heure... Ah ! que ce temps est long !...

— Madame a, je le vois, quelque affaire pressante qui l'appelle à Paris ?

— Oui, monsieur... Oh ! oui !... il me tarde bien d'y être rendue !...

— Madame y connaît sans doute du monde ?... Dans le cas contraire, si je pouvais être de quelque utilité à madame...

Adeline ne répond pas ; elle n'entend plus son compagnon, elle est retombée dans ses pensées, elle est près de son époux.

Le vieux monsieur en est pour ses offres de services ; mais, loin de se fâcher, il n'éprouve que plus d'intérêt pour la jeune femme, qui paraît livrée à un chagrin si profond.

Enfin on arrive à Paris. La voiture s'arrête, Adeline descend précipitamment ; elle prend son enfant dans ses bras, paye le cocher, salue son compagnon et disparaît à ses regards avant que le vieux monsieur ait eu le temps de poser un pied sur le petit tabouret que lui présente un savoyard pour lui aider à descendre du cabriolet.

— Pauvre jeune femme !... dit le vieillard en regardant

du côté par où Adeline s'est éloignée, comme elle court... comme elle paraît agitée !... Ah ! puisse-t-elle ne pas apprendre de mauvaises nouvelles !

Adeline va aussi vite qu'il est possible d'aller lorsqu'on tient un enfant dans ses bras. Elle demande le chemin de la Conciergerie : on le lui indique, elle marche sans s'arrêter. L'amour, l'inquiétude, doublent ses forces ; elle approche enfin ; elle aperçoit une place... c'est celle du palais de justice.

Cette place est encombrée de monde... la foule est si considérable qu'on peut à peine marcher.

— Et il faut que je passe là ! se dit tristement Adeline ; allons, puisqu'il n'y a pas d'autre chemin, faisons un dernier effort et tâchons de nous frayer un passage.

Mais pourquoi tant de monde rassemblé? Est-ce une fête, une réjouissance? Quelque charlatan a-t-il établi là sa boutique ambulante? Sont-ce des chanteurs, des escamoteurs, des joueurs de gobelets, qui par leurs chansons, leur musique ou leurs tours curieux, attirent ainsi cette multitude? Non, ce n'est rien de tout cela ; nos badauds se presseraient moins s'il ne s'agissait que de travaux agréables. C'est une exécution qui va se faire, ce sont des malheureux que l'on va flétrir et exposer sur le fatal tabouret ; et c'est pour contempler ce spectacle affligeant pour l'humanité que ces enfants, ces vieillards, ces jeunes filles, accourent avec tant d'empressement?... Vous vous en étonnez?... Ignorez-vous que la Grève est encombrée, que les fenêtres qui donnent sur la place sont louées, lorsque quelque criminel doit y subir la peine capitale? Et qui voyez-vous se repaître avec le plus d'avidité de ces spectacles épouvantables ? Des femmes !... des femmes jeunes et dont les traits respirent la douceur et la sensibilité !... Que se passe-t-il donc au fond du cœur humain, si c'est chez un sexe faible et timide qu'il faut chercher cet excès de stoïcité?

Rendons cependant justice à celles qui fuient la vue de ces dégoûtants spectacles, et que le tableau d'une exécution priverait de l'usage de leurs sens. Adeline est de ce nombre ; elle ignore ce qui va se passer sur la place, elle ne fait pas attention aux cris de la canaille qui l'entoure.

— Les v'là... les v'là !... s'écrient plusieurs personnes ; ah ! faut voir la mine qu'il feront tout à l'heure quand on leur appliquera le fer rouge...

Adeline cherche à traverser la place, mais elle ne peut y parvenir, la foule la repousse ou l'entraîne en sens contraire : elle se trouve ainsi, sans l'avoir cherché, tout proche des gendarmes qui entourent les condamnés. Elle lève les yeux pour chercher un passage, elle aperçoit les malheureux marqués du sceau de l'infamie... elle baisse aussitôt ses regards... elle vaudrait fuir ce spectacle horrible... Dans ce moment un cri douloureux se fait entendre... c'est celui d'un des misérables qui vient d'être flétri ; ce cri est parvenu jusqu'au cœur d'Adeline... il a bouleversé ses sens... elle l'entend sans cesse... elle a reconnu ces accents plaintifs... Un sentiment dont elle n'est pas maîtresse lui fait lever alors les yeux sur les coupables... Un homme, jeune encore, mais pâle, abattu, défiguré, est attaché devant elle... Adeline le considère... Elle ne peut le méconnaître... les yeux du malheureux rencontrent les siens... C'est Edouard, c'est son époux qui vient d'être rejeté de la société, et qu'elle retrouve sur le tabouret.

Un cri d'horreur s'échappe avec peine de la bouche de la jeune femme... Le coupable laisse retomber sa tête sur sa poitrine, et Adeline, égarée, éperdue, succombe enfin à la violence de sa douleur et tombe sur le pavé, privée de sentiment, mais serrant encore, par un mouvement convulsif, sa fille contre son sein.

CHAPITRE XXX

LE BONHOMME GERVAL.

Les Français, et surtout les gens du peuple, ont cela

de bon, c'est qu'ils passent facilement d'un sentiment à un autre; après avoir été témoins d'une exécution, ils s'arrêteront devant un spectacle de polichinelles; ils rient et ils pleurent avec une étonnante facilité; et le même homme qui repousse avec brutalité son voisin, parce qu'il l'empêche de voir conduire un malheureux à la potence, s'empressera de relever et de secourir l'infortuné que le besoin ou un accident imprévu aura fait tomber à ses pieds.

Les commères et les jeunes filles qui encombraient la place du Palais oublièrent le joli spectacle qu'elles étaient venues voir, pour secourir la jeune femme qui restait sans connaissance sur le pavé.

On emporte Adeline et son enfant dans le café le plus voisin, et là, on prodigue tous les secours à la pauvre mère. Chacun fait ses conjectures sur cet événement.

— C'est peut-être la foule, la chaleur qui ont incommodé cette jolie dame, disent les uns; d'autres pensent avec plus de raison que le mal de l'inconnue paraît trop violent pour avoir été produit par une cause aussi simple.

— Peut-être, disent-ils, cette jeune dame a-t-elle aperçu parmi ces misérables quelqu'un qu'elle a connu et aimé autrefois?...

Pendant que chaque personne cherche à deviner la cause de cet accident, la petite Ermance jette des cris perçants, et trop jeune encore pour connaître tout son malheur, pleure cependant, parce que sa maman ne l'embrasse plus.

On parvient enfin à rappeler la jeune femme à la vie : infortunée!... est-ce un service qu'on lui rend!.. chacun attend avec curiosité ce qu'elle va dire... mais Adeline promène autour d'elle des regards égarés; puis prenant dans ses bras sa fille, qu'elle semble vouloir soustraire à quelque danger, elle va sortir du café sans avoir prononcé une parole.

Cette conduite extraordinaire étonne tous les assistants.

— Pourquoi vous éloigner déjà, madame? dit une bonne vieille en retenant Adeline ; il faut vous reposer encore et remettre tout à fait vos sens.

— Ah! il faut que je parte..... il faut que j'aille le rejoindre, répond Adeline en regardant vers la rue; il est là... il m'attend... il m'a fait signe de l'arracher de cette place... de lui ôter ces chaînes... j'entends encore sa voix... Oui, il m'appelle... tenez, entendez-vous? il se plaint... ce cri déchirant... le malheureux !... Ah! comme il lui font mal !...

Adeline retombe sans force sur un siége ; ses yeux se détournent avec horreur d'une image qu'elle semble avoir sans cesse présente à la pensée. Tous ceux qui l'entourent répandent des pleurs ; on s'aperçoit qu'elle a perdu la raison ; chacun plaint la jeune infortunée et cherche à ramener le calme dans ses esprits ; mais c'est en vain que l'on s'empresse à lui offrir des consolations, Adeline ne les entend pas, elle ne reconnaît que sa fille et elle s'obstine à vouloir fuir avec elle.

Que fera-t-on? Comment savoir quelle est la famille, quels sont les parents de cette pauvre femme? Ses vêtements n'annoncent pas la fortune; le paquet de hardes contenant, outre ses effets, les bijoux qu'elle a emportés, n'a pas été trouvé près d'Adeline lorsqu'on l'a ramassée ; sans doute quelque curieux qui contemplait d'avance la place qu'il doit occuper un jour, a trouvé moyen de dérober les effets d'Adeline. Elle paraît donc sans ressources, et comme chez bien des gens l'attendrissement est toujours stérile, on parle déjà de conduire la pauvre femme à un hospice, et son enfant à la Pitié, lorsque l'arrivée d'un nouveau personnage suspend l'exécution de ce projet.

Un vieillard entre dans le café, il s'informe de la cause de ce rassemblement; chacun lui fait une histoire. L'étranger parvient à écarter les curieux qui entourent la jeune infortunée; il s'approche d'Adeline, et jette un cri de surprise en reconnaissant la personne avec laquelle il a fait le chemin de Villeneuve-Saint-Georges à Paris.

— C'est bien elle!... s'écrie-t-il, et la petite Ermance lui tend les bras en souriant ; car elle reconnaît celui qui, quelques heures auparavant, lui a donné des bonbons.

Le vieillard devient alors un personnage intéressant pour la multitude, qui brûle de savoir l'histoire de la pauvre mère, chacun accable le vieux monsieur de questions : celui-ci, fatigué et importuné par la foule indiscrète, fait chercher une voiture, et après s'être exactement informé au maître du café de ce qui est arrivé à la jeune étrangère, il fait monter Adeline et son enfant dans un fiacre, et les dérobe ainsi aux regards des curieux.

Adeline est tombée dans un morne abattement. Elle se laisse emmener sans prononcer un mot ; elle paraît ne point s'apercevoir de tout ce qui se passe autour d'elle, sa fille même ne l'occupe plus.

Monsieur Gerval, c'est le nom du vieillard, considère la jeune femme avec attendrissement, il ne peut croire encore que celle qu'il a vue le matin, triste, il est vrai, mais pleine de sens, soit maintenant privée de sa raison. Il se perd en conjectures sur la cause de ce singulier événement.

La voiture s'arrête devant un bel hôtel garni. C'est là où loge toujours M. Gerval lorsqu'il vient à Paris. On le connaît dans la maison, et chacun a pour lui les égards que méritent son âge et son caractère.

Il fait descendre Adeline et sa fille et les conduit devant son hôtesse.

— Tenez, madame, lui dit-il, voici une étrangère, que je vous prie de loger jusqu'à nouvel ordre.

— Ah! mon Dieu! comme cette jeune femme est jolie! mais quel air triste!... quels regards sombres!... est-ce qu'elle ne parle pas? monsieur Gerval.

— Elle est souffrante... elle a éprouvé quelque grand malheur.. on dit même que sa raison..

— O ciel! quel dommage!...

— J'espère qu'avec beaucoup de soins, nous parviendrons à calmer sa tête... je vous recommande cette jeune infortunée ainsi que son enfant.

— Soyez tranquille, monsieur Gerval, rien ne lui manquera !...C'est, je le vois, encore un être malheureux dont vous prenez soin !...

— Que voulez-vous? ma chère hôtesse ; il faut bien se rendre utile quand on le peut. Je n'ai pas d'enfant, je suis vieux ; à quoi me serviront toutes mes richesses, si je n'aide pas les infortunés? c'est d'ailleurs une jouissance que je me procure. Je suis comme le bonhomme de Florian : *Je fais souvent du bien pour avoir du plaisir.*

— Ah! monsieur Gerval, si tous les riches pensaient comme vous !...

— Dites-moi, madame, mon vieux Dupré est-il rentré ?

— Oui, monsieur, il vous attend dans votre appartement.

— Je vais le trouver... Veillez sur cette jeune femme, je vous en prie, et qu'elle ne manque de rien.

— Comptez sur moi, monsieur.

Le bon M. Gerval monte à son appartement, où il trouve son vieux serviteur Dupré, qui attendait son maître avec impatience,

— Ah! vous voilà, monsieur, j'étais inquiet de ne point vous voir revenir... Avez-vous fait un heureux voyage? avez-vous appris quelque chose?

— Non, mon ami, la maison où demeurait jadis la famille Murville est maintenant en vente. On m'a bien dit qu'un Édouard Murville l'avait habitée quelque temps avec sa femme, mais on ne sait plus ce qu'ils sont devenus. Et toi, Dupré?

— Moi, monsieur, je n'en sais pas davantage. Vos anciens amis sont morts ; et leurs enfants sont je ne sais où. Quelques personnes m'ont cependant parlé d'un Murville, homme d'affaires, puis intrigant, et au total, fort mauvais sujet,... Mais on n'a pas pu... ou voulu me dire ce qu'il est devenu. C'est peut-être le plus jeune des fils, celui qui s'est sauvé à quinze ans de la maison paternelle... une escapade comme celle-là n'annonce rien de bon pour l'avenir.

— J'en serais fâché... j'aurais voulu... mais je vois que je reviens trop tard. Mes voyages m'ont pendant dix ans éloigné de Paris, ce n'est que depuis un an que, retiré du commerce, j'ai pu revenir dans cette ville. Mais quel changement dix années ont produit! Mes amis (il est vrai qu'ils étaient déjà vieux quand je suis parti), mes amis sont morts ou disparus. Tout cela m'attriste, Dupré, cette ville ne m'offre plus que des souvenirs!... nous allons la quitter et retourner habiter ma petite maison des Vosges, c'est là que je veux finir ma carrière. Mais laissons cela; j'ai quelque chose à t'apprendre, car mon voyage n'a pas été tout à fait inutile : il m'a fait connaître une jeune femme... bien intéressante et qui paraît fort malheureuse!...

— Bah! et où donc monsieur l'a-t-il rencontrée?

— Nous étions dans la même voiture pour revenir à Paris; car, malgré tes conseils, c'est dans un de ces mauvais cabriolets que j'ai fait la route.

— Ah! monsieur, vous faire ainsi cahoter! cela n'est pas raisonnable!

— Bon! bon! je suis bien portant, et je me félicite de n'avoir pas suivi tes avis, puisque j'ai voyagé avec une pauvre femme que le hasard m'a fait rencontrer ensuite dans la plus triste situation.

M. Gerval conte à son domestique ce qui lui est arrivé, et le hasard qui lui a fait retrouver l'étrangère dans un café, au moment où l'on parlait de la conduire à un hospice. Dupré, dont le cœur est bon comme celui de son maître, est fort impatient de voir la jeune femme et sa jolie petite fille; il suit son maître, qui se fait conduire dans la chambre que l'on a donnée à Adeline.

L'épouse d'Édouard se promène avec agitation dans l'appartement, tandis que la petite Ermance repose sur un fauteuil. L'entrée de M. Gerval et de Dupré cause à Adeline un mouvement de frayeur ; elle court près de sa fille, et paraît craindre qu'on ne veuille la lui enlever.

— Ne vous effrayez pas, madame, dit le vieillard en s'approchant doucement, c'est un ami qui vient vous consoler... Contez-moi vos chagrins : je les adoucirai, j'en ai l'espérance.

— Quelle foule m'entoure !... dit Adeline en jetant autour d'elle de sinistres regards, que de monde !... Pourquoi ce rassemblement ?... Ah ! je ne veux pas... non je ne veux pas m'arrêter sur cette place... Ce sont des malheureux que l'on vient contempler... Laissez-moi fuir... Mais je ne puis ; les cruels me retiennent... me pressent... Ah ! fermons bien les yeux !... ne regardons pas.. il est là !... tout près de moi.....

Elle tombe sur une chaise et met ses mains devant son visage.

— Pauvre femme ! dit Dupré, il faut qu'il lui soit arrivé un affreux événement... Savez-vous, monsieur, que cette infortunée paraît née dans une classe élevée ? Ses vêtements sont fort simples... ce sont presque ceux d'une villageoise ; malgré cela, je gage que cette femme-là n'est pas une paysanne.

— Eh !... sans doute !... je le vois aussi bien que toi !... mais comment savoir ce qu'elle est ?... Si cet enfant parlait mieux...

— La petite s'éveille, monsieur ; donnez-lui des bonbons et tâchez de distinguer les noms qu'elle prononcera.

Gerval s'approche d'Ermance et la caresse : la petite le reconnaît, vient d'elle-même près de lui. On lui donne des bonbons ; on la fait sauter, et elle balbutie le nom de Jacques ; car c'est Jacques qui tous les soirs la faisait sauter sur ses genoux en jouant avec elle.

— On dirait qu'elle vous connaît, monsieur, dit Dupré à son maître ; je crois que c'est Jacques qu'elle appelle... tenez, écoutez...

— Pauvre petite!... en effet... peut-être son père se nommait-il ainsi... essayons de savoir si c'est bien ce nom qu'elle prononce... sa mère le connaît sans doute...

Le vieillard s'approche d'Adeline en prononçant à haute voix le nom de Jacques. La jeune femme lève aussitôt les yeux et répète elle-même ce nom.

— Bon! elle nous a entendus, dit tout bas Dupré.

— Vous cherchez Jacques, dit Adeline à M. Gerval; ah! de grâce! ne lui dites point ce secret affreux!... qu'il ignore toujours sa honte... Pauvre Jacques!... il en mourrait de douleur... ah! promettez-moi que vous ne lui direz rien.

Le bon Gerval le lui promet, et Dupré secoue tristement la tête.

— C'est fini, monsieur, dit-il à son maître, il n'y a rien à espérer!... mais quel est votre projet?

— Nous allons faire toutes les recherches possibles. Toi, Dupré, tu iras à Villeneuve-Saint-Georges, tu t'informeras de tous les Jacques qui peuvent se trouver dans le village; enfin, tu tâcheras d'apprendre quelque chose... Si nous ne pouvons rien découvrir, alors... je verrai comment...

— Ah! je suis bien sûr, mon cher maître, que vous n'abandonnerez point cette jeune femme et ce pauvre enfant!...

— Non, Dupré, non, je ne les abandonnerai point. Mais il se fait tard, je suis fatigué. Je vais me reposer, et demain nous commencerons nos recherches.

Après avoir de nouveau recommandé Adeline et sa fille aux gens de l'hôtel, le bon Gerval va prendre du repos.

Adeline est durant la nuit de même que le jour, tantôt vivement agitée, prononçant des discours incohérents, tantôt livrée au plus profond abattement et ne paraissant rien voir de ce qui se passe autour d'elle. On remarque cependant que le bruit, le son d'une voix un peu forte, le moindre cri enfin, la fait tressaillir et retomber dans le plus grand délire.

Le lendemain, un médecin appelé par M. Gerval vient voir la jeune infortunée, mais tout son art se borne à la rendre plus calme ; il pense qu'un séjour tranquille rendra moins fréquents les accès effrayants de sa démence. Mais il donne peu d'espoir pour le rétablissement de sa raison, ignorant la cause qui en a provoqué la perte.

Dupré se rend à Villeneuve-Saint-Georges, et là, s'informe de tous les Jacques du pays. Deux paysans seuls portent ce nom, mais ils ne savent ce qu'il veut dire au sujet de la jeune femme et de sa fille, Dupré ne peut rien apprendre, et il revient près de son maître.

Celui-ci n'est pas plus avancé dans les recherches qu'il fait à Paris ; les journaux n'annoncent pas qu'une jeune femme et sa fille aient disparu de leur demeure, et il ne peut obtenir aucun renseignement sur le nom et la famille de celle qu'il a recueillie.

Dix jours s'écoulent, Adeline est toujours dans le même état ; son abattement est moins souvent troublé par des crises violentes, mais lorsque par hasard un cri se fait entendre à son oreille, son délire devient terrible et son état est effrayant. La voix seule de sa fille ne lui cause jamais de mal ; cette voix pénètre toujours jusqu'au cœur de la pauvre mère qui n'a pas méconnu les accents de son enfant.

— Mon cher Dupré, dit au bout de ces dix jours M. Gerval à son domestique, je vois bien qu'il faut perdre l'espoir de savoir quelle est cette femme intéressante. Ma foi, mon ami, j'ai pris mon parti. Je suis résolu à emmener ces infortunés avec moi. Tu sais que je vais me retirer dans ma maison des Vosges. Cette demeure solitaire, entourée de bois et de bocages, est ce qui convient le mieux à notre triste malade. C'est l'avis du médecin ; il faut le suivre, là du moins, rien ne troublera le calme dont cette *infortunée* a besoin. Nous aurons soin qu'elle n'y entende aucun cri. Nous élèverons sa fille ; Catherine, qui aime tant les enfants, veillera sur cette pauvre petite, et les caresses de cette innocente créature me payeront de ce que j'aurai fait pour sa mère... Eh bien! Dupré, que penses-tu de mon projet?...

— Il m'enchante, monsieur, et je vous reconnais là!... toujours humain, bienfaisant!... vous donnez tout aux malheureux.

— C'est mon plaisir, à moi; je n'ai point de famille, les infortunés sont mes enfants. Tu sais que je venais à Paris dans l'espérance d'avoir des nouvelles de certain petit garçon que j'aimais dans son enfance et qui d'ailleurs a des droits à ma protection. Mais, ma foi!... puisque je ne puis le retrouver, cette petite fille le remplacera. Dès ce moment je l'adopte, je prends soin de sa mère, et je remercie la Providence qui m'a choisi pour être leur protecteur.

Le Lendemain le bon Gerval met son projet à exécution : il achète une berline large et commode, y fait placer tout ce qui durant la route peut être nécessaire à la jeune femme et à sa fille; puis, après avoir laissé son adresse à son hôtesse, pour qu'elle lui écrive si elle apprenait quelque chose concernant l'inconnue, le protecteur d'Adeline et d'Ermance part avec elles et son vieux domestique pour la demeure champêtre où il compte finir en paix ses jours.

CHAPITRE XXXI

JACQUES ET SANS-SOUCI.

Pendant que la voiture du bon Gerval mène Adeline et sa fille vers le nord de la France, que doit penser Jacques de la disparition des êtres qu'il chérit? Pour le savoir, revenons à la ferme.

A son retour des champs, étonné de ne point voir venir à sa rencontre Adeline et sa fille, qui toujours les premières payent ses travaux par une caresse. Jacques cherche des yeux sa sœur. Inquiet de ce qu'elle n'est pas dans la salle commune, il demande à Louise si elle est indisposée.

— J'espère ben que non, dit la fermière, mais je ne l'avons pas aperçue de la journée; vous savez que quelquefois elle aime à rester seule dans sa chambre, et j'n'osons pas la déranger. Cependant v'là l'heure où elle devrait être avec nous.

— Je vais la chercher, dit Jacques; et il monte précipitamment à la chambre d'Adeline.

Les villageois commencent aussi à craindre que madame Murville ne soit malade; Sans-Souci ne dit rien, mais il est plus inquiet que les autres, car il se rappelle ce qu'il a appris le matin à Adeline, et il se doute qu'elle a fait quelque coup de sa tête. Chacun attend impatiemment le retour de Jacques... il redescend enfin, mais la tristesse, la douleur se peignent dans ses traits, ses yeux sont humides, son front est sombre.

— Qu'est-il arrivé? s'écrient les villageois.

— Elle est partie... elle nous a quittés, dit Jacques en marchant à grands pas dans la salle, levant les yeux au ciel, fermant les poings et s'arrêtant parfois en frappant du pied avec violence.

— Elle est partie! répète tristement toute la famille du fermier.

— Oh! ça n'est pas possible, dit Guillot.

— Tenez, lisez... et Jacques jette devant le fermier le papier qu'a laissé Adeline. Guillot prend le papier et le regarde fixement pendant quelques minutes...

— Eh bien! demande Sans-Souci en s'approchant du villageois, que dit-elle?...

— C'est que je ne sais pas lire, répond Guillot en considérant toujours le papier. Sans-Souci le lui arrache des mains et en lit tout haut le contenu.

— Vous voyez ben qu'elle veut que nous ne soyons pas inquiets de son absence, dit Louise; elle reviendra bientôt, j'en sommes certaine!...

— Oh! pour ça, j'en réponds aussi, dit Guillot, elle ne

nous quitterait pas sans nous dire adieu, peut-être ben!...

Sans-Souci est de l'avis des villageois, et il tâche de calmer son ami.

— Mais enfin, reprend Jacques, où est-elle allée ?..... Pourquoi ce brusque départ? Hier encore elle ne paraissait pas y songer... et une jeune femme, si faible... voyager avec un enfant qu'il faut porter!... Elle se rendra malade... Ah! il faut qu'elle ait appris quelque nouvelle de Paris... Mille baïonnettes! si je savais qu'on m'en fasse mystère!...

En disant ces mots, les regards de Jacques se portent du côté de Sans-Souci; celui-ci baisse le nez, se roule la moustache et ne sait comment cacher son embarras.

— Allons, frère Jacques, attendons avant de nous désespérer, dit la fermière en engageant le brave laboureur à se reposer; demain peut-être elle sera de retour.

— Oui, dit Guillot, et nous mangerons une fameuse soupe au potiron en réjouissance, et nous boirons du petit vin de l'année dernière qui commence à devenir gentil!...

Sans-Souci n'ose plus rien dire; il craint de s'embrouiller, de se trahir: les regards de son camarade lui coupent la parole.

— J'attendrai quelques jours, dit Jacques; mais si elle ne revient pas, alors j'irai la chercher... fût-ce au bout du monde!...

On se sépare tristement. Plusieurs jours se passent, et Adeline ne revient pas. Les plaisirs, la tranquillité ont fui de la ferme: Jacques néglige ses travaux, Guillot ses plantations, la fermière néglige les soins de son ménage, Sans-Souci néglige la fermière et tout le monde est mécontent. Plus de chansonnettes, de veillées, de repas joyeux, de contes gaillards, de récits de batailles. Sans-Souci commence à perdre l'espérance de voir revenir Adeline; il se repent beaucoup de lui avoir parlé de son mari, et il tourne autour de Jacques sans oser lui avouer la vérité.

Le huitième jour, Jacques annonce qu'il va partir pour chercher sa sœur. Sans-Souci se décide alors à parler; il prend son camarade à part et commence par s'arracher une poignée de cheveux en poussant de profonds soupirs.

— Que signifient ces jérémiades? demande Jacques; parle, et finis tes bêtises.

— Tiens, camarade, je suis un sacré animal!... je suis bouché comme le canon du fusil de Guillot, et cependant j'ai fait tout pour le mieux.

— Que veux-tu dire?

— C'est moi qui suis cause que ta chère sœur a quitté la ferme.

— Toi!... malheureux!...

— Si tu ne me pardonnes point, je me mets cinq livres de plomb entre les deux sourcils!...

— Allons, parle donc, je t'en supplie.

— J'appris que ton frère était en prison... je n'ai pas osé te le dire... je ne voulais pas non plus le dire à sa femme; mais elle m'a tant prié... et tu sais bien que les femmes font de moi tout ce qu'elles veulent, surtout celles que je respecte... et puis j'ai pensé qu'elle pourrait consoler un peu son mari...

— Et moi, crois-tu que j'aie un cœur de fer? Mon frère est malheureux, c'est fini; j'oublie la manière dont il m'a reçu; je dois aussi le consoler...

— Ce pauvre Jacques!... j'en étais sûr!...

— Et tu te taisais, imbécile! et tu me laissais dévoré d'inquiétude!... Cette pauvre femme!... elle est près de lui peut-être!...

— Parbleu! Il n'y a pas de doute.

— C'est à Paris qu'il est en prison?

— Oui.. c'est attends... à la Conciergerie.

— Il aura tout mangé, tout vendu, et ses créanciers l'auront fait arrêter!

— Ah! mon frère, si j'étais riche, que je serais heureux de pouvoir t'être utile!... Mais le sort ne l'a pas voulu!...

N'importe : je dois au moins te prouver qu'il te reste un ami. Sans-Souci, je pars pour Paris.

— Et moi aussi : je te suivrai, morbleu! je ne veux pas te quitter.

— Soit. Nous ne parlerons pas aux villageois de l'emprisonnement de mon frère... ces bonnes gens seraient capables de vouloir encore se gêner pour nous être utiles, et nous ne devons pas l'accepter : ils ont déjà fait assez pour nous.

— Tu as toujours raison. Je t'approuve; allons leur dire adieu, en avant!

Jacques et Sans-Souci embrassent les villageois en leur annonçant qu'ils vont à la recherche d'Adoline, et ils partent pour Paris, où ils arrivent dans l'après-midi.

— Tu sais le chemin, dit Jacques à son camarade : conduis-moi à la prison... Je demanderai à parler au commandant, au capitaine, au gouverneur... enfin je parlerai à tout le monde, s'il le faut; cette décoration honorable me servira de sauf-conduit.

— Ecoute, je ne connais pas plus la prison que toi; mais je vais te mener à mon ancien ami qui est commissionnaire des prisonniers; il nous dira comment il faut s'y prendre pour voir ton frère.

— Eh bien! parlons à ton ami; puissions-nous le trouver!...

— Oui, dit Sans-Souci; je l'aperçois justement là-bas...

Il doublent le pas et arrivent près du commissionnaire, qui reconnaît son ami, et va lui taper dans la main en lui demandant ce qui l'amène à Paris.

— Tiens, dit Sans-Souci, viens causer sur ce banc de pierre; je te présente mon camarade... un brave...

— Il a des cicatrices et un ruban qui en disent assez. Puis-je vous être bon à quelque chose, messieurs?

— Oui, nous venons pour une affaire importante... nous voulons voir un prisonnier... Tu sais bien, cet Edouard Murville dont tu m'as parlé la dernière fois que je t'ai vu... Eh bien! mon camarade est son frère.

— Vous êtes son frère ? dit le commissionnaire en regardant Jacques avec attendrissement... Je vous plains...

— Ce n'est pas moi qu'il faut plaindre, dit Jacques, mais lui, puisqu'il est malheureux... il n'a, je l'espère, commis aucune action déshonorante !...

— Que venez-vous faire ici ; dit le commissionnaire sans répondre à la question de Jacques.

— Eh ! morbleu, nous venons voir mon frère ; déjà sa femme et son enfant sont venus le consoler...

— Aucune femme, je puis vous le certifier, n'a pénétré jusqu'à lui ; il ne s'en est même pas présenté pour le voir...

— Se pourrait-il !...

— Toute tentative pour lui parler est maintenant inutile... car... il n'est plus à la Conciergerie...

— Il n'y est plus ?... et où donc est-il ?

— Mais je ne saurais... vous le dire au juste..

— Comment ? triple canonnade... je ne pourrai savoir où est mon frère ?

— Allons, mon pauvre Jacques, console-toi, dit Sans-Souci : le camarade est mal instruit ; nous tâcherons d'en apprendre davantage.

— Je vous répète, messieurs, qu'Edouard Murville n'est plus dans cette prison, et qu'il doit maintenant avoir quitté Paris. Adieu, brave Jacques, croyez-moi, retournez dans votre village... ne cherchez pas à en savoir davantage, et oubliez un frère... indigne de vous.

Le commissionnaire, vivement ému, serre la main de Jacques, et s'éloigne des deux amis après avoir prononcé ces mots.

Jacques reste immobile et rêveur, son front se rembrunit, son regard devient plus sévère. Sans-Souci garde aussi le silence ; il commence à craindre que ce ne soit pas seulement pour dettes que le frère de son camarade ait été arrêté. Les deux braves n'osent se communiquer leurs pensées, et la nuit les surprend assis sur le banc de pierre et plongés dans leurs réflexions.

— Qu'allons-nous faire? dit enfin Sans-Souci : nous sommes là comme deux sentinelles perdues : il faut pourtant prendre un parti...

— Cherchons Adeline et son enfant, dit Jacques d'une voix sombre, et oublions Edouard... Je commence à trembler que le malheureux... Cherchons Adeline ! ah ! celle-là ne me fera jamais rougir...

— Oh ! pour elle, je me mettrais au milieu de la mitraille...

— Pauvre femme !.. pauvre petite Ermance !... où sont-elles maintenant ?... peut-être la douleur de savoir que son époux... Ah ! Sans-Souci, pourquoi lui as-tu dit cela ?...

— Ne m'en parle pas !... Tiens... je voudrais que ma langue te servît de cartouche.

— Point de repos pour moi que je ne sache ce qu'elles sont devenues... Parcourons Paris, informons-nous dans toutes les maisons s'il le faut !... et si nous ne les trouvons pas dans cette ville, visitons la France entière, les bourgs, les hameaux, les villages.

— Oui, corbleu, nous irons au diable s'il le faut !... Mais nous les retrouverons, camarade, nous les retrouverons, c'est moi qui te le dis.

Jacques et son compagnon se logent dans une pauvre auberge ; dès le point du jour ils sont sur pied, ils parcourent tous les quartiers de la ville, et ils s'informent partout d'Adeline et de son enfant ; mais on ne peut leur donner aucun renseignement sur la jeune femme qu'ils cherchent : on voit si souvent des malheureux qu'on y fait bien peu attention ! cependant on leur indique parfois la demeure de quelque pauvre mère : ils vont la visiter, et ne trouvent pas l'objet de leurs recherches.

Le onzième jour de leur arrivée à Paris, Jacques et Sans-Souci se promenaient sur les boulevards, pensant toujours à Adeline et se creusant la tête pour deviner ce qu'elle pouvait être devenue.

Tout à coup les promeneurs se dirigent vers la chaussée, et semblent y attendre quelque chose de curieux.

— Qu'est-ce donc qui va passer? demande Sans-Souci à un ouvrier arrêté près de lui.

— C'est, répond son voisin, la chaîne des galériens qui sort de Bicêtre et qui part pour le bagne de Toulon... Tenez... voilà la voiture qui approche; nous allons les voir...

— Ce n'est pas la peine de tant se presser pour voir des coquins, dit Sans-Souci.

— Ils demandent la charité sur leur route...

S'ils avaient du cœur, ils demanderaient à être fusillés... Viens, Jacques, ne restons pas là... ces gens-là ne me font pas pitié...

— Je veux rester, dit Jacques avec émotion : je veux les voir.

La voiture avance lentement, et Jacques, poussé par un secret pressentiment, s'en approche fort près en tirant quelques sous de sa poche. Bientôt les galériens sont devant lui : ils tendent leurs mains criminelles en implorant la pitié des passants. Jacques les examine.. il en remarque un qui n'imite point ses compagnons d'infamie, et qui cherche au contraire à se dérober aux regards de la foule ; mais le misérable avec lequel il est attaché est un de ceux qui témoignent le plus d'effronterie ; il le tire avec violence... Ce mouvement permet à Jacques de considérer les traits du malheureux... il croit reconnaître son frère... Une sueur froide coule de son front ; et sa main, par un mouvement plus rapide que la pensée, se porte à sa boutonnière et détache sa décoration qu'il cache aussitôt dans son sein.

La voiture est éloignée, et Jacques la suit des yeux. Sans-Souci tire son compagnon par le bras.

— Viens donc, lui dit-il, quel diable de plaisir trouves-tu à regarder ces gueux-là?... Mais qu'as-tu donc? ta figure est toute décomposée...

— Ah ! Sans-Souci !... je suis perdu !... déshonoré...

— Déshonoré, toi !... ça n'est pas possible !... reviens à la raison...

— Mon frère !...

— Eh bien !...

Jacques n'ose prononcer le mot fatal ; mais sa main indique la chaîne des galériens que l'on aperçoit encore dans l'éloignement.

— Ce n'est pas lui, mon ami, tu te seras trompé...

Ah ! plût au ciel !... mais non, ce n'est point une erreur !... et les discours de ce bon commissionnaire... son air pénétré en me parlant... en me serrant la main... Ah ! plus de doute !... je devine tout maintenant...

— Eh ! quand même ton frère serait un misérable, est-ce ta faute, après tout ? t'en es-tu moins bien battu pour ton pays ? en as-tu moins rossé les ennemis... et ton front, ta poitrine, n'ont-ils plus de cicatrices ?... Mille millions de citadelles ! quel est celui qui pourrait rougir de te connaître ?... je lui fais avaler dix pouces de ma vieille lame par le nombril...

— Ah ! mon ami, mon nom est flétri... Oh !... mon père... si vous saviez !...

— Ton père est mort ; s'il vivait, ta gloire le consolerait de la honte de ton frère...

— Non, Sans-Souci, on ne se console pas d'un pareil malheur... Ah ! je n'ai plus qu'un parti à prendre, c'est de rejoindre ces misérables, de trouver le moyen d'approcher celui que je ne puis plus nommer mon frère... de lui brûler la cervelle, et de m'en faire autant après.

— Il est gentil, ton moyen !... mais tu ne l'exécuteras point. Tu te rappelleras que tu as une sœur... car cette bonne Adeline t'aime comme un frère ; tu te souviendras de cette petite Ermance, que tu faisais sauter sur tes genoux ; tu ne priveras pas ces infortunées du dernier ami qui leur reste ; tu oublieras tes chagrins pour soulager les leurs ; et auprès d'elles tu sentiras que tu n'as pas tout perdu... car nous les retrouverons, mon camarade ; nous fouillerons pour cela dans tous les coins de la terre... qui sait si maintenant elles ne sont pas à la ferme... ou dans quelque pauvre cabane où elles ont besoin

17

de nos secours?... et tu déserterais de ce monde quand des malheureux comptent sur toi !... Non, sacrebleu ! ça ne sera pas !... Tu te rends... tu es attendri... Allons, Jacques, du cœur dans les chagrins comme au feu, et en avant !

Jacques se laisse entraîner par son camarade, celui-ci profite de cette circonstance pour lui faire quitter une ville où ils ont perdu l'espoir de découvrir Adeline, et ils reprennent le chemin de la ferme, se flattant encore d'y retrouver la jeune fugitive.

Mais cette dernière espérance est bientôt détruite, la tristesse des villageois leur en dit assez. Jacques veut repartir sur-le-champ pour aller à la recherche d'Adeline et de son enfant, et ce n'est qu'avec peine qu'on le fait consentir à se reposer une nuit à la ferme. On s'aperçoit que frère Jacques est plus triste, plus sombre encore depuis qu'il a été à Paris ; mais les paysans attribuent cette mélancolie au peu de succès de ses perquisitions.

Sans-Souci fait tous ses apprêts pour un voyage qu'il pense avec raison pouvoir durer longtemps. Louise est aussi fort chagrine de voir s'éloigner son cousin, mais elle sent bien qu'il ne doit pas abandonner son ami. La fermière fourre dans le sac de chacun des voyageurs une bourse bien garnie. Ce n'est que le prix de leurs travaux pendant tout le temps qu'ils ont séjourné aux champs ; mais elle n'ose le leur offrir, et elle sait que le moyen qu'elle emploie est le meilleur pour ne pas éprouver un refus. Les bonnes gens ont toujours de l'esprit et de l'adresse quand il s'agit d'obliger.

Dès le lever de l'aurore, Jacques est sur pied. Sans-Souci ne tarde pas à le rejoindre. Il arrive le sac sur le dos, un gros bâton à la main, et dit à son camarade :

— Quand tu voudras ; en avant !

Les deux amis vont partir. Les habitants de la ferme viennent en pleurant leur dire adieu. Les enfants qui depuis longtemps sont habitués à jouer avec les moustaches de Jacques et à se rouler sur l'herbe avec Sans-Souci, grimpent après les jambes de chaque voyageur et ne veulent point les quitter. Louise tient un coin de son tablier sur ses yeux, et ses soupirs en disent beaucoup plus que ses paroles. Guillot n'est pas moins chagrin que les autres :

— V'là quoi j'vas rester seul auprès de not'femme, dit-il, comme j'allons m'ennuyer !... Tenez, frère camarade Jacques, permettez que j'vous fassions un petit cadeau pour vot'voyage, ça peut vous être utile... on n'sait pas où l'on se trouve.

En disant cela, Guillot présente à Jacques une paire de petits pistolets de poche.

— Je les avons achetés dernièrement d'occasion au village... à un vieux militaire ; mon idée était de vous les donner pour vot'fête, mais, ma fine, puisque vous partez, emportez-les tout de suite.

Jacques remercie Guillot et accepte le présent du bon fermier ; puis, après avoir embrassé tout le monde, il part avec Sans-Souci en faisant serment de ne rentrer à la ferme qu'avec Adeline, et de ne point prendre de repos qu'il ne l'ait retrouvée.

CHAPITRE XXXII

LES GALÉRIENS

Jacques ne s'était point trompé en croyant reconnaître son frère parmi les galériens. Le malheureux Édouard subit le châtiment du crime qu'il s'est laissé entraîner à commettre. Son arrêt le condamne à vingt ans de travaux forcés, à la marque et à l'exposition.

Lampin, qui a déjà été repris de justice, et qui a jadis été poursuivi pour vol, est condamné aux galères à perpétuité. C'est en vain qu'il a fait la leçon à Édouard en l'engageant à tout nier : celui-ci n'a pas assez de caractère pour prendre une résolution. Il se coupe, se livre lui-même, et se laisse facilement convaincre de son crime.

Le misérable a reconnu sa femme et son enfant à l'instant où le sceau réprobateur l'a flétri. Il a vu Adeline tomber mourante devant lui; ce tableau déchirant est pendant longtemps présent à sa pensée; l'image d'une femme qui l'adorait et dont il a fait le malheur, la vue d'un enfant qu'il condamne à la honte de ne pouvoir nommer son père sans frémir, et le souvenir du bonheur qu'il a goûté dans son ménage, tout accable le malheureux, et lui fait sentir plus vivement l'horreur de sa situation.

Les remords rongent le cœur d'Édouard, et lui font autant qu'il en est le maître, éviter la présence des autres prisonniers, qui se moquent de sa douleur et le raillent sur sa lâcheté. Cent fois le malheureux forme le projet de mettre fin à son existence, mais ce n'est qu'en tremblant qu'il en conçoit les moyens que sa faiblesse repousse à l'instant. C'est dans cette situation d'esprit que Murville fait le voyage de Bicêtre à Toulon, et sans s'apercevoir en traversant Paris que son frère a fait l'aumône à ses compagnons.

Lampin est toujours le même: dans le bagne, il conserve son insouciance et sa gaîté; la honte n'est pour lui qu'un vain mot, et il s'efforce chaque jour de mettre Édouard au-dessus de ce qu'il appelle le *préjugé*.

Ce n'est point dans la société des galériens que le coupable repentant puisera des conseils salutaires. Pour un criminel qui éprouve des remords, combien n'en est-il pas qui s'endurcissent dans le crime, et se font un plaisir de corrompre entièrement ceux qu'un sincère repentir pourrait ramener à la vertu!

L'image d'Adeline et de sa fille s'efface peu à peu de la pensée d'Édouard, et fait place aux projets dont ses compagnons l'entretiennent chaque jour. Il bannit des remords qu'on lui prouve être inutiles, pour chercher quelque plan d'évasion; et au bout de six mois de détention, le dégoût de la vie est remplacé dans son âme par le désir ardent de la liberté.

Un projet hardi est formé. Même aux galères les prisonniers trouvent moyen d'établir des relations avec ceux de leurs amis qui jouissent momentanément de leur liberté ; ces derniers bravent tout pour sauver leurs camarades, parce qu'ils savent qu'au premier jour ils réclameront le même service.

C'est Lampin qui veille à l'exécution du complot. Forcé d'être sobre, il a toute sa présence d'esprit. Le jour, le moment sont arrivés. Un gardien gagné laisse des portes ouvertes ; les forçats munis de limes ont brisé leurs fers : ils se rassemblent au milieu de la nuit, ils égorgent trois sentinelles, ils pénètrent dans une cour dont le mur doit être gravi facilement par des gens habitués à escalader des murailles ; Lampin grimpe le premier, Édouard le suit en s'attachant à la chaîne que son compagnon a encore à ses pieds ; déjà plusieurs galériens ont franchi l'enceinte en se jetant dans le fossé qui est de l'autre côté ; mais des coups de fusils se font entendre, l'alarme se répand, la garnison est sous les armes, les soldats accourent et tirent sur les prisonniers. Plusieurs tombent morts, les autres se rendent, la révolte est apaisée, mais on n'a pas encore eu le temps de savoir le nombre de ceux qui se sont évadés.

Lampin et Édouard ont entendu le bruit des armes. Ils parviennent à sortir du fossé, mais où aller ?... comment fuir assez vite ? déjà les soldats parcourent la ville et le port... bientôt ils tomberont entre leurs mains. Édouard se désespère, et Lampin se creuse la tête en jurant qu'on ne le prendra pas vivant. Mais le son des grelots d'un cheval se fait entendre. Bientôt une charrette découverte, chargée de légumes, et conduite par un jeune paysan, passe auprès d'eux. Le villageois endormi est assis sur le devant de la voiture, laissant flotter les rênes sur le dos de son cheval qui suit à pas lents son chemin accoutumé.

— Imite-moi, dit Lampin en courant à la charrette,

nous sommes sauvés. Aussitôt il monte par derrière sur la voiture, fait un grand trou au milieu des pois, des choux et des carottes, puis se fourre dedans ainsi qu'Edouard, gardant à peine la faculté de respirer. Le paysan se retourne, se frotte les yeux, ne voit rien, parce qu'il est encore à moitié endormi, et se dispose à ronfler de plus belle, lorsque des soldats passent devant sa voiture.

— N'as-tu rencontré personne, mon ami? demande le sergent au villageois.

— Ma fine, non; personne, messieurs, que des ânes, des charrettes et des gens d'cheux nous.

— Prends garde : des galériens se sont échappés ; si tu en aperçois, appelle au secours et remarque bien le chemin qu'ils prendront.

Les soldats s'éloignent. Le paysan se recouche sur le côté en marmottant entre ses dents :

— Oui!... le plus souvent que je vais m'amuser à guetter des voleurs!... j'aime ben mieux rêver à ma grosse Manette!... J'n'avons pas peur d'ailleurs... ces gens-là n's'amusent pas à voler des choux et des carottes.

— Nous sommes sauvés! dit tout bas Edouard à son compagnon.

— Pas encore, dit Lampin; ce villageois conduit ses légumes au marché, et quand il nous découvrira, je ne crois pas qu'il nous prenne pour deux bottes d'ognons.

— Comment donc faire?

— Eh! parbleu! il faut prendre le chemin des champs... attendons d'abord que ce drôle-là ronfle bien, ça ne sera pas long puisqu'il pense à sa grosse Manette.

Enfin le paysan ne tarde pas à se rendormir profondément. Lampin passe alors un bras par-dessous les légumes, et il se saisit de la bride du cheval qu'il fait tourner de l'autre côté du chemin. L'animal ne connaît que deux routes : celle du marché et celle de son écurie. En se sentant tiré avec vigueur hors de la première, il croit que son maître retourne chez lui, et il reprend sans hésiter le chemin du village.

— Enfin, nous voilà sauvés! dit Edouard en sortant doucement la tête de dessous les légumes qui le couvrent et en n'apercevant autour de lui que des arbres, des champs et point d'habitations.

— Tu te crois toujours sauvé, imbécile, dit Lampin, et cependant nous ne sommes pas hors de danger... nous ne faisons que quitter Toulon. Ce paysan nous conduit à son village, où on nous repincera.

— Il faut descendre de cette charrette et nous cacher...

— Beau moyen!... nous cacher!... et où cela? sur des arbres comme des pierrots?... il faut d'abord gagner du terrain. Avec ces chaînes aux pieds, nous n'irons pas loin...

— Nous les limerons...

— En avons-nous le temps?... Allons, un coup de tête... nous sommes dans un chemin creux... je ne vois aucune maison... et vite... descends d'abord...

— Ensuite?...

— Descends, te dis-je, et arrête doucement le cheval... moi, pendant ce temps, je vais commencer par fouiller notre conducteur.

Edouard descend de la charrette. Lampin retient la bride, le cheval s'arrête.

— Il faut le dételer, et nous sauver avec, dit Lampin, dépêchons-nous...

En disant cela, il visite les poches du villageois et s'empare de son couteau et de quelques pièces de monnaie. Edouard, fort gauche et ne sachant pas dételer le cheval, appelle Lampin à son aide. Celui-ci paraît méditer un nouveau projet en considérant le costume du paysan :

— Je tremble qu'il ne s'éveille, dit Edouard.

— S'il s'éveille il est mort, répond Lampin en se hâtant de descendre détacher les liens qui retiennent le cheval à la charrette. Mais le mouvement de la voiture est tellement habituel au villageois, qu'il s'éveille quelques moments après qu'elle est arrêtée.

— Hue... hue donc!... crie-t-il en se frottant les yeux.

— Nous sommes perdus? dit Édouard à demi-voix. Lampin ne répond pas, mais il s'élance vers la charrette, et, au moment où le malheureux paysan va se lever, il lui plonge son couteau dans le sein.

Le villageois ne pousse qu'un faible cri. Édouard est saisi d'horreur.

— Malheureux! qu'as-tu fait!... dit-il en frémissant.

— Ce qui était nécessaire, répond Lampin; le mal, c'est que je ne puis plus prendre ces vêtements qui sont ensanglantés... il faut que je me contente du chapeau et de la blouse.

En disant cela, le scélérat dépouille sa victime, endosse le sarrau, se hâte de monter à cheval; puis se tournant vers Édouard, qui n'est pas encore revenu de sa stupeur :

— Maintenant, mon garçon, dit-il, tire-toi de là comme tu pourras.

Aussitôt il pique son cheval avec la pointe de son couteau et disparaît, laissant Édouard à côté du malheureux qu'il vient d'assassiner.

CHAPITRE XXXIII.

LE BUCHERON ET LES VOLEURS.

La nuit tire à sa fin. Édouard est encore auprès de la charrette, consterné de la fuite de Lampin, et tellement troublé par tout ce qui lui est arrivé depuis quelques heures, qu'il ne sait plus à quel parti s'arrêter.

Le malheureux paysan respire encore; il pousse de temps à autre de faibles gémissements. Édouard ne sait s'il doit le secourir ou se sauver. Il balance, il hésite, et les premiers rayons du jour le retrouvent dans cette situation. Jetant alors les yeux sur lui, il frémit en voyant son habit qui le fait reconnaître pour un échappé du bagne, et tremble qu'on ne le prenne pour l'assassin du villageois ; cette idée le glace d'épouvante ; la vue du charretier lui fait horreur, il s'éloigne aussi vite que ses forces le lui permettent, et gagne un petit bois où il espère se dérober aux recherches.

Son premier soin est de limer ses fers et de les jeter loin de lui ; mais il ne peut se défaire aussi de son habillement, et il sent qu'il ne pourra plus se montrer sans s'exposer à être arrêté. Cette pensée lui fait éprouver un moment de fureur, il regrette un moment de n'avoir pas entièrement dépouillé le malheureux villageois.

Le jour est venu ; les paysans se rendent à leurs travaux. Edouard s'enfonce dans les bois, ramasse des figues et des olives, et grimpe sur un arbre pour y attendre le retour de la nuit.

Mais qu'elle est longue cette journée ! et combien de fois n'a-t-il pas frémi en voyant des villageois entrer dans le bois, et se reposer non loin de l'arbre qui le recèle ? Il les entend parler de l'assassinat du pauvre charretier.

— C'est un forçat qui a fait le coup, disent les paysans, plusieurs se sont évadés la nuit dernière du bagne de Toulon ; mais on est sur leurs traces, et il ne peuvent tarder à être pris.

Edouard ne sent que trop la difficulté qu'il aura à se sauver, et il se livre au désespoir. La nuit arrive enfin ; il descend de l'arbre protecteur et se remet en route. Chaque fois que le plus léger bruit parvient à son oreille, il s'arrête, se fourre dans les buissons les plus épais. Sa figure et ses mains sont déchirées par les ronces et les épines ; mais il ne sent plus la douleur : il voudrait pouvoir se cacher dans les entrailles de la terre.

Il fait autant de chemin que ses forces le lui permettent, ramassant avec soin des fruits dont il fait provision pour la journée suivante, ne s'arrêtant que dans les endroits les plus déserts, et se cachant pendant le jour au sommet d'un arbre touffu.

17.

Le quatrième jour il passe vers la fin de la nuit devant une maisonnette entourée d'un jardin ; il y jette un coup d'œil dans l'espoir d'y apercevoir des fruits ; mais quelle est sa joie en voyant du linge et des vêtements étendus sur des cordes ! L'idée de s'en emparer et de se délivrer de son habit de galérien se présente aussitôt à sa pensée : le vol ne l'effraie plus ; il le justifie par sa situation. Une muraille de quatre pieds, à demi ruinée, le sépare seule des précieux vêtements : pour la première fois, il ne calcule point le danger ; il franchit la barrière, s'empare de ce dont il a besoin, et se sauve sans éprouver le moindre remords de ce vol ; car l'action qu'il vient de commettre lui semble bien peu de chose en comparaison de tout ce qu'il a vu faire.

Arrivé dans une épaisse forêt, il se dépouille du vêtement qui l'accuse, et se revêt de ceux qu'il vient de dérober. Un peu plus tranquille alors, en songeant qu'il doit être déjà fort loin de Toulon, il se remet en route, décidé à demander pour la nuit l'hospitalité chez quelque paysan, espérant qu'on lui donnera un morceau de pain, ce qui lui semble un trésor capable de réparer ses forces. Ne voulant pas cependant se hasarder à entrer dans un village où il craint de rencontrer des gendarmes chargés de le poursuivre, ce n'est qu'à la porte d'une chaumière isolée et entourée de bois épais qu'il se décide à frapper.

Un paysan lui ouvre en lui demandant ce qu'il peut faire pour lui.

— Beaucoup, dit Édouard ; je suis un malheureux... épuisé de fatigue et de besoin ; permettez-moi de passer la nuit chez vous, vous me sauverez la vie.

— En effet, dit le paysan en le considérant avec attention, vous paraissez bien las !... bien souffrant... Mais enfin, qui êtes-vous ?... car encore faut-il savoir qui l'on reçoit.

— Je suis... je suis un malheureux déserteur... je me confie à vous ; ne me perdez pas !...

— Un déserteur... diable !... ça n'est pas bien de déserter! Mais je n' suis pas capable de vous perdre... allons, entrez, vous me conterez pourquoi vous avez déserté.

Édouard entre, éprouvant une douce joie de se retrouver dans un lieu abrité.

— Ah çà, dit le paysan, je vous donnerai la moitié de ce que j'ai, et ça ne sera pas ben bon !... mais vous ne devez pas être difficile... Je suis un pauvre bûcheron ; je n'suis pas riche, je vis au jour le jour, mais j'suis encore content de pouvoir partager mon souper et mon lit avec vous. J'ai du pain, du fromage et un restant de vin que nous allons finir... Mon lit n'est pas mauvais ; c'est le meilleur meuble de la maison ; je gage que vous n'y ferez qu'un somme... Allons, l'ami, contez-moi vos aventures. J'ai servi, moi ; oui, j'ai été soldat autrefois, et je me flatte que je n'ai pas déserté : je veux savoir pour quel motif vous avez pris un si mauvais parti.

Édouard invente une histoire qu'il conte au bûcheron ; celui-ci l'écoute avec attention. La singularité du récit d'Édouard, le peu de vraisemblance de ses aventures, son embarras lorsque son hôte lui demande des détails sur son régiment et le lieu de sa garnison, tout donne des soupçons au bûcheron, qui commence à craindre d'avoir été dupe de quelque vagabond.

Cependant, ne possédant rien qui pût tenter la cupidité, le paysan n'en partage pas moins son souper avec Édouard ; puis il l'engage à se déshabiller et à se mettre au lit. Édouard va se rendre de bon cœur à cette invitation ; déjà il a ôté sa veste, il va jeter de côté son gilet, lorsqu'une réflexion soudaine l'arrête, et il reste interdit devant le bûcheron.

— Eh bien ! est-ce que vous ne voulez plus vous coucher? dit le paysan, qui a remarqué la terreur subite d'Édouard.

— Pardonnez-moi... je vais... je vais me reposer...

— Il me semble que vous alliez vous déshabiller, et maintenant vous restez là, sans savoir ce que vous voulez faire?

— Ah ! c'est que... je réfléchis... je ferai mieux de rester habillé afin d'être plus tôt prêt à partir demain matin.

— Comme vous voudrez !... à votre aise.

Édouard se jette sur le lit, le bûcheron en fait autant, mais ce n'est pas dans l'intention de se livrer au sommeil : une secrète inquiétude le tourmente, il craint d'avoir donné asile à un scélérat, et cherche comment il pourra éclaircir ses doutes.

Le misérable que la fatigue accable, et qui depuis longtemps n'a pas reposé sur une couche aussi tendre, cède bientôt au sommeil qui s'empare de lui. Le bûcheron, qui a feint d'en faire autant, se lève doucement dès qu'il est certain que l'étranger qu'il a reçu est endormi.

Le paysan sort de sa chambre et va battre le briquet dans un petit caveau. Il allume une lampe, prend son fusil et rentre sans bruit dans la petite salle où repose Édouard. Le sommeil du malheureux est pénible et agité ; il se débat, se retourne avec violence sur sa couche, et des phrases entrecoupées s'échappent de ses lèvres : le bûcheron écoute, il entend distinctement ces mots : Sur la route... au milieu de la nuit... il est assassiné... ôtez-moi ces fers, délivrez-moi de ces chaînes qui m'empêchent de fuir.

— Assassiné !... répète le paysan entre ses dents... Allons, j'ai reçu quelque dévaliseur de grand chemin... Et ce coquin dormira sur le lit d'un honnête homme !... Qui sait s'il n'a pas donné rendez-vous chez moi à toute sa bande ?... Justement on dit que depuis quelque temps les environs sont infestés de brigands. Ils veulent peut-être s'emparer de ma chaumière pour en faire un de leurs repaires... Diable !... si je le savais... je commencerais par me débarrasser de celui-ci pendant qu'il est seul... Voyons cependant... tâchons de vérifier encore certain soupçon...

Le bûcheron avance vers Édouard ; il coupe avec précaution le dos de la veste et du gilet du malheureux galérien ; il écarte ce qui couvre son épaule, il approche sa lampe en cachant de l'autre main les rayons de la lumière qui pourraient frapper les yeux de l'étranger... il avance la tête en retenant sa respiration... et aperçoit en frémissant la marque fatale.

— Je ne m'étais pas trompé, dit le bûcheron en allant reposer sa lampe dans son foyer et en armant son fusil. C'est un scélérat... mais, de par tous les diables, il ne restera pas plus longtemps chez moi!.. dussé-je m'exposer à d'autres dangers, je chasserai ce coquin de ma chaumière.

Aussitôt il revient vers le lit, et avec la crosse de son fusil, il pousse durement Edouard ; celui-ci s'éveille, il se lève sur son séant et aperçoit avec terreur son hôte qui le tient couché en joue, et dont les regards expriment la colère.

— Sors à l'instant de chez moi! crie le bûcheron d'une voix forte et tenant toujours son fusil dirigé contre Edouard, sors!... et ne t'avise plus d'y revenir, ou je te casse la tête.

— Qu'avez-vous donc?... pourquoi cette fureur? dit Edouard en regardant autour de lui avec surprise. Ne suis-je plus dans la chaumière où l'on m'a accordé l'hospitalité?... C'est vous qui avez daigné partager avec un malheureux votre repas et votre lit... et maintenant vous me chassez... Qu'ai-je donc fait pour être traité ainsi?...

— Tu le sais bien, misérable : va rejoindre tes camarades sur la grande route, va dévaliser, assassiner les voyageurs... mais tu ne trouveras rien de bon chez moi.

— Monsieur, vous vous trompez, vous êtes dans l'erreur : non, je vous le jure, je ne suis point un voleur, je ne suis pas coupable de mauvais desseins!...

— Vraiment!... tu es un honnête homme peut-être ?... et cette marque que tu portes?... c'est pour tes belles actions que l'on t'a décoré ainsi?

— Grand Dieu !... dit Edouard en portant la main à sa

veste et en s'apercevant qu'elle est coupée ; quoi ! vous avez osé...

— J'ai voulu m'assurer de ce que tu étais ; ta conduite m'avait donné des soupçons, j'ai dû les vérifier. Allons, tu le vois, tes discours, tes histoires, ne me tromperont plus ; encore une fois, va-t'en, je ne puis pas coucher auprès d'un homme comme toi.

— Malheureux que je suis !... s'écrie Édouard en quittant le lit et se frappant le front avec désespoir. Je n'ai plus de ressources... je suis perdu, chassé par tout le monde... Obligé de fuir la société qui me repousse... réduit à vivre dans l'ombre... Cette marque infamante me rejette vers le crime... ce n'est plus que parmi les brigands que je puis trouver un asile... ce n'est qu'en commettant de nouveaux forfaits que je prolongerai mon existence !... Le chemin du repentir m'est fermé ! il faut que je sois un scélérat !...

En achevant ces mots, il se jette sur la terre et se roule avec désespoir aux pieds du bûcheron. Celui-ci se sent un moment ému en voyant l'égarement du misérable qui est devant lui ; il pose son fusil à terre, et va peut-être céder à la pitié, lorsque deux coups de sifflet se font entendre et se répètent avec force en différentes parties du bois.

Le bûcheron sent aussitôt renaître tous ses soupçons et toute sa fureur. Il ne doute point que le signal qu'il vient d'entendre ne soit celui des brigands qui viennent rejoindre leur camarade. Il reprend son fusil... Édouard veut encore implorer sa pitié ; il s'approche de son hôte en levant les mains vers lui ; mais celui-ci se trompant sur les desseins du misérable qu'il croit capable de l'assassiner, se recule de quelques pas et lâche la détente de son fusil.

Le coup part ; mais l'arme mal dirigée n'atteint pas la victime, le plomb meurtrier siffle au-dessus de l'épaule du malheureux, qui était encore à genoux, et va se perdre dans la muraille. La fureur, le désespoir raniment alors le courage d'Edouard, qui veut vendre chèrement sa vie : il se saisit d'une hache qu'il aperçoit dans un coin de la chaumière, et au moment où son hôte revient, pour le frapper avec la crosse de son fusil, il lui porte à la tête un coup qui l'étend sans vie à ses pieds. Le bûcheron tombe sans pousser un seul cri ; son sang rejaillit sur Edouard, qui s'en voit couvert avec horreur.

Au même moment la porte de la chaumière est enfoncée : quatre hommes couverts de haillons, mais armés jusqu'aux dents et porteurs de figures hideuses, paraissent à l'entrée, et avançant leurs têtes dans l'intérieur de la salle, contemplent quelques instants avec surprise le tableau qu'ils ont devant les yeux.

— Oh! oh!... dit enfin celui qui paraît le chef, il me semble qu'il se passe ici d'étranges aventures, et que nous avons des camarades dans le pays... Double tonnerre!... voilà un gaillard qui m'a l'air de s'en être bien tiré!...

Edouard était immobile au milieu de la chaumière, tenant encore à sa main la hache ensanglantée avec laquelle il venait de frapper le bûcheron.

Les brigands entrent dans la maisonnette. Le chef examine alors Edouard, et fait un mouvement de surprise et de joie.

— C'est lui! s'écrie-t-il enfin; c'est bien lui... Tiens, camarade, tu dois le reconnaître aussi.

— Eh! parbleu oui, c'est notre ami ; allons, Murville, embrasse tes anciennes connaissances, tes fidèles compagnons de plaisirs et de revers.

Edouard vient d'entendre des voix qui lui sont familières, il lève les yeux et aperçoit Lampin devant lui; mais il ne reconnait pas l'autre brigand dont les accents l'ont frappé. Le chef lui prend la main, la lui secoue avec force : Edouard le regarde, et cherche dans sa figure horriblement mutilée à retrouver des traits qui ne lui sont point inconnus.

— Comment ! dit Lampin, tu ne reconnais pas Dufresne, notre ancien ami ?

— Dufresne ! s'écrie Édouard, se pourrait-il ?...

— Oui, Murville, c'est bien lui-même, dit Dufresne en détachant plusieurs bandes qui lui décomposaient le visage en y figurant de nombreuses cicatrices, et en ôtant un emplâtre qui lui cachait un œil et une partie du front, ainsi qu'une barbe qui lui couvrait le menton et la lèvre supérieure. Je suis charmé que tu ne m'aies point reconnu, cela te prouve le talent que j'ai à me déguiser, et c'est quelque chose, surtout lorsqu'on a un arrêt de mort sur le dos. Mais toi, mon drôle, il paraît que tu es un peu dégourdi depuis que nous ne nous sommes vus... Diable ! mais cela te fait honneur...

— Camarades, dit Lampin, qui venait de fureter dans la chaumière, il n'y a rien de bon pour nous ici, le coup de fusil que nous avons entendu pourrait aussi amener de ce côté des gens que nous ne serions pas fort aises de rencontrer. Croyez-moi, quittons cette masure et rentrons dans le bois, nous y causerons aussi facilement et plus en sûreté qu'ici.

L'avis de Lampin étant trouvé prudent, les voleurs sortent de la chaumière, emmenant avec eux Édouard, qui a peine à revenir de sa surprise, ne pouvant se persuader qu'il a retrouvé Dufresne dans un chef de bandits.

Après avoir marché quelque temps dans le plus épais du bois, les voleurs s'arrêtent dans un fourré ; ils font du feu, tirent des provisions qu'ils étalent sur l'herbe ; et après avoir préparé leurs armes en cas de surprise, ils s'asseyent autour du foyer, dont la flamme éclaire seule leur repas.

— Je ne sais, dit Dufresne en considérant Édouard avec une joie féroce, quel pressentiment me faisait espérer que nous serions un jour réunis... Au fait, j'ai toujours agi pour cela... n'est-ce pas, Lampin ?

Lampin mangeait avec avidité, et selon son usage

buvait encore mieux ; il se contenta de regarder Edouard en riant. Celui-ci considérait ses nouveaux compagnons ne sachant pas encore s'il devait se féliciter de leur rencontre.

— Comment se fait-il que je te rencontre avec Lampin dans ces bois ? dit-il enfin à Dufresne; d'où vient que vous avez embrassé un genre de vie aussi périlleux?

— Eh ! quel autre genre de vie veux-tu que l'on embrasse lorsqu'on est, comme nous, proscrits de la société?... Ne vas-tu pas faire l'innocent?... toi qui viens de tuer un pauvre bûcheron dont la mort ne te rapporte rien !

Je n'ai fait que me défendre. Cet homme avait tiré sur moi, il me menaçait encore... j'ai dû parer ses coups...

— Peste, camarade, tu pares joliment !... Mais n'importe, revenons à ce qui nous regarde. Tu n'ignores point que j'ai été condamné à mort; heureusement je n'ai pas attendu mon arrêt pour me sauver de la prison, grâce à ces deux fidèles amis que j'avais aidés autrefois. Nous ne pouvions plus paraître au grand jour; nous avons choisi les bois et les grandes routes pour y exercer notre industrie; il faut bien faire quelque chose. Dernièrement, en arrêtant un voyageur qui passait à cheval dans ces bois, j'ai reconnu Lampin, qui n'a pas mieux demandé que d'être des nôtres. Tu en seras aussi, mon cher Murville, car tu n'as pas d'autre parti à prendre, et tu dois être enchanté de nous avoir rencontrés.

— Oui, oui, dit Lampin, et je suis sûr que tu ne m'en veux plus de t'avoir laissé là au beau milieu de la nuit auprès du charretier; que veux-tu, mon garçon? je voyais que le cheval ne valait pas grand'chose; il n'aurait jamais pu galoper avec deux cavaliers sur le dos, et je me suis donné la préférence, c'est tout naturel !...

— Quelle triste existence, dit Edouard en jetant les yeux autour de lui; vivre dans les forêts, dans les ténèbres... craindre sans cesse d'être arrêté... exposer sa vie pour quelques pièces d'or!...

— Ah! dame, mon petit homme, dit Lampin, je conviens que c'était plus gai quand nous faisions sauter Véronique-la-Blonde en lui battant la fricassée sur les fesses, et en buvant du madère ou du champagne; mais, vois-tu, on a des hauts et des bas.

— Reprends courage, mon cher Murville, dit Dufresne, nous pouvons encore être riches et trouver des plaisirs sous un autre ciel. En attendant, je ne veux pas non plus me borner à vivre dans les bois pour y attendre quelques misérables voyageurs; d'ailleurs quatre ou cinq hommes ne suffisent pas pour former une troupe redoutable et capable d'arrêter de grosses voitures; mais j'ai des projets plus vastes, et comme je possède, quand il le faut, le talent de me rendre méconnaissable, j'espère, lorsque mes camarades se seront bien pénétrés de mes leçons, que nous pourrons essayer quelque coup hardi, soit en nous introduisant chez de riches particuliers, soit en nous donnant des titres et des conditions, suivant les circonstances.

— Ah! c'est qu'il est futé, le camarade; il en sait long!... je voudrais bien connaître celui qui a fait son éducation!...

— Je puis vous satisfaire, mes amis, en vous contant l'histoire de ma jeunesse, mon récit ne sera pas long et il vous amusera. D'ailleurs Murville en fera son profit. Il y a des choses qui le regardent, et je n'ai plus besoin de me gêner avec lui.

— Conte, conte, dit Lampin, pendant ce temps-là nous allons boire; aussi bien nous n'avons rien de mieux à faire dans ce maudit bois, où depuis deux nuits nous avons fait chou blanc. Allons, camarades, attisons le feu, et buvons sans bruit.

— Les voleurs raniment la flamme du foyer, ils se munissent chacun d'une bouteille, et se groupent autour de leur chef; tandis qu'Édouard, la tête appuyée dans ses deux mains, attend dans un morne silence que Dufresne commence son récit.

CHAPITRE XXXIV

HISTOIRE DE DUFRESNE.

Je suis né dans un petit village des environs de Rennes. Mon père, après avoir été riche et considéré, se trouva ruiné par la perte d'un procès que lui suscita un de ses cousins. Devenu pauvre et n'ayant plus d'amis, il fut obligé d'accepter une place de garde-chasse chez un vieux seigneur qui aimait mieux son gibier que ses vassaux, et ne pardonnait pas la mort d'un lapin ou d'une perdrix tués sur ses terres.

Mon père, aigri par le malheur, nourrissait dans le fond de son âme le désir de se venger de celui qui lui avait enlevé ses biens. Il vivait dans une petite cabane bâtie au milieu des bois; il m'y emmena et m'y garda près de lui. J'avais six ans lorsque mon père se retira dans la solitude. J'étais hardi, entreprenant, courageux, volontaire et déjà ferme dans mes résolutions. La vie presque sauvage que je menai pendant plusieurs années ne contribua pas à adoucir mon caractère. Je parcourais sans cesse les forêts, je gravissais les montagnes, les rocs escarpés; je franchissais les torrents, les précipices; et lorsque je revenais près de mon père, il me répétait l'histoire de ses malheurs, il m'apprenait à maudire les hommes, dont l'injustice avait révolté son cœur; me recommandait de me méfier de tout le monde, de ne jamais compter sur l'équité ou la reconnaissance de mes semblables; et pour preuve de ce qu'il me disait, il me détaillait les services qu'il avait rendus étant riche, et qui tous avaient été payés d'ingratitude; me racontait le procès injuste qu'il n'avait perdu que par la fraude et la mauvaise foi, et enfin me faisait jurer de le venger de celui qui l'avait ruiné.

Les discours de mon père se gravèrent aisément dans

ma mémoire. Peut-être d'autres conseils m'eussent fait protéger et défendre ceux que je jurai de mépriser et de haïr ; mais les premières impressions font tout sur une âme neuve, et l'indépendance de mes goûts me portait déjà à briser sans examen tous les obstacles qui contrariaient mes volontés.

Une aventure dont je fus témoin ne fit qu'augmenter encore mon aversion pour les hommes. J'avais alors treize ans, je venais de prendre près de mon père une leçon de lecture ; car il m'avait dit que l'instruction était nécessaire à mes intérêts, et cette raison seule m'avait décidé à apprendre quelque chose. Je me promenais dans le bois, lorsque j'entendis deux coups de fusil tirés près de moi. Je courus du côté d'où partait le bruit, et je vis deux jeunes gens que l'on venait d'arrêter parce qu'ils chassaient dans les bois du seigneur.

L'un était un jeune homme bien mis, de bonne façon, d'une tournure distinguée ; l'autre était un pauvre paysan couvert de haillons et paraissant dans la dernière misère. Le premier avait tué un chevreuil, le second un lapin, et cependant le jeune homme de la ville riait, et chantait au milieu des gardes, tandis que le paysan, pâle et tremblant, avait à peine la force de se soutenir.

Curieux de savoir quelle serait la suite de cette affaire, je suivis tout le monde au château : le seigneur était alors absent, mais son intendant le remplaçait ; il avait tout pouvoir et représentait son maître : on conduisit donc les deux prisonniers devant M. l'intendant. Je me mêlai parmi la foule ; je parvins ainsi à me glisser dans une grande salle où l'on menait d'abord les braconniers. L'intendant arriva : en apercevant le jeune homme de la ville, il vit qu'il n'avait point affaire, comme de coutume, à des rustres habitués à frémir devant lui. Il congédia tout le monde pour interroger le beau monsieur en particulier. Mais moi, au lieu de sortir comme les autres, je me cachai sous une table couverte d'un tapis, et j'entendis fort bien la conversation suivante :

— Monsieur, je suis désespéré d'être obligé d'agir avec rigueur, dit l'intendant d'un ton patelin, mais mon maître est fort sévère, et ses ordres sont absolus !...

— Ah ça, vieux renard, tu plaisantes, je pense, avec tes ordres, dit le jeune homme en se moquant de l'intendant ; apprends que je suis un cadet de famille, et que si tu ne me rends pas à l'instant la liberté, je te coupe les oreilles à la première occasion.

— Monsieur, ce ton est bien étrange... et je ne puis souffrir...

— Tiens, vieil arabe, je vois bien ce qu'il te faut ! Tu est intendant, c'est tout dire... prends cette bourse, il y a quinze louis dedans : cela vaut tous les chevreuils de ton maître.

En disant cela, le jeune homme tira de sa poche une bourse que l'intendant accepta sans difficulté. Puis ouvrant une petite porte dérobée :

— Descendez par là dans le jardin, dit-il à demi-voix à son prisonnier ; vous tournerez à droite et vous sortirez par une autre porte qui donne dans les champs. Je me compromets pour vous, mais vous avez des manières si engageantes...

Le jeune chasseur n'en entendit pas davantage ; il était déjà dans le jardin. L'intendant referma soigneusement la petite porte, puis sonna un domestique en lui ordonnant de faire venir devant lui le braconnier.

On amena le villageois, et l'intendant resta encore seul avec lui.

— Pourquoi chasses-tu ? dit-il au paysan d'une voix dure et d'un ton brusque qui ne ressemblait en rien à celui qu'il venait de prendre avec l'autre prisonnier.

— Mon bon monsieur, dit le pauvre homme en se jetant à genoux, faut nous pardonner... c'est la première fois, et je vous jurons ben que ce sera la dernière.

— Ces drôles-là n'en savent jamais d'autres !

— Je n' sommes pas un drôle, monsieur l'intendant,

mais un pauvre diable qui a une femme et cinq enfants, et qui ne sait comment les nourrir.

— Eh! faquin, pourquoi fais-tu des enfants?...

— Dame? monsieur l'intendant, c'est le seul plaisir qu'on peut se procurer sans argent.

— Est-ce que des butors comme vous doivent avoir du plaisir? Travaillez, canaille, travaillez : c'est votre lot.

— Je n'avons pas d'ouvrage, monsieur l'intendant, et je gagnons si peu... si peu!... que ça nous suffit à peine!...

— Parce que vous mangez comme des ogres!...

— Je ne mangeons pas tout not' soûl pour en donner à nos petits.

— Tes petits, tes petits!... Ces marauds-là affament le canton avec leurs petits...

— Pardi! monsieur l'intendant, votre maître élève une cinquantaine de chiens, i' m' semble que j' pouvons ben élever quatre ou cinq enfants...

— Voyez-vous ce misérable qui ose comparer sa dégoûtante progéniture aux lévriers de monseigneur! Allons, point de raison, tu as été pris en braconnant, ton affaire est claire, le vol est manifeste. Tu auras les étrivières, l'amende et la prison!...

— Ah! de grâce, monsieur l'intendant, ce n'était qu'un lapin!...

— Un lapin! coquin... peste!... un lapin!... tu ne sais pas ce que c'est?... monseigneur protège les lapins; je dois venger celui que tu as tué...

— Morgué! si c'était pour la table de monseigneur...

— Alors c'est bien différent, il serait trop heureux d'entrer dans la bouche de son maître, mais toi, tu es un braconnier.

— Monsieur l'intendant, par pitié pour ma femme et mes enfants! je sommes si pauvres... il n'y a pas un sou cheux nous...

— Tu mériterais d'être pendu. Allons, allons, au cachot, et demain la bastonnade.

L'intendant sonna, les valets accoururent, et on emmena le paysan malgré ses prières et ses larmes.

J'étais resté sous la table, où je suffoquais de colère. Quand tout le monde fut parti, je sautai par la fenêtre et courus raconter à mon père tout ce dont j'avais été témoin. Mon récit ne l'étonna pas. Il n'était qu'une preuve de plus de l'injustice et de la barbarie des hommes. Quant à moi, j'avais mon projet. Je savais que le seigneur devait revenir le lendemain, je voulais faire punir le fripon d'intendant.

En effet, dès le point du jour, je partis pour le château. En arrivant, je vis dans la cour le malheureux paysan, auquel les valets distribuaient sans pitié des coups de bâton, tandis que du haut de son balcon le seigneur contemplait ce spectacle en donnant du biscuit à son danois et du sucre à sa levrette.

— Je vais vous venger, bonhomme, dis-je en passant près du villageois; aussitôt je monte l'escalier quatre à quatre, et je pénètre dans l'appartement de monseigneur avant que les domestiques aient eu le temps de m'annoncer. L'intendant était près de son maître occupé à lui compter de l'or : je cours me jeter aux pieds de monseigneur ; mais dans ma vivacité, je m'appuie sur la patte d'un des favoris. Il se met à japper, et son maître me lance un regard courroucé en demandant pourquoi on m'a laissé pénétrer jusqu'à lui. Avant qu'on ait pu répondre, je débite mon histoire et conte, presque sans reprendre haleine, tout ce que j'ai entendu la veille entre l'intendant et le beau chasseur.

Le vieux seigneur parut un peu surpris en sachant qu'on avait arrêté un autre braconnier ; mais l'intendant, qui frémissait de colère pendant que je parlais, se hâta de dire à son maître que le jeune homme était un marquis et qu'il n'avait pas cru devoir le retenir.

— Un marquis! dit le seigneur en prenant une prise de tabac, un marquis... diable!... en effet... oui... je conçois... nous ne pouvions pas le faire bâtonner; il faut alors que le paysan paye pour deux.

— C'est ce que j'ai pensé, monseigneur.

— Et tu as bien fait; renvoie ce petit garçon qui a eu la maladresse de marcher sur la patte de Castor.

L'intendant ne se fit pas répéter cet ordre; il me prit par le bras, et je marchai sans résistance, ne concevant pas pourquoi monseigneur ne s'était pas mis en colère contre le fripon de valet. Chemin faisant, monsieur l'intendant m'appliqua une douzaine de soufflets et autant de coups de pieds dans le derrière; ce fut la seule récompense que je reçus au château.

Je rentrai furieux, et roulant dans ma tête mille projets de vengeance. Mon père, qui s'aperçut alors à quels excès pouvait se porter mon animosité, essaya, mais en vain, de me calmer.

Le lendemain, un message de l'intendant vint apprendre à mon père qu'il n'était plus garde-chasse de monseigneur. C'était une suite de mon action de la veille; il s'en douta, et ne m'en fit point de reproches. Nous quittâmes notre cabane sans savoir encore ce que nous deviendrions.

Quant à moi, la nouvelle disgrâce de mon père m'affermit dans un projet que je venais de concevoir et qu'il me tardait d'exécuter.

La nuit, pendant que mon père dormait au pied d'un arbre, je me sauvai avec une lanterne sourde et le fusil qu'il portait toujours avec lui ; je courus du côté de la demeure de monseigneur. Arrivé là, je ramassai plusieurs fagots, et je mis le feu aux quatre coins du château, ayant soin, de crainte que l'incendie ne prit pas assez vite, de lancer des brandons enflammés sur tous les bâtiments, et surtout du côté des écuries.

J'eus bientôt le plaisir de voir réussir ma vengeance : le feu prit en plusieurs endroits et se communiqua rapidement à toutes les ailes du château; on sonna le tocsin, les villageois accoururent, et plusieurs eurent la bonhomie de se jeter au milieu des flammes pour sauver un seigneur qui trouvait du plaisir à les faire bâtonner. Au milieu du tumulte, du désordre, je gagnai les appartements et j'aperçus l'intendant qui cherchait à se sauver avec une petite cassette qu'il serrait contre son sein. Je me mis devant lui, et le couchant en joue :

— Tiens, lui dis-je, voilà pour t'apprendre à me donner des soufflets et des coups de pied. Je lâchai mon coup, il tomba mort devant moi. Je jetai mon fusil, je m'emparai de la cassette; et sautant par une fenêtre avec l'agilité qui m'était habituelle, je m'enfuis du château qui bientôt n'offrit plus qu'un monceau de ruines.

Je me hâtai de retourner à l'endroit où j'avais laissé mon père. J'étais fier de ma vengeance et ravi de posséder une cassette que je présumais bien être pleine d'or. J'avais toujours remarqué qu'avec de l'or on se procurait tout, et qu'enfin on se tirait de tous les périls.

Mais quelle fut ma surprise de ne plus trouver mon père, que je croyais encore endormi au pied de l'arbre ! Je parcourus en vain les environs en l'appelant à grands cris ; il me fallut gagner un autre village, sans savoir ce qu'il était devenu. Inquiet pour mon trésor, je l'enterrai au pied d'un vieux chêne, après en avoir extrait quelques pièces d'or, dont en effet la cassette était remplie.

J'allai coucher dans une petite auberge, pensant déjà avec justesse qu'on ne pouvait soupçonner un enfant d'être l'auteur de l'incendie du château. En effet, on ne fit que peu d'attention à moi : chacun s'entretenait du grand désastre arrivé chez le seigneur ; chacun faisait des conjectures, mais dans la journée un villageois vint dire que le coupable était arrêté : c'est, dit-il, un ancien garde-chasse de monseigneur ; il venait d'être renvoyé et en voulait beaucoup à l'intendant, qu'il présumait être cause de sa disgrâce. Il a mis le feu afin de parvenir plus aisément à son ennemi, car on a trouvé celui-ci tué d'un coup de fusil, et on a reconnu l'arme pour être celle qui appartenait au garde-chasse.

18

À ce récit, je ne doutai point que mon père n'eût été arrêté à ma place; je tremblai pour lui, et, résolu de me perdre pour le sauver, je quittai de suite l'auberge et pris le chemin du village où l'on devait l'avoir conduit. Je ne m'arrêtai pas un moment en route, je sentais que les instants étaient précieux; j'arrivai enfin sur la grande place du village, et j'y aperçus mon père pendu à un gibet.

Je me livrai, non à la douleur, ce n'était point ce sentiment que j'éprouvais; mais à la fureur, à la rage. J'aurais voulu pouvoir mettre le feu au village et brûler en même temps tous ses habitants.

La nuit, j'enlevai le corps de mon père; j'eus la force de le porter dans la forêt, où je lui creusai une tombe; je jurai, sur ses restes inanimés, de le venger sur tous les hommes de sa mort et de ses malheurs, et de ne jamais aimer ceux qui l'avaient ruiné avec injustice et fait mourir innocent.

J'allai reprendre ma précieuse cassette et je quittai le pays. Grâce au trésor que je possédais, je pus satisfaire tous mes goûts et me procurer tous les plaisirs. Je vécus ainsi pendant cinq ans, me livrant à toutes les passions que l'âge avait développées chez moi: j'aimais le vin, le jeu et les femmes, et tant que j'eus de l'or, je ne me refusai rien; mais mon trésor ne pouvait durer longtemps au train dont je le menais. A dix-huit ans je vis le fond de ma caisse; mais loin de me chagriner de cet événement, je m'en réjouis en pensant que le moment était arrivé de tenir le serment fait sur la tombe de mon père.

Je ne m'occupai donc plus qu'à faire des dupes, et cela ne me fut pas difficile; dans le grand monde, où, grâce à mon trésor, je m'étais introduit, j'avais appris les usages et les belles manières. J'avais de plus la facilité de déguiser mes traits, et de changer ma voix lorsque cela était nécessaire; joignez à cela de l'esprit, de l'audace, de la fermeté, de l'éloquence, et vous jugerez combien de succès m'étaient réservés.

Sous le nom de Bréville, je connus à Bruxelles un certain Jacques Murville qui s'était évadé de chez ses parents. C'était ton frère, mon pauvre Edouard, et j'eus le talent de lui enlever tout ce qu'il possédait. A Paris, prenant un autre nom, je me trouvai à ton mariage, le nom de Murville me frappa ; je pris des informations, je sus que tu avais un frère, et je trouvai plaisant de m'approprier la fortune de l'aîné, après avoir dépensé l'argent du cadet. Mais une autre pensée vint remplir mon cœur lorsque je vis ta femme. La beauté, les grâces d'Adeline me charmèrent ; j'en devins éperdument amoureux, et je jurai de tout tenter pour la posséder.

Il fallait d'abord m'introduire chez vous ; j'y parvins ; je sus ensuite semer la division dans votre ménage en t'entraînant doucement vers la ruine, qui était le but de tous mes vœux. Je découvris ton penchant pour le jeu ; alors il ne me fut pas difficile de te faire faire toutes les sottises imaginables. Je voulais cependant m'enrichir à tes dépens, mais le maudit jeu ne me fut jamais favorable. Je te poussai vers le crime, parce que ta femme m'avait dédaigné, et que je voulais me venger sur toi de tous ses mépris. Tu n'étais enfin qu'une machine que je faisais mouvoir à mon gré.

Après avoir essayé tous les moyens pour vaincre la résistance d'Adeline, j'eus recours à la ruse, et je parvins une nuit à m'introduire dans son appartement et à partager sa couche ; tu frémis !... Eh ! mon pauvre Edouard, ta femme n'a fait que se tromper !... tu avais un dragon de vertu !... En s'apercevant de sa méprise, elle ne m'en témoigna que plus de haine, mais j'eus du moins la certitude d'avoir détruit pour jamais son bonheur.

Tu me connais maintenant : apprends à tes dépens à juger les hommes. Quant à moi, qui n'ai vu partout que fausseté, capidité, ingratitude, injustice, intérêt, ambition, jalousie !... et qui ai toujours sacrifié le préjugé à mes passions, je me verrais avec indifférence chef de voleurs, si dans ce genre de vie je pouvais satisfaire tous mes penchants. Mais quelle que soit la position où je me trouve, quelle que soit la profession que j'embrasse, je tiendrai le serment fait sur la tombe de mon père, je haïrai les hommes, et je vous perdrais vous-mêmes, si vous n'étiez pas, ainsi que moi, suivant l'expression du vulgaire, nés pour le malheur de l'humanité.

Dufresne termina ainsi son récit, et les voleurs semblèrent fiers d'avoir pour les commander un aussi grand scélérat. Edouard, atterré par ce qu'il venait d'entendre, frémissait au souvenir de tout ce qu'il avait fait par les conseils d'un monstre qui avait juré sa perte, et qui lui apprenait son déshonneur avec tranquillité. Mais il était trop tard pour regarder en arrière, surtout avec le caractère faible et irréfléchi d'Edouard. Il sentit qu'il haïssait Dufresne, et n'eut pas la force de le quitter : le vice dégrade et abrutit l'homme. Edouard, tout en éprouvant l'horreur de sa situation, n'avait plus assez d'énergie pour chercher à en sortir.

Le jour commençait à blanchir la cime des monts et à percer dans les clairières de la forêt. Les voleurs éteignirent le feu, et remirent le reste des provisions dans leur bissac.

— Camarades, dit Dufresne, il faut quitter ce pays, nous n'y faisons rien de bon. Mettons-nous donc en course; mais dans la première ville un peu considérable près de laquelle nous passerons, il faut que le plus hardi d'entre nous aille acheter des vêtements capables de nous donner des mines d'honnêtes gens : car, croyez-moi, il en est de notre métier comme de tous les autres : pour réussir, il faut jeter de la poudre aux yeux, et avec nos vestes et nos pantalons déchirés, nous ne pourrons jamais sortir de ces bois, et nous resterons toute notre vie de misérables vagabonds.

Les paroles de Dufresne étaient des oracles pour ceux qui l'entouraient. On se disposa donc à suivre ses conseils, et on se mit en route, évitant avec soin, dans le jour, les chemins fréquentés. Dufresne guidait sa petite troupe.

Lampin marchait en chantant et en buvant, les deux autres bandits en rêvant au pillage qu'ils pourraient faire, et Édouard sans savoir encore s'il fuirait ses compagnons ou s'il resterait avec eux.

CHAPITRE XXXV

LA MAISON DES VOSGES.

Une grande chaîne de montagnes, couvertes de bois, sépare l'Alsace et la Franche-Comté de la Lorraine, et s'étend jusqu'aux Ardennes. C'est dans ces montagnes, nommées les Vosges, qu'est située la propriété du bon M. Gerval; c'est là qu'il conduit les infortunées dont il a résolu de prendre soin.

La maison de M. Gerval est simple, mais commode: une jolie cour, fermée par une forte grille, conduit au rez-de-chaussée, dont deux fenêtres seulement donnent au dehors, mais ces fenêtres sont grillées et garnies en outre de volets très-épais, précaution nécessaire dans une demeure isolée et située dans les bois. Le premier étage donne en partie sur la cour et sur un grand jardin clos par un mur fort élevé qui est derrière la maison. Cette habitation, située sur le penchant d'une colline, n'est pas éloignée d'un petit chemin qui conduit à la commune de Montigny, et sa position pittoresque, l'éloignement des autres habitations, le calme continuel qui règne dans les environs, semblent désigner cette simple retraite comme l'asile du repos et de la paix.

Le domestique de M. Gerval se compose de Dupré, que nous connaissons déjà, de Catherine, faisant les fonctions de cuisinière, vieille femme un peu bavarde, un peu curieuse, mais du reste fidèle, obligeante, bonne, et fort attachée à son maître; enfin d'un jeune paysan nommé Lucas, qui est à la fois jardinier, frotteur et commissionnaire de la maison.

Dans les environs, à plusieurs lieues à la ronde, le nom de Gerval est révéré et prononcé avec attendrissement par les malheureux auxquels le bonhomme prodigue constamment des secours. Il n'a pas toujours habité sa maison des bois; souvent les soins de son commerce l'en ont éloigné pendant longtemps; mais alors Dupré et Catherine, qui connaissent le cœur de leur maître, ont continué à répandre des bienfaits afin que les indigents ne pussent s'apercevoir de l'absence de leur protecteur.

Les villageois qui ont su que M. Gerval était allé à Paris, ont craint qu'il ne revînt pas parmi eux; Catherine elle-même a partagé cette crainte, car elle sait que son maître désire revoir d'anciens amis dont il n'a pu s'occuper depuis longtemps, et auxquels il était fort attaché; mais une lettre de M. Gerval vient rendre la joie aux habitants des Vosges; ils vont revoir leur ami, leur appui, leur père; il va revenir au milieu d'eux pour ne plus les quitter. Cette nouvelle se répand bientôt dans les environs; on accourt près de Catherine pour savoir si elle est véritable, et celle-ci relit chaque fois la lettre de son maître en annonçant le jour où il doit arriver.

Ce jour est venu, et tout est en l'air dans la maison pour célébrer le retour du bonhomme. Lucas dépouille son jardin et ses fleurs pour en orner la salle à manger; Catherine se surpasse dans le repas qu'elle prépare; les villageois des environs et tous les infortunés secourus par le bon Gerval accourent à la maisonnette.

— Il n'est pas encore arrivé, dit la vieille servante, mais il ne peut tarder.

On se répand sur la route; on monte sur les hauteurs, afin de découvrir plus tôt la voiture. On l'aperçoit enfin : aussitôt elle est entourée; le nom du vieillard circule de bouche en bouche, et les bénédictions du pauvre célèbrent le retour du riche bienfaiteur.

Gerval verse des larmes d'attendrissement en voyant la joie des bonnes gens qui le regardent comme leur père :

— Ah! mon ami, dit-il à Dupré, qu'il est doux de pouvoir faire du bien!

La voiture entre dans la cour de la maison; les villageois poussent des cris d'allégresse.

— Chut! chut! mes amis, dit le vieillard en sortant de sa voiture, modérez les transports de votre joie; ils me flattent; mais ils font mal à une infortunée pour qui le plus léger cri est funeste.

En disant cela, M. Gerval fait descendre Adeline de la voiture, tandis que Dupré porte la petite Ermance dans ses bras.

Adeline jette autour d'elle des regards inquiets; le bruit lui cause toujours des mouvements de terreur; la vue de beaucoup de monde assemblé augmente son délire : elle frémit et veut fuir. Gerval est obligé de faire signe aux villageois de se tenir un peu à l'écart pour décider la jeune infortunée à entrer dans la maison.

On regarde Adeline avec intérêt, et la joie fait place à la tristesse lorsqu'on s'aperçoit de son état.

— Pauvre femme! répète-t-on de toutes parts, qui peut l'avoir privée de sa raison?... Et cette petite fille, qu'elle sera belle! Ce sont encore des malheureux dont M. Gerval prend soin.

— Mes enfants, dit Catherine, dès que je saurai l'histoire de cette jeune étrangère, je vous la conterai, je je vous le promets; et je la saurai bientôt, car mon maître ne me cache rien.

Malheureusement pour Catherine, son maître n'en savait pas plus qu'elle à cet égard. Pour satisfaire la curiosité de sa vieille servante, M. Gerval lui conte la manière dont il a fait la connaissance d'Adeline, et l'état déplorable dans lequel il l'a trouvée ensuite : la domestique pousse des exclamations de surprise pendant le récit de son maître; mais elle assure qu'elle parviendra petit à petit à savoir tous les malheurs de cette jeune femme. En attendant, comme elle se sent déjà portée à l'aimer et à chérir son enfant, elle court leur préparer une des plus jolies pièces de la maison.

C'est dans une chambre du rez-de-chaussée donnant sur le bois qu'on loge Adeline : la fenêtre de l'appartement est garnie de forts barreaux de fer, et l'on ne craint pas que, dans un de ses accès de délire, elle puisse fuir de la maison. On laisse son enfant auprès d'elle, car elle semble toujours connaître sa fille ; elle la presse souvent avec tendresse contre son sein.

— Ce sont les seuls instants de bonheur qu'elle paraît goûter encore, dit M. Gerval ; gardons-nous de l'en priver !... et ne dérobons pas à cet enfant les caresses de sa mère.

Catherine se charge avec plaisir de veiller sur la malade et sur sa fille. C'est elle qui veut conduire la jeune femme dans les environs lorsque le temps sera beau ; et Lucas, par l'ordre de son père, doit tous les matins orner de fleurs nouvelles l'appartement d'Adeline. C'est à force de soins, d'attentions, que M. Gerval espère ramener le calme dans l'âme de cette infortunée.

On sait le nom de la petite Ermance, parce que, dans sa folie, sa mère l'a nommée plusieurs fois ; mais on ignore le nom de celle-ci, et M. Gerval a décidé qu'on l'appellerait Constance. Ce doux nom est approuvé par Catherine, qui prétend que c'est l'amour qui doit avoir fait le malheur de l'inconnue. C'est donc ainsi qu'Adeline est appelée par les habitants de la maison des bois ; mais quelquefois Lucas, ainsi que les villageois des environs, ne la nomment que la folle.

La paix qui règne dans la maison des Vosges, la vie tranquille que l'on y mène, et les soins touchants que l'on a pour Adeline semblent lui rendre un peu de repos : elle caresse sa fille, la presse souvent dans ses bras ; elle sourit à son bienfaiteur et à tous ceux qui l'entourent ; mais quelques mots sans suite sortent seuls de ses lèvres, et elle retombe presque au même instant dans une sombre mélancolie dont rien ne peut la distraire.

Elle passe une partie de la journée dans le jardin, qui est grand et bien tenu. Quelquefois elle cueille des fleurs et paraît éprouver un mouvement de gaieté ; mais bientôt le sourire disparaît de ses traits décolorés; elle va s'asseoir sur un banc de gazon, et y reste des heures entières sans paraître exister.

— Quel malheur ! dit le bon Gerval en la considérant et en jouant avec la petite Ermance, qui déjà lui rend ses caresses... Je crois qu'il n'y a pas d'espoir qu'elle guérisse.

— Eh ! pourquoi donc cela, monsieur ! dit Catherine; il ne faut désespérer de rien... Patience... patience... il viendra peut-être une crise salutaire. Oh ! si nous savions seulement la cause de ses maux.

— Ah ! parbleu ! sans doute... c'est ce qu'a dit le médecin de Paris; mais c'est justement cette cause que nous ne connaîtrons jamais...

— Bath !... que sait-on? elle parle quelquefois... Tenez... elle semble sourire... elle regarde jouer sa fille : elle est aujourd'hui beaucoup mieux qu'à l'ordinaire; je vais la questionner...

— Prends garde, Catherine, de lui faire de la peine...

— Soyez donc tranquille, monsieur !...

Catherine approche du bosquet sous lequel Adeline est assise, et Gerval, Dupré et Lucas se tiennent tout proche afin d'entendre les réponses de l'inconnue.

— Madame, dit Catherine du ton le plus doux, pourquoi donc vous chagriner sans cesse ? vous êtes entourée de personnes qui vous aiment... contez-nous vos malheurs, nous tâcherons de vous consoler...

— Me consoler !... dit Adeline en regardant Catherine avec étonnement. Oh ! je suis heureuse... bien heureuse !.. je n'ai pas besoin de consolations... Edouard m'adore... il vient de me le jurer... nous sommes unis... il fera mon bonheur... car il n'est pas méchant !...

— Mais pourquoi vous a-t-il quittée ?

— Quittée... non, il ne m'a point quittée... il est avec

moi dans cette maison où fut élevée sa jeunesse... ma mère, ma fille et son frère sont avec nous... oh ! je ne veux pas qu'il aille à Paris... il pourrait y rencontrer... non... non... ne le laissez pas partir.

— Prends garde, Catherine, dit tout bas M. Gerval ; ses yeux s'animent, son délire augmente... de grâce, ne la tourmente plus.

Catherine n'ose désobéir à son maître, cependant elle brûle d'en savoir davantage. Adeline parait en effet très-agitée ; elle se lève, marche au hasard et semble vouloir fuir. La vieille servante cherche à l'arrêter :

— Laissez-moi, dit Adeline en se dégageant de ses bras, laissez-moi fuir... il est là... il me poursuit... tenez, le voyez-vous ? il me suit partout... il a juré ma perte... il ose encore me parler de son amour !... le monstre !... Ah ! de grâce, ne le laissez pas approcher...

Elle s'éloigne, parcourt à grands pas tous les détours du jardin, et ne s'arrête que lorsque, épuisée de fatigue et ne pouvant supporter ses terreurs, elle tombe sans force et privée de sentiment.

On s'empresse de la reporter dans son appartement et de lui prodiguer des secours qui la rappellent à la vie. M. Gerval défend expressément qu'on la questionne davantage, parce que cela augmente toujours son mal.

— C'est entendu, monsieur, dit Catherine ; cependant vous voyez que nous sommes certains maintenant qu'elle est mariée, que son mari a un frère et qu'il y a au milieu de tout cela quelque mauvais sujet qui lui fait la cour et dont elle a peur !... Oh ! je devine aisément, moi !... Je gage que c'est ce mauvais sujet-là qui a entraîné le mari à Paris, où il aura oublié sa femme et son enfant !... pardi, cela va de suite !... Ah ! quel dommage que je ne puisse pas encore la faire parler ! bientôt nous saurions tout.

Mais comme la bonne femme ne veut pas non plus augmenter le délire de l'inconnue, elle n'ose lui faire des questions. Souvent elle se promène avec Adeline dans les bois qui environnent l'habitation ; Ermance est tenue par Catherine ou par sa mère ; la vieille servante épie tous les mouvements de la jeune femme, elle recueille les mots qui lui échappent, elle les rassemble, elle forme là-dessus ses conjectures ; mais au bout de trois mois elle n'en sait pas plus que le second jour.

Une fois cependant un accident imprévu trouble la vie uniforme d'Adeline. Elle se promenait avec sa fille sur une colline peu éloignée de la maisonnette ; Catherine la suivait, admirant la taille élégante, les grâces et la tournure de la jeune infortunée et se disant tout bas :

— Cette femme-là n'est pas née dans une chaumière ; ses manières, son langage annoncent quelqu'un du grand monde !... et dire que nous ne saurons jamais qui elle est !... c'est désespérant.

Un jeune pâtre venait de grimper sur un arbre pour dénicher un nid ; le pied lui glisse, une branche que sa main saisit se rompt en même temps ; il tombe sur la terre, se blesse grièvement à la tête et pousse un cri douloureux.

Ce cri est entendu d'Adeline, qui est alors près du blessé ; aussitôt elle s'arrête, devient tremblante ; une terreur soudaine se peint sur ses traits, et ses yeux baissés vers la terre semblent craindre de rencontrer un objet qui lui fait horreur ; tout à coup elle prend son enfant et s'enfuit à travers les bois. En vain Catherine l'appelle et court sur ses traces, les forces d'Adeline sont doublées, et les cris de Catherine augmentent son délire ; elle gravit les sentiers les plus escarpés sans reprendre haleine, elle effleure à peine le gazon, elle s'enfonce dans les montagnes, et la vieille servante la perd bientôt de vue.

Catherine retourne désolée auprès de son maître ; elle lui apprend ce qui vient d'arriver. Mais M. Gerval sait que tous les villageois lui sont dévoués, il envoie Dupré et Lucas les prier de parcourir tout le canton, et les bonnes gens s'empressent de faire une battue générale dans les bois. Le succès couronna leur zèle : on retrouva Adeline et son enfant couchées au pied d'un arbre ; la fièvre avait cédé à l'épuisement et la fugitive n'avait pu aller plus loin;

On la plaça sur un brancard fait à la hâte avec des branches d'arbre, et on la reporta ainsi que sa fille à la maison de leur bienfaiteur. Le vieillard congédia les villageois après avoir récompensé leur zèle, et l'on ne s'occupa plus qu'à calmer la pauvre malade, que le cri plaintif du jeune pâtre a jetée dans un délire plus violent que tous les accès qu'elle a éprouvés depuis son séjour dans les Vosges.

Livrée à des terreurs sans cesse renaissantes, Adeline parle beaucoup plus, et Catherine ne la quitte pas, mais elle frémit des phrases que prononce l'inconnue :

— Arrachez-le de cet échafaud, répète à chaque instant Adeline en mettant ses mains devant ses yeux ; par pitié... ne le livrez pas aux bourreaux... ils vont le faire mourir... j'entends sa voix... mais non, ce cri plaintif n'est pas sorti de sa bouche... c'est une autre victime... Ah! je ne puis me tromper, je reconnais ses accents... ils pénètrent toujours jusqu'à mon cœur.

Catherine verse des larmes; M. Gerval entrevoit un affreux mystère, et la vieille servante répète à son maître :

— Un échafaud... des bourreaux!... Ah! monsieur, cela fait frémir !...

— N'importe, dit le bon Gerval, que le mari ou les parents de la jeune femme aient été criminels, je ne la garderai pas moins. Elle n'est pas coupable, j'en suis certain ; elle n'est que malheureuse !...

— Oui, monsieur, mais les monstres qui l'ont réduite dans cet état !... Ah! ceux-là sont bien coupables... ils méritent d'être sévèrement punis !...

— Oui, ma pauvre Catherine; mais nous ne les connaissons pas; laissons à la Providence le soin de venger cette infortunée, et ne doutons point de sa justice... Il serait trop affreux de penser que les méchants jouiront en paix du fruit d'une mauvaise action, tandis que leur victime verra s'éteindre sa vie dans les larmes et le désespoir.

M. Gerval assemble de nouveau ses domestiques, et leur recommande de redoubler d'attention pour éviter les crises fâcheuses à la jeune mère.

— Point de bruit! point de cris auprès de son appartement!... Si vous vous rassemblez pour causer et rire, ce dont je ne veux cependant pas vous priver, que ce soit dans une chambre éloignée de celle de Constance, afin qu'elle ne puisse vous entendre. Surtout plus de questions, Catherine : car cela n'amène rien de bon.

— Oh! c'est fini, monsieur, dit la vieille bonne, je n'ai pas envie maintenant d'en savoir davantage!... cela m'a l'air trop pénible !... et je serais désolée de faire du mal à celle que je voudrais voir renaître au bonheur.

Grâce à ces précautions, Adeline redevient calme, tranquille, et tout rentre dans l'ordre accoutumé. Quelque temps s'écoule avant que l'on ose laisser sortir la malade de la maison; mais ce n'est plus qu'accompagnée de Lucas et de Catherine qu'elle se promène dans les environs; et du plus loin qu'ils l'aperçoivent, les villageois, qui connaissent son état et les ordres que M. Gerval a donnés, s'éloignent doucement de son passage. Si elle vient sans être aperçue près d'un groupe de jeunes paysannes occupées à se divertir, les jeux, la danse, les chants sont à l'instant suspendus.

— C'est la folle, disent à demi-voix les habitants du village, ne faisons pas de bruit, cela redouble son mal.

Le temps fuit sans amener de changement dans l'état d'Adeline; mais sa petite Ermance grandit, et ses traits commencent à se développer.

Déjà son sourire a la douceur de celui de sa mère, dont son âme aimante paraît avoir la sensibilité. Un an s'est écoulé depuis que M. Gerval a recueilli Adeline et sa fille. La gentille Ermance aime le vieillard comme

19

elle aurait aimé son père. Ses petites mains caressent les cheveux blancs de son protecteur, et celui-ci s'attache chaque jour davantage à l'aimable enfant.

— Tu n'as plus de parents, lui dit-il en la prenant le soir sur ses genoux. Ta mère, pauvre petite, est morte pour toi !... Ton père l'est sans doute aussi, ou il t'a abandonnée, et ne mérite pas ton amour. Moi, je veux assurer ton sort... tu seras riche, puisses-tu être heureuse et penser quelquefois au vieillard qui t'a adoptée, mais qui ne vivra pas assez pour te voir jouir de ses dons !

L'hiver vient dépouiller les arbres de leur feuillage et la terre du gazon qui la parait. Déjà les bois sont déserts ; les oiseaux vont chercher sous un autre ciel des ombrages et des ruisseaux. La neige, qui tombe par gros flocons sur les montagnes, s'amasse dans les Vosges, et rend les routes difficiles aux piétons et impraticables aux voitures. Les soirées deviennent longues, le sifflement des vents les rend tristes et sombres. Le paysan, forcé de traverser les bois, se hâte de regagner son gîte de crainte d'être surpris par la nuit ; il court en soufflant dans ses doigts, et ses pas, qui s'impriment dans la neige, servent souvent de guide au voyageur égaré.

Cependant l'ennui ne pénètre point dans la demeure du bon Gerval ; tous les habitants savent employer utilement leur temps. Le vieillard lit, ou arrange ses affaires et écrit à ses fermiers ; car il possède du bien dans diverses parties de la France. Dupré fait ses comptes, veille aux besoins de la maison ; Catherine fait le ménage, la cuisine, et Lucas soigne son jardin et tâche de mettre ses arbres et ses fleurs à l'abri des injures de la saison. Adeline ne quitte le matin son appartement que pour faire quelques tours dans le jardin ; rarement on la voit dans les autres parties de la maison. Dès que la nuit vient, elle se retire dans sa chambre, quelquefois emmenant sa fille ; lorsque par hasard elle reste le soir avec la compagnie, elle s'assied près de

Catherine, qui fait des contes à l'enfant, pendant que le bon Gerval fait une partie de piquet ou de dames avec Dupré, et que Lucas épelle dans un gros livre une histoire de voleurs ou de revenants.

Lorsqu'un coup de vent un peu violent fait craquer avec force les vitres, et pousse contre les fenêtres les branches des arbres qui touchent à la maison, Lucas, qui n'est pas brave et qui pourtant aime à se faire peur en lisant des histoires effrayantes, laisse tomber son livre et regarde avec effroi autour de lui; le bruit monotone de la girouette qui s'agite sur le toit, le son uniforme d'un crochet de fer qui bat contre le mur, sont autant de sujets de crainte pour le jardinier; Adeline rompt quelquefois le silence en s'écriant :

— Le voilà... je l'entends...

Et Lucas fait un saut sur sa chaise, croyant en effet que quelqu'un va paraître. Catherine se moque alors du jardinier, son maître le gronde sur sa poltronnerie, et Lucas, pour se rassurer, prend son livre et poursuit son histoire de revenants.

CHAPITRE XXXVI

LE VRAI PEUT QUELQUEFOIS N'ÊTRE PAS VRAISEMBLABLE

La neige a tombé avec plus de violence qu'à l'ordinaire; l'ouragan rompt à chaque instant des branches d'arbre et les repousse au loin sur les routes, qui deviennent impraticables. Huit heures sonnent, et il fait nuit depuis longtemps...

Adeline, que le bruit de la tempête rend plus triste qu'à l'ordinaire, n'a point quitté sa chambre de la journée. Catherine vient de descendre Ermance et de la coucher près du lit de sa mère, qui est assise sur une chaise et ne veut point encore se livrer au repos, malgré les prières de la vieille domestique. Le maître du logis fait sa partie habituelle avec Dupré, et Lucas vient de prendre son gros livre, lorsque la sonnette de la grille d'entrée se fait entendre.

— On sonne, dit M. Gerval ; du monde aussi tard, par le temps qu'il fait !...

— C'est fort singulier ! répète Lucas.

— Faut-il ouvrir, monsieur? demande Dupré.

— Mais il faut d'abord savoir qui c'est... peut-être des voyageurs qui ne peuvent aller plus loin, qui se sont égarés dans les montagnes ou des malheureux que les villageois m'ont adressés, comme cela arrive quelquefois... J'entends Catherine, elle va nous dire ce que c'est.

Catherine a été regarder à la grille : et elle remonte prendre les ordres de son maitre...

— Monsieur, dit-elle, ce sont trois voyageurs, trois marchands, à ce qu'il paraît, car ils ont des ballots sur le dos. Ils demandent l'hospitalité pour cette nuit, ne pouvant continuer de marcher parce qu'il y a plus de deux pieds de neige sur le chemin ; l'un d'eux est un pauvre vieillard qui parait souffrir beaucoup du froid. Faut-il les recevoir ?

— Certainement, et de notre mieux.

— Mais, monsieur, dit Dupré, trois hommes... la nuit... cela est peut-être imprudent ?

— Et pourquoi donc, Dupré? Ce sont des marchands, l'un d'eux est âgé !... qu'avons-nous à craindre ? Il est tout naturel qu'on cherche à s'abriter par un mauvais temps; dois-je laisser des gens se morfondre dans ces montagnes, de crainte de recevoir des vagabonds ?... Ah! mon ami, s'il fallait toujours lire dans le cœur de ceux qu'on oblige, on ferait trop rarement du bien ! Va vite ouvrir, Catherine... ne laisse pas ces étrangers plus longtemps à la porte... toi, Dupré, fais grand feu afin qu'ils puissent se sécher, et Lucas leur préparera la petite chambre que je réserve toujours aux voyageurs.

Catherine descend et ouvre la grille aux étrangers,

qui l'accablent de remercîments. Les deux plus jeunes soutiennent le vieillard par-dessous les bras, et ce n'est qu'avec peine qu'ils parviennent à lui faire monter l'escalier pour arriver au premier, dans la salle où les attend le maître de la maison.

— Soyez les bienvenus, messieurs, dit le bon Gerval en les engageant à s'approcher du feu. Faisons d'abord reposer ce vieillard... il paraît bien fatigué...

— Oh! oui, monsieur, dit le vieil étranger d'une voix cassée; le froid m'a tellement saisi que sans le secours de mes enfants je serais resté en chemin!...

— Vous allez vous remettre, bon homme... Messieurs, débarrassez-vous de ces ballots qui vous gênent... on va les porter dans la chambre que je vous destine.

Les marchands déposent dans un coin de l'appartement plusieurs paquets qui paraissent contenir des toiles, des mouchoirs, de la mousseline; Dupré, qui est un peu méfiant, s'approche et examine les ballots. Un des jeunes gens s'en aperçoit, il s'empresse d'aller en ouvrir plusieurs, et montre sa marchandise au vieux domestique.

— S'il y a quelque chose de votre goût, choisissez, monsieur, lui dit-il, nous ferons en sorte de bien vous arranger.

— Merci, répond Dupré, qui voit que son maître paraît mécontent de l'inspection qu'il fait des paquets; nous verrons mieux tout cela demain matin.

Les deux marchands se rapprochent du vieillard et s'asseyent devant la cheminée. Catherine apporte une bouteille de vin et des verres, et Lucas vient prendre les ballots qu'il va porter dans la chambre du second.

— Voilà qui vous remettra en attendant le souper, dit M. Gerval en versant du vin aux étrangers. Buvez, messieurs, il est bon.

— Volontiers, dit celui des jeunes gens qui avait déjà parlé à Dupré. C'est une bonne chose que le vin!... Tenez, mon père... tiens, Jean; à votre santé, monsieur.

— Ce sont vos enfants? dit M. Gerval au vieillard.

— Oui, monsieur, ce sont mes soutiens, les appuis de ma vieillesse... Voilà Gervais, mon aîné... c'est un gaillard toujours réjoui, toujours en train de rire ; et voici Jean, mon cadet ; il est moins gai que son frère, il parle peu, mais c'est un garçon rangé, grand travailleur et fort économe... Je les aime bien tous deux !... car ils sont honnêtes, incapables de tromper personne, et avec ça on doit faire son chemin.

— Je vous fais mon compliment d'avoir de pareils enfants ; mais pourquoi, à votre âge, êtes-vous en course avec eux ?

— Ah ! monsieur, c'est que nous allons auprès de Metz nous établir, mes garçons vont épouser les filles d'un de leurs correspondants, et je vais me fixer auprès d'eux.

— C'est différent ; mais est-ce le hasard qui vous a conduits chez moi, ou les villageois vous ont-ils enseigné ma maison pour y passer la nuit ?

— Monsieur, dit Gervais, nous ne connaissons pas beaucoup ce pays, et nous étant mis en route un peu tard, la nuit nous a surpris ; c'est pourquoi nous avons cherché un asile, surtout pour notre père, qui est trop âgé pour supporter les injures du temps. Sans lui, nous n'aurions jamais pu nous décider à demander à loger chez un bourgeois, et nous aurions passé la nuit sur la neige, mon frère et moi... n'est-ce pas, Jean ?

— Oui, dit Jean d'une voix basse et sans détourner ses regards fixés sur le foyer.

— Vous auriez eu grand tort, messieurs, dit M. Gerval en reversant à boire aux étrangers : j'aime à être utile à mes semblables, et je tâcherai de vous faire passer une bonne nuit.

— Vous habitez une maison bien isolée, dit Gervais en vidant son verre ; est-ce que vous ne craignez pas quelquefois d'être pillé par des voleurs ?

— Je n'ai jamais redouté cela... il ne m'est rien arrivé jusqu'à présent.,.

— D'ailleurs nous sommes assez de monde pour nous

défendre, dit Dupré en se redressant, et, Dieu merci, nous avons des armes!...

— Dupré, va voir si Catherine prépare le souper...

— Oui, monsieur, je vais voir aussi si madame Constance et sa fille n'ont besoin de rien.

Dupré ne va pas chez Adeline; mais il est bien aise de faire savoir aux étrangers qu'il y a encore du monde dans la maison; car il n'est pas content de voir que des inconnus vont y rester pendant une nuit.

Il se rend à sa cuisine, et demande à Catherine ce qu'elle pense des étrangers.

— Ma foi! je crois que ce sont de bonnes gens; le vieux paraît respectable.

— Pour un vieillard qui peut à peine se soutenir, il a les yeux diablement éveillés!... Et ses deux fils! L'un m'a tout l'air d'un grand vaurien... il ricane toujours en parlant, et il boit... ah! à plein verre.

— Eh! vraiment... c'est bien étonnant!... un porte-balle!...

— Et l'autre!... quel air sombre!... il ne lève pas les yeux... il n'a encore prononcé qu'un oui... bien lugubre!... Je n'aime pas ces gens-là.

— Bah! tu es trop défiant, mon cher Dupré.

— Non, mais j'aime à connaître mon monde.

— Connaissons-nous cette pauvre femme qui loge ici depuis plus d'un an?...

— Ah! quelle différence!... une femme jeune, belle, intéressante: son état seul inspire la pitié; et cette enfant! si aimable, si jolie!... oh! c'est que je m'y connais en physionomie, moi!... et ces marchands... Tiens, Catherine, je dormirai mal cette nuit.

— Et moi, je dormirai fort bien, je l'espère.

— Songe, malgré cela, à bien fermer ta porte.

— C'est bon!... c'est bon!... te voilà comme Lucas!.. Il faut avouer que nous avons ici de fiers hommes pour nous défendre si nous étions attaquées!...

— Catherine, tu te trompes; je ne suis pas poltron...

mais je sens que je n'ai plus vingt ans... Ah! si je les avais encore, je ne craindrais pas trois hommes!...

— Laisse-moi faire mon souper, au lieu de m'étourdir par tes balivernes...

— Balivernes!... hom! c'est bientôt dit... Et notre jeune femme, est-ce qu'elle ne viendra pas souper?

— Tu sais bien que ce n'est pas son habitude... Elle dort, je l'espère; ne voudrais-tu pas la réveiller?...

— Catherine?...

— Eh bien?

— Il me semble que j'entends du bruit dans la cour... contre la grille...

— C'est le vent qui agite les arbres et remue les fenêtres... D'ailleurs va voir...

— Oui... oui, je veux m'assurer par moi-même, quoique tu dises que je suis un poltron...

Dupré allume une lanterne et va faire le tour de la cour : tout est dans l'ordre ordinaire; la grille est bien fermée; il s'arrête un moment pour regarder au travers, mais une bouffée de neige vient frapper son visage. Pendant qu'il se frotte les yeux, un bruit sourd parvient à son oreille, et semble provenir du rez-de-chaussée où loge Adeline.

— Pauvre femme!... elle ne dort pas encore, dit Dupré; si j'osais aller savoir si elle a besoin de quelque chose... mais monsieur ne veut pas qu'on la dérange le soir; il l'a défendu : remontons et surveillons les marchands.

Le vieux serviteur rencontre Lucas sur l'escalier. Le jardinier chante et rit, parce qu'il est toujours fort gai lorsqu'il y a beaucoup de monde chez eux.

— As-tu arrangé la chambre pour ces étrangers? lui demande Dupré.

— Oui, j'ai aussi porté leurs marchandises, et pour ma peine le grand voulait me donner une pièce d'argent, mais je l'ons refusée!...

— Tu as bien fait... Pour des gens qui voyagent à pied, ils sont bien généreux!...

Oh! il a l'air d'un bon vivant, ce grand qui a les cheveux un peu roux... il rit... il boit... il parle pour tout le monde... Si nous avions souvent des locataires comme ça, je dis qu'on rirait un peu plus ici !... mais j' n'avons que c'te pauvre femme !... et une folle, ça n'est pas ben gai, surtout celle-là.

— Tais-toi, tu ne sais pas juger ton monde... Je ne dis pas que ces marchands soient des fripons, mais...

— Mais quoi ?...

— Ferme bien ta porte cette nuit... entends-tu, Lucas?

— Oui, monsieur Dupré, oui... j'entends... répond Lucas qui sent sa gaieté s'évanouir, et devient pâle et inquiet, tandis que Dupré remonte lentement près de son maître.

Le vieillard et Gervais causent avec M. Gerval, l'autre garçon ne répond que par monosyllabes aux questions qu'on lui adresse.

— Mon frère est un peu sérieux, dit à demi-voix le grand Gervais à son hôte. C'est qu'il est jaloux, il craint que sa belle ne l'ait oublié depuis deux ans qu'il est absent, et cela lui donne du souci.

— Je conçois cela, mais il paraît que vous n'avez pas les mêmes inquiétudes?

— Moi? ah! morbleu! jamais les femmes ne m'ont tourmenté !... je suis un luron !... je me moque de tout, et je suis capable de...

— Taisez-vous, mon fils, dit le vieillard en l'interrompant brusquement; vous parlez un peu trop librement... excusez-le, monsieur, c'est qu'il a été soldat.

— Ah! vous avez servi ?...

— Oui, certes, j'ai servi, et quand il faut se battre je suis toujours là... n'est-ce pas, mon père ?...

— Oh! sans doute ! vous êtes une mauvaise tête ! on le voit bien !...

Catherine vient annoncer que le souper est servi dans la pièce voisine.

— Allons nous mettre à table, messieurs, dit M. Gerval en conduisant les nouveaux venus dans la salle à manger.

On s'assied ; le vieux marchand est à côté de son hôte. Dupré, ancien serviteur, et devenu l'ami de son maître, mange toujours à sa table ; il se met à sa place ordinaire, mais M. Gerval remarque qu'il a encore un couvert près de lui.

— Pour qui ce couvert, Dupré ? demande M. Gerval.

— Monsieur, c'est pour notre jeune dame... ou sa fille... si elles venaient.

— Tu sais bien, mon garçon, qu'elles dorment maintenant ; Constance n'a pas l'habitude de veiller si tard !...

— Elle ne dort pas, monsieur, j'ai entendu du bruit dans sa chambre.

Le vieillard jette un coup d'œil sur ses deux compagnons, puis s'adresse à son hôte.

— Vous avez des dames chez vous, monsieur ? si nous les empêchons de venir, nous allons de suite monter dans notre chambre.

— Non pas ! je n'ai qu'une jeune femme et un enfant ; la pauvre mère... hélas ! est privée de sa raison !... C'est une infortunée qui a une âme trop aimante !...

— Je la plains !...

— Buvons à sa santé, messieurs, dit le grand Gervais emplissant son verre et celui de son voisin.

— Cet homme-là ne se gêne guère, se dit Dupré en regardant le marchand qui prend lui-même la bouteille ; diable !... il épuiserait bien vite notre cave.

Le vieillard regarde de temps à autre son plus grand fils ; il paraît mécontent de le voir boire aussi souvent ; il lui reproche de ne point se ménager.

— C'est que le vin de notre hôte est délicieux, répond celui-ci, et vous savez que je suis amateur, mon père...

— Ne le ménagez point, dit M. Gerval ; cela vous redonnera des forces pour continuer demain votre voyage.

— Volontiers, mon cher monsieur, je suis d'avis de m'en taper un tantinet.

Dupré fait la grimace, il trouve que M. Gervais a des expressions singulières, et plus il boit, moins il garde de retenue. Le bon Gerval excuse cela et s'amuse de la gaieté du marchand qui ne paraît pas autant plaire au vieillard.

— Bois donc, Jean, dit Gervais en poussant son voisin, tu es un pauvre sire!.. et toi... ah! pardon... c'est vous que je voulais dire, et vous donc, mon cher et honoré père... vous me faites des yeux qui reluisent comme des culs de salière!... morbleu!... je suis le seul bon vivant de la famille, n'est-ce pas... monsieur?... Monsieur de Gerval... à votre santé ; à celle de votre famille, de votre folle : à la vôtre, vieux sournois, qui nous regardez comme si nous venions de l'Arabie-Pétrée... A la santé de tout le monde! je suis généreux!

— Excusez-le, monsieur, dit le vieillard à Dupré, mais quand il a un peu bu, il ne sait plus ce qu'il dit.

Dupré fronce le sourcil et ne répond rien.

— Je ne sais plus ce que je dis! s'écrie Gervais ; ah! sacré mille chiens! vous croyez cela, mon cher père; eh bien! c'est vous qui en avez menti, comme un cuistre que tu es... N'est-ce pas, Jean, que c'est un cuistre?

Le vieillard se lève furieux.

— Sans le respect que je dois à notre hôte, dit-il, je châtierais votre insolence ; mais j'ai pitié de l'état où vous êtes : suivez-moi, et n'empêchons pas plus longtemps monsieur de se livrer au repos.

— C'est juste, c'est juste, mon bon père; je crois que j'ai dit des bêtises, il est plus sage d'aller se coucher... en attendant, je vous demande votre bénédiction...

En disant ces mots, Gervais s'approche du vieillard, qui le repousse et prend congé de M. Gerval en lui demandant de nouvelles excuses pour la conduite de son fils aîné.

Lucas prend des flambeaux, et va conduire les étrangers dans la chambre qui leur est destinée, lorsqu'on entend du bruit dans la cour; les marchands font un mouvement de surprise, et Dupré court regarder à travers la fenêtre; il aperçoit Adeline vêtue d'un simple déshabillé de nuit, tenant une lumière à la main, et marchant avec agitation sur la neige amoncelée dans la cour.

— C'est elle, monsieur, dit Dupré à son maître, c'est bien étonnant qu'elle ait quitté si tard son appartement.

— C'est votre pauvre femme? demande le vieillard.

— Pardieu! je veux voir la folle, s'écrie le grand Gervais; je suis curieux de savoir si elle est jolie.

Il court aussitôt à la fenêtre; mais Adeline venait déjà de rentrer chez elle.

— Bonne nuit, messieurs, dit Gerval aux étrangers; je vous verrai demain avant votre départ.

Les marchands montent au second. Lucas leur laisse de la lumière et s'empresse de redescendre dans sa chambre qui touche à la cuisine, ayant soin de se barricader de haut en bas, ainsi que Dupré le lui avait recommandé.

Ce dernier, resté seul avec son maître, car la cuisinière est déjà retirée chez elle, fait part à M. Gerval de ses remarques au sujet des étrangers.

— Convenez, monsieur, dit-il, que ce grand a l'air d'un vagabond... Cette manière de parler, de se conduire... Son manque de respect envers son père...

— Que veux-tu? Il avait un peu bu!...

— Ses expressions singulières...

— Il a été soldat!...

— Oh! ce n'est point là le langage d'un soldat. Plaise à Dieu, mon cher maître, que vous ne vous repentiez pas de l'hospitalité que vous avez donnée à ces gens-là!...

— Que crains-tu?

— Je ne sais... mais tout m'est suspect... jusqu'au silence de cet autre, dont l'air sinistre n'annonce pas une âme honnête...

— Allons, Dupré, calme tes esprits et va te reposer... Une nuit est bientôt passée!

— Oui... lorsqu'on dort! mais elle est bien longue

quelquefois... Ce qui me fait plaisir, c'est que ma chambre touche à la vôtre, et si vous entendez quelque bruit, vous m'appellerez de suite, n'est-ce pas, monsieur?

— Oui, mon bon Dupré; va, et rassure-toi.

Dupré ne quitte son maître qu'à regret. Celui-ci se couche avec confiance et oublie bientôt dans le sommeil les discours de son vieux domestique.

La chambre de Dupré est au premier, contre celle de M. Gerval; mais sa porte donne précisément sur l'escalier qui conduit au second et dans la cour.

Tourmenté par une inquiétude qu'il ne peut calmer, Dupré est résolu à veiller et à tâcher d'éclaircir ses soupçons. Il regarde à la fenêtre de l'appartement des étrangers; la lumière brille encore. — Ils ne sont pas couchés, dit-il; si je pouvais les entendre... Essayons...

Il sort sans bruit et sans lumière de sa chambre et monte au second; il s'arrête devant la porte du logement des marchands; mais il se rappelle alors qu'un petit cabinet précède la pièce où ils couchent, ce qui empêche que du carré on puisse entendre parler. Dupré va redescendre, lorsqu'il songe que la cheminée de la chambre où sont réunis les étrangers vient justement aboutir devant la lucarne du grenier. Aussitôt il monte à ce grenier, ayant soin de marcher avec beaucoup de précaution. Il entr'ouvre tout doucement la fenêtre de la lucarne, il se couche sur le ventre, et son oreille atteint le haut de la cheminée; alors, grâce au peu de distance qui le sépare de l'étage au-dessous, il entend facilement la conversation suivante :

— Tu es incorrigible, Lampin; ta maudite ivrognerie a pensé cent fois nous trahir.

— Bah! bah!... qu'avions-nous à redouter après tout? Il n'y a dans cette maison que trois vieilles ganaches, un imbécile, une folle et un enfant!... N'est-ce pas là un monde bien effrayant!... Si vous aviez voulu m'en croire, une fois dans la maison, nous aurions agi ouvertement!... Pour ma part, je me chargerais du vieux richard et de son domestique.

— Il vaut mieux agir en toute sûreté et pouvoir faire notre retraite sans désordre. Vous pensez bien qu'avant de vous amener ici j'ai pris des informations sur les habitants de la maison. Le maître est fort riche, il fait du bien à tout le monde.

— Eh bien! il nous en fera, le vieux Crésus...

— Il doit avoir ici beaucoup d'argent; je sais qu'il a reçu il y a huit jours des remises de ses fermiers. Tout cela doit être dans sa chambre; nous y pénétrerons aisément, nous nous emparerons des trésors et nous fuirons par la chambre de la folle, parce que la grille est très-forte, très-bien fermée, et que nous aurions beaucoup de peine à la forcer.

— Ah çà! mais j'ai vu des barreaux à la fenêtre du rez-de-chaussée qui donne sur le bois. Est-ce par là que vous allez nous faire sortir, très-honoré père?

— Imbécile! crois-tu que je ne pense pas à tout?... Nos camarades ont l'ordre de limer les barreaux, et je leur ai dit qu'ils pouvaient travailler sans crainte, puisque celle qui habite l'appartement les regardera faire sans rien dire.

— Bravo! voilà une idée lumineuse... N'est-ce pas, Edouard? Parle donc, maudit penseur!

— Oui... oui... ce plan est bien imaginé.

— C'est fort heureux qu'il te plaise!... Pourvu que ce vieil intendant qui nous regardait de travers ne dérange pas nos projets...

— Malheur à lui s'il l'osait!... Nous allons faire entrer nos camarades, nous serons en force, et ceux qui feront les mutins seront de suite réduits au silence.

— C'est juste!... les grands moyens.

— Heureusement qu'à table je me suis modéré; si je t'avais imité, Lampin, nous nous serions trahis.

— Que diable! c'est que tu faisais si bien le vieillard que j'étouffais de rire... Mais si j'ai bu, ça n'a fait qu'augmenter mon courage; il y a ici de l'or à acquérir, et ça me donne du nerf, mes collègues... Ah çà, voyons, comment distribuons-nous les postes?

— Nous ferons entrer nos amis dans quelques instants : il faut laisser à ces vieilles gens le temps de s'endormir. Nous laisserons Edouard en sentinelle près de la folle, afin de veiller à ce que, dans un accès de délire, elle ne ferme point la porte de son appartement, ce qui nous couperait la retraite. Nos camarades se placeront l'un en faction près du jardinier, l'autre près de la cuisinière; et toi, Lampin, tu m'accompagneras à la recherche de l'argent.

— C'est cela, voilà qui est arrangé; le camarade ne se plaindra pas d'avoir un poste trop périlleux : rester près d'une femme et d'un enfant qui dorment... Peste! quelle prouesse!...

— Oui, mais il ne faut pas qu'ils s'éveillent; s'ils poussaient le moindre cri... Songe, Edouard, qu'il y va de notre sûreté... de notre vie...

— Il suffit, je vous entends...

— Et moi aussi, dit Dupré en retirant doucement sa tête; j'en sais assez... Les scélérats!... Je ne m'étais pas trompé!... ce sont des brigands que nous avons reçus!... O mon Dieu! inspirez-moi!... que je sauve mon maître et cette pauvre femme!

Le vieux serviteur se glisse le long du toit et rentre dans le grenier. Malgré tout ce qu'il fait pour ranimer ses esprits et rappeler son courage, ses jambes chancellent, il peut à peine se soutenir, et son imagination, bouleversée par tout ce qu'il vient d'entendre, ne lui présente que des images de sang et de mort. Dupré a soixante-cinq ans; à cet âge, on est long à prendre un parti, et, dans les crises dangereuses, le temps que l'on perd à se décider sur la manière dont on agira rend le péril plus imminent.

Dupré marche à tâtons dans le grenier; ira-t-il réveiller son maître ou Lucas? Mais le jardinier ne s'éveille pas facilement ; il faudra faire du bruit à sa porte, et, dans le silence de la nuit, le moindre bruit sera entendu par les voleurs et leur donnera des soupçons. Catherine est enfermée dans sa cuisine et ne leur serait d'aucun secours... Mais c'est par l'appartement de la jeune femme que les camarades des brigands doivent pénétrer : il faut leur fermer cette entrée après avoir fait sortir Constance et sa fille de leur chambre.

Ce parti paraît le plus sage au vieux domestique. Il se décide à descendre, mais il tremble ; il frémit en posant le pied sur l'escalier. Si les misérables sortaient de leur chambre et le rencontraient, il serait perdu ! Il écoute en se hasardant sur chaque marche ; au plus léger bruit, il s'arrête. Il va passer devant la porte du second... mais on parle ; on s'avance. On ouvre cette porte, et Dupré remonte précipitamment au grenier.

Les prétendus marchands ont entendu du bruit au-dessus de leur tête ; la marche lourde du vieillard a fait craquer la planche et troublé le silence de la nuit. Dufresne sort le premier ; il tient un flambeau d'une main et un poignard de l'autre. Lampin le suit ; ils pénètrent dans le grenier au moment où le vieux serviteur se fourrait sous une botte de paille.

— Nous sommes trahis ! dit Dufresne, on nous écoutait ; mais ce misérable ne pourra plus nous nuire...

Aussitôt il enfonce son poignard dans le sein du vieillard, dont les mains se croisaient pour implorer sa clémence. Dupré expire sans pousser un cri ; son sang inonde le plancher, et Lampin couvre de bottes de paille le cadavre du malheureux domestique.

— Descendons, dit Dufresne ; et puisqu'on a des soupçons, hâtons-nous d'agir.

— Qu'est-il arrivé ? demande Edouard, qui est resté en sentinelle sur l'escalier.

— Rien, dit Lampin ; seulement nous avons un curieux de moins.

— Allons vite chez la folle ; nos amis doivent être à

leur poste; ne les laissons pas plus longtemps se morfondre en plein air.

Les brigands descendent au rez-de-chaussée; la clef est à la porte de l'appartement d'Adeline; ils entrent... Une lampe placée dans l'âtre éclaire à demi la chambre dont la fenêtre donne sur le bois. Le petit lit de l'enfant est placé contre celui de la mère, dont les rideaux sont entièrement tirés. Bien certain que celle qui est dans le lit ne veille point pour épier leurs actions, Dufresne va de suite ouvrir les volets de la fenêtre, et il fait entrer ses compagnons qui se tenaient contre la croisée après avoir scié les barreaux de la fenêtre.

— Tout va bien, dit Dufresne; laissons ces volets ouverts, rien ne s'opposera à notre fuite. Edouard, reste en ces lieux; surtout... point de pitié si l'on s'éveille. Vous, mes amis, suivez-moi, je vais vous marquer vos postes; ensuite, Lampin et moi nous nous chargerons du reste.

Pendant le discours de Dufresne, Lampin retrousse ses manches, tire ses armes, examine la pointe de son poignard; un sourire féroce brille dans ses yeux, et sa figure hideuse, animée par le vin et l'attente du pillage, semble porter avec joie l'empreinte du crime.

Les quatre brigands sont éloignés, Edouard est seul dans la chambre. Attentif au moindre bruit, il va sans cesse de la fenêtre au lit; il écoute si personne ne passe dans le bois, puis revient se placer près des rideaux qui lui cachent la jeune femme. Ses yeux se portent vers le lit de l'enfant... il n'est point dedans. Adeline, plus agitée qu'à l'ordinaire, et troublée par le bruit sourd qu'on a fait derrière ses volets, a pris sa fille et l'a couchée sur son sein, se jetant tout habillée sur son lit. Curieux de voir cette insensée, Edouard va écarter le rideau... mais un bruit venant du bois attire son attention; il retourne contre la fenêtre... il entend les pas des voyageurs, dont les pieds foulent les branches sèches et font craquer la neige à demi glacée. Le bruit approche... on distingue des voix... Si ce sont des gendarmes envoyés à leur poursuite... s'ils aperçoivent la fenêtre dont les barreaux sont brisés... Édouard frémit ; il pousse doucement les volets pour qu'on ne voie pas dans l'appartement ; il respire à peine... Malgré ses précautions, Adeline s'est réveillée ; elle ouvre brusquement ses rideaux en se levant à moitié :

— Est-ce toi ?... est-ce toi ?... s'écrie-t-elle avec force.

— Cette malheureuse va nous trahir, dit Édouard ; sa voix attirera les voyageurs de ce côté... Allons... il le faut !...

Il court vers le lit, son poignard à la main... il va frapper... lorsqu'il reconnaît sa femme et son enfant.

Un cri d'épouvante, d'horreur, sort de la bouche du misérable, qui laisse échapper le fer homicide et reste immobile devant celle qu'il allait frapper. Mais ce cri terrible a retenti dans l'âme d'Adeline : elle a reconnu la voix de son époux ; ces mêmes accents qui ont égaré sa raison, bouleversent encore tout son être : elle cherche à rassembler ses idées, elle sort d'un songe pénible... elle voit Édouard, le reconnaît, et, poussant un cri de joie, se précipite dans ses bras.

— Édouard !... en ces lieux... près de moi ! s'écrie Adeline en le considérant avec tendresse ; mon ami... comment se fait-il ?... ah !... je ne sais plus que penser !... ma tête est brûlante !...

— Viens, dit Édouard, viens... donne-moi cet enfant... fuyons... fuyons ces lieux, ou tu es perdue...

— Pourquoi fuir ? Quel danger te menace ? N'as-tu pas assez souffert ?... La justice des hommes te poursuit-elle encore ?...

— Oui... oui, et toi-même tu es exposée à la fureur des brigands... tiens... entends-tu ces cris qui partent de l'intérieur de la maison ?... C'est un vieillard qu'ils égorgent sans pitié... viens, te dis-je, ou ils te tueront devant moi... Ah !... ne me refuse point !... je suis un monstre... un misérable... mais je veux te sauver.

Adeline se laisse entraîner par son époux, elle prend

sa fille dans ses bras, elle va le suivre... lorsque les volets sont poussés avec violence, tandis que la sonnette de la grille se fait entendre.

Un homme paraît contre la croisée, et s'apprête à sauter dans la chambre en criant à son compagnon :

— Voilà une brèche ; par ici, camarade... par ici !... Entrons dans la place, il y a des coquins dans la citadelle, mais nous les étrillerons, mille cartouches !... et en avant.

A la vue de l'étranger, Edouard, éperdu, égaré, ne doute point qu'on ne vienne l'arrêter lui et ses compagnons ; voulant éviter le supplice qui l'attend, il quitte la main d'Adeline, repousse sa femme, qui s'attache à ses pas.

— Tu es sauvée, lui dit-il, laisse-moi... ne me suis point... adieu... adieu pour jamais !...

Il sort brusquement par la porte du fond, gagne la cour, parvient à franchir la grille et fuit dans les bois ; au même instant Jacques et Sans-Souci pénètrent par la fenêtre dans la chambre d'Adeline, qui, épuisée par toutes les secousses que son âme vient d'éprouver, tombe sans connaissance au moment où son époux disparaît à ses yeux.

CHAPITRE XXXVII

CE QUE C'EST QUE LE BONHOMME GERVAL.

— O bonheur ! en croirai-je mes yeux ! s'écrie Jacques en courant porter du secours à l'infortunée qu'il aperçoit. Cette femme... c'est elle ! Sans-Souci... viens... viens la voir...

— Eh oui ! sacrebleu ! c'est elle !... Nous la retrouvons enfin... Quand je te disais qu'il ne fallait jamais désespérer de rien...

— Et sa fille... tiens, la voilà... oui, je la reconnais aussi.

— Mais lorsque j'ai poussé ces volets, il m'a semblé voir un homme, il a pris la fuite... Oh! oh! quel bruit... entends-tu?... On appelle au secours... reste avec elle... ne la quitte plus, mais donne-moi un de tes pistolets.

Jacques donne une de ses armes à Sans-Souci; celui-ci, le pistolet d'une main et son bâton de l'autre, se dirige du côté d'où partent les cris; il monte au premier, entre dans un appartement dont la porte est brisée, et voit un vieillard à genoux implorant la pitié d'un scélérat, tandis qu'un autre misérable, chargé de sacs d'argent, se dispose à la fuite.

Sans-Souci tire son pistolet sur Dufresne, qui allait frapper M. Gerval: le monstre tombe devant le vieillard. Son camarade jette les sacs et veut se sauver; mais Sans-Souci ne lui en donne pas le temps, il l'atteint sur l'escalier et lui assène sur la tête un coup si vigoureux que Lampin chancelle, et, roulant plusieurs marches, va frapper sa tête contre la muraille et expire en vomissant les plus horribles imprécations.

— Vous êtes mon sauveur! mon libérateur! s'écrie M. Gerval pendant que Sans-Souci le débarrasse des liens qui le retenaient.

— Il est vrai, mon cher monsieur, qu'il était diablement temps; mais peut-être y a-t-il encore des brigands dans votre maison, et je vais achever ma visite.

— Je vous suis... je vous suis, monsieur, dit le vieillard, je veux être votre guide. Hélas! je ne vois pas mon fidèle Dupré!...

En ce moment un coup de pistolet se fait entendre. Sans-Souci descend quatre à quatre et arrive près de Jacques à l'instant où celui-ci venait de brûler la cervelle à un des brigands qui tentait de fuir par le rez-de-chaussée, tandis que son camarade, plus adroit, se sauvait par le même chemin qu'Edouard.

Le bruit des armes à feu, le tumulte, les cris ont réveillé Catherine et Lucas, mais ce n'est qu'à la voix de leur maître qu'ils osent sortir de leur chambre. On se réunit alors, et l'on se rend avec des lumières dans l'appartement d'Adeline.

Elle reprenait ses sens et regardait avec une nouvelle surprise Jacques qui était auprès d'elle.

— Mon frère, mon ami, est-ce vous que je retrouve aussi? lui dit-elle enfin ; je ne sais si c'est un rêve... mais tant d'événements se sont succédé... Tout à l'heure Edouard était près de moi...

— Edouard!... revenez à vous... calmez-vous, ma chère Adeline, et ne craignez plus rien, les brigands sont punis.

Adeline ne répond pas, mais ses yeux cherchent encore son époux.

— Victoire!... s'écrie Sans-Souci, pour ma part j'en ai tué deux.

— Nous vous devons la vie, braves étrangers, dit M. Gerval en s'approchant de Jacques; comment pourrai-je jamais m'acquitter envers vous?

— Vous avez pris soin de ma sœur et de ma nièce, répond Jacques au vieillard; et c'est moi qui vous dois encore de la reconnaissance.

— Sa sœur! sa nièce! disent le bonhomme et ses domestiques.

— Avant tout, achevons la visite de cette maison, dit Sans-Souci, il pourrait y avoir encore des coquins cachés dans quelque coin.

— Et Dupré ne paraît pas!... Je tremble qu'il n'ait été victime de son zèle.

— Mettons notre monde en sûreté, et en avant!

On conduit M. Gerval, Adeline, sa fille et Catherine dans une chambre dont la porte est solide, et où ils n'ont rien à redouter ; ensuite Jacques et Sans-Souci commencent la visite de la maison, guidés par Lucas, qui tremble comme la feuille, mais n'ose pas refuser de les accompagner. Le nom d'Edouard, qu'Adeline a prononcé, est une énigme pour Jacques, qui n'ose se livrer aux soupçons qui se présentent à son imagination. On examine partout sans rencontrer personne, ce n'est que dans le grenier qu'on trouve le corps du malheureux Dupré ; après s'être assuré qu'il ne donne plus aucun signe de vie, Sans-Souci, aidé de Lucas, le transporte dans une salle basse, où les restes du fidèle serviteur doivent rester jusqu'à ce qu'on leur rende les derniers devoirs.

Pendant que Sans-Souci et le jardinier s'acquittent de ce triste soin, Jacques entre dans l'appartement de M. Gerval ; un gémissement sourd part d'un coin de la chambre. Dufresne existe encore ; mais la blessure qu'il a reçue est mortelle, et le misérable lutte en vain contre le trépas. Jacques approche sa lanterne du visage du mourant, un cri de surprise lui échappe. Dufresne reconnaît aussi le frère d'Édouard. Un sourire affreux ranime ses yeux presque éteints ; il rassemble le peu de force qui lui reste pour se faire entendre encore.

— Je vais mourir... mais si vous avez tué tous ceux qui m'accompagnaient... vous avez donné la mort à votre frère... dites à sa femme... à cette Adeline qui m'a méprisé.. que son époux... après s'être sauvé des galères... est devenu par mes conseils voleur... et assassin.

Dufresne expire en prononçant ces paroles, satisfait d'avoir encore fait le mal à ses derniers moments.

Jacques reste quelques instants glacé d'horreur près des restes de celui qui a fait le malheur de sa famille. Mais surmontant sa terreur, il veut s'assurer de l'horrible vérité ; il descend l'escalier, s'arrête près du corps de Lampin, et approche, en frémissant, sa lanterne de son visage... Ce n'est pas lui! Jacques respire un peu plus librement, il redescend au rez-de-chaussée où doit être celui qu'il a frappé ; et quoique bien certain que ce n'était pas son frère, il va s'en assurer encore.

— Grâce au ciel, dit-il après avoir examiné les traits du brigand, ma main ne s'est point trempée dans le sang de mon frère !... il est sauvé... Ah! puissions-nous ne jamais le revoir! Oublions un monstre qui nous déshonore, et donnons tous nos soins aux deux infortunées que j'ai enfin retrouvées.

Cependant avant de retourner près d'Adeline, Jacques visite avec soin les poches de chaque brigand, et surtout celles de Dufresno, dans la crainte qu'on ne trouve sur ces misérables quelque papier relatif à Edouard. Il s'assure qu'ils n'ont sur eux que des armes et de l'argent, et plus tranquille se dispose à rejoindre Adeline.

Les habitants de la maison viennent de s'apercevoir, avec la plus vive joie, que la jeune femme a recouvré sa raison; et pendant que l'on faisait une exacte perquisition dans sa demeure, M. Gerval a conté à Adeline la manière dont il l'a trouvée, logée à Paris, emmenée à sa campagne, et enfin tout le temps qu'elle a passé chez lui.

Adeline se jette aux genoux de son protecteur; elle sent maintenant ce qu'elle lui doit, quoique le bon Gerval n'ait dans son récit parlé que du plaisir qu'il a eu à l'obliger, en glissant légèrement sur tout ce qu'il a fait pour elle.

Adeline s'informe alors des derniers événements de la nuit. On lui apprend que des brigands s'étaient introduits dans la maison, et que sans l'arrivée inattendue de deux voyageurs, dont l'un paraît être son frère, on aurait été pillé par les voleurs.

Elle frémit.... elle se rappelle dans quel moment Edouard s'est présenté à sa vue... son trouble, son effroi à l'arrivée des étrangers; elle n'ose prolonger ses questions, mais elle attend avec anxiété le retour de Jacques; il paraît enfin.

— Plusieurs brigands se sont échappés, dit-il en s'approchant d'Adeline, à laquelle il lance un regard dont elle comprend l'expression. Ceux qui ont péri méritaient bien leur sort...

— Morbleu, dit Sans-Souci, ils méritaient bien tous d'être roués!... je n'ai qu'un regret, c'est qu'il s'en soit échappé quelques-uns.

— Et mon fidèle Dupré, demande M. Gerval, vous ne m'en donnez pas de nouvelles.

— Hélas, mon cher monsieur... votre vieux serviteur a été, à ce qu'il paraît, la première victime de ces monstres... il n'est plus !...

— Les misérables !... assassiner un vieillard !... Ah! si j'avais cru ses pressentiments... pauvre Dupré, mon imprudence a causé ta mort !... ah! je me la reprocherai sans cesse !... Cette maison me devient odieuse ! dès demain je veux la quitter.

M. Gerval verse des larmes sur le sort de son vieux serviteur ; Catherine mêle ses pleurs aux siens, et chacun cherche à consoler le bon Gerval, qui se reproche la perte de son fidèle compagnon.

Le jour surprend les habitants de la maisonnette dans cette situation. M. Gerval consent à prendre un peu de repos, pendant que Lucas ira prévenir les autorités de la commune voisine des événements arrivés dans la nuit. Catherine fait, par les ordres de son maître, les apprêts de leur départ, et Adeline promet au vieillard de lui raconter bientôt ses malheurs.

Jacques trouve le moment d'être seul avec Adeline ; elle brûle de le questionner, et n'ose rompre le silence. Il devine sa douleur, ses craintes, ses plus secrètes pensées.

— Dufresne n'est plus, lui dit-il, le scélérat a enfin reçu le prix de ses forfaits.

— Dufresne ?... Quoi ! Dufresne était parmi ces brigands !... Malheureuse !... ah !... plus de doute alors.. il l'a entraîné aux derniers excès du crime... Edouard était...

— Silence ! que jamais ce secret affreux ne soit connu que de nous, dit Jacques à voix basse ; le misérable est sauvé... qu'il traîne sa honteuse existence dans d'autres climats... il est trop tard pour qu'il se repente, et sa présence serait pour moi, pour vous-même, le comble du malheur. Oubliez à jamais un homme qui ne méritait pas votre amour. Tout vous en fait une loi. La tendresse que l'on conserve pour un être aussi vil, aussi misérable, est une faiblesse, une lâcheté indigne d'un cœur noble et généreux. Conservez-vous pour votre fille, pour moi, pour tous ceux qui vous aiment, et des jours de paix luiront encore pour nous.

Adeline se jette dans les bras de Jacques, en essuyant les pleurs qui coulent de ses yeux. — Mon ami, lui dit-elle, je suivrai vos conseils, vous serez content de moi.

Les villageois des environs qui ont appris les événements funestes arrivés dans la maison de leur bienfaiteur, accourent pour le voir et la pierre tumulaire indique la manière déplorable dont le fidèle serviteur a péri.

M. Gerval veut enfin connaître le nom de son libérateur :

— Je me nomme Jacques, monsieur, lui dit celui-ci, autrefois soldat, maintenant laboureur.

— Jacques, dit le vieillard, je porte le même nom que vous ; je l'avais donné aussi à mon filleul, petit espiègle qui aurait votre âge maintenant, et que j'ai vainement cherché à Paris.

Jacques regarde avec plus d'attention celui auquel il a conservé la vie ; il retrouve dans sa figure respectable les traits d'une personne qui, dans sa jeunesse, lui témoigna toujours le plus tendre intérêt. Mille souvenirs se présentent à son esprit... il peut à peine trouver la force de demander au bonhomme quel est son nom, auquel, dans le trouble des événements de la nuit, il n'a fait aucune attention.

— Je me nomme Gerval, dit le vieillard en l'examinant à son tour avec émotion ; autrefois je faisais le commerce, j'avais à Paris une forte manufacture.

— Se peut-il !... vous êtes Jacques Gerval... mon parrain... que j'aimais tant !...

Jacques saute au cou du vieillard qui le presse avec tendresse contre son sein, et verse des larmes de plaisir en retrouvant son cher filleul, tandis que tous les témoins de cette scène ou versent aussi d'attendrissement.

— Eh bien, mille escadrons! voyez comme on se retrouve! dit Sans-Souci; voilà une reconnaissance à laquelle je ne m'attendais pourtant pas, ni toi non plus, camarade.

— Mon cher Jacques, dit M. Gerval, je t'ai cherché de tous côtés; je brûlais du désir de te revoir. Ton escapade me fit jadis beaucoup de peine, car j'en étais innocemment l'auteur. Le nom de Jacques t'avait porté malheur, mon pauvre filleul, il a influé sur toute ta vie: ta mère te délaissait, ton père n'osait prononcer ton nom devant elle; moi seul je te faisais des caresses, mais cela ne suffisait pas à ton âme sensible. Tu as quitté le toit paternel, et j'ai juré de réparer l'injustice de tes parents, si jamais je pouvais te retrouver. Te voilà enfin... ah! je te reconnais bien maintenant!... ces cicatrices n'ont point changé l'expression de tes traits. Nous ne nous quitterons plus, Jacques, tu fermeras mes yeux; tu es mon enfant, mon unique héritier; dès à présent ma fortune t'appartient; disposes-en pour faire du bien à tous ceux que tu aimes.

Jacques embrasse encore son vieux parrain; il ne peut croire à son bonheur.

— Chère Adeline, dit-il enfin, ah! si je suis riche, vous ne sentirez plus la misère; c'est le prix le plus doux que j'attache à la fortune.

Adeline, Ermance, passent à leur tour dans les bras du vieillard...

— C'est ta sœur et ta nièce? dit-il à Jacques; serais-tu marié?

— Non, répond celui-ci avec embarras... vous voyez la femme et la fille de mon frère.

— Ton frère... mais, en effet, qu'est-il devenu?...

— Il n'est plus... Hélas! je n'ai plus de frère; elle n'a plus d'époux...

— Mes amis, je vois couler vos larmes; j'ai, sans le vouloir, renouvelé vos douleurs..... pardonnez-moi :

le souvenir d'Edouard vous est peut-être pénible... mais j'ignore vos malheurs : contez-les moi, et je tâcherai ensuite de vous les faire oublier.

Jacques se charge d'apprendre au vieillard une partie des chagrins d'Adeline, mais il ne fait pas connaître toute la conduite de son frère, et M. Gerval croit qu'Edouard est mort à Paris dans la misère, après avoir abandonné sa femme et son enfant, et que c'est la nouvelle de la fin malheureuse de son mari qui a troublé la raison d'Adeline.

Le bon vieillard se sent plus que jamais porté à aimer cette jeune femme, modèle des épouses et des mères, et il veut absolument faire connaissance avec les habitants de la ferme qui ont montré tant d'attachement à Jacques et à Adeline.

— C'est bien facile, dit Sans-Souci ; si vous voulez les rendre tous heureux, il faut aller à la ferme ; sacrebleu ! quand ils reverront madame et mon camarade, je suis sûr que Louise et Guillot seront plus contents que si leur ferme était un château.

— Allons à la ferme, dit le bon Gerval, allons-y tous, mes enfants, ce voyage nous fera du bien : il distraira un peu ma chère Adeline, il amusera sa petite Ermance. Jacques pourra être utile, à son tour, à ceux qui l'ont aidé dans sa misère, et nous, ma pauvre Catherine, nous tâcherons, au milieu des habitants de la ferme, de moins penser à la mort de notre vieil ami Dupré.

Le projet de M. Gerval met la joie dans tous les cœurs. Catherine est charmée de quitter une maison qui lui rappellerait de tristes événements et où elle sent qu'elle ne dormirait plus tranquille. Lucas demande à son maître la permission de laisser là son jardin pour être son domestique ; le vieillard y consent, et tout le monde se dispose au départ.

La maison des Vosges est louée à des villageois qui y établissent une auberge nécessaire aux personnes qui voyagent dans ces cantons ; M. Gerval et ses domestiques quittent cette demeure, le cœur oppressé par le souvenir de Dupré; Jacques et Adeline détournent leur vue de ces lieux, témoins de l'infamie d'Édouard, et Sans-Souci regarde encore avec fierté l'appartement où il a sauvé un vieillard et donné la mort à deux coquins.

CHAPITRE XXXVIII

ENCORE LA PETITE PORTE DU JARDIN.

Sans-Souci monte à côté du postillon, malgré les instances de M. Gerval pour qu'il se place dans la voiture; mais il veut à toute force servir d'éclaireur, craignant la rencontre des ornières et des mauvais chemins; sa joie est si grande de retourner à la ferme en y ramenant madame Murville, qu'il ne s'en rapporte qu'à lui pour éviter les accidents qui pourraient les arrêter en route.

Pendant le voyage, Jacques raconte à son vieux parrain les aventures de sa jeunesse; l'histoire des philtres et du magnétisme amuse le bon Gerval et arrache un sourire à Adeline.

— Quel heureux hasard vous a si à propos conduits dans notre habitation, vous et votre brave compagnon, pour nous sauver du fer des brigands? demande la vieille Catherine à Jacques.

— Quelques jours après le départ de ma chère Adeline, dit Jacques, ne la voyant pas revenir à la ferme, et craignant avec raison qu'il ne lui fût arrivé quelque triste aventure, je partis avec Sans-Souci, résolu à parcourir toute la France, s'il le fallait, pour retrouver la mère et l'enfant. Nous nous rendîmes à Paris et nous y restâmes plusieurs jours, mais inutilement; je n'appris rien sur le sort de celles que je cherchais. Après avoir été dire adieu au bon Guillot et à sa femme, nous sommes repartis et nous avons visité successivement diverses contrées de la France, nous arrêtant dans le plus petit bourg, dans le plus modeste hameau, prenant partout les informations les plus minutieuses, et toujours trompés dans nos espérances. Plus d'une année était écoulée et nos recherches étaient vaines. Cependant Sans-Souci, dont la gaieté ne se démont jamais, soutenait mon courage et ranimait mes espérances lorsqu'il voyait redoubler ma tristesse et mon chagrin. Nous tournâmes enfin nos pas vers ce pays, sans savoir si nous serions plus heureux. Après avoir parcouru une partie de la Franche-Comté, nous nous enfonçâmes dans les Vosges. Comme nous ne redoutions pas les voleurs, il nous arrivait souvent de voyager la nuit, et plus souvent encore de coucher sur la terre, ne trouvant pas toujours sur notre chemin des endroits pour nous abriter. Hier, cependant, le temps était si mauvais, la neige avait tellement obstrué les routes, que nous nous égarâmes dans le bois. J'étais transi de froid, harassé de fatigue, lorsque Sans-Souci aperçut près de nous une habitation de belle apparence; je n'osais pas y demander l'hospitalité, il voulait au contraire s'y arrêter, et nous étions tous deux à discuter notre avis, lorsque des cris se firent entendre dans l'intérieur de la maison ; alors nous ne balançâmes plus, je sonnai avec force à la grille, Sans-Souci aperçut une croisée ouverte au rez-de-chaussée, les barreaux de la fenêtre étaient enlevés, nous sautâmes dans l'appartement... Jugez de ma surprise, de ma joie en retrouvant là celle que je cherchais depuis si longtemps... et dont je m'éloignais pour jamais peut-être, si vos cris ne m'avaient attiré dans la maison.

— Mon cher Jacques, c'est bien la Providence qui t'a envoyé à notre secours, dit M. Gerval ; mais le plus grand miracle, c'est que cet événement ait rendu la raison à notre chère Adeline.

— Eh mais, monsieur, dit Catherine, ne vous l'avais-je pas dit ; il ne fallait qu'une forte secousse !... une crise... et justement c'est ce qui est arrivé.

Le voyage se fait heureusement, et l'on arrive à la ferme de Guillot. Jacques éprouve une douce émotion en passant devant ces champs qu'il a cultivés :

— Voilà, dit-il au bon Gerval, la charrue avec laquelle j'ai labouré cette terre trempée si souvent de mes sueurs...

— Mon ami, répond le vieillard, ne l'oublie jamais même au sein de la fortune, et les malheureux ne t'imploreront pas en vain.

Une voiture à quatre chevaux, c'est un grand événement dans une campagne. Les villageois se rassemblent, les laboureurs quittent leurs travaux, les habitants de la ferme approchent avec curiosité pour examiner les voyageurs; mais déjà la voix de Sans-Souci se fait entendre; il fait claquer son fouet de manière à faire fuir les poules à une lieue, tandis que les pigeons se réfugient sur les plus hautes cheminées.

— C'est nous, c'est lui, c'est elle! s'écrie-t-il du plus loin qu'il aperçoit Louise et Guillot; grande fête, mes amis, en avant la soupe aux choux et le petit vin blanc!... Mort aux lapins et aux poulets!...

Les villageois entourent la voiture : Jacques, Adeline et Ermance sont fêtés, embrassés, caressés par chacun. Louise pleure, Guillot fait de grandes exclamations de joie, le vieillard est touché de l'amitié sincère que l'on témoigne à ses enfants; car c'est ainsi qu'il nomme Jacques, Adeline et sa fille, et on le conduit en triomphe à la ferme, où tout est bientôt sens dessus dessous pour célébrer le retour de ceux que l'on n'espérait plus revoir.

Au milieu de la joie, du désordre, des préparatifs pour le repas, Sans-Souci court à chacun, veut aider tout le monde, casse les assiettes, renverse les casseroles, et s'écrie à chaque instant :

— Vous ne savez pas tout, Jacques est riche maintenant, ce bon vieillard est son parrain!... nous l'avons sauvé!... nous avons tué les coquins!... Oh! je vous conterai tout cela!...

— Ah ! çà, dit Guillot, il me paraît que les affaires vont bien, mais le frère de notre ami Jacques ?...

— Chut !... dit Sans-Souci en lui mettant la main sur la bouche, si tu as le malheur de reparler de lui, la gaieté disparaîtra, les pleurs reviendront, et ton repas sera pour le Grand Turc ; ainsi, crois-moi, tourne ta langue une heure dans ta bouche plutôt que de nous lâcher encore quelque bêtise à ce sujet-là.

— Ça suffit, dit Guillot, je ruminerai à table avant de parler.

Le séjour de la ferme plaît au bon Gerval ; il parcourt les environs, admire les points de vue charmants, les terres fertiles qui l'entourent.

— Morgué, monsieur, dit Guillot, si vous saviez comme tout cela est joli en été !... Ah ! dame, vous ne voyez rien à présent !... Mais si nos champs ont plus de valeur, si nos terres rapportent davantage, c'est à notre ami Jacques que je le devons ; en deux ans il en a plus fait, plus imaginé que moi en six ; à lui seul il valait trois travailleurs... C'est ben dommage qu'il soit riche à c't' heure... ça me prive d'un bon laboureur.

— Mon cher Jacques, dit le vieillard, tu dois aimer ce pays, ces champs, témoins de tes travaux, il serait cruel à moi de t'éloigner de ces lieux. Nous nous y fixerons, mon ami ; je te charge d'acheter une jolie propriété dans les environs : arrange cela, je suis trop vieux pour m'occuper d'affaires, et je m'en rapporte à toi pour bien choisir.

Jacques accepte avec joie la commission qu'on lui donne ; il a déjà son projet, et le lendemain de son arrivée à la ferme, guidé par un espoir secret, il se rend dès le matin à Villeneuve-Saint-Georges. Il approche en tremblant de la maison de son père, de ces lieux qu'il a toujours regrettés. Son plus grand désir serait de passer le reste de sa vie dans cette demeure qui lui rappelle des souvenirs cruels et doux.

Il est près de la grille... un écriteau est collé sur la muraille; il lit : Maison à vendre ou à louer.

— Elle est à nous! s'écrie-t-il. Je vais me retrouver dans la demeure où l'on éleva mon enfance; j'en ai fui à quinze ans, j'y rentrerai à trente : puissé-je ne plus la quitter! Adeline, j'en suis certain, se retrouvera avec plaisir en ces lieux; c'est ici, m'a-t-elle dit, qu'elle a passé les plus beaux jours de son existence; si cette demeure lui rappelle un homme qu'elle a trop aimé, du moins dans ce séjour il était encore digne d'elle.

Jacques sonne à la grille; on ne lui répond pas, mais une voisine l'engage à se rendre chez le notaire, qui demeure presque en face. Ce notaire est le même qui, quatre ans auparavant, fit l'acte d'acquisition pour Édouard Murville. La maison, échue en partage aux créanciers, est tombée successivement en plusieurs mains. Celui qui en est actuellement propriétaire ne l'habite presque jamais et désire beaucoup s'en défaire. Jacques s'informe du prix, et promet de revenir le lendemain terminer l'affaire; il n'ose conclure sans consulter M. Gerval. Il se hâte de retourner à la ferme, et le vieillard voit à son air satisfait qu'il a trouvé une maison qui lui plaît.

— Vous la reconnaîtrez, lui dit Jacques, vous y êtes venu souvent autrefois, c'est la maison qui appartenait à mon père.

— Et tu n'as pas conclu? Allons, je vois qu'il faut que j'aille moi-même terminer cette affaire-là.

En effet, le lendemain le vieillard part dans sa voiture avec son cher filleul. Il se rend chez le notaire et achète la maison au nom de Jacques; car il sait que celui-ci ne veut plus porter d'autre nom, et le bon Gerval n'en demande pas l'explication, parce qu'il devine une partie des fautes d'Édouard.

— Tiens, mon garçon, dit-il à Jacques en lui présentant le contrat, il est bien temps que je te fasse un cadeau pour te dédommager de t'avoir donné un aussi vilain nom. Cette propriété est à toi, et mon petit Jacques est chez lui, dans la demeure d'où son nom l'a fait fuir autrefois.

Jacques embrasse le vieillard, et on retourne à la ferme chercher Adeline et sa fille.

— Ai-je mal jugé votre cœur, dit Jacques à sa belle-sœur, en pensant que vous vous retrouveriez avec plaisir dans la jolie maison de Villeneuve-Saint-Georges?...

— Non, mon ami, répond Adeline ; j'y ai été trop heureuse pour ne point désirer y passer ma vie ; des souvenirs de bonheur s'y mêleront quelquefois à mes tristes pensées ; j'écarterai de mon esprit tout ce qu'il a fait loin de là !... je tâcherai de ne conserver de mémoire que pour les jours de sa tendresse, et je pourrai du moins le pleurer sans rougir.

La famille Guillot apprend avec joie que ses amis ne s'éloignent pas ; car le chemin de Villeneuve-Saint-Georges à la ferme est une promenade, et on se promet de la faire souvent dans la belle saison.

Quatre jours après leur arrivée, nos voyageurs partent pour la nouvelle demeure où ils vont s'installer. Les yeux d'Adeline se mouillent de larmes lorsqu'elle se retrouve dans cette maison, lorsqu'elle revoit ces jardins témoins des premiers mois de son mariage !... mois si doux ! qui passent si vite et ne reviennent jamais.

Catherine s'empare de la cuisine, Lucas du jardin et de l'emploi de concierge ; M. Gerval se loge entre Jacques et Adeline, dont il aime à être entouré, et la petite Ermance reste près de sa mère pour l'égayer par son babil, la charmer par ses caresses, et mêler quelques espérances à ses souvenirs.

Sans-Souci veut retourner à ses travaux de la ferme, mais M. Gerval et Jacques s'y opposent :

— Vous m'avez sauvé la vie, lui dit le vieillard, je ne veux plus que vous me quittiez.

— Tu as partagé mes peines et ma misère, lui dit Jacques, tu partageras ma fortune : tout est commun entre nous.

— Sacrebleu ! dit Sans-Souci en passant sa main sur ses yeux, ces gens-là font de moi tout ce qu'ils veulent !... Je reste avec vous... à la bonne heure, mais à condition que j'irai me promener quand il vous viendra de la compagnie, et que je ne me mettrai pas à table avec madame Adeline... parce qu'il faut du respect pour ses supérieurs, et que je suis bête comme une oie en société.

— Vous irez vous promener tant que vous voudrez, lui dit le vieillard, vous chasserez, vous pêcherez, et vous fumerez si cela vous fait plaisir ; mais vous vous mettrez à table près de nous, parce qu'un brave homme n'est déplacé nulle part.

— Allons, mille cartouches ! il faut encore en passer par là.

Plus d'aventures, d'orages, de malheurs ; des jours tranquilles luisent enfin pour les habitants de Villeneuve-Saint-Georges. Adeline n'éprouve plus qu'une mélancolie douce, que les grâces et les caresses de sa fille charment et rendent supportable. La jeune Ermance grandit et embellit : ses traits sont aimables et gracieux ; sa voix est tendre comme celle de sa mère, et son cœur sensible et bienfaisant ne repousse jamais les malheureux. Jacques, fier de sa nièce, a perdu un peu de ses manières brusques depuis qu'il vit au sein de sa famille ; Sans-Souci jure toujours et se mettrait dans le feu pour ses amis ; le vieux Gerval est heureux doublement par la vue du bien qu'il a fait et de celui que fait Jacques ; tout le monde enfin vit en paix ; et les habitants de la ferme sont souvent visités par ceux du village.

Une seule chose trouble le bonheur de Sans-Souci, c'est de ne plus voir à Jacques la décoration qu'il a gagnée sur le champ de bataille.

— Pourquoi donc ne plus la porter ? lui dit-il lorsqu'ils sont seuls ; qui peut t'en empêcher ?... Morbleu !... tu n'as pas le sens commun... avec tes résolutions...

— Mon frère a déshonoré notre nom.

— Eh! est-ce à toi ou à ton nom qu'on a donné la croix?

— C'est par respect pour cette récompense honorable que je me prive de la porter.

— Mais puisqu'on ne t'appelle plus que Jacques...

— N'importe... je n'en sais pas moins qu'Edouard a été sur... ah!... tiens; cet affreux souvenir me ferait rougir pour cette marque d'honneur; je ne la porterai plus.

— Tu as tort.

— C'est possible : j'ai, j'aurai toujours de l'honneur! mais je n'ai plus de fierté lorsque je songe à la honte de mon frère.

Le calme dont jouissaient les habitants de Villeneuve-Saint-Georges est troublé par un triste événement que l'on croyait encore éloigné : le bon Gerval tombe malade et meurt, sans que les soins empressés de tous ceux qui l'entourent puissent le sauver.

— Mes enfants, leur dit-il à ses derniers moments, je vous quitte avec peine, mais du moins je suis tranquille sur votre sort. Je croyais vivre plus longtemps au milieu de vous; le destin en ordonne autrement, il faut s'y soumettre. Pensez à moi, mais ne pleurez pas.

Le vieillard laisse toute sa fortune à Jacques et à Adeline. Il avait trente mille livres de rente, dont une partie était employée au soulagement des malheureux. La vieille Catherine ne survécut que quelques mois à son maître, et ces événements répandirent pendant longtemps une sombre tristesse parmi les habitants de la maison de Jacques.

Mais le temps parvient toujours à calmer les regrets les plus amers; il triomphe de tout; c'est le Léthé dans lequel vont se perdre les souvenirs de nos peines et de nos plaisirs.

Les années se succèdent. Ermance a neuf ans; elle fait le bonheur de Jacques et la consolation de sa mère. Pour ne pas se séparer d'elle, on fait venir au village des maîtres qui commencent son éducation.

— Mille carabines ! dit Sans-Souci en contemplant la jeune fille, cette petite mine-là fera tourner diablement des têtes !... de l'esprit, de la beauté, des grâces, des talents, un bon cœur ! elle aura tout, sacrebleu !...

— Oui, dit Jacques, mais elle ne pourra jamais nommer son père....

— Ah! par Dieu ! il y a bien des gens dans le même cas ! ça n'empêchera pas ta nièce de faire des passions.

— Morbleu ! les passions font justement le malheur de la vie ; j'aimerais beaucoup mieux qu'elle n'en fît pas !

— On ne te demandera pas ta permission pour cela, camarade.

Adeline est fière de sa fille, qui, douée du plus heureux caractère, fait aussi des progrès rapides dans tout ce qu'on lui enseigne.

Chère Ermance ! dit-elle tout bas en la regardant, puisses-tu être plus heureuse que tes parents! Adeline donne alors un souvenir à Édouard, qu'elle croit mort depuis longtemps au sein de la misère et du désespoir. Ah ! dit-elle quelquefois à Jacques, lorsque leurs yeux expriment la même pensée, si du moins je pouvais croire qu'il est mort avec le repentir !... je sens que j'éprouverais une légère consolation. Jacques ne répond pas ; mais il appelle Ermance et l'amène à Adeline pour que sa vue éloigne un fatal souvenir. Jacques ne sait pas qu'une femme voit toujours dans son enfant l'image de celui qu'elle a aimé.

Dans une belle soirée d'été, Jacques se promenait, pensif, dans le fond du jardin ; Ermance, non loin de son oncle, s'amusait à cueillir des fleurs, et Adeline, assise à quelques pas sur un banc de gazon, contemplait en silence les grâces enfantines de sa fille. Tout à coup Ermance, qui vient de se diriger vers un bosquet tapissé de roses, pousse un cri d'effroi et s'arrête subitement. Adeline court près de sa fille; Jacques se rapproche aussi, et chacun d'eux s'informe du sujet de sa frayeur.

— Tenez... tenez, répond la jeune fille en indiquant du doigt le fond du jardin, regardez... elle y est encore... ah !... cette figure m'a fait peur.

Jacques et Adeline regardent du côté que leur indique Ermance, et aperçoivent derrière la petite grille couverte en planches, au même endroit où jadis se fit voir la tête à moustaches, une figure d'homme qui regarde aussi dans le jardin.

— Quel singulier rapport! dit Adeline en regardant Jacques; mon ami, vous souvenez-vous qu'à ce même endroit, il y a dix ans... vous parûtes aussi devant nous ?...

— C'est vrai, dit Jacques, oui, je me rappelle fort bien.

— Il faut excuser la terreur d'Ermance, car je me souviens qu'alors vous m'avez fait aussi grand'peur !... Cet homme paraît malheureux; viens, ma fille, allons lui offrir nos secours, et chasse ta frayeur : les infortunés doivent inspirer la pitié et non la crainte.

En disant ces mots, Adeline s'approche avec Ermance de la petite porte. Les traits de l'homme qui est derrière la grille semblent s'animer; il considère la jeune femme et sa fille; il reporte ensuite ses regards sur Jacques, et passant un bras à travers l'enceinte du jardin, il paraît implorer leur pitié. Adeline s'est avancée; elle examine le mendiant... elle pousse un cri douloureux... elle revient vers Jacques, pâle, égarée, tremblante, pouvant à peine parler...

— Je ne sais si c'est une illusion, lui dit-elle, mais cet homme... il me semble... oui... tenez... c'est lui... c'est...

Elle ne peut en dire davantage. Jacques court à la petite porte; il reconnaît son frère, et ouvre la grille. Edouard entre dans le jardin, couvert de haillons, de lambeaux, abattu par la fatigue et les souffrances, et n'offrant plus que l'image de la misère et du désespoir.

21

— Secourez-moi, sauvez-moi, dit-il en se traînant vers Jacques, qui ose à peine en croire ses yeux! ah! par grâce, ne me repoussez pas!

Ah! maman, éloignons-nous, cet homme me fait peur! dit Ermance en se serrant contre sa mère. Adeline, immobile, contemple Edouard; des pleurs coulent de ses yeux et inondent le visage de son enfant.

— Malheureux, dit enfin Jacques, que venez-vous faire ici?... Nous poursuivrez-vous partout?... Faut-il donc que votre infamie retombe sur votre famille et fasse rougir cette enfant!

Edouard ne répond pas, mais il regarde Adeline, qui cache dans son sein le visage de sa fille...

— Ah! dit-il enfin en se précipitant aux genoux de Jacques, voyez, je suis bien misérable!... on me cache même les traits de mon enfant! on la garantit d'un regard de son père.

Jacques n'a plus la force de le repousser; Edouard s'approche d'Adeline et se jetant à ses pieds, courbe son front sur la terre en poussant de longs sanglots. Aux gémissements de cet infortuné, Ermance tourne les yeux vers lui... la frayeur fait place à la pitié.

— Ah! maman, dit-elle à Adeline, ce pauvre homme a l'air bien malheureux, il me fait de la peine... permets-moi de l'aider à se relever... je sens que je n'ai plus peur de lui.

Edouard saisit alors une main de sa fille et la presse avec tendresse dans la sienne, en levant sur Adeline un regard dont elle comprend l'expression.

— Je vous pardonne, lui dit-elle; ah! si vous n'aviez offensé que moi... mais cette enfant... ma fille... elle ne peut jamais vous nommer...

Jacques arrête Adeline en lui mettant un doigt sur la bouche. En ce moment Sans-Souci accourt vers eux et témoigne quelque surprise en apercevant un inconnu dans le jardin.

— Que nous veux-tu? dit Jacques, pourquoi accourir si brusquement? qu'est-il arrivé?

— Ma foi! camarade, c'est que je venais te dire que les gendarmes visitent le village ; on cherche un vagabond que l'on a reconnu à une lieue d'ici, et on se propose de visiter bientôt cette maison... J'avoue que j'ai dit que ça serait bien inutile... mais, sacrebleu! je ne savais pas que...

— Chut! tais-toi, dit Jacques, et pas un mot sur ce que tu vois ici... Ma sœur, retournez à la maison avec cette enfant... Allez, ne craignez rien, je réponds de tout... Sans-Souci, emmène ma sœur, et surtout le plus profond silence.

Sans-Souci le jure et s'éloigne de quelques pas, fort étonné de tout ce qu'il voit. Adeline est effrayée des dangers que court Edouard, mais il la conjure lui-même de l'abandonner à son malheureux sort. Il presse sa main sur son cœur, dépose un baiser sur celle de sa fille, et s'éloigne d'elles, tandis que sur un signe que lui fait son camarade, Sans-Souci entraîne Adeline et Ermance du côté de la maison.

— Elles sont parties et nous sommes seuls, dit Jacques à son frère, lorsqu'il a perdu Adeline de vue, est-ce vous que l'on poursuit?

— Oui... à peu de distance d'ici, dans un cabaret où j'étais entré pour demander quelques secours, un homme... jadis gardien des prisonniers à Toulon, s'est trouvé là, buvant à une table ; il m'a considéré avec attention ; je me suis éloigné, craignant d'être reconnu... mais je le vois, il était trop tard ; ma perte est certaine!... Cependant je suis moins malheureux... j'ai vu ma fille ; ma femme m'a pardonné... et vous-même... Ah! mon frère, je vous en prie, pardonnez-moi aussi!

— Oui, dit Jacques, je vous pardonnerai... mais il faut... malheureux! savez-vous quel est le supplice qui vous attend?... Vous allez périr sur un échafaud! et le bruit de votre mort infamante va éterniser notre honte! N'aurez-vous donc jamais de courage que pour commettre des crimes, et ne saurez-vous point une fois faire ce que vous commande depuis longtemps l'honneur de votre femme et de votre enfant ?... Vous frémissez... homme faible !... vous attendez les bourreaux... songez que vous ne pouvez éviter de retomber entre les mains de la justice !... Grand Dieu !... et vous n'êtes pas las d'une existence traînée dans la misère et l'infamie ?...

— Je t'entends, dit Edouard; ah! crois que la mort sera pour moi un bienfait; mais je voulais avant de descendre au tombeau vous faire connaître mon repentir !... Maintenant donne-moi le moyen de me dérober au supplice... je n'hésiterai plus.

Jacques fait signe à Edouard de l'attendre. Il se rend promptement dans son cabinet, y prend ses pistolets, et redescend au jardin. Il aperçoit son frère à genoux près de la petite porte grillée... il lui présente les armes d'un main ferme, et Edouard s'en saisit.

— Maintenant, dit Jacques, viens, malheureux !... embrassons-nous pour la dernière fois! Ton frère te pardonne tes crimes, et chaque jour il viendra implorer le Ciel sur ta tombe.

Edouard se jette dans les bras de son frère; ils se tiennent longtemps embrassés; mais enfin se débarrassant des bras de Jacques, Edouard s'éloigne de quelques pas... le coup part... le malheureux n'est plus.

Jacques revient près du corps de son frère, et s'armant de courage, quoique versant des pleurs, il lui creuse à la hâte un tombeau au pied d'un saule qui est contre la petite porte grillée. Sans-Souci arrive et surprend son camarade dans cette triste occupation.

— Aide-moi..., lui dit Jacques, c'est mon frère! Sans-Souci veut éloigner son ami et se charger seul de ce pénible soin; mais Jacques n'y consent pas. Il veut rendre les derniers devoirs à son frère. Et ce n'est que lorsque la terre le dérobe à sa vue qu'il consent à retourner près d'Adeline.

— Eh bien, lui dit-elle, qu'est-il devenu?

— Ne craignez plus rien pour lui, répond Jacques, il est sauvé; et maintenant je vous réponds que la justice ne peut plus l'atteindre.

Adeline se fie à la promesse de Jacques et voit sans effroi les gendarmes venir quelques heures après visiter la maison, où, en effet, ils ne trouvent point Edouard.

A bout de quelque temps Adeline voit avec surprise un monument funèbre que Jacques a fait construire sous un saule au fond du jardin.

— Pour qui ce tombeau? lui demande-t-elle.

— Pour mon malheureux frère, répond Jacques.

— Serait-il mort?...

— Oui... il n'est plus, j'en ai la certitude....

— Hélas!... dans quel coin de la terre a-t-il fini ses jours?

— Il est là... dit enfin Jacques en désignant le pied du saule.

Adeline frémit et n'ose en demander davantage; mais chaque jour elle mène sa fille prier sur la tombe du pauvre mendiant, et Ermance ne sait point qu'elle prie pour son père.

Et c'est aussi au pied du saule que Jacques enterre sa croix.

FIN DE FRÈRE JACQUES

Paris. — Typ. Tolmer et Isidor Joseph, r. du Four-St-Germ., 43.

Extrait du Catalogue G. Barba, 7, rue Christine, Paris.

Publications populaires illustrées à 20 cent. la livraison

ROMANS

ŒUVRES COMPLÈTES
DE
CH. PAUL DE KOCK

ILLUSTRÉES DE 720 VIGNETTES

PAR BERTALL

L'ouvrage complet forme 6 volumes in-4. Prix, broché... 24 fr.

ON VEND SÉPARÉMENT

par volume séparé : 4 fr. 10 et par brochures :

Monsieur Dupont...	» 95	La Maison blanche...	1 35
Mon Voisin Raymond...	1 15	Frère Jacques...	1 15
La Femme, le Mari et l'Amant.	1 15	Zizine...	1 15
L'Enfant de ma femme...	» 55	Ni jamais, ni toujours...	» 95
Georgette...	» 95	4ᵉ vol., br., 4 fr. 10	
1ᵉʳ vol., br., 4 fr. 10			
		Un Jeune Homme charmant...	1 15
Le Barbier de Paris...	1 15	Sœur Anne...	1 35
Madeleine...	» 95	Jean...	1 15
Le Cocu...	1 15	Contes et Chansons...	» 95
Un Bon Enfant...	» 95	5ᵉ vol., br., 4 fr. 10	
Un Homme à marier...	» 55		
2ᵉ vol., br., 4 fr. 10		Une Fête aux environs de Paris	» 30
Gustave le mauvais sujet...	» 95	La Laitière de Montfermeil...	1 35
André le Savoyard...	1 35	L'Homme de la nature...	1 15
La Pucelle de Belleville...	1 15	Moustache...	1 15
Un Tourlourou...	1 15	Nouvelles et Théâtre...	» 75
3ᵉ vol., br., 4 fr. 10		6ᵉ vol., br., 4 fr. 10	

NOTA. Il existe, par chaque Roman, une gravure sur acier, par Raffet. La collection complète, soit 30 gravures sur acier. Prix : 9 francs.

EXTRAIT DU CATALOGUE G. BARBA, 7, RUE CHRISTINE, PARIS.

Publications populaires illustrées à 20 cent. la livraison.

ŒUVRES COMPLÈTES
DE
FENIMORE COOPER

TRADUCTION DE É. DE LABÉDOLLIÈRE
ILLUSTRÉES DE 720 VIGNETTES PAR BERTALL

L'ouvrage forme 6 volumes. Prix. 24 fr.

Se vend séparément chaque volume. Prix : 5 fr. 10 et chaque brochure séparée, savoir :

Le Dernier des Mohicans	» 95	Le Bourreau	» 95
Les Pionniers	» 75	Le Colon d'Amérique	» 95
Le Corsaire rouge	» 95	La Prairie	» 95
Fleur-des-Bois	» 95	Lionel Lincoln	» 95
L'Espion	» 95	Le Paquebot	» 95
La Vie d'un matelot	» 80	4ᵉ vol., br., 4 fr. 10	
1ᵉʳ vol., br., 4 fr. 10		Ève Effingham	» 95
Le Pilote	» 95	Feu Follet	» 95
Sur mer et sur terre	» 95	Le Camp des païens	» 95
Lucie Hardinge	» 95	Les Deux Amiraux	» 95
Le Robinson américain	» 95	Les Lions de mer	» 95
Ontario	» 95	5ᵉ vol., br., 4 fr. 10	
2ᵉ vol., br., 4 fr. 10			
Christophe Colomb	1 15	Satanstoé	» 95
L'Écumeur de mer	» 95	Le Porte-chaîne	1 15
Le Bravo	» 95	Ravensnet	» 95
Œil de Faucon	» 95	Les Mœurs du jour	» 95
Précaution	» 75	Les Monikins	» 75
3ᵉ vol., br., 4 fr. 10		6ᵉ vol., br., 4 fr. 10	

WALTER SCOTT

TRADUCTION DE É. DE LA BÉDOLLIÈRE
ILLUSTRÉE PAR JANET-LANGE

L'ouvrage forme 2 volumes. Prix, broché : 10 francs, relié : 14 francs.

Quentin Durward	1 35	Le Puritain	1 15
Rob-Roy	1 15	La Prisonnière d'Édimbourg	1 35
Ivanhoé	1 35	Le Pirate	1 15
Le Capitaine Dalgetty	» 75	La Jolie Fille de Perth	1 35
La Fiancée de Lammermoor	» 95	2ᵉ vol., br., 5 fr.	
1ᵉʳ vol., br., 5 fr.		Relié en toile, 7 fr.	
— rel., 7 fr.			

On vend séparément par volume et par brochure séparée.

Extrait du Catalogue G. Barba, 7, rue Christine, Paris

PUBLICATIONS POPULAIRES ILLUSTRÉES
à 20 cent. la livraison.

MALTE-BRUN

GÉOGRAPHIE UNIVERSELLE

ILLUSTRÉE DE 300 VIGNETTES

Par GUSTAVE DORÉ

110 CARTES GÉOGRAPHIQUES COLORIÉES

DRESSÉES PAR A.-H. DUFOUR

REVUES ET REMISES A JOUR PAR DESBUISSONS

L'ouvrage complet, 115 Livraisons, 110 Cartes.
Prix, broché en 3 volumes : 45 francs.

L'ouvrage complet, relié en 2 vol. Texte et 1 volume Atlas : 55 francs.

Cette nouvelle édition est ornée d'un portrait de Malte-Brun.

ON VEND SÉPARÉMENT

PAR LIVRAISONS AVEC CARTES, PRIX, 40 CENT., ET PAR PAYS SÉPARÉS, SAVOIR :

Asie, Afrique, Amérique, Océanie, broché............	25 »	Autriche................	2 »
Le même, relié..........	29 »	Danemark, Suède et Norwége..	1 20
Europe, br.............	20 »	Russie.................	2 60
— relié..........	24 »	Grèce et Turquie.........	1 40
France................	3 20	Asie...................	7 »
Iles Britanniques........	1 80	Afrique................	5 »
Espagne, Portugal.......	1 80	Amérique..............	5 »
Suisse, Hollande, Belgique.	1 40	Océanie................	1 80
Italie.................	2 »	Introduction, histoire générale..	7 »
Empire d'Allemag. { Conféd. germ.	2 20	Par livraison séparée......	» 40
{ Prusse......	1 40	Par série de 5 livraisons....	2 10
		Par volume séparé.........	5 »

Extrait du Catalogue G. Barba, 7, rue Christine, Paris.

Publications populaires illustrées à 20 cent. la livraison.

LA FRANCE ILLUSTRÉE

PAR V.-A. MALTE-BRUN

300 ILLUSTRATIONS PAR JANET-LANGE, G. JANET, FOULQUIER, ETC.

103 CARTES GÉOGRAPHIQUES COLORIÉES ET DRESSÉES

PAR A. H. DUFOUR

REVUES ET REMISES AU COURANT PAR DESCUISONS

L'ouvrage complet, 103 cartes, 117 livraisons. Prix, br., 3 vol. 45 »
» » » » relié...... 55 »

On vend séparément par volumes et atlas séparés, par provinces, par séries de 5 livraisons, par livraisons avec cartes. Savoir :

1re Série.		9e Série.		16e Série.	
1 Cher.................	» 40	41 Isère................	» 40	76 Corrèze............	» 40
2 Nord.................	» 40	42 Charente...........	» 40	77, 78 Haute-Garonne...	» 80
3 Seine-et-Marne......	» 40	43 Morbihan..........	» 40	79 Var................	» 40
4 Loiret...............	» 40	44 Loir-et-Cher.......	» 40	80 Jura...............	» 40
5 Pas-de-Calais........	» 40	45 Allier..............	» 40	**17e Série.**	
2e Série.		**10e Série.**		81 Loire..............	» 40
6, 7 Rhône.............	» 80	46 Côtes-du-Nord.....	» 40	82 Gard...............	» 40
8 Doubs................	» 40	47 Ariége.............	» 40	83 Vosges.............	» 40
9 Bas-Rhin.............	» 40	48 Finistère..........	» 40	84 Haute-Saône.......	» 40
10 Oise................	» 40	49 Hautes-Alpes......	» 40	85 Ardèche...........	» 40
3e Série.		50 Basses-Pyrénées...	» 40	**18e Série.**	
11 Haut-Rhin..........	» 40	**11e Série.**		86 ½ et-Garonne.....	» 40
12 Indre-et-Loire......	» 40	51 Marne..............	» 40	87 Meurthe............	» 40
13, 14 Seine-Inférieure	» 80	52 Haute-Vienne......	» 40	88 Lozère.............	» 40
15 Charente-Inférieure	» 40	53 Tarn...............	» 40	89 Hautes-Pyrénées...	» 40
4e Série.		54 Aube...............	» 40	90 Cantal.............	» 40
16, 17, 18 Seine-et-Oise	1 20	55 Maine-et-Loire.....	» 40	**19e Série.**	
19 Loire-Inférieure....	» 40	**12e Série.**		91 Moselle............	» 40
20 Indre..............	» 40	56 Pyrénées-Orientales	» 40	92 Puy-de-Dôme.......	» 40
5e Série.		57 Basses-Alpes.......	» 40	93 Meuse..............	» 40
21, 22 Eure............	» 80	58 Aude...............	» 40	94 Aveyron............	» 40
23 Aisne...............	» 40	59 Haute-Marne.......	» 40	95 Colonies d'Amérique	» 40
24 Nièvre..............	» 40	60 Dordogne..........	» 40	**20e Série.**	
25 Ain.................	» 40	**13e Série.**		96 Colonies d'Asie et d'Afrique	» 40
6e Série.		61, 62 Côte-d'Or......	» 80	97 Algérie............	» 40
26, 27 Bouches-du-Rhône	» 80	63 Vaucluse...........	» 40	98, 99, 100 Seine.....	1 20
28 Calvados............	» 40	64 Ardennes...........	» 40	**21e Série.**	
29 Yonne...............	» 40	65 Mayenne............	» 40	101 La France, Géographie.Carte physique.	» 40
30 Corse...............	» 40	**14e Série.**		102 La France, Histoire. Cartes par Provinces et par Départements.	» 40
7e Série.		66 Sarthe.............	» 40	103 La France, Littérature, Cartes des communications.	» 40
31, 32 Gironde.........	» 80	67 Vienne.............	» 40	104, 105 La France, Industrie, Carte générale.	» 80
33 Eure-et-Loir........	» 40	68 Hérault............	» 40	**22e Série.**	
34 Orne................	» 40	69 Lot-et-Garonne.....	» 40	106 Savoie............	» 40
35 Ille-et-Vilaine.....	» 40	70 Creuse.............	» 40	107 Haute-Savoie......	» 40
8e Série.		**15e Série.**		108 Alpes-Maritimes...	» 40
36 Saône-et-Loire......	» 40	71 Haute-Loire........	» 40	Dict. des Communes..	2 »
37 Lot.................	» 40	72 Gers...............	» 40		
38 Somme...............	» 40	73 Vendée.............	» 40		
39 Manche..............	» 40	74 Landes.............	» 40		
40 Drôme...............	» 40	75 Deux-Sèvres........	» 40		

www.ingramcontent.com/pod-product-compliance
Lightning Source LLC
Chambersburg PA
CBHW070456170426
43201CB00010B/1370